W0349631

Island

Sabine Barth

Gratis-Download: Updates & aktuelle Extratipps der Autorin

Unsere Autoren recherchieren auch nach Redaktionsschluss für Sie weiter. Auf unserer Homepage finden Sie Updates und persönliche Zusatztipps zu diesem Reiseführer.

Zum Ausdrucken und Mitnehmen oder als kostenloser Download für Smartphone, Tablet und E-Reader.
Besuchen Sie uns jetzt!
www.dumontreise.de/island

short.travel/znhsc

DUMONT
Reise-Taschenbuch

Unterwegs in Island

Inhalt

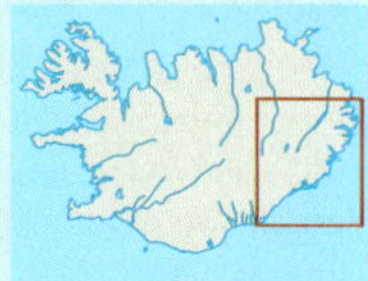

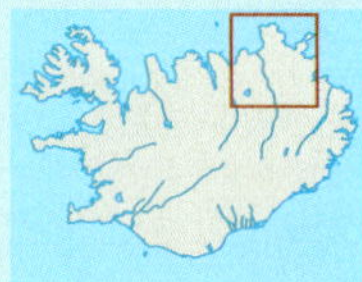

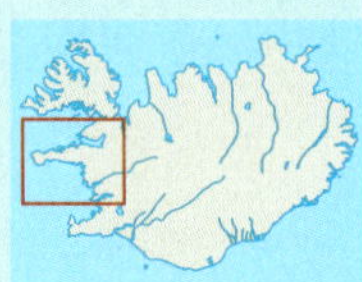

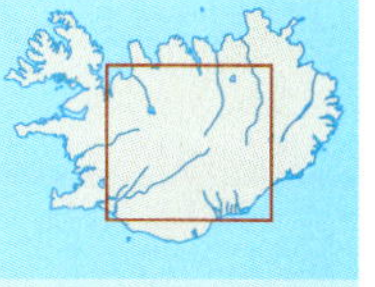

Auf Entdeckungstour

Karten und Pläne

s. hintere Umschlagklappe

▶ Dieses Symbol im Buch verweist auf die Extra-Reisekarte Island

Liebe Leserin, lieber Leser,

so gern ich das Leben und Treiben in Reykjavík mag, so gern ich neue Restaurants ausprobiere oder mein Lieblingscafé, das Café Paris am Austurvöllur, wieder aufsuche, so gern ich in den kleinen Boutiquen auf der Laugavegur shoppe oder die zahlreichen hippen Museen besuche, am liebsten bin ich im Hochland und am Vatnajökull. Hier sind Weite und Stille, und über der Landschaft liegt ein besonderer Zauber. Vor allem bei tief hängenden Wolken, wenn sich die Umrisse der Lavaformationen nur erahnen lassen, genieße ich diese geheimnisvolle Umgebung. Trotz zahlloser Besuche entdecke ich immer wieder etwas Neues, wie eine Jeeppiste, einen kleinen Pfad oder einen Platz mit herrlicher Aussicht, wohin ich Sie in meinem Buch mitnehmen möchte.

Island ist eine farbenprächtige Insel mit schwarzen Stränden wie am Kap Dyrhólaey, grünen Wiesen wie auf der Halbinsel Hornstrandir, vielfältigen Grautönen wie in der Schotterwüste Sprengisandur im Hochland, weiß-blau-schwarzem Gletschereis wie das des Vatnajökull oder grün-rot schimmernden Liparitbergen wie in Lónsöræfi. An den kleinen Bächen mit temperiertem Wasser, die zahllos im Land plätschern, strahlt grünes Moos und einige heiße Quellen schillern in opakem Blau. Der Zauber Islands ist, dass jeder auf seine ganz persönliche Entdeckungsreise gehen kann: Nur wenige Kilometer von touristischen Attraktionen entfernt erleben Sie für sich allein die Natur.

In der kleinen Hauptstadt Reykjavík spüren Sie die Lust am Leben. Im Sommer sind die Bewohner fast 24 Stunden unterwegs, sie genießen die Sonne und belagern Parks, Grünflächen und die Außenplätze der zahlreichen Cafés. Zur Erholung geht es in eines der sieben Thermalbäder oder an den Strand. Mit meinem Buch möchte ich Sie einladen, sich Zeit zu nehmen und sich auf Island einzulassen – und es am besten so wie die Isländer zu machen. Entdecken Sie Ihr persönliches Island – ich freue mich, wenn Sie mir Ihre Entdeckungen mitteilen!

Ich wünsche Ihnen eine anregende und aufregende Reise.

Hunderte von Wasserfällen prägen die Landschaft Islands, hier der Seljalandsfoss

Leser fragen, Autoren antworten

Island persönlich – meine Tipps

Nur wenig Zeit? – Island zum ersten Kennenlernen

Ein Tag in **Reykjavík** mit dem Besuch des Nationalmuseums, einem Krabbenbrot im Hafen oder einem Kaffee auf dem Austurvöllur vermittelt Ihnen erstes genüssliches Islandflair. Aber Reykjavík ist nicht nur Hauptstadt, sondern auch ein hervorragender Standort, um ganzjährig Tagesausflüge zu unternehmen. Die nahe Halbinsel Reykjanes mutet mit ihren Lavafeldern und dem geothermischen Gebiet **Krísuvík** schon wie das isländische Hochland an. Im kleinen Fischerort **Grindavík** lernen Sie den Salzfisch kennen, eine landestypische Art der Fischverarbeitung. Zur Erholung fahren Sie in die **Blaue Lagune** und entspannen in Islands bizarrster Badewanne. Wenn Sie den **Vatnajökull** im Inselosten sehen wollen, fliegen Sie nach **Höfn** und unternehmen eine Gletschertour – abends geht es dann wieder zurück nach Reykjavík.

Welche Sehenswürdigkeiten sollte man nicht verpassen?

Neben **Reykjavík** sind Islands Vulkanlandschaften für die meisten Besucher das Ziel der Reise. Besonders beeindruckend präsentieren sie sich an folgenden Orten: Über das UNESCO-Kulturerbe **Þingvellir** erreichen Sie die Geysire im Tal **Hauka-**

Island zum ersten Kennenlernen

Islands Top-Sehenswürdigkeiten

dalur. Wenn Sie eine Rundreise machen, wandern Sie im Süden auf den Vulkan **Hekla** und halten in **Skógar** für den 60 m hohen Wasserfall Skógafoss und am Fuß des Vatnajökull für den Gletschersee **Jökulsárlón.**

Im Osten liegt der hübsche Ort **Seyðisfjörður,** mit seinen alten Häusern in eine malerische Berglandschaft eingebettet, die einen Abstecher lohnt. Zu den Naturhighlights des Nordens gehören der See **Mývatn** und die Schlucht **Jökulsárgljúfur** mit dem mächtigen Dettifoss, zum anderen die Stadt **Akureyri** mit ihren Museen. Auf dem Weg nach Westen kommen Sie am ehemaligen Bischofssitz **Hólar** vorbei, der wegen der dortigen Ausgrabungen und der Kirche einen Stopp lohnt. Im Nordwesten bzw. im Gebiet der Westfjorde gehören die Klippen von **Látrabjarg** zu den Top-Sehenswürdigkeiten Islands. Sie sind die höchsten Küstenfelsen und zudem sehr vogelreich. Im Westen lockt die Halbinsel Snæfellsnes mit dem herausragenden Gletscher **Snæfellsjökull** und schönen Stränden im Nationalpark. Das Hochland ist ein Must an sich, und wenn Sie nur wenig Zeit haben, so ist die Lavawüste **Ódáðahraun** um den Berg Herðubreið an erster Stelle zu nennen, vom Mývatn aus ein beeindruckender Tagesausflug.

Möwen bevölkern die Klippenküste

Was ist ein guter Standort?

Als Reisender landet man in der Regel auf dem internationalen Flughafen in Keflavík, und dann fährt man meistens erst einmal nach **Reykjavík.** Die Hauptstadt ist nicht nur ein Top-Reiseziel, sondern auch ein ausgezeichneter Standort, da viele Sehenswürdigkeiten und unverwechselbaren Landstriche im Inselwesten und -süden nur eine einstündige Autofahrt entfernt liegen. Selbst die Halbinsel Snæfellsnes lässt sich von Reykjavík aus erkunden.

Wer mit der Fähre anreist, geht in Seyðisfjörður im Osten an Land. Von hier liegen z. B. Höfn und Akureyri nur jeweils eine Tagesfahrt entfernt. Im Norden ist **Akureyri** ein idealer Standort für Fahrten zum Mývatn oder nach Húsavík. Hinreißend sind auch Bootsfahrten nach Hrísey oder Grímsey – hier erreichen Sie den Polarkreis. Zudem bietet Akureyri in

Schnee trifft warmes Wasser – reizvolle Wanderlandschaft Kerlingarfjöll

unmittelbarer Umgebung auch Wander- und Sportmöglichkeiten. Wer es weniger städtisch liebt, nimmt **Hólar** als Standort, mietet sich ein kleines Ferienhaus und macht seine Ausflüge oder spaziert durch das Tal.

Welches Wandergebiet ist am schönsten?

Für diejenigen, die nur Tageswanderungen machen wollen, empfehle ich das Naturschutzgebiet **Skaftafell** und den Gebirgszug **Kerlingarfjöll.** Die Wandermöglichkeiten reichen von 2-stündigen ›Spaziergängen‹ bis zu Tagestouren. Wer längere Zeit mit Rucksack, Zelt und ausreichend Verpflegung unterwegs sein will, begibt sich ins Hochland und wandert vom **Snæfell** im Osten bis nach **Lónsöræfi.** Diese abwechslungsreiche Wanderung bietet Gletscher, Schluchten mit Wasserfällen und zuletzt eines der schönsten, in allen Farben schimmernden Liparitgebirge. Fast schon legendär ist **Hornstrandir** im Nordwesten mit vielen interessanten Buchten, warmen Quellen und idealen Zeltplätzen.

Welche Badeplätze sind empfehlenswert?

Natürlich sind die **Blaue Lagune** bei Grindavík und das **Nature Bath** am Mývatn etwas Besonderes, aber im Land des heißen Wassers und der warmen Quellen gibt es noch viel mehr – so die **Grettislaug** bei Reykir oder das Schwimmbad in **Húsafell** mit dem schönen Blick. In **Reykjavík** sollten Sie die Badeanstalten in den Stadtteilen abseits des Zentrums ausprobieren (s. S. 102), Sie werden garantiert kei-

Schöne Wandergebiete und Badeplätze

Das Logo des Saga Trail

ne Touristen treffen. Wer ein Bad im Meer genießen möchte, geht an den Strand von **Nauthólsvík**.

Wer das Ungewöhnliche sucht – Sightseeing einmal anders

Island ist traditionell eine Insel der Fischer, aber auch der Schafzüchter. Die Wolle hat einen relativ hohen Fettanteil, und somit sind die klassischen Islandpullover die ideale Outdoorbekleidung. Belegen Sie einen 4-tägigen **Strick-Workshop!** Stricken Sie unter Anleitung, und erfahren Sie dabei viel über Land und Leute. Ausflüge gehören mit zum Programm (www.cultureandcraft.com).

Oder Sie nehmen sich die **Sagas** mit den entsprechenden Karten vor – und suchen die Orte der Ereignisse auf. Wenn Sie fragen, werden Sie feststellen, dass man Ihnen gerne antwortet. Sie lernen das Land als Einheit – historisch, kulturell und landschaftlich – kennen. An manchen Orten können Sie auch auf Führungen zurückgreifen (www.sagatrail.is).

Wo ist es abseits der üblichen Touristenorte schön?

An der nördlichsten Küste des Landes mit dem kleinen Fischerort **Raufarhöfn** hat man in vollkommener Abgeschiedenheit einen wunderbar weiten Blick aufs Meer. Im Herbst und Winter können Sie hier die beeindruckenden Nordlichter am besten sehen. **Melrakkaslétta** heißt die Gegend südlich von Raufarhöfn, in der sich noch immer wenige Touristen zeigen.

Gibt es Orte mit besonders gutem Kulturangebot?

Reykjavík – im Jahr 2000 Kulturhauptstadt Europas – ist mit Theatern, Oper, Tanztheatern, Konzerten, Museen,

Abseits der Ringstraße ist ein Jeep unabdingbar

Unter freiem Himmel wächst die Wolle für einen warmen Islandpullover

Galerien usw. Islands Kulturmetropole. Hier gibt es für jeden etwas, und hier finden häufig Festivals und Events statt. Breit aufgestellt ist auch **Akureyri** mit dem Kulturzentrum Hof und einer aktiven Kunstszene. Aber auch die kleineren Städte und Orte bieten interessante Veranstaltungen in örtlichen Museen oder Cafés.

Bus oder Jeep – wie fährt man am besten?

Das reguläre Busnetz – Linien- und Ausflugsverkehr – ist in den Sommermonaten ausgezeichnet. Sie kommen an jeden Punkt der Insel, und da man in Island recht flexibel überall aus- und zusteigen kann, ist das Reisen mit dem Bus sehr angenehm. Meistens gibt es einen Begleiter, zumindest aber eine CD, sodass Sie auf viele wichtige Orte und ihre Geschichten hingewiesen werden. Wer gern selbst fährt und die Insel in jeder Hinsicht unabhängig und auf eigene Faust erkunden möchte, ist natürlich mit einem Mietwagen gut bedient. Um ins Hochland zu gelangen, braucht man unbedingt einen Jeep. Unbedingt beachten: Im Hochland sind die Pisten anspruchsvoll. Lieber einmal mehr zögern und Vorsicht walten lassen, als als mal eben in einem Gletscherfluss landen ...

Was tut sich in Island?

Island ist zum ganzjährig attraktiven Reiseziel geworden, und daher offerieren immer mehr kleine Unternehmen Spezialtouren und -workshops. Man findet sie unter www.icetourist.is. Und die Zahl der ›grünen‹ Unternehmen im Land wächst, auch wenn es noch kein gemeinsames Label gibt. Ganz im Trend liegen Bauernhöfe, die Gemüse oder Eier im Direktverkauf anbieten.

NOCH FRAGEN?

Die können Sie gern per E-Mail stellen, wenn Sie die von Ihnen gesuchten Infos im Buch nicht finden:
barth@dumontreise.de
info@dumontreise.de
Auch über eine Lesermail von Ihnen nach der Reise mit Hinweisen, was Ihnen gefallen hat oder welche Korrekturen Sie anbringen möchten, würden wir uns freuen.

Am Leuchtturm von Grótta – da wo der Horizont im Meer versinkt, S. 106

Zeit zum Entdecken – das Museum in Garðskagi, S. 128

Lieblingsorte!

Besuch bei den Elfen – Bakkagerði, S. 194

Gartenkunst aus Strandgut in Raufarhöfn, S. 202

Jacuzzi mit Fernblick – das Hótel Rangá, S. 146

Der rote Strand des Nordens – Rauðasandur, S. 238

Die Reiseführer von DuMont werden von Autoren geschrieben, die ihr Buch ständig aktualisieren und daher immer wieder dieselben Orte besuchen. Irgendwann entdeckt dabei jede Autorin und jeder Autor seine ganz persönlichen Lieblingsorte. Dörfer, die abseits des touristischen Mainstream liegen, eine ganz besondere Strandbucht, Plätze, die zum Entspannen einladen, ein Stückchen ursprünglicher Natur – eben Wohlfühlorte, an die man immer wieder zurückkehren möchte.

Ein Ort zum Träumen – Siglufjörður, S. 229

Dyrhólaós – schwarz-weißer Zauber, S. 168

Schnellüberblick

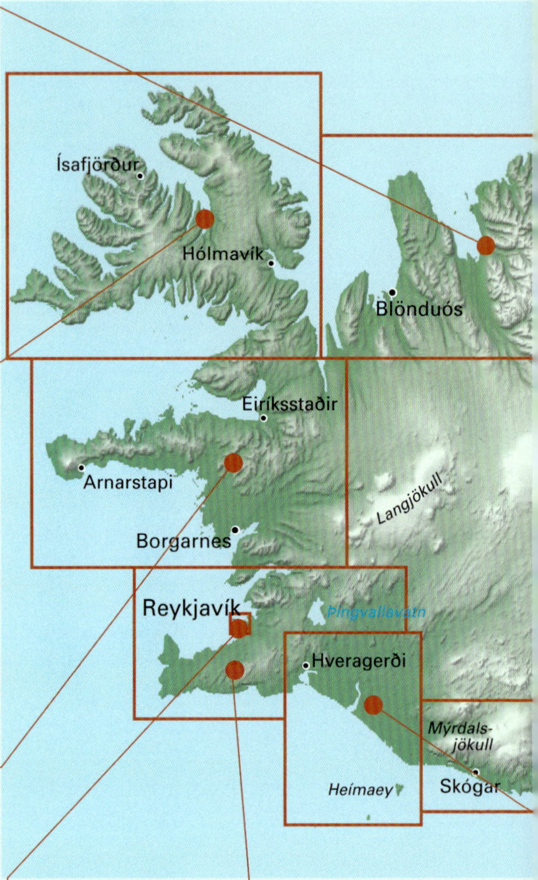

Der Norden
Lebendige Kultur und Geschichte in Hófsos oder Hólar, Akureyri, die Perle des Nordens, fischreiche Küsten mit schön gelegenen Orten wie Siglufjörður, weite grüne Täler im Hinterland und vor allem Pferde, Schafe und Robben – all das findet man in Islands Norden. S. 216

Die Westfjorde
Die höchsten Klippen wie Látrabjarg, die tiefsten Fjorde, steile Tafelberge, versteckte kleine Orte und eine aufstrebende Stadt, Ísafjörður, zeichnen die Westfjorde aus. Die zahlreichen verlassenen Höfe in Hornstrandir sind von einer üppigen Vegetation überwuchert, eine herb-schöne Landschaft mit vielen versteckten Schätzen. S. 234

Der Westen
Im äußersten Westen ragt der magische Gletscher Snæfellsjökull auf der Halbinsel Snæfellsnes weit ins Meer und im Osten reichen die fruchtbaren Gebiete bis ins Hochland. Eine Region erfüllt von Geschichten und Geschichte mit reizvollen Küstenorten inmitten grüner Wiesen. Faszinierende Lavafelder und rote Strände laden zum Wandern ein. S. 252

Reykjavík und Umgebung
Die quirlige Hauptstadt hat nicht nur viele Sehenswürdigkeiten und Museen sowie ein lebendiges Kulturleben zu bieten, sondern auch viele Geschäfte und Kneipen. S. 78

Goldener Kreis und Halbinsel Reykjanes
Zwei schöne Gebiete – geologisch und geschichtlich – lassen sich in Tagesausflügen erkunden. Þingvellir und Geysir gehören zu den Must-Dos. S. 110

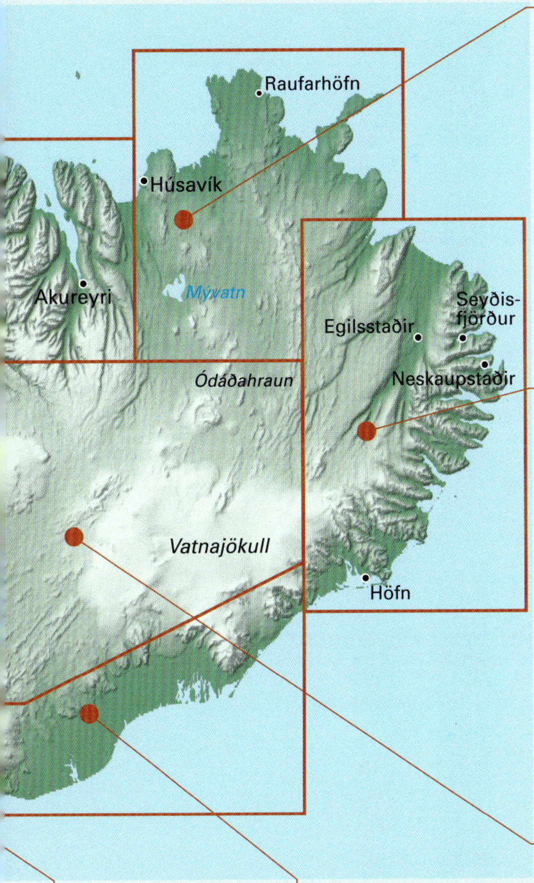

Der Nordosten
Entlegene Orte rund um die Ebene Melrakkaslétta laden zu Entdeckungen ein. Donnernde Wasserfälle, geothermale Gebiete mit zischenden und dampfenden Schwefeltöpfen und vor allem die einmalige Vulkanlandschaft rund um den See Mývatn sind im Nordosten Islands zu erkunden. S. 198

Der Osten
Islands größter Gletscher Vatnajökull hat die Landschaft hier geprägt. Eine Bootsfahrt zwischen den türkisblauen Eisbergen auf der Gletscherlagune Jökulsárlón, eine Skidoo-Tour auf dem mächtigen Eisschild oder Gletscherwanderungen sind einige der Möglichkeiten. Entlang der Ostküste erstreckt sich eine abwechslungsreiche Fjordlandschaft mit kleinen Fischerorten. S. 178

Das Hochland
Eine der faszinierendsten Regionen Islands mit ihrer Weite, den bizarren Lavaskulpturen, grünen Sumpfgebieten, großen Gletschern und einsamen Tafelbergen. Eine geheimnisvolle Landschaft, die erfüllt ist von Geschichten über Trolle, Elfen und Gesetzlose. S. 276

Der Südwesten
Ein weites, grünes Land, ideal für die Landwirtschaft, zwischen flacher Küste und imposanten Vulkanen, zudem Schauplatz der berühmten Njáls saga. S. 134

Der Südosten
Aufregende Gletscher, unter denen die Vulkane schlummern, und schier endlos breite Sanderebenen, vereinzelte Höfe und beeindruckende Wasserfälle. S. 160

Reiseinfos, Adressen, Websites

Für Isländer ein wichtiger Ort der Geschichte: Þingvellir

Informationsquellen

Infos im Internet

Die meisten der isländischen Websites sind auch auf Englisch, sehr wenige auf Deutsch. Die nachfolgenden Internetadressen bieten Informationen zum gesamten Land mit Schwerpunkt Reisen.

www.iceland.is
Das ist die offizielle Seite, auf der sich Island präsentiert: Natur, Kultur, Wirtschaft, Politik etc. Die Website ist aufgefrischt und man wird unmittelbar zu deutschen Infos geleitet.

www.island.is
Wer in Island arbeiten möchte, findet auf dieser Website alle Informationen über Voraussetzungen, Steuern etc.

www.iceland.de
Gute und aktuelle Informationen über Island mit zahlreichen Serviceangeboten, u. a. Reiseveranstalter, die sich auf Island konzentrieren, oder Bücher- und Musikhinweise.

www.islandreise.info
Gute Reiseinformationen und vor allem wunderbare Fotos. Sehr interessant sind die diversen Foren, sodass man einen Eindruck von den Schwierigkeiten und Freuden als Wanderer, Biker, Off-Roader etc. gewinnt.

www.islanderlebnis.de
Bietet zum einen Fly-&-Drive-Angebote und hat vor allem auch gute Bewertungen einiger Veranstalter im Lande, z. B. auch für Reittouren.

www.grapevine.is
Die gleichnamige Zeitung kann man hier herunterladen. Sie bietet nicht nur Infos fürs Reisen, sondern vor allem auch über die Szene (nur Engl.).

www.vegagerdin.is
Alle Informationen über das Wetter und die Straßenverhältnisse, eine Zusammenfassung gibt es auf Englisch. Darüber hinaus kann man sich die Broschüren über das richtige Fahren in Island herunterladen. Hier sind auch die Webcams (vefmyndavélar) zu sehen.

www.island-forum.com
Für alle, die sich mit ›Insidern‹ austauschen möchten, Anregungen und Empfehlungen suchen oder einfach nur über das Land chatten wollen.

www.nat.is
Diese Reisewebsite auf Englisch bietet eine Fülle an Informationen zu den Regionen, einzelnen Orten mit Buchungsmöglichkeiten etc. Man muss sich entsprechend durchklicken, aber es ist ein guter Einstieg, vor allem auch mit Angeboten.

Fremdenverkehrsämter

... in Deutschland

Informationen in der Botschaft
Rauchstr. 1, 10787 Berlin, Tel. 030 50 50 42 00, www.visiticeland.com

Fremdenverkehrsbüros in Island
Das größte Touristeninformationszentrum ist in Reykjavík, hier sind in der Regel auch alle regionalen Broschüren und Informationen erhältlich, sodass man die Reise von dort aus gut strukturieren kann. Ansonsten sind im Reiseteil die jeweiligen örtlichen Informationsstellen angegeben. Die Mitarbeiter sprechen in der Regel

Englisch, in Reykjavík auch einige Deutsch.

Lesetipps

Kristín Marja Baldursdóttir: Die Farben der Insel. Frankfurt/M. 2009. Das Leben der Künstlerin Karítas, voller Widerstände und Kampf um Anerkennung. Die Autorin schildert dieses vielschichtige Leben in Paris und Island mit großer Intensität.

Sabine Barth (Hg.): Reise nach Island, Kulturkompass fürs Handgepäck, Zürich 2009. Island ist mehr als seine Sagas, Vulkanausbrüche oder die Staatskrise, das zeigen die Texte aus dem und über das Land.

Hallgrímur Helgason: 101 Reykjavík, Stuttgart 2002. Der 33-jährige Hlynur, arbeitsloser Nesthocker und TV-Maniac, durchstreift Reykjavík bei Nacht auf der Suche nach Sinn und Frauen. Die häusliche Idylle mit seiner Mutter wird durch deren neue Lebensgefährtin Lolla etwas gestört. Ein Kultroman, nicht zuletzt durch die Verfilmung.

Halldór Gudmundsson/Dagur Gunnarsson: Wir sind alle Isländer. Von Lust und Frust, in der Krise zu sein. München 2009. Wer noch nicht verstanden hat, wie die weltweite Finanzkrise 2008 ein Land ins Rutschen bringen konnte und was das für die Einzelnen bedeutete, der findet in dem Buch interessante Gespräche mit Betroffenen.

Isländersagas: 5 Bde. und Kommentarband, Frankfurt 2011. Der Gastlandauftritt Islands machte es möglich, dass es endlich gut lesbare, moderne Übersetzungen der großen Isländersagas gibt. Die spannend zu lesenden Geschichten vermitteln viel vom Leben der Siedler im Mittelalter.

Steinunn Jóhannesdóttir: Die Isländerin, Reinbek 2006. Algerische Freibeuter fallen mordend und brandschatzend auf den grünen Westmänner-Inseln ein. Sie verschleppen 252 Menschen – unter ihnen die junge Guðrið Símonardóttir und ihren kleinen Sohn. Der historische Roman erzählt von Guðriðs Raub und ihrem Leben in der Sklaverei. Literarisch kein Highlight, doch immerhin so spannend wie historische Romane oft sind.

Sjón/Bernd Koberling: Gesang des Steinesammlers, Münster 2006. Der zweisprachige Gedichtband mit den Aquarellen von Bernd Koberling ist in vieler Hinsicht ein Genuss. Sjón gehört mit seiner faszinierenden Bildersprache zu den besten Lyrikern des Landes. Koberlings Arbeiten korrespondieren dazu ohne zu illustrieren.

Halldór Laxness: Atomstation, Göttingen 1989. Der Roman, für den Laxness 1955 den Nobelpreis erhielt, spiegelt die Unruhe in Island wider, als 1946 das isländische Parlament beschloss, den USA den Flugplatz Keflavík als Stützpunkt zu überlassen.

Kristof Magnusson: Gebrauchsanweisung für Island, München 2011. Kristof M. ist nicht nur ein bekannter Autor und Übersetzer, sondern auch Halb-Isländer, mit einem kritisch-liebevollen Blick aus Nähe und Distanz – ein idealer Einstieg für Island-Neulinge.

Guðmundur Óskarsson: Bankster, Frankfurt 2011. Markús verliert in Folge der Finanzkrise seine Stelle bei der Bank. Als auch seine Freundin Harpa arbeitslos wird, bricht das Lebensmodell des Paares zusammen. Humorvoll und aus erster Hand erzählt, der kongeniale Roman zur isländischen Bankenkrise.

Steinunn Sigurðardóttir: Gletschertheater, Hamburg 2003. Die Theatergesellschaft in Papavík plant Großes, die Inszenierung von »Kirschgarten«, und dafür soll zu Füßen des Vatnajökull ein eigenes Theater gebaut werden. Die Souffleuse Beatrís wird immer mehr zur Krisenmanagerin, um alle Konflikte der Truppe zwischen Größenwahn und Kleingeist zu bändigen.

Wetter und Reisezeit

Klima

Der Satz »Wenn Dir das Wetter nicht gefällt, dann warte nur einen Augenblick« ist typisch für das wechselhafte Wetter Islands, das durch mehrere Faktoren beeinflusst wird: Feuchtwarme, zum Teil tropische Luftmassen aus dem Süden treffen auf trockene, kalte Luftmassen aus der Polarregion; der Irmingerstrom, ein Arm des Golfstroms mit Wassertemperaturen bis zu 12 °C, umspült von Süden kommend die Süd- und Westküste, während von Norden der kalte Ostgrönlandstrom im Nordwesten vorbeistreicht; er bringt polares, 0–3 °C kaltes Wasser.

Trotz der nördlichen Lage weist die Insel keine extremen Temperaturen auf: Die Sommer sind kurz und derzeit noch relativ kühl, die Winter lang, aber recht mild. Die überwiegend südlichen und südwestlichen Winde in Island bringen Wolken und hohe Luftfeuchtigkeit mit sich. Während es im Norden kühl und trocken ist, regnet es im wärmeren Süden häufiger. Winde mittlerer Stärke sind kennzeichnend für das isländische Wetter, und im Winter kommt es nicht selten zu heftigen Schneestürmen.

Klimadiagramm Reykjavík

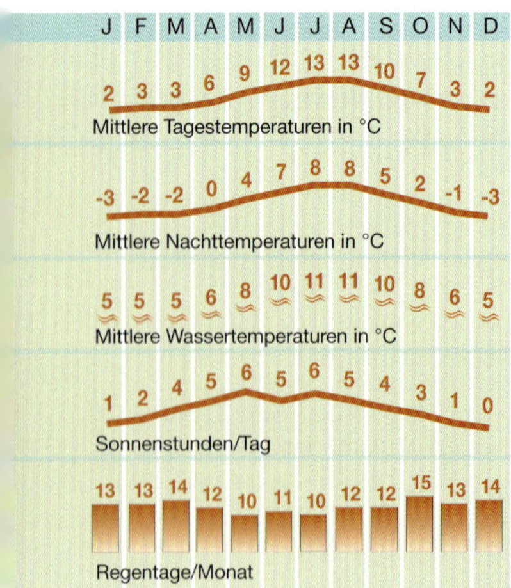

Reisezeiten

Sommer

Die Hauptsaison liegt noch immer im Sommer von Juni bis August, doch langsam weitet sie sich aus, was sich an den Preisen zeigt. Die touristischen Angebote sind am vielfältigsten, die Isländer am lebendigsten, die Touristen am zahlreichsten und die Natur am üppigsten. In der Zeit sind auch die Zeltplätze und Berghütten geöffnet und somit steht einem aktiven Outdoorurlaub wenig im Wege.

Herbst

Er ist kurz, September bis Mitte Oktober. Eine ideale Reisezeit, erfahrene Geländewagenfahrer können noch ins Hochland. Ansonsten hat man das Land – fast – für sich, getaucht in warme Goldtöne. Außerdem findet der Schafabtrieb statt, ein beliebtes Volksfest.

Winter

Am preiswertesten sind die Wintermonate – mit Ausnahme der Weihnachtstage und des Jahreswechsels –, doch dann muss man mit vier Stunden Tageslicht auskommen. Dennoch: Der Schnee verzaubert die Landschaft geradezu und der Frost verwandelt die Wasserfälle in Eispaläste. Die zahlreichen Wintersportangebote sind ebenso lohnend wie Gletscherausflüge mit Superjeeps. Im Dezember sind

In den Sommermonaten trägt das Schneehuhn ein dunkles Federkleid

die Straßen in ganz Reykjavík strahlend erleuchtet und alle sind in Weihnachtslaune.

Frühling

Der Mai mit seinen langen, hellen Tagen, den ersten Blumen und Knospen ist sehr reizvoll. Zudem findet dann das Reykjavík Art Festival statt, und das Leben draußen beginnt.

Kleidung und Ausrüstung

Gute Regensachen und Schwimmzeug sowie Sonnenschutz und Sonnenbrille gehören unbedingt ins Gepäck. Ansonsten sollte die Kleidung auf das wechselhafte Klima abgestimmt sein. Deshalb unbedingt Fleecejacken oder Pullover einpacken sowie leichte T-Shirts. Selbst Mütze und Handschuhe können im Sommer notwendig sein. Wichtig sind bei Hochlandtouren – motorisiert oder zu Fuß – feste Schuhe und windundurchlässige Kleidung. Für den gehobenen Restaurant- oder Diskothekenbesuch in Reykjavík benötigt man entsprechende Garderobe – die Isländer mögen es schick.

Ein Zelt sowie Schlafsack und Kochutensilien geben die Freiheit, auch im Hochland zu übernachten. Zelten ist außer auf eingezäunten Weiden und in Naturparks überall erlaubt. Nicht bei der Qualität des Zeltes sparen, denn das muss auch Stürmen standhalten. Für Wanderungen empfiehlt sich, dass man Teleskop-Stöcke mitnimmt, denn das Terrain ist nicht immer eben. Gerade wenn man Flüsse furten muss, sind die Stöcke zum Stabilisieren hilfreich, zumal einige Gletscherflüsse eine stärkere Strömung haben. Wer längere Wanderungen unternimmt, sollte entsprechende wasserdichte Schuhe zum Furten einpacken, entweder Trekkingsandalen oder Gummistiefel.

Das Gepäck wird auf Busfahrten durch Wasser, Staub und Sand z. T. sehr strapaziert, deshalb reisen die meisten Touristen mit Rucksäcken.

Anreise und Verkehrsmittel

Einreisebestimmungen

Für Reisende aus Schengen-Ländern besteht keine Passkontrolle, dennoch empfiehlt es sich, Pass oder Ausweis mitzunehmen. Für Schweizer Bürger genügt der Pass ebenso wie für ausländische Staatsbürger mit einer Aufenthaltsgenehmigung in Deutschland. Der Reisepass muss nach der Rückreise noch drei Monate gültig sein. Seit 26. Juni 2012 benötigt jedes Kind, das ins Ausland reist, unabhängig vom Alter ein eigenes Reisedokument. Die Mitnahme von Devisen ist unbegrenzt (Info: www.tollur.is).

Zollvorschriften

Zoll- und steuerfrei dürfen pro Erwachsenem (bei Alkohol Mindestalter 20 Jahre) eingeführt werden: 1 l Alkohol bis 47 %, 1 l Wein bis 21 % und 6 l isländisches Bier, 200 Zigaretten bzw. 250 g anderer Tabakwaren, Lebensmittel bis 3 kg. Nicht eingeführt werden dürfen Tiere, Rausch- und Betäubungsmittel, Frischfleisch, frische Molkereiprodukte, Eier und Waffen.

Einreise mit dem Pkw

Bei der Kfz-Einfuhr müssen Reisepass, internationaler Führerschein, Kfz-Schein und internationale Versicherungspolice vorgezeigt werden. Die Grüne Karte oder andere Versicherungen sind obligatorisch, ohne entsprechenden Nachweis muss bei der Ankunft eine Haftpflichtversicherung abgeschlossen werden. Bei der Ankunft in Island wird das Fahrzeug kontrolliert und eine für einen Monat befristete Einfuhrgenehmigung erteilt. Die höchstzulässige Breit beträgt 2,5 m und die Länge 13 m. Fahrzeuge für 15 und mehr Personen dürfen keine Anhänger haben (Info: www.tollur.is).

Einreise mit Sportausrüstung

Angelausrüstung sowie Reitkleidung und -ausrüstung, die außerhalb Islands benutzt wurden, müssen von einem Veterinär vorab desinfiziert werden und eine entsprechende, offizielle Bescheinung muss man bei der Einreise vorlegen. Andernfalls werden die Sachen kostenpflichtig bei der Einreise desinfiziert.

Anreise und Ankunft

Mit dem Flugzeug

Von Deutschland, Österreich und der Schweiz gibt es Non-Stop-Flüge zum Internationalen Flughafen in Keflavík, von dort fährt der sogenannte Flybus nach Reykjavík. Die Fahrzeit beträgt rund 45 Min., und die Fahrkarten kauft man am Schalter im Ankunftsbereich. Auf dem Weg nach Reykjavík hält der Bus auch in Hafnarfjörður. Am Busterminal BSÍ in Reykjavík muss man in die entsprechenden Busse zu den jeweiligen Unterkünften umsteigen. Weitere Infos: www.flybus.is.

Ganzjährig fliegen die beiden isländischen Fluggesellschaften, besonders interessant sind Kooperationen bei WOW air mit anderen Low-Fare-Airlines. Während der Sommermonate – von Juli bis Mitte September – bieten noch andere Fluggesellschaften wie Airberlin (LTU), Lufthansa oder Austrianair günstige Verbindungen an. Da diese jährlich wechseln können, schauen Sie am besten auf der Website des Flughafens (www.keflavikairport.is) unter den Airlines nach.

Icelandair: Tel. 069 29 99 78, Fax 0 69 28 38 72, www.icelandair.de.

Die Autofähre Norröna liegt in Seyðisfjörður vor Anker

WOW air: Callcenter Tel. 040 30 18 74 20, http://wow-air.de/.

Mit dem Schiff

Die Autofähre ›Norröna‹ der Smyril Line verkehrt fast ganzjährig. Smyril Line bietet auch entsprechende Rundreisen in Island (inklusive Überfahrt) an. Weitere Informationen bei

Smyril Line Deutschland: Wall 55, 24103 Kiel, Tel. 0431 20 08 86 (Reservierung), www.smyrilline.de.

Besonders reizvoll ist die Möglichkeit, einige Tage auf den Färöer Inseln zu verbringen.

Verkehrsmittel im Land

Flugzeug

Air Iceland fliegt von Reykjavík aus und ist die Hauptairline. Destinationen sind Akureyri, Egilsstaðir, Ísafjörður und Heimaey, von Akureyri gibt es Verbindungen nach Grímsey, Þórshöfn und Vopnafjörður. Darüber hinaus bietet Air Iceland Tagestouren an, außerdem Verbindungen nach Grönland und den Färöer. Diese Flüge gehen auch vom Flughafen in Reykjavík ab. Buchung und Informationen: www.airiceland.is.

Eagle Air fliegt mehrmals wöchentlich Bíldudalur, Gjögur, Sauðárkrókur, Heimaey, Húsavík und Höfn an. Außerdem bietet die Airline Charterflüge und Rundflüge. Weitere Informationen: www.ernir.is

Bus

Das Linienbusnetz ist hervorragend ausgebaut, zudem werden im Sommer verschiedene Buspässe angeboten. Einzelfahrkarten kann man beim Fahrer kaufen. An jeder beliebigen Stelle der Strecke ist ein Aus- oder Einsteigen möglich.

Reykjavík Excursions: Linienbusse rund um Island auf der Ringstraße sowie zahlreiche Tagestouren und Hochlandstrecken. Infos: www.re.is.

SBK: Bietet die Fahrten nach Reykjanes und Keflavík an. Infos: www.sbk.is.

SBA: Fahrten im Nordosten, vor allem die Hochlandrouten. Infos: www.sba.is.
Strætó: Das Reykjavíker Busunternehmen bedient auch Strecken rund um die Insel. Infos: www.straeto.is.
Sterna: Rund um Island und insbesondere Verbindungen im Westen, Buspässe. Infos: www.sternatravel.com.

Infos über Touren, Preise, Fahrpläne, Buspässe: **Destination Iceland**, BSÍ-Busbahnhof, Vatnsmýrarvegur 10, 101 Reykjavík, Tel. 562 10 11, www.bsi.is.

Fähren

Folgende Ziele sind nur mit Fähren zu erreichen, wie: Stykkishólmur–Flatey–Brjánslækur, Landeyjarhöfn–Vestmannaeyrar oder Akureyri–Dalvik–Grímsey. Außerdem besteht eine Verbindung von Ísafjörður nach Hornstrandir. Fahrpläne unter www.nat.is.

Mietwagen

In den meisten größeren Orten kann man Fahrzeuge leihen. Icelandair kooperiert mit Hertz und Icelandexpress mit Budget, entsprechend werden den Fluggästen günstigere Tarife angeboten. Buchen über das Internet lohnt sich immer. Vor allem Buchungen über Portale sind besonders günstig. Eine zusätzliche Gebühr wird fällig, wenn Sie den Wagen in Reykjavík mieten und am Flughafen abgeben. Das gilt auch für andere Orte. Der niedrigste Tarif liegt während der Sommermonate bei rund 15 000 ISK pro Tag (ohne Kilometerbegrenzung). Eine Kreditkarte ist für die Anmietung Voraussetzung. Der Fahrer muss mindestens 20 Jahre alt sein – für Wagen mit Vierradantrieb 23 Jahre – und seit einem Jahr den Führerschein haben. Wer mit einem Pkw ins Hochland fährt, muss mit Strafgebühren rechnen.
Tanken: Abgesehen vom Hochland ist das Tankstellennetz relativ dicht. In Reykjavík und in den größeren Orten sind die Tankstellen meist bis 24 Uhr geöffnet. Mit Prepaid- und Kreditkarten kann man auch außerhalb der Geschäftszeiten an kleineren Tankstellen tanken. Berücksichtigen Sie bei einer Fahrt unbedingt die Entfernung bis zur nächsten Tankstelle. Einen aktuellen Tankstellenplan finden Sie auf den Websites der Tankstellenbetreiber: www.n1.is/en/locations/, www.olis.is/english/stations.

Verkehrsregeln

Die Höchstgeschwindigkeit beträgt in Ortschaften 50 km/h, auf Stadtbahnen 60 km/h, auf Landstraßen 80 km/h bei Schotterbelag und 90 km/h bei Asphaltbelag. In geschlossenen Wohngebieten gelten häufig nur 30 km/h.

Etliche Straßen sind Schotterpisten, nur die Ringstraße und die Ortsstraßen verfügen über eine fast geschlossene Asphaltierung. Inlandstraßen und Brücken sind oft schmal (einspurig). Hier gilt, dass derjenige, der der Brücke am nächsten ist, zuerst fährt, der andere am Straßenrand wartet. Unübersichtliche Straßenkuppen sind nicht immer durch ein Warnschild mit der Aufschrift ›blindhæð‹ gekennzeichnet.

Freilaufende Schafe haben Vorrang – fahren Sie langsam an den Tieren vorbei. Das Abblendlicht muss am fahrenden Fahrzeug – auch an Motorrädern und Mopeds – angeschaltet sein. Für alle Mitfahrenden gilt Gurtpflicht. Kinder müssen in entsprechenden Kindersitzen sitzen. Alkohol am Steuer ist generell untersagt. Für Hochlandstrecken braucht man einen Wagen mit Vierradantrieb und Erfahrung. Prüfen Sie vor Durchfahrten die Wassertiefe, denn immer wieder werden Autofahrer abgetrieben. Hochlandpisten dürfen im Sommer erst nach Freigabe befahren werden (Tel. 17 77, www.vegagerdin.is). Es ist strikt verboten, außerhalb der Fahrspuren zu fahren.

Übernachten

Wer in Island ausschließlich in Hotels, Gästehäusern oder auch auf Bauernhöfen übernachten will, muss ein entsprechend hohes Budget einplanen, ansonsten sind die Pauschalangebote der Reiseveranstalter günstiger. Außerhalb der Sommersaison sind die Preise um ca. 30 % niedriger, dafür sind die meisten Edda-Hotels, Zeltplätze sowie einige Jugendherbergen aber geschlossen. Die Preise für eine Übernachtung in einem gut ausgestatteten Gästehaus oder kleinen Hotel beginnen bei 18 000 ISK (DZ inkl. Frühstück).

Hotels

Die meisten Hotels sind von mittlerem Standard und haben Zimmer mit Dusche/WC. Häuser ab vier Sternen bieten durchaus gehobenen Standard. Von Hotelketten in Island zu sprechen ist vielleicht etwas verwegen, einzelne Häuser haben sich zusammengetan oder bauen ihre Unternehmen kontinuierlich aus, wie z. B. KEA. Internationale Hotelketten sind nur zwei vertreten: Radisson SAS und Hilton.

Ketten und Zusammenschlüsse

Zu den **Icelandair Hotels** gehören insgesamt neun Häuser, die zwischen drei und vier Sternen rangieren. Sie sind ganzjährig geöffnet und verfügen meist über einen relativ guten Ausstattungsstandard. In Pauschalangeboten von Icelandair wird man häufig dort untergebracht. Buchungen und Informationen unter: www.icelandairhotels.com.

Mit zur Icelandair-Familie gehören auch die zwölf **Edda-Hotels.** Alle sind Sommerhotels, größtenteils in Internatsschulen untergebracht, häufig mit Schwimmbad, Restaurant und eigener Bar sowie in den Zimmern Dusche/WC. Einige Hotels haben auch Schlafsackunterkünfte. Im Internet findet man regelmäßig Angebote. Buchungen und Informationen: www.hoteledda.is.

Zur Hotelkette **Fosshótel** gehören heute dreizehn Hotels. Die Häuser haben den Standard eines Touristenhotels und sind meistens völlig überteuert. Einige der Hotels sind ganzjährig geöffnet. Auch hier findet man preisreduzierte Angebote im Internet: www.fosshotels.is.

KEAHotels hat nun sieben Häuser, darunter vier in Reykjavík wie das Hótel Björk und das Traditionshaus Hótel Borg, sowie eins am Mývatn, Hotel Gígur. Das Angebot reicht von Zwei- bis Vier-Sterne-Häusern mit völlig eigener Preisgestaltung und Ausstattung. Informationen unter: www.keahotels.is.

Weitere sogenannte Ketten bestehen aus mehreren Hotels, die einem Inhaber, einer Familie oder einem Unternehmen angehören oder einen Zusammenschluss mit gemeinsamer Website gebildet haben, so z. B. **www.centerhotels.com.**

Gästehäuser und Privatunterkünfte

In fast jeder Ortschaft Islands gibt es solche Übernachtungsmöglichkeiten *(gistiheimili, gistihúsið)*. Gästehäuser bieten auch häufig die Möglichkeit der Schlafsackunterkunft. Es handelt sich aber mitnichten um eine Übernachtungskategorie mit einheitlichem Standard. So reicht die Zimmerausstattung von zwei schmalen Betten mit zwei Stühlen und Haken bis zu wirklich komfortablen Unterkünften. Auch die Preise sagen nicht unbedingt

Viele Unterkünfte in Island liegen inmitten einer fantastischen Landschaft

etwas über die Qualität und den Standard aus.

Ferien auf dem Bauernhof

Unter dem Namen ›Icelandic Farm Holidays‹ bieten die zu einer Dachorganisation zusammengeschlossenen Bauernhöfe und Gästehäuser neben den Übernachtungen noch eine Reihe von Aktivitäten wie Reiten, Angeln, Jagen, Schwimmen und Schafabtrieb an. Übernachtungen (auch Schlafsackunterkunft) mit Frühstück werden entweder in den Bauernhöfen, separaten Häusern oder Sommerhäusern angeboten. Die Bauernhöfe sind in unterschiedliche Kategorien eingeteilt, von sehr einfachen Zimmern mit Bad auf der Etage bis zu Country-Hotels mit allem Komfort. Der Dachverband fühlt sich einer gewissen Qualitätskontrolle verpflichtet und einige Unterkünfte haben auch den Green Globe, sprich: Hier werden umweltbewusste Angebote gemacht in Hinblick auf Mahlzeiten, Möbel, Tourenangebote etc. Die Sommerhäuser werden sowohl tage- als auch wochenweise vermietet. Außerdem kann man z. B. sogenannte Self-Drive-Tours buchen. Auch außerhalb der Sommersaison eine ideale Form, um Island kennenzulernen. Broschüren, Listen der aktuellen Mitglieder sowie weitere Informationen:
Icelandic Farm Holidays, Síðumúla 2, 108 Reykjavík, Tel. 570 27 00, Fax 570 27 99, www.farmholidays.is.

Ferienhäuser

Es gibt mehrere Möglichkeiten, ein Sommerhaus oder auch ein Ferienhaus zu mieten. Zum einen gehören Sommerhäuser – im Stil einer skandinavischen Hütte – zu manchen Bauernhöfen oder Gästehäusern dazu. Entsprechende Hinweise findet man in den Broschüren »Discover Iceland« (www.farmholidays.is/about-us/brochures) und »Áning« (http://heimur.is/2006/04/12/aning-accommodation-ubernachtungsorte-2014). Zum anderen vermieten etliche Isländer Häuser als Feriendomizile. Einige Reiseveranstalter bieten diese Häuser an, doch hier muss man oft eine Woche buchen, z. B. www.katla-travel.is. In Island gibt es den Anbieter Viator (www.viator.is, auch auf Deutsch).

Jugendherbergen

Etliche der 34 Jugendherbergen sind nicht nur in den Sommermonaten geöffnet und stehen jedem ohne Altersbegrenzung offen. Das Angebot an Zimmern und Aktivitäten ist vielfältig. Die Übernachtungspreise betragen für HI-Mitglieder 3850 über Internet, sonst 3400–3900 ISK, für Nicht-Mitglieder rund 4550 über Internet, sonst 4100–4600 ISK. Die Häuser in Reykjavík sind teurer. Mit entsprechenden Preiszuschlägen kann man statt in Gemeinschaftsräumen auch in Doppelzimmern – sofern vorhanden – übernachten. Da Jugendherbergen eine preiswerte Unterkunftsmöglichkeit darstellen und auch bei Familien beliebt sind, sollte man im Sommer frühzeitig reservieren. Infos mit Beschreibungen der einzelnen Herbergen sowie Buchungen:

Bandalag Íslenskra Farfugla (Jugendherbergsverband), Borgartún 6, 105 Reykjavík, Tel. 575 67 00, Fax 553 05 35, www.hostel.is.

Camping

Es gibt ca. 170 Zeltplätze mit unterschiedlicher Ausstattung, von denen die meisten von Juni bis August geöffnet haben. Der Standard ist sehr unterschiedlich. Im Schnitt bezahlt man pro Person und Nacht rund 2000 ISK (plus Zelt).

In der Nähe von Zeltplätzen, in Nationalparks und auf kultivierten Böden wie Wiesen und Weiden ist wildes Zelten untersagt. Wer größere Wanderungen unternimmt, kann durchaus wild zelten, aber es versteht sich von selbst, dass man den Platz wieder verlässt, ohne größere Spuren zu hinterlassen.

Wanderhütten

Die isländischen Wanderhütten gehören den jeweiligen Wanderorganisationen und ihren Regionalsektionen. Sie stehen jedem offen, und wenn man vorab nicht bezahlt hat, so wird erwartet, dass der Betrag in die in den Hütten bereitgestellten Boxen getan wird. Die Preise stehen in den Hütten angeschlagen. Informationen:

Ferðafélag Íslands, Mörkin 6, 108 Reykjavík, Tel. 568 25 33, Fax 568 25 35, www.fi.is.

Útivist, Laugavegur 178, 105 Reykjavík, Tel. 562 10 00, www.utivist.is.

Camping Card

Immerhin 42 Zeltplätze haben sich zusammengeschlossen, und mit dem Kauf der Camping Card für 15 900 ISK (28 Tage) pro Nacht kann man zusammen mit einer Begleitperson sowie max. 4 Kindern (bis 16 Jahren) dort zelten. Je nach Reise eine wirklich preiswerte Alternative. Infos: www.campingcard.is.

Essen und Trinken

Traditionelle Lammgerichte

Island ist das Land der Schafe und Fische, entsprechend sind alle Gerichte damit empfehlenswert. Vor allem während der Grillsaison im Sommer wird Lamm günstig angeboten, da man Platz für die Herbstschlachtungen schaffen will.

Hangikjöt (geräuchertes Lamm) war ursprünglich ein besonderes Essen in Island und wird bei traditionsbewussten Isländern noch zu festlichen Anlässen serviert. Traditionell isst man es mit einer weißen Soße, Karamellkartoffeln und Erbsen. Heute gehört es zu den Alltagsgerichten, wie sie in Kantinen angeboten werden. Kalt isst man es auch als Aufschnitt, und zwar auf *flatbrauð*, einem crêpedünnen Roggenbrot. Andere traditionelle Gerichte sind *svið* (gesengte Lammköpfe) und *saltkjöt* (gepökeltes Lammfleisch), beides isst man sowohl warm als auch kalt zu Kartoffeln oder Steckrüben. Besonders in der Zeit von Þorrablót, der Zeit am Ende des Winters, liegen die Schafsköpfe in den Regalen. *Slátur* (Würste aus Schafsinnereien) werden während der Schlachtzeit im September und Oktober hergestellt. Sie werden drei Stunden gekocht und mit Kartoffel- oder Steckrübenpüree gegessen.

Frischer Fisch

Fisch in allen Varianten, gekocht, gegrillt, gedünstet, geräuchert oder pikant eingelegt, steht ganzjährig auf dem Speisezettel und gehört auch schon zum Frühstück. Die eher exotischen Varianten wie Hai findet man zwar in jedem Lebensmittelladen, aber dafür braucht es schon die Begeisterung eines Isländers: »Hai ist wie ein guter Wein, je älter er ist, desto besser.« *Hákarl* (Grönlandhai) wird zunächst geräuchert und anschließend nach dem Reifungsprozess – dafür wurde er mancherorts vergraben – getrocknet. Er entwickelt dabei einen strengen Ammoniakgeruch und schmeckt am besten in Kombination mit *brennivín* und *rúgbrauð*, einem süßen, dunklen Roggenbrot, das in einigen Gegenden noch in den heißen Quellen gegart wird. *Harðfiskur* (Trockenfisch) wird nach einer alten Konservierungsmethode getrocknet und kann über Jahre aufbewahrt werden. Man kann ihn pur essen oder mit Butter, als Nachtisch oder kleine Zwischenmahlzeit.

Käse und Gebäck

Zu den traditionellen Milchprodukten gehört *skyr*, ein quarkähnlicher Weichkäse, serviert mit weißem oder braunem Zucker und einer Mischung aus Milch und Sahne, verfeinert viel-

Mein Tipp

Unbedingt probieren!
Auch die jungen Isländer haben ein Lieblingsgericht: *pylsur*, bei uns als Hot Dog bekannt. Dazu gibt es ein Soßensortiment und Zwiebel, wer alles zusammen haben will, bestellt *með öllu* (mit allem). Hot-Dog-Fans beschwören, dass die isländischen Würste ausgezeichnet sind.

leicht noch mit Früchten. *Mysa* ist die Molke, die sich vom *skyr* absetzt. Man benutzt sie zum Einsäuern von Fleisch und auch beim Kochen von Fisch anstelle von Weißwein. Zugleich ist es auch ein erfrischendes Getränk.

Bei Gebackenem sollten vor allem Kuchen und Gebäck genannt werden, denn nachmittags wird das Kaffeebüfett aufgefahren. Neben zuckersüßen, hohen Sahnetorten gibt es auch *pönnukökur* (hauchdünne Pfannekuchen), *kleinur* (Schmalzgebäck) oder *vinarbrauð* (dänisches Gebäck).

Essen gehen

Das Angebot an Restaurants ist in Reykjavík und den größeren Orten vielfältig, von typisch isländischen Gerichten über Hummer, Papageitaucher oder Wal bis zu Sushi und Tapas reicht die Palette. Zu einem richtigen Dinner gehört zunächst ein Aperitif, den man an der Bar oder in gemütlichen Sofaecken trinkt, währenddessen wird alles für die Vorspeise vorbereitet. Anschließend der Hauptgang – wie wäre es mit einem Rentiersteak? – bei Wein und Kerzenlicht. Wer auf das Dessert verzichtet, nimmt auf jeden Fall einen Kaffee und dazu Cognac oder Likör. Diese opulenten Abende leisten sich die Isländer mit Vorliebe am Wochenende, und dann muss man schon reservieren, um noch einen Platz im Restaurant seiner Wahl zu erhalten. Die Kosten liegen bei rund 70 € pro Person, je nach Alkoholkonsum.

Preiswerter sind dagegen die Mittags- bzw. Tagesgerichte *dagsréttur*, die einige der Restaurants anbieten (rund 15 €). Entsprechende Tafeln weisen schon draußen darauf hin.

Aktivurlaub, Sport und Wellness

Angeln

Island gilt als Anglerparadies für Lachs- und Forellenangeln. Ein schönes, aber teures Vergnügen, denn die Lizenzen müssen rechtzeitig bestellt und die mitgebrachte eigene Angelausrüstung muss vor der Einreise desinfiziert werden (s. S. 22). Die Hauptsaison für Lachsangeln reicht vom 20. Juni bis Mitte September. Die Saison für Forellen schwankt, abhängig vom Fluss bzw. See, und dauert in der Regel von Mai bis Ende September. Im Winter wird das Eisangeln zunehmend beliebter.

Angellizenzen für Forellengewässer sind kurzfristig an Bauernhöfen und auch an Tankstellen bei den Gewässern zu beziehen. Außerdem bieten zahlreiche Bauernhöfe Angelmöglichkeiten an. Hochseeangeln findet von Mai bis August statt und wird in entsprechenden Küstenorten angeboten. Informationen erteilt:

Icelandic River Owners, Bændahöllinn, Hagatorg, 107 Reykjavík, Tel. 563 03 08, www.angling.is. Hier erhält man auch Lachslizenzen.

Bergsteigen

Dieser Sport ist in Island reizvoll, weil man fast nie auf ausgetretenen Pfaden wandert, aber aufgrund des lockeren Gesteins vieler Berge nicht ganz ungefährlich. Vor einer Bergbesteigung sollte man sich über Wetteraussichten und Bergverhältnisse informieren. Ratsam ist es auch, eine Nachricht bei entsprechenden Stellen wie Hüttenwarten zu hinterlassen. Wichtig ist, einbrechende Wetterstürze abzuwarten, daher gehört zu einer

Wandertipps im Netz
www.visiticeland.com: Unter ›Hiking‹ findet man isländische Veranstalter und Bauernhöfe, die zur Unterkunft *(farm holidays)* u. a. auch gute Wandertouren anbieten.
www.naturreisen.is: Reiseveranstalter, der schöne Wanderungen mit Gepäcktransfer organisiert.

Bergtour immer eine Notausrüstung mit Biwaksack und Alu-Decke. Nur wirklich erfahrene Bergsteiger können vielleicht auf ortskundige Bergführer verzichten, alle anderen sollten sich organisierten Gruppen anschließen. Die Wandervereine erteilen Auskünfte, s. S. 27.

Golf

Alle Golfplätze stehen ausländischen Besuchern offen, es wird lediglich eine geringe Tagesgebühr erhoben. Golf ist in Island ein Volkssport. Einige Plätze sind landschaftlich sehr schön gelegen. **The Golf Union of Iceland**, Engjavegur 6, 104 Reykjavík, Tel. 514 40 50, Fax 514 40 51, www.golf.is.

Marathon

Jedes Jahr findet um den 20. August der Reykjavík-Marathon statt. Beim Laugevegur Ultra Marathon wird von Landmannalaugar nach Þorsmörk die klassische Wanderroute von 55 km gelaufen. Beim Suzuki Mitternachtssonnenlauf im Juni, der in Reykjavík stattfindet, sind drei Distanzen möglich: Halbmarathon, 10 km und 5 km. Man kann sich aber auch für alle drei Strecken anmelden. Alle Läufer haben an diesem Tag freien Eintritt in das Schwimmbad Laugardalslaug. Anmeldung unter: www.marathon.is.

Radfahren

Radfahren ist für viele die beliebteste Fortbewegungsart in Island, entsprechend viele Radler sieht man. Wer es einmal ausprobieren möchte, sollte sich an den isländischen Mountainbike-Klub (Brekkustígur 2, 101 Reykjavík, Tel. 562 00 99, www.fjallahjoklalubburinn.is) wenden. Hier findet man auch Informationen zur Kleidung und Hinweise auf Fahrradwerkstätten. Die Touristeninformationen halten eine Liste der Mountainbike-Vermieter und -Veranstalter bereit.

Rafting

Diesen beliebten Sport kann man in vielen Teilen des Landes ausüben. Informationen erhält man in den Touristeninformationen sowie bei www.arcticrafting.is.

Reiten

Die Möglichkeiten sind vielfältig, sie reichen vom einstündigen Ausritt für den Anfänger bis zum mehrwöchigen Hochlandritt. Informationen findet man u. a. in Reitermagazinen sowie in der Broschüre »Discover Iceland« (www.farmholidays.is/about-us/brochures), wo die Höfe mit Reitmöglichkeiten angegeben sind. Infos auch unter: www.islanderlebnis.de.

Wandern

Dem Wandern in Island haftet nicht selten ein Mythos an – Einsamkeit, unberührte Natur und unbegrenzte Selbsterfahrung. Mehrtagestouren sind sehr sorgfältig zu planen und am besten holt man dazu den Rat erfahrener Islandwanderer ein. Dass man mit Karte und Kompass umgehen kann, ist selbstverständlich, aber man sollte niemals davon ausgehen, dass die Karte immer recht hat, Flussläufe verändern sich z. B. mit der Zeit. Eine qualitativ hochwertige Ausrüstung, die den stark schwankenden Witterungsbedingungen gewachsen ist, ist ein Muss. Mehrtägige Sandstürme sind keine Seltenheit, und mit Temperaturstürzen oder länger anhaltendem, heftigem Regen mit starkem Wind muss man immer rechnen. Bei Hochlandwanderungen sind oft (Gletscher-)Flüsse mit starker Strömung und niedrigen Temperaturen zu queren. Gehen Sie nicht ohne Watstange – Teleskopskistöcke sind ideal. Hören Sie auf die Warnungen isländischer Wanderführer und erfahrener Wanderer, denn Selbstüberschätzung bringt jährlich einige Touristen in lebensbedrohliche Situationen.

Beliebte Strecken haben meist den Vorteil, dass sie mit Sticks markiert sind. Wanderwege, wie man sie sonst kennt, gibt es auf Island nicht. Wer Lavawüsten erwandern will, muss darauf verzichten und sich anhand der Karte orientieren. Informationen erteilen die Wandervereine, s. S. 27.

Kartenmaterial

Forlagið, Landakort: Bræðraborgarstíg 7, 101 Reykjavík, Tel. 575 56 00, Fax 575 56 01, www.forlagid.is. Wanderkarten (Sérkort, 1 : 100 000), eine Hochlandkarte mit GPS-Koordinaten an Kreuzungen und Hütten, der Íslands Atlas (1 : 100 000).
Ferðakort: Brautarholt 8, 105 Reykjavík, Tel. 517 72 10, www.ferdakort.is. Wanderkarten (Sérkort, 1 : 50 000).

Wellness

In Reykjavík und der Blauen Lagune (s. S. 132) gibt es spezielle Wellness-Angebote, doch Island ist das Land der Hot Pots. Jedes Schwimmbad, viele Hotels oder Sommerhäuser haben so einen Relax-Pool mit schöner Aussicht und manchmal auch sprudelnd. Braucht es mehr zur Erholung?

Bei einer Reittour auf der Halbinsel Hornstrandir geht es durch blühende Wiesen

Feste und Unterhaltung

In Island wird gern und leidenschaftlich gefeiert. Die traditionellen, kirchlichen Feiertage spielen dabei weniger die große Rolle, auch wenn sie alle begangen werden. Manche dieser Feste sind mit volkstümlichen Bräuchen verbunden. Eines ist all diesen Feierlichkeiten in Island gemeinsam: eine ungezwungene und spontane Fröhlichkeit sowie ein reichlicher Bier- und *brennivín*-Konsum.

Feste und Traditionen

Þorrablót

Das Ende des Winters – Ende Januar, Anfang Februar – wird mit einem großen Essen im Kreis von Freunden und Verwandten gefeiert, dabei werden geräucherte und gepökelte Spezialitäten verzehrt. Trockenfisch, gesengte Lammköpfe, gepökeltes Lammfleisch und natürlich geräucherter Hai stehen dann auf der Tafel. Diese Speisen gehörten in den früheren Jahrhunderten zum isländischen Essen. Damit sie über die Wintermonate aufbewahrt werden konnten, wurden sie entsprechend konserviert. Ab Anfang Februar versuchte man wieder frische Nahrungsmittel zu bekommen.

Sumardagurinn fyrsti

Sumardagurinn fyrsti, der erste Sommertag, immer der dritte Donnerstag im April, wird obligatorisch als Straßenfest begangen, unabhängig, ob es stürmt oder schneit. Man wünscht sich einen fröhlichen Sommer, und wer möchte, überreicht auch ein kleines Geschenk. Der Tag geht auf den alten isländischen Kalender zurück, als man nur zwei Jahreszeiten unterschied: Sommer und Winter. Je nach Ort wird der Tag als Jahrmarkt begangen.

Sjómannadagur

Island als Fischernation gedenkt am 1. Sonntag im Juni seiner Seeleute und Fischer. Alle Schiffe liegen am Sjómannadagur (Tag der Seeleute) in den Häfen und sind geschmückt. Einige kann man auch besichtigen. In den Häfen finden die unterschiedlichsten Spiele statt. Außerdem werden Kränze an den Denkmälern für die ertrunkenen Seeleute niedergelegt.

Nationalfeiertag

Der Höhepunkt des Jahres ist der Nationalfeiertag am 17. Juni. Die offiziellen Feierlichkeiten finden meist auf dem Austurvöllur-Platz vor dem Parlament statt, mit Kranzniederlegung am Denkmal von Jón Sigurðsson und dem Auftritt der Bergfrau ›Fjallkonan‹.

Bankfeiertag

Einer der wichtigsten Ausflugstage im Sommer ist der Bankfeiertag, jeweils am ersten Montag im August. Fällt der Tag auf den 2. August, so hat man den Eindruck, als würden alle jungen Isländer auf Heimaey leben, dort findet nämlich der zweite Nationalfeiertag für die Westmänner statt.

Schafabtrieb

Im September beginnt der Schafabtrieb. Obwohl anstrengend und langwierig, hat sich diese Arbeit zu einer Touristenattraktion entwickelt. Einige Unternehmen bieten ihn als Reittour an, denn manchmal muss man bis ins Hochland reiten, um die Tiere zu finden. Wenn alle Schafe im Rett und auf die Höfe verteilt sind, beginnt der gesellige Teil mit Essen, Trinken, Tanzen und Singen, meistens im Freien, denn Isländer kennen kein Wetter, das ihnen die Laune verderben könnte.

Feste im Jahresablauf

Ende Januar bis Ende Februar
Þorrablót: In den Restaurants des Landes werden die traditionellen Gerichte angeboten.

April
Sumardagurinn fyrsti: Am dritten Donnerstag des Monats begrüßen die Isländer das Frühjahr, am ausgelassensten in Reykjavík.

Juni
Sjómannadagur: 1. Sonntag. Der Gedenktag für die Seeleute und Fischer wird in Akranes besonders schön gefeiert und mit dem Fest des Meeres verbunden.

Nationalfeiertag: 17. Juni. Die offizielle Feier findet in Reykjavík auf dem Austurvöllur statt.

August
Bankfeiertag: 1. Montag. An dem Wochenende sind beliebte Ausflugsziele wie Húsafell, Þorsmörk und vor allem Heimaey gut besucht.
Kulturnacht: 3. Samstag. Veranstaltungen in ganz Reykjavík – Lesungen, Konzerte etc. – und zum Abschluss ein Feuerwerk.

Dezember
Adventszeit: schöner Weihnachtsmarkt in Hafnarfjörður.

Weihnachten

Alljährlich kommen zum Weihnachtsfest, dem wichtigsten Familienfest, auch die 13 Weihnachtsmänner, ihre Eltern Grýla und Leppalúði sowie die Weihnachtskatze. Ab dem 12. Dezember versammeln sie sich, um anschließend wieder nacheinander bis zum 6. Januar zu verschwinden. Die Vorweihnachtszeit beginnt offiziell mit dem Errichten der Weihnachtsbäume aus den Partnerstädten am 4. Dezember. Weihnachtsmärkte und Lichterschmuck in den Straßen sorgen für festliche Stimmung. Am 24. stellt man Kerzen auf die Gräber der Familienmitglieder. Einkaufen gehört zum Dezember und dementsprechend haben die Geschäfte lange geöffnet.

Events

Die Zahl der Events hat in den letzten Jahren stetig zugenommen. Das Lichterfestival Ende Februar in Reykjavík steht ganz im Zeichen von Licht und Energie und feiert den Winterausklang ebenso wie das zunehmende Tageslicht – obligatorisch ein Feuerwerk. Im März lädt das Gourmet-Festival Food and Fun bekannte Gastköche und die besten isländischen Chefs zum Wettkochen ein. Serviert wird in den beteiligten Restaurants in Reykjavík, s. S. 75. Von Mitte Mai bis Juni findet das internationale Reykjavík Kunstfestival statt. Abwechselnd werden auch weitere Orte einbezogen. Beim internationalen Golfturnier Arctic Open Ende Juni in Akureyri kann man um Mitternacht bei Sonnenschein Golf spielen. Das Reykjavík Jazz Festival Ende August und das Reykjavík Film Festival im September sind international ausgerichtet. Beim Musikevent Iceland Airwaves in Reykjavík im Oktober treffen sich die Agenten der großen internationalen Musikkonzerne auf der Suche nach frischen Sounds und neuen Talenten, s. S. 73.

Reiseinfos von A bis Z

Apotheken

Apotheken (*apótek*) halten sich an die allgemeinen Ladenöffnungszeiten, mindestens eine ist in Reykjavík rund um die Uhr dienstbereit, zu erkennen an einem Kreuz und der Aufschrift *Lyf og heilsa.* Wer auf die regelmäßige Einnahme von Medikamenten angewiesen ist, sollte einen entsprechenden Vorrat mitnehmen. Man erhält nicht die uns bekannten Präparate.

Ärztliche Versorgung

Viele Ärzte kann man ohne lange Anmeldefrist aufsuchen. Außerdem gibt es in Reykjavík sieben Gesundheitszentren *(heilsugæstöðin)*. Bei Not- oder Unfällen wendet man sich an die Unfallstation *(slysadeild)* des Universitätskrankenhauses in Reykjavík, Tel. 525 1000 (24 Std.). In größeren Gemeinden gibt es medizinische Zentren oder praktische Ärzte. Arztrechnungen sind in bar zu zahlen. Reisende aus Deutschland und Österreich sollten sich die Europäische Krankenversicherungskarte EHIC besorgen. Für Schweizer empfiehlt sich eine Reisekrankenversicherung. Infos:
Staatl. Krankenversicherung, Laugavegur 114, 150 Reykjavík, Tel. 560 44 00, 560 45 20, 8–15.30 Uhr.
Gesundheitszentrum für Touristen (Heilsuvernd): Álfheimar 74, 104 Reykjavík, Tel. 510 65 00, http://hv.is, tgl. 8.30–16 Uhr, Beratung 6500 ISK.

Diplomatische Vertretungen

Deutsche Botschaft
Laufásvegur 31, 101 Reykjavík, Tel. 530 11 00, www.reykjavik.diplo.de

Österreichisches Konsulat
Orrahólar 5, 111 Reykjavík,
Tel. 557 54 64, arni-siemsen@simnet.is

Schweizer Konsulat
Laugavegur 13, 101 Reykjavík,
Tel. 551 71 72, Fax 551 31 79,
johannav@ruv.is

Elektrizität

Die Stromspannung beträgt in Island 220 Volt. Deutsche Stecker benötigen deshalb in der Regel keine Adapter.

Feiertage

1. Januar: Neujahr
Gründonnerstag
Karfreitag, Ostermontag
3. Do im April: 1. Sommertag
1. Mai: Tag der Arbeit
Christi Himmelfahrt
Pfingsten
17. Juni: Nationalfeiertag
1. Mo im August: Handelsfeiertag
24. Dez. ab Mittag: Heiligabend
25./26. Dez.: Weihnachten
31. Dez. ab Mittag: Silvester

Fotografieren

Unter Strafe steht das Fotografieren und Filmen an Nestern gefährdeter Vogelarten wie Adler, Falken, Schnee-Eulen und Krabbentaucher.

Geld

Die isländische Währung ist die króna (Krone). Es gibt 100-, 50-, 10-, 5- und 1-ISK-Münzen sowie 500-, 1000-, 2000- und 5000-ISK-Scheine.
Wechselkurse (Mai 2013):
1 € = ca. 147,9 ISK, 1 sFr = ca. 140,7 ISK

Kreditkarten sind sehr verbreitet. Vielerorts kann man auch am Automaten mit Kredit- oder Bankkarten Geld ziehen. Fast überall werden Reiseschecks eingelöst. Bargeld sollte man erst im Land und nicht alles sofort am Flughafen umtauschen, da dort der Kurs schlechter ist. Außerhalb der regulären Öffnungszeiten der Banken (Mo–Fr 9.15–16 Uhr) kann man bei der Change Group Iceland in Reykjavík, in Keflavík/Airport sowie in Akureyri sein Geld in Kronen umtauschen.

Kinder

Island ist ideal für Familien, nicht zuletzt weil die Isländer ausgesprochen kinderlieb sind. Man erhält überall Vergünstigungen für Kinder bis 12 Jahre, für Kleinkinder braucht man oft gar nichts zu bezahlen. Zeltplätze sind meist mit Spielplätzen ausgestattet, in den Orten gibt es schöne Schwimmbäder. ›Ferien auf dem Bauernhof‹ oder eigene Hütten bieten viel kindgerechte Abwechslung.

Medien

Im **1. Radioprogramm** (FM 92,4/93,5) werden von Juni bis August jeden Morgen um 7.30 Uhr englische Nachrichten gesendet. Über den Tag können die Nachrichten auch unter Tel. 515 36 90 gehört werden. BBC World sendet auch 24-Stunden (FM 90,9). Frequenzliste der Deutschen Welle: www.dw-world.de, Stichwort Empfang.

Internationale **Zeitungen** kann man in größeren Buchhandlungen in Reykjavík kaufen, in der Regel mit einem Tag Verspätung. Außerhalb der Hauptstadt sind sie seltener erhältlich. Iceland Review und Grapevine sind englischsprachige Monatsmagazine, im Sommer erscheint Grapevine 14-tägig (www.grapevine.is).

Notruf

Polizei, Unfallhilfe und Notarzt: landesweit Tel. 112.
Sperrung von Handys, Bank- und Kreditkarten: 0049 116 116

Öffnungszeiten

Läden haben Mo–Fr 9–18, Sa 10–16 Uhr geöffnet. In einigen Supermärkten kann man bis 24 Uhr und auch sonntags einkaufen, so z. B. in Reykjavík in der Nähe des Zeltplatzes. Während der Sommermonate (Juni–Aug.) sind manche Geschäfte Sa geschlossen, ausgenommen Souvenirläden. Die Einkaufszentren Kringlan in Reykjavík und Smáralind in Kópavogur haben u. a. Do lang und So geöffnet (nicht im Sommer). Kioske (*sjópa*) verkaufen meist bis 23.30 Uhr, außer Süßigkeiten und Getränken erhält man dort auch einige Lebensmittel.

Souvenirs

In jedem Ort sowie am Flughafen Keflavík findet man einen Laden mit Wollwaren, seien es Knäuel oder schon fertige Pullover, Mäntel, Jacken etc. Keramik, Felle oder Goldschmiedearbeiten sind ebenso beliebte Souvenirs. In den großen Buchhandlungen in Reykjavík kann man schöne Bildbände finden: Faszinierende Bilder, informative Texte isländischer Autoren und eine gute Bindung kennzeichnen die Ausgaben, von denen einige in deutscher Übersetzung vorliegen. Fischprodukte aller Art bieten sich als Mitbringsel an, vor allem der vorzügliche und recht preisgünstige geräucherte Lachs. Geruchssicher eingeschweißt, stellt er kein Transportproblem dar. Wer den Fisch lieber verarbeitet mitnehmen möchte, kann sich eine Handtasche aus Fischhaut kaufen.

Reisekasse und Preise

Da die Preise in Island für Unterkünfte regelmäßig steigen, sollte man die Kosten höher kalkulieren, als sie derzeit in den Reisekapiteln angegeben sind. Die Unterschiede zwischen Stadt und Land sind zudem relativ hoch. Die Zahlen im Reiseteil sind von daher nur als Richtwerte zu verstehen, einige Anbieter werden sehr kurzfristig ihre Preise festsetzen und sicher deutlich anheben. Außerdem sind viele Anbieter von Unterkünften dazu übergegangen, ihre Preise in Euro anzugeben. Andere nennen den aktuellen Preisstand nur auf Nachfrage. Es kann sogar sein, dass die Preise für Isländer und Ausländer variieren.

Reisen mit Handicap

Bei entsprechender Planung sind Reisen in Island für Behinderte durchaus möglich. Die Broschüren des Hotel- und Gaststättenverbandes verweisen auf für Rollstuhlfahrer geeignete Einrichtungen. Größere Supermärkte sind in der Regel für Rollstuhlfahrer zugänglich. Auch Küstenfähren und die Fluggesellschaften sind auf Passagiere mit Handicap eingerichtet. Bei vorheriger Anfrage stehen einige Inlandbusse Rollstuhlfahrern für Spezialtouren zur Verfügung. Infos: **Sjálfsbjorg**, Hátun 12, 105 Reykjavík Tel. 550 03 60, www.sjalfsbjorg.is.

Spartipps
Günstige Angebote finden Sie im Internet sowohl bei den Fluggesellschaften als auch den Unterkünften. Ansonsten gilt generell: Besuchen Sie Island in der Nebensaison (s. S. 20). Bei Lebensmitteln lohnt es sich, in den preiswerten Discountern Bónus und Krónan einzukaufen. Falls Sie größere Anschaffungen planen, z. B. Modeartikel, so achten Sie darauf, ob ein *útsala*, ein Schlussverkauf, ausgeschrieben ist. Bei manchen Bauernhöfen findet man Hinweisschilder, dass hier Gemüse günstiger verkauft wird, ideal für Selbstversorger.

Tax-Free

Ausländischen Besuchern wird die Mehrwertsteuer für bestimmte in Island erstandene Waren zurückerstattet, das sind bis zu 15 % des Einzelhandelspreises. Die Summe auf einem Kassenzettel muss mindestens 4000 ISK betragen. Wenn die Einkaufssumme bei einem Kauf höher als 35 501 ISK ist, muss die Ware beim Zoll vorgezeigt werden. Im jährlich erscheinenden »Shopping guide Iceland« stehen alle Geschäfte, und der Weg der Rückerstattung wird gut beschrieben (nähere Infos unter www.tollur.is).

Telefonieren

Vorwahl Deutschland: 0049
Vorwahl Österreich: 0043
Vorwahl Schweiz: 0041
Vorwahl Island: 00354
Ins Ausland telefonieren kann man noch von Telefonzellen und Telefonämtern (*símí*). Einige Automaten funktionieren mit Kreditkarten und Telefonkarten, erhältlich bei Post oder Telefonämtern.

GSM-Mobiltelefone können aufgrund des internationalen Roaming benutzt werden. Für das Hochland und gewisse Randregionen braucht man NMT-Telefone. Informationen: Síminn, Tel. 800 70 00 (gebührenfrei). Bei längeren Aufenthalten lohnt sich der Kauf einer Prepaid-Karte, interessant auch für Auslandsgespräche, die damit preiswerter sind.

Trolle bewohnen in Island nicht nur Lavafelder, sondern auch Souvenirgeschäfte

Trinkgeld

Dieses ist in Island grundsätzlich im Endpreis enthalten, wird aber von Ausländern immer häufiger noch zusätzlich gegeben.

Umgangsformen

Der Umgang der Isländer ist freundlich distanziert, entsprechend sollte man sich anpassen. Kritische Bemerkungen von Ausländern zu heiklen Themen, z. B. Walfang, werden nicht geschätzt. Auch wenn sich die Isländer duzen, so empfiehlt es sich, Deutsch sprechende Isländer zunächst zu siezen. Im Verlauf des Gesprächs oder der Bekanntschaft merkt man, ob und wann man zum Du wechseln kann. Wird man in Island eingeladen, sollte man als Deutscher pünktlich sein, denn das wird von Ihnen erwartet, umgekehrt sollte man es nicht von Isländern erwarten. An der Eingangstür von Häusern und Wohnungen zieht man sich die Schuhe aus, selbst in einfachen Wanderhütten wird darauf hingewiesen.

Nach Mahlzeiten bedankt man sich beim Gastgeber mit *takk fyrir mig* (Danke fürs Essen), ebenso bei der Verabschiedung mit *takk fyrir í kvöld* (Danke für den Abend). Trifft man sich nach einiger Zeit – am nächsten Tag, nächste Woche oder auch später –, bedankt man sich für das letzte Treffen: *takk fyrir síðast* (Danke für neulich) und die Antwort darauf lautet *sömuleiðis* (ebenfalls). Umgekehrt sollten Sie damit antworten, wenn sich jemand bei Ihnen für das letzte Treffen bedankt.

Panorama – Daten, Essays, Hintergründe

Alt trifft neu – Fast-Food-Imbiss in historischem Holzhaus in Reykjavík

P

Steckbrief Island

Lage und Fläche: Island liegt genau auf dem Mittelatlantischen Rücken zwischen 63°17'30" und 67°07'05" nördlicher Breite und 13°16'07" und 24°32'12" westlicher Länge (inklusive der Inseln). Die Nord-Süd-Ausdehnung beträgt ca. 300 km, die West-Ost-Ausdehnung rund 500 km, die Küstenlänge 4970 km, die Gesamtfläche 103 106 km^2 (inkl. der Inseln).
Hauptstadt: Reykjavík
Amtssprache: Isländisch
Einwohner: rund 325 000, gut 200 000 leben im Großraum Reykjavík
Ausländer/Residents: rund 16 000
Währung: Isländische Krone ISK
Zeitzone: UTC +0 (ehemals GTM)

Geografie und Natur

Island ist nach Großbritannien die zweitgrößte Insel Europas. 11 % der Landfläche sind von Gletschern bedeckt – allein der Vatnajökull umfasst ein Gebiet von 8300 km^2 –, 23,8 % von Weideland und kultivierter Nutzfläche, 2,8 % von Seen und 64,5 % von Ödland. Der höchste Berg ist Hvannadalshnúkur (2119 m) auf dem Öræfajökull. Das Land kann man grob in drei Regionen unterteilen: die Küstengebiete mit Stränden, Sandern und Steilküsten, daran anschließend die Wiesen- und Weidenflächen, die in die Tundren und Heiden übergehen, sowie das Hochland, ein weites Ödland. Reiche Vegetation findet sich nur in den beiden ersten Regionen, in denen auch die Landsäuger und vor allem die Vögel leben. Aufgrund der Lage der Insel trifft man auf heftige Stürme sowie zahlreiche vulkanische Ausformungen und einen äußerst regen Vulkanismus. Erdbeben, Vulkanausbrüche jeder Art und Hochtemperaturgebiete prägen das Land, das damit einem stetigen Wandel unterliegt.

Geschichte

Die Besiedlung Islands begann mit dem Norweger Ingólfur Arnarson 874 und fand ihren Abschluss mit Gründung des Freistaates 930 auf der ersten Versammlung des Althings. Im Jahr 1000 traten die Isländer zum Christentum über und erlebten in den folgenden Jahrhunderten ihre erste kulturelle Blüte. 1262 wurde die Anerkennung des norwegischen Königs vereinbart, um damit die bürgerkriegsähnlichen Auseinandersetzungen zwischen den mächtigen Sippen des Landes zu beenden. 1380 kamen beide Länder unter die dänische Krone. Naturkatastrophen, Hungersnöte und das Handelsmonopol der Dänen führten zum wirtschaftlichen und sozialen Niedergang Islands. Im 19. Jh. verbesserte sich die Lage wieder und mit Beginn des 20. Jh. erhielten die Isländer Teilautonomie. 1944 wurde die Republik Island ausgerufen. Seit 1946 ist Island Mitglied der UNO und gehörte 1949 zu den Gründungsmitgliedern der NATO. 1994 trat Island dem Europäischen Wirtschaftsraum bei und 2001 dem Schengener Abkommen. Die Frage der Mitgliedschaft in der EU wird weiterhin heftig im Land diskutiert. 2008 durchlebte Island seine größte wirtschaftliche und politische Krise, die damals verantwortliche Regierung musste im Januar 2009 auf Druck der Bevölkerung zurücktreten, im April fanden Neuwahlen statt. Bei den Parlamentswahlen 2013, nur vier Jahre später, werden aber wieder die alten Parteien in den Regierungssattel gehoben.

Staat und Verwaltung

Island ist eine parlamentarische Republik mit einem vom Volk gewählten Präsidenten als Staatsoberhaupt. Ólafur Ragnar Grímsson ist seit 1996 der Amtsinhaber (2012 wiedergewählt).

Island ist in acht Bezirke gegliedert: Reykjanes, Reykjavík, Vesturland, Vestfirðir, Norðurland vestra und eystra, Austurland und Suðurland.

Wirtschaft und Tourismus

Die Wirtschaft basiert vor allem auf den Ressourcen Fisch sowie Wasserkraft und geothermische Energie. Wichtigste Exportgüter sind Meeresprodukte, Aluminium und Ferrosilizium. Der Tourismus hat sich in den letzten Jahren zum dritten bedeutenden Wirtschaftszweig und wichtigen Devisenbringer entwickelt. Für das Jahr 2015 rechnet man mit 1,2 Mio. Touristen.

Bevölkerung

In Island leben rund 325 000 Menschen, das entspricht einer Bevölkerungsdichte von 3,3 Einwohnern pro Km^2. Es ist das am dünnsten besiedelte Land in Europa. Über 65 % der Isländer wohnen im Großraum Reykjavík. Die Einwohner kamen vor allem aus Norwegen, doch lässt sich auch keltischer Einfluss nachweisen. Einige Siedler brachten Frauen und Sklaven aus Irland und Schottland mit. Die durchschnittliche Lebenserwartung beträgt bei Männern 78 Jahre, bei Frauen 82 Jahre.

Sprache

Die Landessprache ist Isländisch. Dänisch und Englisch sind obligatorische Fremdsprachen. Seit 1964 besteht ein Sprachkomitee, das sich mit der Schöpfung neuer Begriffe beschäftigt, die vor allem im technischen Bereich notwendig sind. Doch der Einfluss des Englischen wächst stetig. Die Alphabetisierung ist mit 99,9 % die höchste in der Welt.

Religion

Rund 80 % der Isländer gehören der evangelisch-lutheranischen Staatskirche an. 3 % der Bevölkerung sind Katholiken, weitere 3 % konfessionslos. Die restlichen 14 % verteilen sich auf die unterschiedlichsten Religionsgemeinschaften, vor allem bei den Immigranten. Durch die Zuwanderung hat sich auch die Anzahl der Katholiken in den letzten Jahren verdreifacht.

Geschichte im Überblick

Von der Entdeckung bis zum isländischen Freistaat

650–870 Irische Mönche ziehen sich in die Einsamkeit der Insel zurück. Entsprechende Kreuzzeichen sind in Höhlen noch zu sehen.

865 Der Norweger Flóki Vilgerðarson versucht, dauerhaft auf der Insel zu siedeln. Nach zwei Jahren in Vatnsfjörður an der Nordwestküste vertreibt ihn das dortige schlechte Wetter und der vorgelagerte Treibeisgürtel. Er nennt seine Entdeckung ›Eisland‹.

874 Der erste offizielle Siedler, Ingólfur Arnarson, landet zusammen mit seiner Sippe an Islands Küste. Drei Jahre später findet man seine Hochsitzsäulen, die ihm anzeigen, wo er sich niederlassen soll, in der ›Rauchbucht‹ Reykjavík, und sein späteres Siedlungsgebiet erstreckt sich vom Hvalfjörður im Westen bis zum Fluss Ölfusá im Osten.

930 Rund 60 000 Menschen leben auf der Insel. Erstmals kommt das Althing, die Volksversammlung, in Þingvellir zusammen und verkündet den unabhängigen isländischen Freistaat.

1000 Die Isländer nehmen das Christentum an, damit verändert sich auch die Rechtsprechung.

1056 Errichtung des ersten Bischofssitzes in Skálholt und 50 Jahre später des zweiten in Hólar; beiden sind auch die ersten Schulen angegliedert. In den darauffolgenden Jahrzehnten werden zahlreiche Klöster errichtet. Fast 200 Jahre leben die Isländer in Frieden und Wohlstand und erleben zugleich auch ihre erste kulturelle Blütezeit, in der die Handschriften verfasst werden. Einer der bedeutendsten Verfasser ist der Politiker und Gelehrte Snorri Sturluson (1179–1241).

1230–1262 Die ›Sturlungar-Zeit‹ ist geprägt von den Sippenkämpfen um die Vormacht im Land. Immer häufiger wird der norwegische König als Vermittler aufgesucht, der so seine Macht in Island ausweiten kann.

1262 Die Isländer erkennen den norwegischen König als Monarchen an. Der ›Alte Vertrag‹ *(Gamli sáttmáli)* sieht die Vereinigung Islands und Norwegens durch die Person des Königs vor, doch ohne Einschränkung des Landesrechts.

Island unter norwegischer und dänischer Herrschaft

1380 Island und Norwegen fallen an die dänische Krone.

1402–1404 Eine Pestepidemie reduziert die Bevölkerung um zwei Drittel. Viele ziehen an die Küste, um mit den Engländern Handel zu treiben.

1550 Der letzte katholische Bischof Jón Arnason wird zusammen mit seinen beiden Söhnen in Skálholt gefangen genommen und enthauptet. Der Kirchenbesitz fällt an die dänische Krone.

1551 Die Isländer müssen das Luthertum anerkennen.

1602 König Christian IV. besiegelt das Handelsmonopol für Island, und die dänischen Kaufleute erhalten damit den Freibrief, das Volk auszunutzen. Sie legen überhöhte Preise fest und liefern, was ihnen genehm ist – vor allem Alkohol.

1627 Algerische Piraten überfallen die Insel und verschleppen 380 Menschen in die Sklaverei, lediglich 25 kehren 10 Jahre später zurück.

1702/03 Bei der ersten Volkszählung zählt der Sonderbeauftragte Árni Magnússon (1663–1730) 50 358 Einwohner, sechs Jahre später leben nach einer Pockenepidemie nur noch 35 000. Die Folgen zahlreicher Vulkanausbrüche vermehren noch die Verelendung in Island.

1787 Die dänische Regierung lockert das Handelsmonopol.

1830–1840 Jón Sigurðsson, geb. am 17. Juni 1811, wird zum Vorreiter im Kampf um die Unabhängigkeit Islands von Dänemark; er beruft sich dabei auf den ›Alten Vertrag‹ *(Gamli sáttmáli)* von 1262.

Das Nationalmuseum besitzt historische Schiffe

1843 König Christian VIII. etabliert das Althing in Reykjavík als eine beratende Versammlung mit 20 gewählten und den sechs vom König ernannten Vertretern.

1854 Vollständige Aufhebung des dänischen Handelsmonopols.

1874 Anlässlich der 1000-Jahr-Feier der Besiedlung Islands überbringt Christian IX. persönlich die Urkunde der neuen Verfassung, die dem Althing die gesetzgebende Gewalt und die autonome Verwaltung der Finanzen zubilligt.

1904 Hannes Hafstein (1861–1922) wird erster isländischer Minister und löst damit die dänischen Gouverneure ab.

Die Republik Island

1918 Der Unionsvertrag mit Dänemark, in dem die Souveränität beider Staaten anerkannt wird, tritt in Kraft. Der Vertrag soll zunächst 25 Jahre gelten und sich bei Nichtveränderung automatisch verlängern.

1940 Dänemark wird von Deutschland besetzt, der Kontakt zu Island bricht ab. Britische Truppen übernehmen den Schutz der Insel im strategisch wichtigen Nordmeer und werden ab 1941 von der US-Armee abgelöst.

1944 Die Isländer beschließen die Auflösung des Unionsvertrages und rufen am 17. Juni 1944 die Republik Island in Þingvellir aus.

1946 Island tritt der UNO bei und ein Vertrag sichert der amerikanischen Luftwaffe und der Marine die Nutzung des Flughafen Keflavík zu.

1949 Trotz heftiger Proteste der Linken gehört Island zu den Gründungsmitgliedern der NATO. Mit Beginn des Koreakrieges 1950 werden aufgrund des Verteidigungsabkommens mit der NATO amerikanische Truppen im Land stationiert.

1952–1975 Mit allen Mitteln kämpfen die Isländer während der Kabeljaukriege um die Absicherung ihrer Fischgründe und dehnen dabei die Fischereizone um die Insel auf 200 Meilen aus.

1971–1987 Rückkehr der Handschriften aus Dänemark.

1993 Beitritt zum Europäischen Wirtschaftsraum (EWR).

1995 Einführung der Investitionsfreiheit für andere Staaten und ausländische Betriebe.

Bankenkrise 2008: Die Proteste zwangen die Regierung zum Rücktritt

2001 Beitritt zum Schengen-Abkommen. Doch solange die Frage der 200-Meilen-Zone nicht geklärt ist, wird Island nicht der EU beitreten.

2006 Die USA geben den Stützpunkt in Keflavík auf und ziehen ab.

2008 Island droht im Zuge der internationalen Finanzmarktkrise, die mit dem Zusammenbruch aller drei großen isländischen Geschäftsbanken verbunden war, der Staatsbankrott, es ist auf Milliardenkredite aus dem Ausland angewiesen. Erheblicher Verfall der isländischen Krone.

2009 Nach monatelangen Protesten der Bevölkerung tritt die Regierung zurück. Im April finden Neuwahlen statt, die die Übergangskoalition aus sozialdemokratischer Allianz und linken Grünen bestätigen.

2010 Die beim Ausbruch des Eyjafjallajökull emporgeschleuderte Aschewolke legt den europäischen Flugverkehr lahm.

2011 Island ist Gastland auf der Frankfurter Buchmesse.

2012 Island beginnt vorzeitig mit der Rückzahlung sowohl des IWF-Beistandskredites als auch der Hilfskredite der nordischen Länder.

2013 Die Unabhängigkeitspartei, mitverantwortlich für die Krise 2008, erhält bei den Parlamentswahlen am 27. April die meisten Stimmen.

2014–15 Der Vulkan Bárðarbunga unter dem Vatnajökull bricht aus; die Eruption hält bis Februar 2015 an.

Am Anfang war der Ausbruch – Islands Geologie

In Island kommt man um die Geologie nicht herum, seine Landschaft zählt wohl zu den spektakulärsten in Europa. Erdgeschichtlich ist es ein junges Land, das an vielen Orten immer noch zu entstehen scheint und einem stetigen Wandel unterliegt. Allein die Vorstellung, dass durch die Insel die Riftzone zwischen zwei großen Erdkrustenplatten verläuft, regt die Fantasie an.

Von Feuer und Eis geformt

Aus geologischer Sicht ist Island ein Kleinkind: Mit einem Alter von 15–20 Mio. Jahren – gegenüber 3,5–4 Mrd. Jahren seit Entstehung der Erdkruste – zählt die Insel am nördlichen Polarkreis zu den jüngsten Regionen der Welt. Die Landmasse entstand beim Zusammentreffen von aufsteigender Magma aus dem Kontinentalspalt mit einem Hot Spot. Die gemeinsame Magmaproduktion verursachte eine starke regionale Vulkantätigkeit, als Folge erhob sich Basaltgestein aus dem Meer. Durch das Auseinandertreiben der Platten, das noch immer durchschnittlich 2 cm pro Jahr beträgt, wuchs die Insel langsam zu ihrer heutigen Größe von 103 000 km² an.

Eine langsame Klimaverschlechterung setzte vor 8–9 Mio. Jahren ein,

Vulkanlandschaft Landmannalaugar

und die aufeinanderfolgenden 10–20 Glazialperioden veränderten die Oberfläche Islands: Riesige Eisströme schnitten tiefe Täler, Fjorde und verschiedene Bergformen aus dem Lavaplateau. Bis heute bestimmen Eis und Feuer, Wind und Meer die Oberflächengestaltung des Landes.

Vulkane wie im Bilderbuch

Heute beschränkt sich die vulkanische Aktivität auf die eigentliche Riftzone, die von Reykjanes bis Öxarfjörður im Norden das Land durchzieht, sowie auf die zwei Nebenzonen: die Halbinsel Snæfellsnes und den Mittelteil Südislands. Insgesamt weist ein Viertel der Inseloberfläche Kennzeichen von Vulkanismus auf, unterteilt in rund 30 Vulkansysteme. Die meisten dieser lang gestreckten Gebiete besitzen einen Zentralvulkan, oft einen formschönen Vulkankegel wie der Stratovulkan Snæfellsjökull oder ein Bergmassiv mit mehr oder weniger ausgeprägter Caldera – einer runden großen Einsenkung wie z. B. die Askja.

Islands Landschaft kennzeichnen verschiedene vulkanische Formationen: hohe Tafelberge (z. B. die Herðubreið) und lange Tuffrücken (z. B. Bláfjöll) aus den Glazialperioden oder ordinäre Vulkane, Vulkanteile und Lavafelder aus den Interglazialperioden. Die besondere Form der Ta-

Lesetipp
Ari Trausti Guðmundsson: Lebende Erde. Facetten der Geologie Islands. Reykjavík 2007. Der Autor ist ein bekannter Geologe und beschreibt für Nicht-Fachleute sehr verständlich die Besonderheiten seines Landes. Die gute Bebilderung hilft beim Verständnis der verwendeten Fachtermini.

felberge und Tuffrücken bildete sich durch subglaziale Vulkanausbrüche, und infolge der schnellen Abkühlung entstanden Tuff und Kissenlava. Daneben trifft man auf Schlackenkrater, Lavaringe, Schildvulkane – die man in dieser Vollendung nur noch auf Hawaii sieht – oder Tephra-Krater aus Asche und Bimsstein. Die längste Kraterreihe, die Lakigigar, erstreckt sich über 24 km, und Spaltenzonen mit Grabenformationen können wie in Þingvellir über 100 km lang sein.

Zerstörung durch die Ausbrüche

So faszinierend heute diese Vulkanlandschaft ist, so hoch war der Preis für die Bevölkerung in den 1100 Jahren der Besiedlung. In dieser Zeitspanne fanden ungefähr 250 zum Teil mehrmonatige oder jahrelange Eruptionen in 15 Vulkansystemen statt. Dabei entstanden 45 000 m³ Gestein. Die aktivsten Zentralvulkane sind dabei Hekla, Katla und Grímsvötn, mit teilweise weit über 20 Ausbrüchen je Vulkan. Thermale und vulkanische Aktivitäten in den gletscherbedeckten Calderen Grimsvötn oder Katla verursachen enorme Gletscherläufe, die mehrere 100 000 m³ Wasser pro Sekunde mit sich führen können. Zuletzt passierte das im Herbst 1996 bei dem Ausbruch von Báðarbunga auf bzw. unter dem Vatnajökull. Damals wurde nur die Ringstraße unterhalb des Vatnajökull zerstört. Ganz anders vor 650 Jahren: Zwischen 1362 und 1727 kam es zu mehreren Ausbrüchen, die die Landschaft Öræfi völlig verödeten. Die Höfe wurden durch die Gletscherläufe weggerissen, Menschen und Tiere ertranken.

Ein wirklich dramatischer Ausbruch geschah 1104 durch die Hekla. Die damals blühende Siedlung im Þjórsárdalur verschwand. Alles Leben wurde geradezu erstickt von der Bimssteinasche, die noch 220 km nördlich 10 cm dick war. Allein im 18. Jh. gab es drei folgenreiche Ausbrüche: 1755 Katla, 1766 Hekla und der verheerendste 1783/84, der Ausbruch der Laki-Spalte. 14 Höfe wurden zerstört und die Asche bedeckte eine Fläche von 2000 km². Kohlendioxid und schweflige Säure verseuchten die Weiden und Oberflächengewässer. 50% des Rinder-, 79% des Schaf- und 76% des Pferdebestandes verendeten und rund 10 000 Menschen starben an den daraus folgenden Seuchen und Hungersnöten.

Geradezu harmlos mutet dagegen der Ausbruch auf Heimaey 1973 an. Aufgrund eines glücklichen Umstandes – alle Fischerboote lagen zu dem Zeitpunkt im Hafen – konnte die gesamte Inselbevölkerung gerettet werden. Viele der Bewohner kehrten später zurück und etliche Häuser konnten sogar wieder ausgegraben werden (s. S. 153). Ein spektakulärer Ausbruch fand im März 2010 in Südisland statt. Der Vulkan unter dem Gletscher Eyjafjallajökull brach aus und schon bald beeinträchtigte die kilometerhohe Aschesäule nicht nur die isländische Landwirtschaft, sondern auch den europäischen Flugverkehr. Auch Erdbeben ereignen sich auf Island relativ häufig und entstehen infolge des Erdplattentreibens. Manchmal kündigen sie bevorstehende Vulkanausbrüche an, so folgte den Beben im August 2014 die Eruption des Bárðarbunga unter dem Vatnajökull, die erst im Februar 2015 wieder zum Stillstand kam. Das neue Lavafeld Holuhraun bedeckt eine Fläche von 85 Km2.

Der Nutzen für die Energieproduktion

Rund 250 Niedertemperaturgebiete liegen außerhalb der aktiven Vulkanzone und sind durch Wasserquellen und Sinterablagerungen gekennzeichnet. In beiden Fällen handelt es sich um Niederschläge, die in die Erdkruste einsickern, dort vom warmen Gestein oder auch von Magma aufgeheizt werden und dann als heißes oder kochendes Grundwasser (Dampf) mit Gasen und aufgelösten Stoffen zur Erdoberfläche steigen. Die wohl bekanntesten Beispiele für das eruptive Austreten des Wassers sind die Geysire. Interessant für die heutige Energieproduktion sind die rund 30 Hochtemperaturgebiete mit ihren schwefelhaltigen Schlammquellen und Dampflöchern, die direkt mit Vulkanen verbunden sind. Diese geothermische Energie wird zur Produktion von Strom und auch für die Aufbereitung des heißen Wassers genutzt, mit dem rund 90 % aller Häuser beheizt werden. Den Schrecken haben die Vulkanausbrüche heute überwiegend verloren, nicht zuletzt weil die seismografischen Frühwarnsysteme immer weiter entwickelt wurden, man sich deshalb darauf einstellen und rechtzeitig entsprechende Maßnahmen beginnen kann. Und wenn dann der Ausbruch erfolgt, ist er zugleich noch eine touristische Attraktion. Rundflüge und selbst kleine Flugroutenverlegungen wurden z. B. bei den letzten Hekla-Ausbrüchen geboten.

1973 überraschte ein Vulkanausbruch die Bewohner von Heimaey

Die Spuren der Norweger

Als die Norweger bei ihren Entdeckungsfahrten gen Westen Island erreichten, fanden sie dort grüne, bewaldete Landschaften vor. Sie nahmen das Land in ihren Besitz und rodeten die Wälder, um Ackerbau und Viehzucht zu betreiben – Eingriffe in die Natur, die nicht nur das Landschaftsbild der Insel nachhaltig geprägt haben.

Der heutige Erdboden und einige Pflanzen stammen aus der Periode vor 10 000 Jahren, als die Eiszeitgletscher zurückzuschmelzen begannen. Bis vor rund 1500 Jahren bedeckten Birken, Weiden und andere Hochpflanzen sowie Moose und Flechten 60–65 % des Landes. Kurz danach begann eine kältere Zeitperiode, die aber im Vergleich zu den heutigen Temperaturen in den ersten Jahrhunderten noch wärmer war. In diese Zeit fällt auch der Beginn der dauerhaften Besiedlung.

Pflanzen zur Zeit der Landnahme

Die norwegischen Siedler waren nicht nur hervorragende Seeleute, sie waren vor allem und zuerst Bauern. So kamen sie nicht nur mit ihren Sippen und Sklaven, sondern brachten auch ihr Vieh mit: Schafe, Rinder und Pferde – allesamt Tiere, die entsprechende Weideflächen brauchten. Im Landnahmebuch steht, welche Vegetationsbedingungen die Norweger vorfanden: »Damals war zwischen Strand und Gebirge Wald.« Etliche Ortsbezeichnungen wie *skógar* oder *mörk* – beides bedeutet Wald – bestätigen das. Vermutlich handelte es sich dabei um

Zwergbirken und Polarweiden, die nur einige Meter hoch waren. Die Birken hingegen konnten bis zu 15 m Höhe erreichen – hoch genug, um sie als Brennholz und als Winterfutter für die Schafe zu verwenden. Vielleicht reichten sie auch für kleine Latten, die damals für die Dachkonstruktion der Häuser verwendet wurden. Insgesamt entsprach die Vegetation sehr der in Norwegen bekannten, und auch heute noch sind rund 90% der Pflanzen mit den norwegischen bzw. subarktischen identisch.

Ursprüngliche Tierwelt

Wie die Flora, so kam auch die Fauna den Bedürfnissen der Siedler sehr entgegen. Es gab zwar keine Landsäuger, der einzige Landsäuger war damals der Polarfuchs, stattdessen aber – wie noch heute – reichlich Fisch, zum einen in den Seen und Flüssen, hier vor allem Lachs, Forelle und Saibling, sowie vor der Küste im Meer. Das Fischen in Küstennähe wurde lange beibehalten, denn die Tiefseefischerei begann erst im 20. Jh. Hinsichtlich der Meeressäuger war damals die Jagd auf Robben sehr erfolgreich, denn die Tiere kannten noch nicht die ›gefährlichen‹ Menschen und waren damit recht zutraulich. Noch heute hält sich rund 50% der gesamten Weltpopulation des Gemeinen Seehunds rund um Island auf. Die reichen Seevögelbestände lieferten den Bewohnern Eier und Fleisch – was bis in die Gegenwart gilt.

Pferde – Lasttiere der Besiedlungszeit

Ohne das Pferd als Transportmittel und Lasttier wären die Siedler rasch gescheitert. Mit ihnen überwanden sie die großen Entfernungen sogar im menschenfeindlichen Hochland, selbst Reitwege über die Gletscher sind bekannt. Heute sind vor allem die Reiterhöfe in Süd- und Nordisland berühmt für ihre Zuchten. Meist verbringen die Tiere, wenn sie nicht im Einsatz sind, ihre Zeit auf den Weiden, früher streiften sie auch frei durchs Land und wurden im Herbst wieder eingefangen (s. Entdeckungstour S. 225).

Schafe und Rentiere – gefräßige Nutztiere

Neben den unmittelbaren Eingriffen durch den Menschen wie Rodung waren es vor allem die Schafe, die zu radikalen Landschaftsveränderungen führten. Sie fraßen im Laufe der Jahrhunderte große Gebiete kahl und leisteten damit der Bodenerosion Vorschub. Ohne die schützende Pflanzen-

Pferdefestival Landsmót
In jedem geraden Jahr findet die nationale Pferdeschau statt (die nächste 27. Juni–3. Juli 2016 in Hólar í Hjaltadalur). Die besten ihrer Klasse, ob Reiter oder Pferd, kommen zu dem Turnier, um ihr Können zu zeigen. Zum einen werden die unterschiedlichen Gangarten präsentiert, zum anderen stellen die Züchter ihre besten Hengste und Stuten vor. Aus dem kleinen nationalen Turnier hat sich ein großes Pferdefest entwickelt, zu dem Tausende Pferdeliebhaber aus aller Welt kommen. Termine und Informationen erhalten Sie im Internet unter: **www.landsmot.is.**

decke wird die nährstoffreiche Krume von den Stürmen einfach weggetragen. Die Vegetationsfläche beträgt gegenwärtig nur noch 20 %.

Seit Anfang der 1990er-Jahre versucht man den Schafbestand zu reduzieren. Betrug er damals noch rund 700 000 Tiere, sind es heute nur noch 484 000. Dennoch richten die meist während der Sommermonate frei im Land herumlaufenden Schafe weiterhin große Schäden an. Einige geschützte Gebiete sind entsprechend eingezäunt, damit die Tiere nicht dorthin gelangen. Dort sieht man dann auch, wie üppig die Pflanzenwelt sein kann, z. B. in Þórsmörk oder in dem Naturschutzgebiet von Hornstrandir. Doch ganz ohne Schafe geht es nicht, denn ihr Fleisch gehört zu den Lieblingsspeisen der Isländer. Zudem wird es auch exportiert, vor allem auf die Färöer Inseln.

Auch Rentierfleisch steht in Island auf dem Speiseplan. 2013 wurden z.B. rund 1200 Rentiere gejagt – Nachkommen der im 18. Jh. aus Norwegen importierten Herde. Die Tiere halten sich in Ostisland auf, wo sie in den letzten Jahren mit den Bauern, die statt Schafen jetzt Bäume züchteten, in Konflikt gerieten. Mit Freuden fielen sie über das junge Grün her. Auch hier halfen Zäune.

Lupinen für die Bodenverbesserung

Neben der Reduktion des Schafbestandes werden gegenwärtig weitere Landschaftspflegemaßnahmen durchgeführt. Zum einen wird in Sandgebieten Strandhafer ausgesät, um so den Boden wieder zu festigen. Zum anderen sät man dort, wo wieder eine

Bodenkrume besteht, Lupinen aus. Die blauen Schmetterlingsblütler tragen dazu bei, dass sich im Boden Nährstoffe anreichern, und machen so den nächsten Schritt möglich: die Wiederanpflanzung von Bäumen und Sträuchern. Besonders im Süden des Landes trifft man im Juni auf große Lupinenfelder, dann scheint aus der ehemals grünen Insel eine blaue zu werden.

Wiederaufforstung und Klimawandel

Mit der Wiederaufforstung begonnen wurde Anfang des 20. Jh. und die größten sprich höchsten Bäume stehen in Hallormsstaður in Ostisland. Rund 50 Gehölzarten hat man dort gezogen. Das Ziel der isländischen Waldgesellschaft (Skórræktarfélag Íslands) ist es, den Bewaldungszustand von vor 1000 Jahren wieder zu erreichen. Besonders seit 2005 wurden jährlich 6 Mio. Schösslinge gepflanzt, doch seit der Finanzkrise mussten diese Projekte einschneidende Kürzungen hinnehmen.

Neben der Bodenerosion ist das raue Klima mit den langen kalten Wintern dafür verantwortlich, dass die Bäume letztlich nur langsam wachsen. Die derzeitige Klimaerwärmung zeigt aber schon die ersten Folgen, die Wachstumsperiode dauert länger und auch höher gelegene Regionen können bepflanzt werden. Eine Karte mit den aktuellen Waldgebieten findet man auf der Internetseite der staatlichen Wiederaufforstungsstelle: www.skogur.is.

Blühender Einwanderer: wilde Kamille am Kap Dyrhólaós

Island, Grönland, Vinland – die Fahrten der Wikinger

Einmal im Jahr treffen sich die Wikingerfans in Hafnarfjörður

Der internationale Flughafen in Keflavík trägt den Namen eines der bekanntesten isländischen Wikinger: Leifur Eiríksson. In der Abfertigungshalle begrüßt die Reisenden eine kleine Nachbildung der Eiríksson-Statue von Stirling Calder, deren Original vor der Hallgrímskirkja in Reykjavík steht. Mit der Erforschung und Besiedlung Vínlands durch Leifur Eiríksson um 1000 n. Chr. endeten die jahrhundertelangen Entdeckungsfahrten der Wikinger von Norwegen aus gen Westen.

Das Vordringen norwegischer Siedler nach Westen hatte mehrere Gründe. Zum einen wuchs die Bevölkerung, und der besiedelbare Raum – vor allem im Südwesten Norwegens – wurde knapper. Zum anderen beabsichtigte Harald Schönhaar Ende des 9. Jh., das gesamte Land unter seiner Krone zu vereinigen. Das entsprach nicht dem Freiheitsgefühl vieler Norweger, welches sich in der späteren Staatsgründung und Verfassung Islands manifestierte. Technisch möglich wurden die Überfahrten mit dem Bau der ›Knörr‹, einem Handelsschiff von 15 m Länge mit einem breiten, plumpen Rumpf. An Bug und Heck befanden sich Halbdecks und in der Mitte der Laderaum für Reiseproviant und den gesamten Hausstand. Neben dem Vieh hatten noch rund 20 Personen Platz.

Insel der Freiheit – Island

Als erster Siedler Islands gilt Ingólfur Arnarson. Streitigkeiten mit blutigem

Ausgang hatten ihn und seinen Ziehbruder Leifur Hróðmarsson gezwungen, Norwegen zu verlassen. Die Brüder fuhren zu Erkundungen aus – seit den ersten Siedlungsversuchen von Flóki Vilgerðarson ab 865 war Island bekannt – und beschlossen schließlich sich dort niederzulassen. Noch einmal kehrten sie nach Norwegen zurück, um alles vorzubereiten und Mitstreiter für die Ansiedlung zu gewinnen. 874 machten sie sich dann endgültig auf – die Landnahme begann. Geradezu eine Besiedlungswelle erfasste Island durch die politischen Entwicklungen unter Harald Schönhaar. Reiche norwegische Bauern mit Gefolge sowie Frauen, Sklaven und Vieh schlossen sich der Auswanderung an. Das neue Land im Norden verhieß ihnen ein freies und unabhängiges Leben. Mit der Ausrufung des isländischen Freistaates in Þingvellir (s. S. 114) im Jahr 930 endete die Landnahmezeit.

Die Siedlungen Eirík des Roten in Grönland

Leifur Eiríkssons Vorfahren stammten aus Norwegen. Sein Großvater Thorvald Avaldsson musste das Land als Geächteter – wegen Mordes – verlassen und siedelte sich mit seinem Sohn Eirík rauði (Erik der Rote) im Jahr 960 im Nordwesten Islands an. Wie sein Vater zählte wohl auch Eirík nicht zu den friedfertigen Zeitgenossen und 980 wurde er für drei Jahre wegen Totschlags aus Island verbannt. Er machte sich 982 in Richtung Grönland auf, erforschte dort die Ost- und Westküste und siedelte sich im Südwesten am Tunugdliarfik (Eiríksfjord) an. Nach seiner Rückkehr warb er in Island für das ›grüne Land‹, wie er es nannte. Zu Recht ging er von der Annahme aus, dass »die Leute viel mehr versucht sein werden, dorthin zu gehen, wenn das Land einen schönen Namen habe«. Als er 985 bzw. 986 zurück nach Grönland fuhr, um sich dort für immer anzusiedeln, begleiteten ihn 25 Schiffe, von denen 14 das ›grüne Land‹ erreichten. Es kristallisierten sich zwei Siedlungsgebiete heraus, die Eystribyggd (Ostsiedlung) in der Gegend um Eiríks Hof Brattahli und 400 km weiter nördlich – im Bereich von Nuuk – die Vestribyggd (Westsiedlung). Man schätzt, dass in Grönland um 1300 ca. 4500 Siedler lebten. Sie bildeten einen nach isländischem Vorbild organisierten unabhängigen Staat.

Leifur Eiríksson entdeckt Vinland

Leifur war Eiríks ältestes Kind, zwischen 970 und 980 in Island geboren. Als er sich im Jahr 1000 n. Chr. nach Westen aufmachte, folgte er den Informationen Bjarni Herjólfssons, der schon 985 die Küste westlich von Grönland gesichtet hatte. Leifur landete an drei Plätzen, die er jeweils benannte: Helluland, Markland und Vínland. Archäologische Ausgrabungen belegen, dass es sich dabei wohl um die Baffin Insel, Labrador und Neufundland bzw. Neubraunschweig handelte. Auch wenn die Besiedlung der Neuen Welt schwierig war, nicht zuletzt wegen der Auseinandersetzungen mit den Indianern, so holten die grönländischen Siedler 350 Jahre lang ihr Holz von dort. Erst mit Verschwinden der Siedlungen in Grönland hörten die regelmäßigen Fahrten in die Neue Welt auf. Die Überlieferungen von der Entdeckung der westlichen Küste blieben erhalten, niedergeschrieben in der Eiríks saga Mitte des 13. Jh.

Den Wikingern auf der Spur

Wikingerdorf und Viking Restaurant: in Hafnarfjörður. Restaurant, Hotel und Kulturhaus im rustikalen Wikingerstil und jährliche Wikingertreffen, s. S. 124.

Vikingaheimar: in Narðvík. Museum zu den Fahrten der Wikinger mit Schiffsnachbau, s. Abbildung unten und S. 125.

Eiríksstaðir: Nachbau eines Langhauses mit einer Einrichtung zum Anfassen und Erleben, s. S. 255.

Landnámssetur: in Borgarnes. Die Zeit der Besiedlung ist ebenso anschaulich dargestellt wie Szenen aus der Egils saga, s. S. 267.

Stöng: in Þjórsárdalur. Ein Bauernhof aus dem 12. Jh. wurde nach einem Originalfund rekonstruiert. Der Nachbau ist zu besichtigen, s. S. 281.

Die Beschreibung vieler weiterer Schauplätze findet man auf der auch deutschsprachigen Internetseite **www.sagatrail.is**.

Das Schiff Íslendingur ist mittlerweile im Museum zu bestaunen

Sagaland zum Anfassen

Der Terminus ›Wikinger-Zeitalter‹ wird unterschiedslos für 300 Jahre skandinavischer Expansion benutzt, die um 800 n. Chr. begann. In dieser Zeit wurden die Wikinger ebenso stark bewundert wie gefürchtet und gehasst. In der skandinavischen Dichtung wie den Sagas verkörpern sie kühnes Heldentum und männliche Stärke. Von den übrigen Völkern wurden und werden sie zumeist als Piraten und erbarmungslose Barbaren beschrieben, die brandschatzend durch Europa zogen.

Das tief verwurzelte Vorurteil über die Wikinger hat seinen Ursprung in der Sensations- und Rachelust der kirchlichen Schreiber, die gelegentlich Opfer der Wikinger-Streifzüge wurden. In den Zeiten, als Piraterie und Plünderungen zum Alltagsleben in Europa gehörten, waren die Wikinger auf diesem Gebiet wohl erfolgreicher als andere Völker, was sie mit der bis heute währenden negativen Reputation bezahlten.

Lange Zeit fand man als Reisender wenige offensichtliche Spuren der Wikinger in Island. Doch der EU sei Dank, seit 1996 unterstützt sie ein Projekt, das die europäischen Wikinger-Routen für den Tourismus erschließt. Die erste Route folgte Leifur Eiríksson von Island über Grönland bis nach Kanada und Amerika. Anlässlich der 1000-Jahr-Feierlichkeiten im Jahr 2000 fuhr man mit einem Bootsnachbau – der Íslendingur – die Route nach und errichtete in Eiríksstaðir den ersten Nachbau eines Langhauses. Ernteten die Wikinger-Aktivitäten am Anfang häufig nur Stirnrunzeln, sind sie heute etabliert, und viele Gruppen, auch Isländer, genießen die rustikale Atmosphäre. Fast scheint es so, als habe eine Nation ihre wahre Identität entdeckt.

Flucht in die Lavawüste – das Schicksal der Geächteten

Islands schönster Berg, die Herðubreið, überragt die Missetäterwüste

Islands wahre Helden sind die Geächteten, friedlose Männer, die sich in den Weiten der Lavawüsten vor ihren Häschern versteckten. Reich ist die Literatur über diese kühnen Mannen, die weder Einsamkeit noch Kälte, weder Feind noch Gefahr fürchteten.

Die größte Lavawüste in Zentral-Island, die Ódáðahraun, heißt Missetäterwüste, da sich in diese unwirtliche Region des Hochlands bis ins 19. Jh. zahlreiche Kriminelle flüchteten. Nach dem mittelalterlichen Recht der *grágás* galt die Ächtung als schwerste Strafe, die den Verurteilten zu einem Vogelfreien erklärte, der von jedem getötet werden konnte.

Prominente Ausgestoßene des Mittelalters waren Eirík rauði (Erik der Rote, s. S. 55), Gísli der Geächtete und Gunnar von Hlíðarendi. Toughe Männer, die zwar Furcht und Schrecken verbreiten, aber zugleich auch Bewunderung und Sympathie hervorrufen: die Inkarnation des isländischen *lonesome hero*. Der Bildhauer Einar Jónsson (1874–1954) hat vor allem diesen Aspekt in seiner Skulptur »Der Geächtete« dargestellt: Ein Mann trägt auf seinem Rücken die tote Frau und auf seinen Armen seinen kleinen Sohn, neben ihm läuft niedergedrückt sein einziger Freund, der Hund. Sein Blick ist ängstlich und unstet, das Gesicht sorgenvoll und vom Schicksal geprägt. Zu sehen ist das bronzene Standbild an der Ecke Suðurgata/Hringbraut am Friedhof in Reykjavík und am Eyrarlandsvegur auf dem Weg zum Gymnasium in Akureyri.

Geächtete als Bühnen- und Leinwandstars
Der isländische Dramatiker Jóhann Sigurjónsson (1880–1919) schrieb 1911 ein Theaterstück über Fjalla-Eyvindur und dessen Frau Halla mit dem Titel »Fjalla-Eyvind«. Das Stück wurde 1918 von dem schwedischen Regisseur Victor Sjöström verfilmt. 1981 kam der Film »Der Geächtete – Die Gisli-Saga« (Original-Titel »Útlaginn«) von dem isländischen Regisseur Ágúst Guðmundsson in die Kinos und fand international viel Beachtung.

Der Unbeugsame – Fjalla-Eyvindur

Auf Fahrten durch das Hochland stößt man immer wieder auf die Spuren des wohl berühmtesten Gesetzlosen aus dem 18. Jh., Fjalla-Eyvindur, Eyvindur aus den Bergen, der mehr als 20 Jahre im rauen Hochland zubrachte. Zunächst ließen sich seine Frau Halla und er in der Lavawüste von Hveravellir nieder (s. S. 279), nachdem sie, des wiederholten Diebstahls angeklagt, nicht länger in den Westfjorden bleiben konnten. Sie bauten sich eine Hütte in der Lava, deren Reste bis heute erhalten sind und zu denen in Hveravellir ein ausgeschilderter Weg führt. Halla und Eyvindur lebten vor allem von Überfällen auf Reisende, die den Kjalvegur entlangritten. Zusätzlich stahlen sie freilaufende Schafe. Als es für sie in dem Gebiet zu unsicher wurde, zogen sie in die Gegend südöstlich des Hofsjökull – heute Eyvindarver genannt –, wo sie weitere fünf Jahre verbrachten. Nachdem sie aufgrund eines Zufalls gefangen genommen wurden, brachte man sie nach Reykjahlíð am Mývatn. Von dort konnte Eyvindur entkommen und floh in die Ódàðahraun.

Bei der Oase Herðubreiðarlindir (s. S. 283) fand er einen Unterschlupf, der ihm genügend Schutz bot, um einen der härtesten Winter des Jahrhunderts zu überleben. Er ernährte sich einzig von dem rohen Fleisch eines Pferdes und der dort weit verbreiteten Pflanze Engelswurz. Günstig an seiner Felsenhöhle war, dass in ihr eine kleine Quelle sprudelte, ansonsten bot sie ihm gerade Raum, um sich kauernd darin aufzuhalten. Nicht ohne Stolz und Bewunderung weist eine Tafel an dem Unterschlupf in Herðubreiðarlindir auf Eyvindur hin, der der Einsamkeit, Kälte und unwirtlichen Natur wie ein echter Wikinger-Nachfahre trotzte. Natürlich gelang es Eyvindur, seine Frau Halla einige Jahre später zu befreien. Nach 20-jähriger Ächtung wurden sie begnadigt und konnten wieder in die Westfjorde zurückziehen, wo sich auch ihre Gräber befinden.

Tragische Helden – Grettir und Gísli

Geächtete als Übermenschen kommen vor allem in den alten Sagas vor, so ist Gunnar in der Njáls saga strahlend und tatkräftig (s. S. 150), ja selbst der eher mürrische und jähzornige Eirík rauði hat das Zeug zum Helden. Interessanterweise sind die Figuren der späteren Sagas – wie Grettir und Gísli – weniger als Sieger angelegt. Sie tragen das Unglück in sich, quasi schicksalhaft, und sind zudem wenig sozialverträglich. Imponierend ist nur ihre Stärke wie bei Grettir, und so wird er heute zur – touristischen – Leitfigur stilisiert wie z. B. bei den Grettir-Tagen in Bjarg in Nordwestisland (s. S. 233).

Aus der Kate in die Kapitalkrise

Die Gebäude, die unter dem Denkmalschutz des Nationalmuseums in Island stehen, lassen den mitteleuropäischen Besucher schon manches Mal staunen. Putzig möchte man sie nennen, doch die Tatsache, dass die alten Torf- und Holzgebäude erhalten geblieben sind, liegt auch daran, dass sie noch lange bewohnt wurden, einige bis ins 20. Jh. Seit dem Zweiten Weltkrieg befand sich Island in einer stetigen Aufwärtsentwicklung, die 2008 einen Einbruch erfuhr. Doch nach wenigen Jahren steht das Land wieder stabil da.

Die dänische Zeit

Die goldenen und heldenreichen Zeiten des Mittelalters fanden spätestens ab dem 13. Jh. unter der dänischen Kolonialzeit ihr Ende. Was blieb, waren Bauern und Fischer, die zunächst noch regen Handel mit Engländern, Holländern, Spaniern und Deutschen betreiben konnten, doch dann in den Zeiten des dänischen Handelmonopols zunehmend verarmten. Die großen Naturkatastrophen im 18. und 19. Jh. machten der Bevölkerung fast den Garaus. Tausende wanderten aus in der Hoffnung, in der Neuen Welt bessere Bedingungen zu finden. Doch welch ein Irrtum, wie man in dem interessanten Museum in Hófsos zu dem Themenkomplex sehen kann (s. S. 223).

Das Leben der Isländer in ihrem Land war alles andere als rosig, verachtet und unterdrückt von den dänischen Kolonialherren, fühlten die freiheitsliebenden ehemaligen Wikinger – als deren Nachfolger sahen sie sich immer noch – einen tiefen Schmerz. Erst mit dem Unionsvertrag 1911 konnte diese Wunde heilen und langsam, aber kontinuierlich ging es aufwärts.

Die junge Nation und ihre Angst vor Fremden

Reykjavík entwickelte sich in den ersten Jahrzehnten des 20. Jh. zur Stadt mit veränderter Bebauung. Maßgeblich beeinflusst durch den damaligen Staatsarchitekten Guðjón Samúelsson bekam sie mit mehrgeschossigen Betonhäusern ein anderes Gesicht. 1920 lebten schon 18 % der Gesamtbevölkerung in der Hauptstadt. Der Ausbau des Hafens, die eigene Schifffahrtsgesellschaft Eimskip und der Anschluss an das Telegrafennetz veränderten das Leben. Ein bedeutender Modernisierungsschub war für Island der Zweite Weltkrieg. Mit den Besatzern, zunächst den Briten 1940 und ab 1941 den Amerikanern, kam Schwung in den Ausbau der Infrastruktur. Die Bezeichnung ›*blessing war*‹, segensreicher Krieg, ist für einen Deutschen schon sehr befremdlich, doch die Isländer profitierten ungemein, fällt doch auch die Ausrufung der Republik Island 1944 in diese Zeit. Sorge bereitete lediglich, dass die Amerikaner vielleicht

Im 19 Jh. waren Torfhäuser wie in Glaumbær der typisch ländliche Baustil

die nächsten Kolonialherren werden konnten. Allein schon deshalb war jegliche Fraternisierung mit den GIs zutiefst verpönt. Isländerinnen, die sich mit den Männern einließen, wurden diskriminiert, meist blieb ihnen nur noch der Wegzug in die USA. Als 1946 die Regierung in dem Keflavík-Vertrag der Stationierung der US-Truppen zustimmte, kam es zu massiven Protesten der Bevölkerung. Diese Anti-Haltung gegenüber Fremden im Land trat auch 1949 beim NATO-Beitritt und erst recht 1951, als den US-Truppen zugesichert wurde, bis 2006 im Land bleiben zu können, zutage.

Die Isländer erobern den Weltmarkt

Um die Jahrtausendwende waren die Isländer recht stolz auf die Errungenschaften, die sie in den vorangegangenen Jahrzehnten erreicht hatten. Es gelang ihnen, ihre hohe Inflation einzudämmen und mit der restriktiven Fischereipolitik gute Einnahmen zu erzielen. Auch in anderen Bereichen war man innovativ und zeitweise erfolgreich. Der Stolz, dass diese kleine Nation – rund 300 000 Einwohner – es schaffte, sich auf den dritten Platz im OECD-Ranking heraufzuarbeiten, war immer und überall spürbar. Manche Innovation wurde dann auch schnell – nicht zuletzt durch die internationalen Medien – als die Errungenschaft schlechthin gefeiert. Die Gentechnologie vertreten durch die Firma De-Code-Genetics erlebte in den 1990ern einen enormen Hype – heute arbeitet sie still vor sich hin, nachdem sie an der Börse (lange vor der Finanzkrise) erhebliche Verluste eingefahren hatte. Schnell stellte man die Isländer als das besondere Volk dar und ebenso gern wurde dieses Image zum Selbstbild. Möglicherweise hat auch diese Haltung mit zu dem Fast-Total-Crash beigetragen. Natürlich war es ein Hit, dass das kleine Island sich auf einmal in internationale Firmen einkaufte. Man könnte das als modernen Wikingerraubzug bezeichnen. Die Isländer selber haben für ihre unternehmerischen Landsleute den Begriff der *outvasion vikings* geprägt. Es waren Käufe mit geliehenem Geld – jetzt müssen die Bürger für die Schulden aufkommen.

Massenkonsum auf Pump

Doch dieses radikale Unternehmertum fand im Land zunächst bei vielen Beifall, denn auch im Kleinen war die Konsumfreudigkeit groß. Schulden gehörten dazu. Als man dann noch günstige Privatkredite erhielt, beliebt waren dabei Fremdwährungen, die in der Zeit des guten Wechselkurses recht billig waren, machten doch – fast – alle mit. Autos, Wohnungen, Einrichtungen, Mode, Urlaub. Wie die Pilze im Herbst schossen immer neue (Hoch-)Häuser aus dem Boden. Es schien, als teilten sich zwei Städte dieser Welt die Baukräne: Dubai und Reykjavík. Direkt vor der Finanzkrise waren die Kredite in den Büchern der Banken zehnmal höher als die Wirtschaftsleistung des ganzen Landes. Der Bankencrash, der die schwerste Wirtschaftskrise Islands nach sich zog, war nicht mehr abzuwenden.

Der isländischen Regierung blieben auf dem Höhepunkt der Krise im Herbst 2008 nur extreme Maßnahmen: Die Schulden der Banken waren viel zu groß, als dass der Staat als Retter hätte einspringen können. Deshalb verstaatlichte Reykjavík praktisch das gesamte Finanzsystem und isolierte es vom Rest der Welt. Die Regierung fixierte den Wechselkurs der isländischen Krone und verhängte strenge Kapitalverkehrskontrollen, um eine Kapitalflucht zu verhindern. Das Bankensystem sollte sich unter dieser Schutzglocke wieder erholen. Gleichzeitig half der Internationale Währungsfonds (IWF) mit einem Kredit über 2,1 Mia. Dollar, weitere 3 Mia. kamen von den anderen nordischen Ländern – und Russland.

Krise endgültig überwunden?

Sieben Jahre später ist von der Krise nichts mehr zu spüren. Im Jahr 2015 dürfte sich der jüngsten Prognose der Zentralbank zufolge das BIP-Wachstum auf 4,2 % verdoppelt haben. Die Einkommen steigen stetig, die Arbeitslosigkeit ist von 8 % im Jahr 2008 auf 3 % gesunken, die Produktionskapazitäten sind quasi ausgelastet, und der Tourismus ist dank der schwachen Krone zum stärksten Devisenbringer aufgestiegen. Die relativ schnelle Wirtschaftserholung ist u. a. auch auf die restriktive Kapitalkontrolle zurückzuführen, die von 2008 bis Sommer 2015 bestand. Sie war eingeführt worden, um einen Kapitalabfluss zu verhindern und Erspartes im Land zu halten. Dennoch lassen sich für die isländische Wirtschaft keine abschließenden Aussagen treffen. Aktuell sieht es in Reykjavík wieder nach einem neuen Bauboom aus und die Immobilienpreise sind entsprechend in der Stadt hoch. Doch ist die Wirtschaft jetzt endgültig gefestigt?

Islands wahrer Reichtum – Naturressourcen

Im Zuge der Finanzkrise wurden die Stimmen lauter, sich auch in wirtschaftlicher Hinsicht wieder auf die wahren Ressourcen des Landes zu besinnen. Der Fischreichtum, die unerschöpfliche geothermische Energie und, damit verbunden, die Möglichkeit Gemüse anzubauen, sowie die unberührte Natur sind für viele das Fundament, auf dem es wieder aufwärts gehen soll. Umweltschutz versteht sich da von selbst.

Exporthit Fisch

Traditionell war Island das Land der Fischer und Bauern, sprich Fischerei und Landwirtschaft waren lange Zeit die wichtigsten Wirtschaftszweige des Landes. In der Tat hat Island seinen wirtschaftlichen Aufschwung immer wieder den Fischbeständen zu verdanken. Der Export von Fischprodukten macht aktuell noch rund 40 % des gesamten Exportes aus. Entsprechend heftig wird bis heute die 200-Meilen-Zone verteidigt, und sie ist auch der Dreh- und Angelpunkt bei allen Überlegungen, ob man der EU beitritt oder nicht. Zudem verfolgt Island eine stringente Quotierung. Natürlich hat man in der Vergangenheit auch mit den Schwankungen einzelner Fischarten, so z. B. des Herings, zu kämpfen gehabt. Für die Zukunft lassen sich aber keine genauen Prognosen machen, denn im Zuge der globalen Erwärmung steigen die Meerestemperaturen, und die Fische reagieren schon auf sehr geringe Veränderungen. Derzeit gehört der Hering zu den wichtigsten Exportfischen und seit einigen Jahren auch die Makrele.

Das Hochtemperaturgebiet Námafjall in der Nähe des Mývatn

Landwirtschaftliche Selbstversorgung

Rund ein Fünftel der Gesamtfläche der Insel wird von den rund 4000 Bauern für Landwirtschaft und Viehhaltung genutzt. Die Fleischproduktion – insbesondere von Lammfleisch – reicht aus, um Island selbst zu versorgen, und es wird sogar schon Fleisch exportiert. Seit der Krise sind viele einheimische Verbraucher vermehrt auf isländische Produkte umgestiegen, die früher im Vergleich zu den importierten immer teurer waren. Mit der Ausweitung der Gewächshäuser in den letzten Jahren können heute auf 200 000 m² Gurken, Tomaten, Salate etc. gezogen werden. Geplant sind neue Technologien, wie das Auftauen der Böden im Frühjahr, um entsprechend früher mit der Auspflanzung zu beginnen. Theoretisch wäre es sicher möglich mit dem heißen Wasser aus der Erde, Gemüse und Obst in ausreichender Menge anzubauen.

Energie im Überfluss

Ein sehr großes Wirtschaftspotenzial Islands liegt in seiner regenerativen Energie, produziert aus Wasserkraft und Geothermik. Als Heizwärme und Strom wird die so gewonnene Energie genutzt, fossile Brennstoffe fallen nur noch für den Transportbereich an. Fast 90 % der Gebäude werden mit heißem Wasser beheizt, die anderen mit Strom, ideale Voraussetzungen, um für die Bevölkerung, die den höchsten Pro-Kopf-Verbrauch an Strom in der Welt hat, die Preise niedrig zu halten. Was aber nur bedingt erfolgt. Da die vorhandenen Kapazitäten nicht erschöpft und alle Überlegungen des Stromexports obsolet sind, hat man nach und nach energieintensive Industrien angesiedelt.

Drei Aluminiumschmelzen gibt es jetzt im Land und zwei weitere sind in Planung. Außerdem gibt es ein Ferrosilizium-Werk, das jährlich 120 000 t der Metalllegierung produziert. Man erhoffte sich, dass die Gewinne des Aluminiumexports die der Fischprodukte erreichen bzw. noch überflügeln. Bis zur Weltwirtschaftskrise sah es gar nicht so schlecht aus, doch mit dem Fall des Aluminiumpreises sind diese Hoffnungen perdu. Dennoch hält die Regierung an dieser Perspektive fest, zum Verdruss der Umweltschützer und der Bevölkerung der entsprechenden Regionen. Doch genau diese Politik ist sehr in die Kritik geraten, denn die damit einhergehende Naturveränderung ist nicht abzusehen. Beim Kárahnjúkar-Staudamm (s. S. 196), der ausschließlich ein Schmelzwerk von Alcoa mit Strom beliefert, ist z. B. eine Fläche von 57 km² im Hochland unter Wasser verschwunden. Zum anderen verkauft der Energiekonzern Landsvirkjun den Strom zu billig an den Aluminiumhersteller – so die Ansicht vieler Isländer.

Die (unberührte) Natur

Natur stellt in Island ebenfalls einen großen Wirtschaftsfaktor dar, denn die rund 1 Mio. Touristen kommen genau wegen dieser einzigartigen Landschaft in der nördlichen Hemisphäre. Unberührtheit und Weite verbindet man immer noch mit Island. Sollte diese Naturraumqualität weiteren Staudammprojekten und Stromleitungen geopfert werden, könnte das zu Einbrüchen im Tourismus führen. Überlandleitungen kann man sich deutlich günstiger in Deutschland, Österreich oder der Schweiz ansehen.

Um solche Entwicklungen schon im Ansatz zu unterbinden, fordern Umweltschützer, das gesamte Hochland unter Naturschutz zu stellen und es damit für die Zukunft unantastbar zu machen, doch dieser Forderung kommen die Politiker bisher nicht nach. Zurzeit sind nur einige Gebiete geschützt und damit könnten auch in Zukunft Staudammprojekte wie Kárahnjúkar realisiert werden. Selbst wenn man die industrielle Nutzung der Ressource Wasser nicht in Betracht zieht, so sind die hochempfindliche Vegetation und die Lavaflächen schon allein durch zu viele Besucher gefährdet. Im Gebiet am Mývatn hat man Absperrungen vorgenommen, um die Lavaskulpturen der Dimmuborgir zu schützen. Mountain-Biker und Geländewagenfahrer werden genau beobachtet, Off-Road-Fahren, sprich Fahren außerhalb der Pisten ist strengstens verboten, dennoch sieht man immer wieder Fahrspuren am Rande. Die so zerstörte Vegetation leistet der Bodenerosion Vorschub. Im Grunde braucht es einen Masterplan, so der Standpunkt der Umweltbewegung.

Doch neben den Warnungen der Ökologen erschallen auch noch völlig andere Rufe: Es gibt Pläne, die möglichen Erdölvorkommen in den arktischen Gewässern zu erschließen, denn auch Island hätte dort entsprechende Rechte. Noch hält die Umweltministerin dagegen, doch die Geschichte in anderen Ländern zeigt, dass die Aussicht auf Öl jede Rücksicht fahren lässt.

Rettet Island – die Umweltbewegung

Die Spannungen zwischen Umweltschutz und wirtschaftlichen Interessen bergen gesellschaftlichen Sprengstoff – darum tut auch in Island aktive Umweltpolitik not. Ein Umweltministerium besteht seit 1990, doch solange die Konservativen die Regierung bestimmten, hatten die Amtsinhaber oft weniger die Natur und Umwelt im Sinn als vielmehr die Wirtschaft. Eine Änderung dieser Auffassung konnte sich erst seit einer neuen Amtsinhaberin im Mai 2007 wahrnehmen lassen.

Eine beachtliche engagierte Umweltbewegung formierte sich zum Baubeginn des Kárahnjúkar-Staudammes (2003–2007). Eines der wichtigsten Argumente war der Ausverkauf des Landes. Die Bewegung Saving Iceland wendet sich gegen die Ausweitung der Schwerindustrie im Land (www.savingiceland.org/de). Die Aktivisten sehen die Aluminiumproduktion in einem globalen Zusammenhang und weisen auch auf die Waffenproduktion mit Aluminium hin. In der heutigen isländischen Umweltszene sind viele Künstler engagiert, u. a. die Sängerin Björk, deren Mutter in einen längeren Hungerstreik gegen den Staudammbau getreten war, und auch der Autor Andri Snær Magnason, der sich mit seinem Buch »Dreamland« u. a. gegen den Ausbau wandte.

Nicht mehr gefragt – Walfleisch

Die Walfangquote für das Jahr 2015 wurde in Island auf 239 Zwergwale und 154 Finnwale festgesetzt. Allerdings wurde von den isländischen Fischern in den letzten Jahren die Quote gar nicht ausgeschöpft, da der Markt für Walfleisch schwächelt. Insbesondere die Tsunami- und Reaktorkatastrophe in Fukushima 2011 hat dazu beigetragen, dass die Nachfrage nach Walfleisch – Japan ist einer der wenigen Abnehmer für Walfleisch weltweit – stark zurückgegangen ist. 2012 war ebenfalls ein gutes Jahr für die Wale: Das einzige isländische Walfangunternehmen Hvalur hf. sagte die Jagd auf 150 Finnwale ab, da es sich bei Lohnverhandlungen nicht mit seinen Angestellten einigen konnte.

Naturschutzparks

Naturschutzparks gibt es in Island seit 1930. Þingvellir war der erste, es folgten Skaftafell, Jökulsárgljúfur und Snæfellsjökull. Skaftafell existiert heute nicht mehr, sondern ist Teil des stetig gewachsenen Vatnajökull-Nationalparks. Er hat eine Fläche von 13 600 km², was ungefähr 13 % der gesamten Landesfläche entspricht. Auch der davon unabhängige Nationalpark Jökulsárgljúfur wird ihm zugerechnet – der gesamte Gletscher Vatnajökull ist damit geschützt sowie die Lakagigar. Zudem gibt es noch Naturschutzgebiete sowie zahlreiche Naturmonumente wie Wasserfälle, Vulkane, Schluchten oder Inselgruppen.

Glíma und Golf – zwei isländische Sportarten

Glíma, das traditionelle isländische Ringen, ist ein Nationalsport mit über 1000-jähriger Tradition. In vielen der berühmten isländischen Familiensagas wird der Wikinger-Sport bereits erwähnt. Zu einem äußerst beliebten Breitensport hat sich in den letzten Jahren Golf entwickelt, und nirgends findet man so fantastisch gelegene Golfplätze wie in Island.

Ältester Nationalsport – Glíma

Erstmals erwähnt wurde der Name *glíma* im 12. Jh., doch schon von Beginn der Besiedlung sind Ringkämpfe verbrieft. Das Besondere an dieser Form ist die Schnelligkeit und permanente Beinarbeit, die einzigen erlaubten Griffe sind die sogenannten Hosengriffe, die Anfang des 20. Jh. zu Gürtelgriffen umgewandelt wurden. Man führte einen speziellen Gürtel ein, der um die Taille und die Beine gebunden wird und eine senkrechte Verbindung zwischen den Gurten hat. Bei *glíma* kommt es nicht auf die körperliche Kraft, Gewicht und Stärke an, sondern auf Geschick- und Beweglichkeit, eine gute Voraussetzung ist z. B. das Steppen. Informationen über das Regelwerk und die Griffe sowie den Link zu den deutschen Glima-Freunden findet man auf der Website www.glima.is.

Die Glíma-Ringer versuchen sich an den Gurten gegenseitig hochzuheben

Die absolute Hochzeit dieses Sports war Anfang des 20. Jh., als er zugleich Ausdruck des nationalen Kampfgeistes war. 1906 fand die erste *glíma*-Meisterschaft statt. Dem Sieger wurde – und wird – der Grettir-Gürtel verliehen, benannt nach dem berühmten Helden und Ringer aus der Saga-Zeit (s. S. 58). Ein Jahr später wurde der Kampf in Þingvellir ausgetragen und ging als das wohl größte Sportereignis in die Geschichte ein. ›Glíma des Königs‹ lautete der offizielle Veranstaltungstitel und die Meister des ganzen Landes nahmen daran teil. Jóhannes Jósefsson kam aus Akureyri und schwor die Ehre Nordislands im Wettstreit zu verteidigen. Jóhannes kam nicht nur in Island zu Ruhm, sondern ging als Artist in die USA. Als er 1927 wieder zurückkehrte, hatte er so viel Geld verdient – u. a. auch mit sei-

Ob der Golfball wohl die Hallgrímskirkja trifft?

nen *glíma*-Fähigkeiten –, dass er das Hótel Borg in Reykjavík bauen ließ (s. S. 82). Im Entree kann man Bilder aus seiner Zeit in den USA sehen, auf denen er mit seinem Hut an einen isländischen Buffalo Bill erinnert.

Bis zum Zweiten Weltkrieg war *glíma* sehr populär, während der Olympischen Spiele 1936 in Berlin wurden sogar Schaukämpfe vorgeführt, doch nach 1945 kam es zu einem Einbruch. In den letzten Jahrzehnten hat sich die Situation wieder gebessert. Jugendlichen und Frauen ist es gestattet, an Ringkämpfen teilzunehmen, außerdem konnte *glíma* als Sportart in den Grundschulen etabliert werden. Gewisse Ressentiments bei jungen Leuten sind dennoch geblieben, denn die traditionelle Sportbekleidung ist nun alles andere als cool: Strumpfhose und Griffgürtel. Doch *glíma* wird als Sportart sicher nicht verschwinden, denn es gibt eine internationale Vereinigung, in der vor allem die skandinavischen Länder gut vertreten sind, und regelmäßig werden länderübergreifende Wettkämpfe ausgetragen.

Putten um Mitternacht – Golf

Ein wirklicher Breitensport für Jung und Alt ist in Island das Golfen. In Reykjavík hat man in dem neuen Stadtteil Grafarvógur einen riesigen Abschlagtempel gebaut, auf zwei Etagen kann man nun üben. Faszinierend an den 65 Plätzen im Land ist teilweise ihre Architektur, die sich oft aus den Lavaflächen ergibt, so wie beim Platz südlich von Hafnarfjörður. Doch selbst in den kleinen Orten findet man reizvolle Anlagen. Die Golfsaison geht von Mai bis September, doch das Besondere an den isländischen Golfplätzen ist das Spiel in der Mitternachtssonne im Juni und Juli. Wer über ein entsprechendes Handicap verfügt, dem sei die Teilnahme an dem internationalen Golfturnier Arctic Open in Akureyri (s. S. 223) Ende Juni angeraten. Einer der nördlichsten Golfplätze der Welt ist hier Austragungsort. Umfassende Infos bietet die Website www.golf.is mit Link zu den Arctic Open.

Land der Literaten

Isländer sind immer auf der Suche nach Lesestoff

Die kulturelle Identität Islands ist mit seiner Sprache und Literatur verbunden. Gern bezeichnen die Isländer ihre Heimat als Land der Literaten. Lesen gehört bis in die Gegenwart zum Leben, und es scheint, je schlechter die Zeiten, desto größer die Sehnsucht nach dem Geschriebenen – so auch in den Krisenjahren seit 2008.

Mit der Einführung des Christentums im Jahr 1000 wurde auch das Alphabet übernommen und schon bald für die Landessprache benutzt. Die ersten schriftlichen Zeugnisse im Isländischen sind die von Hafliði Másson in den Jahren 1117/18 niedergelegten Gesetze. In dieser Zeit verfasste auch Ári Þorgilsson die erste isländische Geschichte von der Besiedlung bis zur Christianisierung, das Íslendingabók. Vermutlich diente seine Arbeit zugleich als Grundlage für das zweite wichtige Werk über Islands Geschichte, das Landnámabók, in dem die Eigentumsverhältnisse im Land dargestellt sind. Die herausragendsten und wohl auch bekanntesten Werke der mittelalterlich isländischen Literatur sind die Edda und die Sagas, die überwiegend im 13. Jh. verfasst wurden. Auch in der Poesie gibt es eine typisch isländische Form, die im 14. Jh. entstandene Balladenform *rímur*.

Der nationale Stolz

Wenn man den Stellenwert der *Íslendasögur*, der Sagas der Isländer, ermessen will, so braucht man nur in die Ausstellung im Kulturhaus in Reykjavík zu gehen (s. S. 88), wo einige Handschriften wie Heiligtümer präsentiert werden. Die Sagas sind sakrosankt, und so mutete der Roman von Halldór Laxness (1902–1998) »Die glücklichen Krieger« fast wie ein Frevel an. Hier entlarvt er die Sagahelden als höchst erbärmliche Figuren. Doch Halldór Laxness durfte das, war er als Nationaldichter und Nobelpreisträger doch der zweite literarische Stolz der Nation.

Zwei Aspekte der Sagas sind bemerkenswert: Zum einen waren sie die erste mittelalterliche Prosaliteratur, die in der Landessprache verfasst wurden, und zum anderen sind sie auch heutigen Lesern – zumindest einigen – unmittelbar zugängig, da sich die Sprache im Kern seit dem Mittelalter nur wenig verändert hat. Die Geschichten dieser starken Helden wurden zudem in den finsteren Jahrhunderten noch bewahrt. Zwar kam zu Beginn des 16. Jh. die erste Druckerpresse nach Island und 1584 wurde erstmals die gesamte Bibel in Hólar gedruckt, doch ein literarisches Schaffen fand mehrere Jahrhunderte nicht statt.

Der Literat als Mahner

Eines hatte Halldór Laxness mit den Verfassern der Sagas gemein: In etlichen seiner Romane tritt er als Mahner auf, der unmittelbar Bezug nimmt auf die gesellschaftlichen Prozesse, ganz deutlich in »Atomstation«. Auch die Saga-Verfasser wollten ihre Leser an die friedlichen Zeiten gemahnen, als Recht und Ordnung noch galten, und nicht wie zur Zeit der Niederschrift im 13. Jh. Sippenkämpfe, die den Freistaat zerstörten. Auch andere Autoren des 20. Jh. reagierten mit ihren Werken auf die gesellschaftlichen Veränderungen. In den Jahren zwischen 1946 und 1953 debütierten die sogenannten Atomdichter, eine Gruppe von fünf Poeten, die einen radikalen Bruch mit der traditionellen Lyrik vollzogen. Um die tiefgreifenden Veränderungen durch den Krieg und die Nachkriegszeit adäquat auszudrücken, suchten sie nach neuen Ausdrucksformen. Sie benutzten eigene Symbole und Idiome, die sich den Lesern nicht sofort erschließen. Der Begriff Atomdichter wurde zunächst als Schimpfwort seitens der Traditionalisten gebraucht.

Krimis und Lyrik – isländische Bestseller

Selbst für die isländischen Krimis muss man in diesem Zusammenhang eine Lanze brechen. Literarisch sind sie meist bescheiden, doch sie zeigen das Island hinter dem schönen Schein: Zwangsprostitution, sexueller Missbrauch von Kindern, Drogenkonsum, Fremdenfeindlichkeit, kurz: Alles, was

Bücher im Internet
www.literature.is: Biobibliografisches zu isländischen Autoren, interessante Interviews. (Englisch)
www.islandbuecher.de: Hier findet man die übersetzten Titel und kann sie kaufen.
www.perlentaucher.de/buchKSL/235_Islaendische_Literatur.html: Auf den Perlentaucher-Seiten kann man sich einen guten Überblick über die Gegenwartsliteratur in Island verschaffen.
www.islit.is/en: Die Seite des »Isländischen Literaturzentrums« bietet Infos u. a. zu Übersetzungen und Literaturprojekten.

Autoren im Museum
Gljúfrasteinn: bei Mosfellsbær, s. S. 112. Das Haus war für ein halbes Jahrhundert das Zuhause und die Arbeitsstätte des Nobelpreisschriftstellers Halldór Laxness und seiner Familie. Die Räumlichkeiten sind so belassen wie zu Lebzeiten des Autors. Beim Rundgang erfährt man auch einiges über Erinnerungsstücke, die in seinem Werk eine Rolle spielten.
Museum Þórbergssetur: in Hali, s. S. 182. Das Museum ist dem in Island bedeutenden Schriftsteller Þórbergur Þórðarson (1889–1974) gewidmet, der hier geboren wurde. Das originell gestaltete Haus entwarf der Architekt Sveinn Ívarsson. Der ursprüngliche Bau war der ehemalige Schafstall. Im östlichen Ausstellungsraum sieht man alte Fotos aus der Zeit von 1930–1960, die das Leben in der Region zeigen. Die Ausstellung im Westsaal widmet sich dem Leben und Werk des Schriftstellers.

man so kennt, aber nicht mit Island verbindet. Begonnen hat der Krimiboom, der seit 2003 auch in Deutschland blüht, mit Arnaldur Indríðason. Seine Krimis folgen dem sogenannten schwedischen Modell, sprich sie sind gesellschaftskritisch. Weitere bekannte Autoren sind Viktor Arnar Ingólfsson und Yrsa Sigurðardóttir.

Die Strömungen der gegenwärtigen Lyrik sind faszinierend vielfältig. Erfrischend ist oft ihr Spiel mit der Sprache, ein humorvoller Umgang mit Rhythmus und Melodie des Isländischen wie bei Einar Már Guðmundsson, Gyrðir Elíasson, Linda Vilhjálmsdóttir, Steinunn Sigurðardóttir und Sjón. Es ist bedauerlich, dass gerade diese faszinierende literarische Gattung bei deutschen Verlegern so wenig Beachtung findet.

In Zeiten der Krise

Wie vor 500 Jahren, als man Trost und Stärke in der Literatur suchte, besann man sich während der letzten Krisenjahre wieder verstärkt auf das Buch. So machte der größte isländische Verleger auf dem Höhepunkt der Finanzkrise im Herbst und Winter 2008/09 hervorragende Geschäfte. Doch die Autoren nutzten nicht nur das Buch, sondern sie beteiligten sich auch an den politischen Diskussionen wie Einar Már Guðmundsson, dessen Artikel zur Lage der Nation im Februar 2009 in der Süddeutschen erschien, oder Hallgrímur Helgason, der als Stand-up-Comedian, Maler und Autor ein Mann der Öffentlichkeit ist. Im deutschsprachigen Raum wurde er mit seinem Roman »101 Reykjavík« sehr bekannt. Auch Steinunn Sigurðardóttir zählt zu den Autoren, die vehement die Wirtschaftspolitik des Landes kritisierten.

Hotspot für coole Kunst

Überrascht bei ihren Auftritten mit extravaganten Outfits: die Sängerin Björk

Seit dem 21. Jh. ist Island in – nicht nur die bizarre Landschaft, sondern auch seine Kunstszene. Immer wieder blickt man mit Staunen auf die künstlerische Produktivität des kleinen Landes. Die Künstler setzen zwar keine wirklichen Trends, aber haben ihre eigene Ausdrucksform gefunden.

Spätestens seit den Sugarcubes (1986–1992) und der anschließenden internationalen Solokarriere ihrer Sängerin Björk blickt man mit Interesse auf die Musikszene in Island. Doch das war keine neue Entwicklung, denn schon in den 1980er-Jahren gab es zahlreiche Bands, man hatte sie nur bisher nicht wahrgenommen. Besonders produktiv war die Gruppe Medusa, ein Zusammenschluss junger Künstler, die sich dem Surrealismus verbunden fühlten. Zu dieser Gruppe, die zwischen 1979 und 1986 rege war, gehörten u. a. Björk, Einar Örn und das literarische Multitalent Sjón.

1986 wurde das Label Smekkleysa (schlechter Geschmack) von Mitgliedern von Medusa gegründet. Kennzeichnend für diese Künstler ist, dass man sie nicht nur einer Kunstform zuordnen kann. Insofern ist die Karriere von Björk symptomatisch – vereint sie doch Musik, bildende Kunst und Film.

Ein Stil? Viele Stile!

Die isländischen Musikgruppen lassen sich schwerlich nur auf einen Stil festlegen. Zum einen wechseln die Mitglieder regelmäßig und zum anderen lieben sie Experimente und neue Erfahrungen. Die vier Organisten von Apparat Organ Quartet behaupten sich mit ihrer elektronischen Musik auf alten elektronischen Instrumenten spätestens seit ihrem Auftritt auf dem Iceland Airwaves Festival 2002 international. Die auch in Deutschland beliebte Gruppe Sigur Rós erfindet sich immer wieder neu. Trat sie zu Beginn nur als Vierer-Band auf, so holten die Musiker sich für ihre nächsten Stücke acht Streicher dazu und auch ein ganzes Orchester konnten sie einbinden. Wandelfähig sind sie ebenso bei den Texten, die von reiner Lautmalerei bis Englisch reichen. In dieser Hinsicht gleichen sie der Island-Ikone Björk.

Das Musikfestival Iceland Airwaves begann 1999, um die internationalen Plattenfirmen auf die isländischen Gruppen aufmerksam zu machen. Heute hat das Festival seinen Platz im Oktober in Reykjavík und zieht Tausende Besucher an. Musik gibt es an vielen Orten in der Stadt und die heute sehr bekannten Gruppen, wie auch Sigur Rós oder Leaves, erlebten hier ihren Durchbruch. Neben isländischen Gruppen treten internationale auf und Solisten – kurz: Oktober ist die Zeit für Party.

Kunst im Raum

Schon am Flughafen in Keflavík wird man von großen Skulpturen begrüßt. Auch wenn die Landschaft prägend für das künstlerische Schaffen der isländischen Bildhauer und Maler ist, so scheuen sie sich doch davor, ihre Wer-

Bildende Kunst im Vormarsch – Galerie in Reykjavík

ke in der Natur zu präsentieren. Da braucht es schon Ausländer wie den Italiener Claudio Parmiggiani, der 2000 einen Leuchtturm unter freiem Himmel an die Straße Nr. 417 in der Nähe von Hveragerði setzte (s. S. 136), oder die amerikanische Künstlerin Yoko Ono, die auf der Insel Viðey 2006 den Imagine Peace Tower installierte (s. S. 97). Isländische Künstler belassen ihre Werke nur kurze Zeit in der Natur, um sie quasi zu konterkarieren wie bei Ásmundur Ásmundsson oder als Inszenierungsraum zu nutzen wie bei der Icelandic Love Corporation. Zahlreiche Galerien vor allem in Reykjavík wie das Living Art Museum, die Kling & Bang Gallery, i8 oder Safn bieten jungen Künstlern aller Sparten adäquate Räume, ob nun für Videoinstallationen, Fotografie, Malerei oder Performances. Seit 2006 findet alljährlich das Kunstfestival Sequences statt, auf dem sich überwiegend die jungen isländischen Künstler vorstellen. Die Termine liegen parallel zum Festival Airwaves – mehr Kunst in einer Stadt geht wohl kaum.

Kunst live in Reykjavík

Iceland Airwaves: Oktober. Isländische Gruppen treffen internationale Scouts. Programm, Künstler, ein Blick in die Vergangenheit und natürlich auch Musik zum Hören und Kaufen unter www.icelandairwaves.com.

DesignMarch: März. Zum einen stellt sich das Designzentrum vor, zum anderen findet man zahlreiche Arbeiten isländischer Designer. Informationen und Programm unter www.icelanddesign.is.

Sequences: Oktober/November. Eine Woche junge Kunst in Reykjavík. Isländische Künstler stellen aus und stellen dar. Auf der Website findet man das aktuelle Programm und die Künstler sowie Rückblicke: www.sequences.is.

Lesetipp

Hrsg. v. Christian Schoen und Halldórn Björn Runólfsson: Icelandic Art today, Ostfildern 2011. Sehr guter Bildband zu aktuellen isländischen Künstlern.

Zurück zur Natur

Fast zeitgleich erwachte auch das Interesse an isländischem Design, internationale Ausstellungen vermittelten ein Bild weit weg von Volkskunst und Schafswollpullovern. Beim Gang durch Reykjavík fallen die zahlreichen Geschäfte auf, die isländisches Design – Schmuck, Kleidung, Gebrauchsgegenstände – anbieten. Man sieht eine Begeisterung für Materialmix und vor allem die Verwendung heimischer Stoffe: Fischhaut, Lava, Wolle, Fell etc. Um diese ausgefallenen Kreationen angemessen zu verbreiten, wurde im April 2008 das isländische Designcenter gegründet. Der Verband macht es sich zur Aufgabe, nicht nur isländisches Design im Land bekannter und akzeptierter zu machen, sondern auch zu exportieren und die Zusammenarbeit mit Industrieunternehmen zu fördern. Im März 2009 fand erstmals der DesignMarch statt, der zu einer alljährlichen Einrichtung geworden ist. Vorträge und Stadtführungen unter architektonischen Aspekten gehören ebenso dazu wie Ausstellungen, Seminare und auch der Verkauf. Entscheidend ist dabei der ganzheitliche Ansatz, somit gehört auch Stadtplanung dazu. Vielleicht wird isländisches Design zu einer neuen wirtschaftlichen Ressource.

Food and Fun – neue Küche mit altbekannten Zutaten

Die junge und moderne isländische Küche hat sich enorm gewandelt. Hatte sie lange Jahre eher einen befremdlichen bis exotischen Reiz, so überrascht sie heute durch Kreativität und Abwechslung. Ein internationaler Wettbewerb macht Reykjavík im März zu einem Gourmettempel.

Dass die traditionelle isländische Küche für mitteleuropäische Gaumen manchen Schrecken bietet, zeigt allein schon die Lektüre einiger Zutaten wie z. B. gesengte Lammköpfe oder fermentierter Hai. Dass der bis zum Verrotten vergrabene Hai dennoch genießbar ist, liegt neben der Qualität und Fischart an den Beigaben: *brennivín*, ein Kartoffelschnaps, und süßes Schwarzbrot. Das Brot wird bzw. wurde ebenfalls eingegraben – im heißen Boden, wo es garte. Wer Pumpernickel mag, wird es mögen.

Verändertes Essverhalten

Fisch und Fleisch wurden getrocknet, geräuchert, gesalzen oder in Molke eingelegt. Alles Konservierungsarten, die zwar bis heute Bestand haben, aber natürlich haben die Einflüsse der internationalen Küchen Raum gegriffen. Seit den 1980er-Jahren ist die

Nach wie vor ein Klassiker der isländischen Küche: Lachs

Zahl der internationalen Restaurants stetig gewachsen und damit auch Fast Food in allen Variationen. Das typische isländische Mittagessen *hangikjöt*, geräuchertes Lamm mit Dosenerbsen und karamellisierten Kartoffeln, wurde abgelöst von Hamburger und Pommes Frites. In den immer größer werdenden Supermärkten blüht ein breites internationales Angebot, in kleinen Fischgeschäften findet man aber dann doch noch Lummeneier und Papageitaucherbrust. Bis weit ins 20. Jh. hinein gehörten die Seevögel mit auf den Speiseplan. Heute bieten einige Gourmetrestaurants *svartfugl* delikat zubereitet wieder an.

Plokkfiskur zum Nachkochen
Für den Fischeintopf Zwiebeln in Butter glasig schmoren, mit Mehl bestäuben und heiße Milch dazu. Die Soße etwas köcheln lassen. Gekochte Fischreste und Kartoffeln zerkleinern und dazugeben (ca. doppelt so viel wie die Milchmenge). Alles verrühren und mit Curry, Salz und Pfeffer abschmecken. Auf dem Teller anrichten, in der Mitte eine Kuhle formen und dort hinein gesalzene Butter geben. Als Beilage schmeckt *rúgbrauð* (süßes Roggenbrot).

Junge Kochstars

Eine neue Generation von Köchen wächst heran, beeinflusst von der Nouvelle Cuisine, oft auch ausgebildet im und beeindruckt vom Ausland. Sie entwickelt andere Kreationen, ungewöhnliche zunächst für die isländische Küche wie Lachs mit Honig oder mehr frische Salate. Mit dem zunehmenden Gemüseanbau auf Island werden auch die einheimischen Gemüsesorten immer mehr berücksichtigt. Dazu kommen natürlich Kräuter, die im Land wachsen, wie Thymian oder Rosmarin. Es gibt zahlreiche Pilze, und aus den Krähen- und Blaubeeren lassen sich hervorragende Konfitüren als Beilagen z. B. zu Rentierfleisch fertigen.

Einige Restaurants in Reykjavík sind in die Gourmet-Liga aufgestiegen wie Húmarhús, Grillið, Hótel Holt und allen voran das Restaurant in Perlan. Die Perlan-Chefs Gísli Thoroddsen, Stefán Elí Stefánsson und Elmar Kristjánsson sind mehrfach für ihre Kochkünste ausgezeichnet worden. Sie kochen auch für den isländischen Präsidenten.

Food and Fun

Seit 2002 findet im März der international besetzte Wettbewerb Food and Fun in Reykjavík statt. Hier zaubern die Köche der gehobenen Restaurants mit regionalen Zutaten Kulinarisches. Da Tourismusunternehmen, allen voran Icelandair, an dem Festival beteiligt sind, ist der Fun-Faktor hoch. Tagsüber amüsieren sich die Besucher auf Gletschern und Bergen, abends schauen sie den Meisterköchen in die Töpfe. Am letzten Abend findet dann der Wettbewerb statt: Innerhalb von drei Stunden muss ein Menü auf den Tisch kommen. Zuvor haben die Kochkünstler 30 Minuten Zeit, um die ausschließlich isländischen Zutaten zu erstehen. Neben dem großen Spaß dient das Festival durchaus dazu, die isländische Küche bekannter zu machen und ihre Vielfalt noch zu fördern. Neben den gängigen Fleischarten gibt es die schon erwähnten Seevögel, Wal, Hai, Rentier und auch Fohlen. Die Termine finden Sie im Internet unter www.foodandfun.is.

Unterwegs in Island

Bootsfahrt zwischen Mini-Eisbergen auf dem Gletschersee Jökulsárlón

Das Beste auf einen Blick

Reykjavík und Umgebung

Highlight!

Reykjavík: Quirlig und manchmal überraschend mediterran – Reykjavík hat es zu einer sehr eigenen Mischung aus Natur und Kultur gebracht. Cafés, Designerläden, Galerien oder Restaurants bieten ein reiches Konsumangebot. S. 80

Auf Entdeckungstour

Hallgrímskirkja – Reykjavíks weißes Wahrzeichen: Reykjavík als Stadt ist recht jung und Reykjavíks städtische Architektur ist noch jünger. Einer der ersten Architekten, der das Stadtbild prägte, war der Staatsarchitekt Guðjón Samúelsson (1887–1950). Reykjavíks weithin sichtbare Hallgrímskirche hat er 1937 entworfen. Ein geradezu riesiges Gotteshaus für die damals kleine Stadt. 23 S. 90

Kultur & Sehenswertes

871 +/-2: In der Ausstellung im Basement des Hótel Reykjavík in der Aðalstræti taucht man im wahrsten Sinne des Wortes ein in die Zeit der ersten Siedler. Spannend gemacht und voller Atmosphäre. 7 S. 82

Kulturhaus: Im Kulturhaus Reykjavíks (Þjóðmenningarhús) lernt man alte Handschriften kennen – Islands ganzer Stolz – und verfolgt in einer sehenswerten Filmshow die Geburt der Insel Surtsey. 19 S. 88

Zu Fuß & mit dem Rad

Spaziergang an der Küste: Vorbei am alten Hafen, an Museen und moderner Stadtarchitektur geht es durch das neue hippe Stadtviertel. S. 95

Mit dem Rad rund um Seltjarnarnes: Mit dem Fahrrad erlebt man Reykjavíks Meerseite mit Sturm und Sonnenschein, Fernblick und Wasservögeln. S. 104

Genießen & Atmosphäre

Perlan: Es gibt kaum einen besseren Aussichtspunkt in Reykjavík als die Plattform auf Perlan. Ein Rundumblick mit Erklärungen der unterschiedlichen Gebirge und Landschaften. Im Winter ist es abends besonders stimmungsvoll mit dem Lichtermeer unter einem. 27 S. 92

Kaffi Sólon: Ein Café, das sich von Generation zu Generation neu erfindet: veränderte Einrichtungen, neue Besitzer. Doch die Generation 50+ findet sich neben den Jungen immer wieder ein. 2 S. 102

Abends & Nachts

Kaffibarinn: Meist völlig überfüllt, urig und vor allem immer noch angesagt. Um ein Bier zu erhalten, braucht es Ausdauer und Durchsetzungskraft, aber es macht einfach Spaß. 1 S. 102

Reykjavík!

Gern versehen die Reykjavíker ihre kleine Metropole mit verlockenden Attributen wie die nördlichste Hauptstadt der Welt oder gar die nördlichste Stadt Italiens. In der Tat überraschen im Sommer die zahlreichen Straßencafés, meist windgeschützt, wo man sich trifft. Reykjavík ist in den letzten Jahren international bekannt geworden, zum einen für sein vitales Nachtleben und zum anderen auch für seine rege Kulturszene. So dominieren Kneipen, Galerien und Designerläden das Zentrum, das nach seiner Postleitzahl auch Reykjavík 101 genannt wird. Der Bauboom der letzten zehn Jahre hat das Stadtbild verändert. Moderne Geschäftsgebäude ziehen sich zusammen mit teuren Apartmenthäusern entlang der Küstenstraße Sæbraut.

Rund 120 000 Einwohner hat die Hauptstadt, die zusammen mit den Nachbarorten Hafnarfjörður, Kópavogur, Garðabær und Seltjarnarnes einen urbanen Großraum bildet, in dem rund 65 % der isländischen Bevölkerung leben. Als Ingólfur Arnarson sich in der Bucht von Reykjavík als erster Siedler 877 niederließ, nachdem er seine nach Sichten des Landes ausgeworfene Hochsitzsäule hier wiederfand, war von dieser erfolgreichen Stadtgeschichte noch nichts zu ahnen. Ab 1786 gewann der Ort zunehmend an Bedeutung, als Reykjavík zusammen mit vier weiteren Orten Stadtrecht bekam. Vor allem Reykjavík expandierte aufgrund seines günstigen Hafenplatzes zu einem wichtigen Handelsort. Zudem wurden im Verlauf des 18. Jh. der Bischofssitz und mit ihm die Lateinschule von Skálholt hierhin verlegt, ebenso wie im 19. Jh. das Althing.

Städtischen Charakter nahm Reykjavík erst mit dem Ausbau der Fischindustrie zu Anfang des 20. Jh. und vor allem nach 1940 an, als die englischen und amerikanischen Besatzer die Infrastruktur des Landes ausbauten. Heute ist Reykjavík eine quirlige, stetig wachsende Hauptstadt, die aber an vielen Plätzen noch ihren urwüchsigen Charme behalten hat.

Infobox

Reisekarte: ▶ C 6 und Karte 2

Tourist Information Centers

Hauptbüro: Aðalstræti 2, Tel. 590 15 00, www.visitreykjavik.is, Juni–15. Sept. tgl. 8.30–19, 16. Sept.–Mai Mo–Fr 9–18, Sa 9–16, So 9–14 Uhr.

Weitere Büros: Rathaus, Tjarnagata 11, Tel. 563 20 05, Mai–Okt. Mo–Fr 8.20–16.30, Sa 12–16 Uhr. Service Center am Zeltplatz, Sundlaugarvegur 34, Tel. 568 69 44, www.reykjavikcampsite.is, 15. Mai–15. Sept. In den Büros sind die Broschüren »What's on in Reykjavík« und »Reykjavík city guide« erhältlich.

Internet

www.reykjavik.is: Die Website der Stadt auch auf Englisch mit Informationen zu den städtischen Einrichtungen.

www.grapevine.is: Infos zu Kultur, Politik, Einkaufen etc. in Reykjavík.

Anreise und Weiterkommen

Auto: Rushhour am Nachmittag; in der Innenstadt kann man nur auf gebührenpflichtigen Parkplätzen parken.

Bus: Der Flughafenbus von Keflavík fährt zum zentralen Busbahnhof wie zum Reykjavíker Inlandsflughafen, entsprechende Verbindungen buchen.

Das historische Zentrum

Der historische Teil Reykjavíks entspricht dem Gebiet bei Stadtgründung, das sich vom See Tjörnin bis zu dem 500 m entfernten Hafen erstreckte. Hier befinden sich die ältesten Gebäude aus dem 18. und 19. Jh. sowie einige sehr interessante Museen. Während eines gemütlichen Spaziergangs kann man sich hier mit der Geschichte und Kunst Islands vertraut machen.

Tjörnin 1

Der Stadtsee Tjörnin war die südliche Grenze des Ortes. Früher standen hier Bauernhöfe, heute ist der See mit den beiden Parkanlagen ein beliebter Freizeitplatz. Bänke reihen sich entlang dem Ufer und die über 40 verschiedenen Vogelarten wie Enten, Kurzschnabelgänse, Schwäne und diverse Möwenarten werden mit Begeisterung von Jung und Alt gefüttert. Die Parkanlage südlich von Skothúsvegur heißt Hljómskálagarður, benannt nach dem achteckigen Bau am Parkeingang, einem Musikpavillon.

Rathaus 2

Tjarnargata 11

Der auffällige Bau des Rathauses (Ráðhús) aus dem Jahre 1992 steht direkt am nördlichen Ufer des Sees Tjörnin. Für seine Errichtung nach einem Entwurf der Architekten Margrét Harðardóttir und Steve Christer wurden weder Kosten noch Mühen gescheut. Damit das Gebäude überhaupt einen Platz in dem dicht bebauten historischen Zentrum fand, musste dafür eigens eine künstliche Insel am Rande des Sees geschaffen werden. Es war ein Prestigeobjekt des damaligen Bürgermeisters und späteren Premierministers Davið Oddson. Von der Cafeteria blickt man direkt auf den See. Im Foyer befindet sich eine große Reliefkarte von Island, die bei Empfängen im Boden versenkt werden kann.

Iðnó 3

Vonarstræti 3, www.idno.is

Auch direkt am Tjörnin gelegen, fällt das schön restaurierte Holzgebäude auf. Iðnó wurde 1897 als Gemeinschaftshaus der Handwerkervereinigung errichtet und diente der damals gegründeten Theatergemeinschaft Reykjavík bis 1989 als Spielstätte. Heute finden hier Theater- und Musikdarbietungen unterschiedlicher Art statt und zudem laden Café und Restaurant ein (Menü ab 57 €).

Dómkirkjan 4

Lækjargata 14a, Mo–Fr 10–17 Uhr

Der sogenannte Dom ist Reykjavíks älteste Kirche, 1788 wurde mit dem Bau begonnen und 1796 wurde sie geweiht. Schon im 19. Jh. musste sie erweitert werden. Seit 1845 beginnt die Parlamentseröffnung mit einem Gottesdienst hier, und bis heute ist die seit 1973 unter Denkmalschutz stehende Kirche die bedeutendste der Stadt. Das Marmorbecken fertigte Bertel Thorvaldsen, 1839 kam es in die Kirche.

Austurvöllur 5

Den zentralen Platz Reykjavíks, Austurvöllur, kann man von seiner Nordseite her gut überblicken. In der Mitte, umgeben von Rasen und Blumen, zeigt ein Standbild des Bildhauers Einar Jónsson Islands Kämpfer für die Unabhängigkeit, Jón Sigurðsson, dessen Geburtstag am 17. Juni zum isländischen Nationalfeiertag erklärt wurde. Hier finden alle offiziellen Kundgebungen statt und hier protestierten die Bürger im Winter 2008/2009 jeden Samstag gegen das Schweigen der Politiker zur Finanzkrise. Doch im Sommer geht es friedlich zu, gern legt man sich hier in die Sonne.

An der Ostseite des Platzes erhebt sich das ehrwürdige **Hótel Borg**, 1925 von Guðjón Samúelsson entworfen. Der Bauherr des Hotels war der *glíma*-Ringer Jóhannes Jósefsson, der als Ringer und Artist in den USA reich geworden war (s. S. 66).

Alþingishús 6

Südseite Austurvöllur

Das graue Basaltgebäude, das Alþingishús, gebaut 1880/81, ist der Sitz des isländischen Parlaments. 1908 wurde der Kuppelbau auf der Gartenseite, 2001 ein neuer Trakt angebaut, wo sich auch der Haupteingang befindet. Entworfen hat das ursprüngliche Gebäude der dänische Architekt Ferdinand Mehdal. Es war eines der ersten zweigeschossigen Steinhäuser in der Stadt. Im 19. Jh. baute man in der Regel noch mit Holz (Besichtigungen nur nach Voranmeldung: heimsoknir@althingi.is, Tel. 563 05 00).

Mein Tipp

Pause mit Stadtansicht – Café Paris

Mit Blick auf den Austurvöllur kann man auf der Terrasse des Café Paris bei einer Tasse Kaffee oder Tee die Menschen beobachten. Der Kaffee, die Kuchen, aber auch die Salate und Snacks sind alle zu empfehlen. Von hier sieht man auf das Hótel Borg, die Domkirche und das Parlament und befindet sich im Herzen der Stadt. Am schönsten ist es im Juni oder September, wenn noch mehr Reykjavíker als Touristen dort sitzen (Austurstræti 14, tgl. 9–1 Uhr).

Aðalstræti 7

Verlässt man Austurvöllur an der Westseite, kommt man zur ältesten Straße der Stadt, Aðalstræti, die Hauptstraße. Diese kurze Straße führte vom See zum Hafen. Hier findet man noch frühe Zeugnisse, die sogar bis ins Mittelalter zurückreichen. Die Grundmauern eines Langhauses von 930 sind heute das Kernstück einer Ausstellung, die sich im Basement des Hótel Reykjavík befindet und den Namen **871 +/-2** trägt. Seit 2006 sind die Ausgrabungen Teil einer gelungenen Multimediaschau zur Besiedlung Reykjavíks (Aðalstræti 16, www.reykjavik871.is, tgl. 10–17 Uhr, 1400 ISK).

Gegenüber dem Hotel liegt ein kleiner Platz, ein ehemaliger Friedhof, auf dem ein **Standbild von Skúli Magnússon**, dem Gründervater Reykjavíks, steht. Skúli Magnússon (1711–1794) gründete die erste isländische Wollmanufaktur in der Aðalstræti Nr. 10 und legte damit einen Grundstein für den Handel. Das **Haus Nr. 10** ist das älteste der Stadt, und heute hat die Vereinigung Handverk & hönnun (Handwerk und Design) dort ihren Sitz sowie die Galerie Kraum, in der ausgefallene Mode und formschöne Alltagsgegenstände verkauft werden (www.kraum.is).

Falkenhaus 8

Hafnarstræti 1–3

Im Falkenhaus (Fálkahús) an der Ecke Aðalstræti/Hafnarstræti wurden im 18. und 19. Jh. die isländischen Falken gefangen gehalten, bevor man sie durch einen unterirdischen Gang direkt zum Verladen nach Dänemark an den Hafen brachte. Als königliche Geschenke gelangten die Vögel an zahlreiche europäische Höfe. Die Holzfalken am First des Hauses erinnern an seine ehemalige Bestimmung. Das heutige Haus wurde 1904 errichtet.

Blick auf Dom und Parlamentsgebäude am Austurvöllur

Museum für Fotografie 9

Tryggvata 15, www.ljosmyndasafn reykjavikur.is, Mo–Do 12–19, Fr 12–18, Sa/So 13–17 Uhr, Eintritt frei

Das Museum für Fotografie (Ljósmyndasafn) befindet sich in der fünften Etage der Stadtbibliothek. In wechselnden Ausstellungen werden die Arbeiten isländischer Fotografen gezeigt, besonders interessant sind die alten Fotos aus der Sammlung, an denen sich der gesellschaftliche Wandel deutlich zeigt.

Hafnarhús 10

Tryggvagata 17, www.artmuseum.is, tgl. 10–17, Do 10–20 Uhr, 1400 ISK

In dem ehemaligen Lagerhaus sind oft Ausstellungen von zeitgenössischen isländischen Künstlern zu sehen. Lohnend neben der gelungen Architektur ist die Sammlung von Erró, geb. 1932 als Guðmundur Guðmundsson. Bekannt wurde er durch seine großformatigen Arbeiten im Stil der Pop-Art. Die multifunktionalen Räumlichkeiten werden auch für Konzerte oder Empfänge genutzt. Schön ist die Cafeteria, von der man auf den Hafen blickt.

Austurstræti, Hafnarstræti und Lækjartorg

Die beiden alten Straßen Austurstræti und Hafnarstræti verlaufen parallel zum Hafen und führen zum ehemaligen Marktplatz **Lækjartorg** 11, wo heute ein Busbahnhof ist. Einige alte Holzhäuser aus dem 19. Jh. sind noch erhalten, doch die meisten mussten den Neubauten weichen oder fielen Bränden zum Opfer. Eines der ersten Gebäude des Staatsarchitekten Guðjón Samúelsson ist das Eckhaus mit einem Türmchen in der **Austurstræti 16** von 1916. Gebaut für die Firma Nathan & Olsen, war es damals das größte Gebäude im Land. 1928–1930 zog eine von ihm entworfene Apotheke ins Erdgeschoss ein, deren Theke noch in der jetzt dort angesiedelten Bar zu sehen ist. Ein

Reykjavík

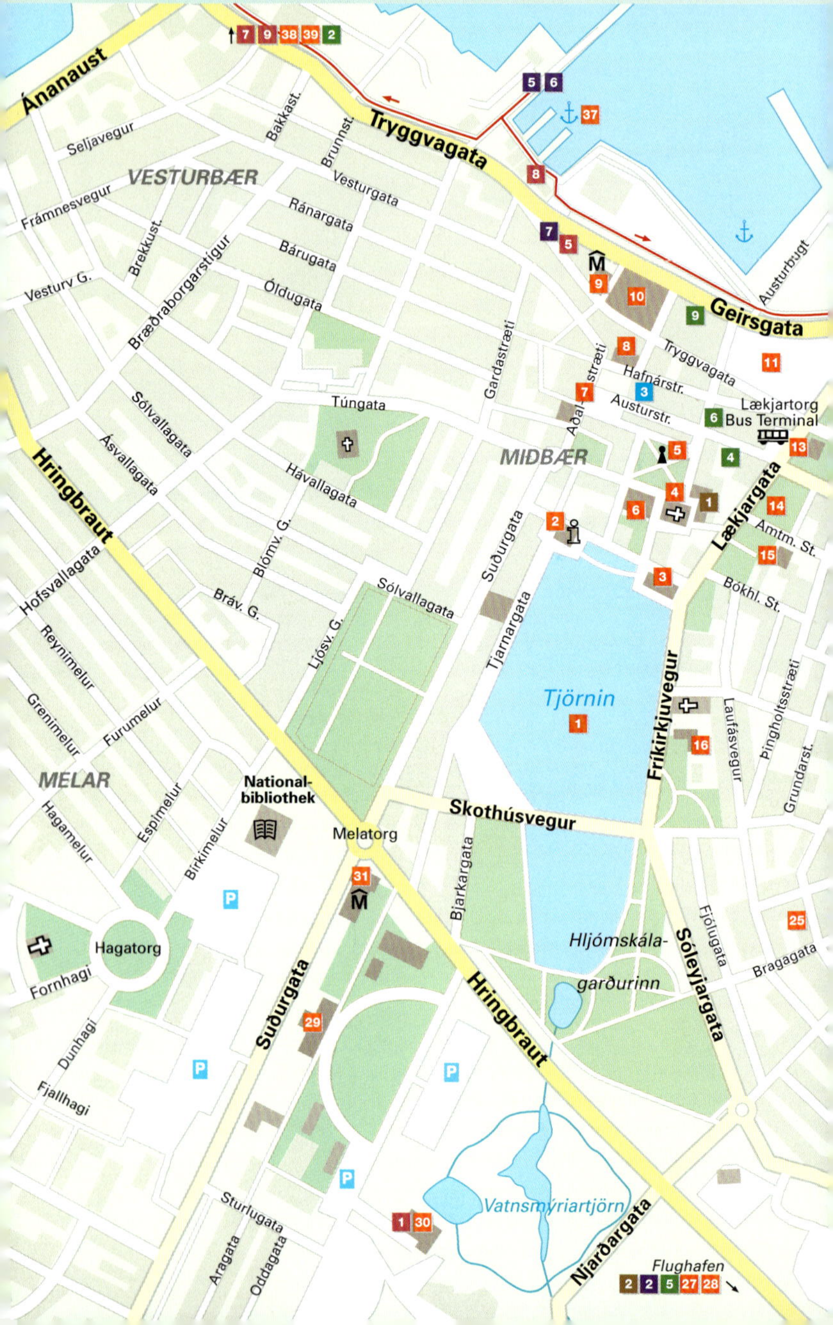

Ánanaust
Seljavegur
Bakkast.
Brunnst.
Tryggvagata
VESTURBÆR
Vesturgata
Frámnesvegur
Ránargata
Brekkust.
Bárugata
Bræðraborgarstígur
Vesturv. G.
Öldugata
Geirsgata
Austurbugt
Garðastræti
Aðalstræti
Tryggvagata
Hafnárstr.
Austurstr.
Lækjartorg
Bus Terminal
Túngata
Sólvallagata
Ásvallagata
MIÐBÆR
Hávallagata
Hringbraut
Lækjargata
Amtm. St.
Blómv. G.
Suðurgata
Hofsvallagata
Sólvallagata
Bráv. G.
Bókhl. St.
Tjarnargata
Reynimelur
Ljósv. G.
Tjörnin
Fríkirkjuvegur
Laufásvegur
Þingholtsstræti
Grenimelur
Furumelur
Grundarst.
MELAR
National-
bibliothek
Hagamelur
Espimelur
Skothúsvegur
Melatorg
Birkimelur
Bjarkargata
Fjólugata
Hagatorg
Hljómskála-
garðurinn
Sóleyjargata
Bragagata
Fornhagi
Suðurgata
Hringbraut
Dunhagi
Fjallhagi
Sturlugata
Vatnsmýriartjörn
Aragata
Oddagata
Njarðargata
Flughafen

0
125
250 m
Viðeyjarsund
Rauðarárvík
Faxagata
Kalkofnsvegur
Partnerschaft
Spaziergang entlang
der Küste (S. 95)
Sólfar
Sæbraut
Arnahóll
Ingólfsstræti
Sölvholsgata
Lindargata
Skúlagata
Oper
Smiðjust.
Bankastr.
Vatnsstígur
Klapparstígur
Hallv. St.
Skólavörðustígur
Spítalast.
Bergstaðast.
Óðinsgata
Baldursgata
Nönnugata
Njarðargata
Lokastígur
Þórsgata
Freyjugata
Sjafnargata
Fjolnisvegur
Bergstaðastræti
Laufásvegur
Smáragata
Mímisv
Kárast.
Njálsgata
Grettisgata
Laugavegur
Frakkastígur
Hverfisgata
Vitatorg
Vitastígur
Bergþórugata
AUSTURBÆR
Baronsstígur
Borgartún
Skúlagata
Hlemmur
Bus Terminal
Laugavegur
Grettisgata
Njálsgata
Karlagata
Vifilsgata
Skeggjagata
Snorrabraut
Rauðarárstígur
Þverholt
Háteigsvegur
Flókagata
Auðarstræti
Gunnarsbraut
ASÍ Art Museum
Baronsstígur
Egilsgata
Leifsgata
Eiríksgata
Þorfinnsgata
Landspitali
Miklatorg
Gamla Hringbraut
BSI Bus
Terminal
12
40
19
20
3
1
2
4
6
8
17
21
1
7
8
4
41
3
3
6
7
42
43
22
5
18
1
32
4
33
34
35
36
3
2
24
23
P
P
26
44

Reykjavík

Sehenswert
1 Tjörnin
2 Rathaus
3 Iðnó
4 Dómkirkjan
5 Austurvöllur
6 Alþingishús
7 Aðalstræti
8 Falkenhaus
9 Museum für Fotografie
10 Hafnarhús
11 Lækjartorg
12 Harpa
13 Stjórnarráðshúsið
14 Icelandic Art Centre, Gimli
15 Altes Gymnasium
16 Nationalgalerie
17 Laugavegur
18 Isländisches Phallus-museum
19 Kulturhaus
20 Nationaltheater
21 Skólavörðustígur
22 Living Art Museum
23 Hallgrímskirkja
24 Einar Jónsson Museum
25 Safn
26 Kjarvalsstaðir
27 Perlan
28 Nauthólsvík
29 Universitätshaupt-gebäude
30 Nordisches Haus
31 Isländisches National-museum
32 Ásmundur Sveinsson Museum
33 Laugardalslaug
34 Laugardalshöll
35 Botanischer Garten
36 Haustier- und Familiengarten
37 Alter Hafen
38 Whales of Iceland
39 Vikin – Fischereimuseum
40 Arnarhóll
41 Küstenstraße Sæbraut
42 Höfði
43 Insel Viðey
44 Freilichtmuseum Árbæjarsafn

Übernachten
1 Hótel Borg
2 Icelandair Hotel Reykja-vík Natura
3 Hótel Cabin
4 Room with a view
5 Gästehaus # 101
6 Jugendherberge
7 Reykjavík Campsite

Essen & Trinken
1 Dill Restaurant
2 Þrír Frakkar
3 Café Loki
4 Kryddlegin Hjörtu
5 Icelandic Fish & Chips
6 Tíu Dropar
7 Kaffivagninn
8 Café Haïti
9 Valdis

Einkaufen
1 Spaksmannsspjarir
2 Farmers Market
3 66° North
4 Eymundsson
5 Kringlan
6 Postamt (Postur)
7 12 Tónar
8 The Handknitting Associ-ation of Iceland
9 Kolaportið

Aktiv
1 Stangaveiðifélag Reykjavíkur
2 Keiluhollin
3 Season Tours
4 PADI Dive Center
5 GoEcco
6 Whale Watching Center
7 Volcano House
8 Borgarhjól

Abends & Nachts
1 Kaffibarinn
2 Kaffi Sólon
3 Austur

—— Spaziergang entlang der Küste S. 95

weiteres Gebäude Samúelssons ist die Nr. 11, **Landsbankinn**. Die beiden Straßen sind am Wochenende beliebte Routen des Autocorsos *runtur*.

Harpa 12

Austurbakki 2, www.harpa.is
Die 2011 eröffnete Kongress- und Konzerthalle Harpa dominiert heute das Bild vom Hafen. Die Umgestaltung des Hafengebietes ist ein relativ altes Projekt, doch während des Baus am Zentrum geriet Island in die Finanzkrise und das Kongresszentrum drohte sogar zur größten Bauruine des Landes zu werden. Nach fast einjähriger Baupause vollendete man den Bau. Für Islands Symphonieorchester ist Harpa ein großer Gewinn, denn die Akustik ist hervorragend.

Ebenso konnte die Isländische Oper endlich ihr etwas begrenztes Domizil verlassen und hier ihre Inszenierungen präsentieren. Die verantwortlichen Architekten der beiden verschränkten Kuben sind die dänische Architektengruppe Henning Larsen sowie das isländische Architektenbüro Batterið, beide Firmen sind für frühere Arbeiten schon ausgezeichnet worden. Der dänisch-isländische Künstler Ólafur Elíasson, international bekannt für seine Lichtinstallationen, zeichnet für die südliche zur Stadt hinweisende Glasfront verantwortlich. Nachts werden die wabenförmigen Glasfenster von farbigen LEDs erleuchtet. Die übrigen Glasfronten faszinieren wegen der unterschiedlichen Farbtöne, die wunderbar den Sonnenschein reflektieren.

Stjórnarráðshúsið 13

Laekjartorg

Gegenüber dem Platz steht das Regierungsgebäude, das Stjórnarráðhúsið, Sitz sowohl des Präsidenten als auch des Premierministers. Ursprünglich als Gefängnis geplant und in der 2. Hälfte des 18. Jh. gebaut, wurde das Haus 1815 Amtssitz der damaligen dänischen Verwalter. Davor stehen zwei Standbilder, der dänische König Christian IX., der in seiner Hand Islands erste Verfassung hält, und Hannes Hafstein, der 1904 erster Minister in Island wurde.

Icelandic Art Centre, Gimli 14

Lækjargata 3, http://icelandicartcenter.is, Mo–Do 10–14 Uhr

Wer sich über die aktuelle isländische Kunstszene informieren möchte, kann das im Art Centre machen. Das auffallende weiße Haus mit Turm wurde 1904 aus Beton errichtet. Seine architektonische Besonderheit: Hier wurde erstmals ein Betondach gebaut.

Altes Gymnasium 15

Lækjargata 7

Bleibt man auf dieser Seite der Lækjargata und geht südlich in Richtung Tjörnin, so kommt man an mehreren alten Häusern aus dem 19. Jh. vorbei. Exponiert steht dort das weiße Gebäude des ältesten Gymnasiums Islands (Menntaskólinn í Reykjavík), dessen Geschichte bis ins 11. Jh. reicht. Es gehörte ehemals zum Bischofssitz Skálholt. Bis 1847 war es auch das einzige Gymnasium des Landes. Vor der Schule steht eine Skulptur von Ásmundur Sveinsson »Das Gesicht der Sonne« sowie eine Statue der Pallas Athene.

Nationalgalerie 16

Fríkirkjuvegur 7, www.listasafn.is, Di–So 11–17 Uhr, 1200 ISK

Die Nationalgalerie (Listasafn Íslands) wurde 1884 gegründet und bezog 1987 das heutige Gebäude, das von Guðjón Samúelsson 1916 als Kühlhaus gebaut worden war. In den lichten Räumen, in denen auch eine vorzügliche Cafeteria den Besucher zum Verweilen einlädt, sind rund 10 000 Werke isländischer Künstler aus dem 19. und 20. Jh. untergebracht. So gehört dem Haus eine umfangreiche Sammlung des Werks von Ásgrímur Jónsson, des ersten professionellen isländischen Malers. In Einzelausstellungen werden regelmäßig Teile der Sammlung gezeigt, zu der auch Werke international bekannter Maler gehören.

Rund um das Zentrum

101 Reykjavík

An sich ist die Ziffer 101 die Postleitzahl für Reykjavíks Zentrum, doch spätestens seit Hallgrímur Helgasons gleichnamigem Roman wird vor allem der Stadtteil rund um den Laugavegur mit dieser Zahl verbunden. Hier findet man die meisten isländischen Designergeschäfte, Kunstgalerien, Kneipen und Restaurants. Geprägt werden die Straßenzüge noch vor allem von den wellblechverkleideten, bunten Holzhäusern. Kleine Wege oder Durchfahrten führen nicht selten zu Gärten. Überragt werden die Häuser von Reykjavíks Wahrzeichen, der Hallgrímskirkja.

Laugavegur 17

Laugavegur ist die exklusivste Shoppingstraße in Reykjavík mit zahlreichen originellen Geschäften und Lokalen. In den früheren Jahrhunderten war sie der Weg der Waschfrauen, die mit ihrer Wäsche bis in das Tal Laugardalur gingen, wo sich die Waschplätze mit warmem Wasser befanden – ein recht weiter und mühsamer Weg.

Auf der Höhe des Laugavegur Nr. 32 ist eine **Gedenktafel für den Dichter Halldór Laxness** in den Boden eingelassen, denn hier stand ehemals sein Geburtshaus.

Mein Tipp

Isländischer Schmuck auf dem Skólavörðustígur 21

Auf dem Skólavörðustígur, der geradewegs auf die Hallgrímskirkja zuführt, gibt es bemerkenswerte Designer und Juweliere. Bei **Ófeigur Gullsmiðja** arbeiten acht Designer – Isländer und Finnen –, und regelmäßig finden auch kleinere Ausstellungen statt. Gerade das Schmuckangebot ist hier sehr vielfältig (www.ofeigur.is, Nr. 5).

Isländisches Phallusmuseum 18

Laugavegur 116, www.phallus.is, tgl. 11–18 Uhr, 1250 ISK

Das Isländische Phallusmuseum (Íslenska Reðasafn) ist das einzige Museum seiner Art. Seine Exponate wurden von einem engagierten Sammler zusammengestellt. Neben fast allen Phallen isländischer Säugetiere gibt es noch zahlreiche Kunst- und Gebrauchsgegenstände – natürlich alle in Form eines Phallus. Seit Frühjahr 2011 zeigt die Ausstellung auch ein menschliches Exemplar.

Kulturhaus 19

Hverfisgata 15, www.thjodmenning.is, Sommer tgl. 10–17, Winter Di–So 10–17 Uhr, 1500 ISK, Mi Eintritt frei

Das Kulturhaus (Þjóðmenningarhús) ist in dem Gebäude der ehemaligen Nationalbibliothek untergebracht, lohnend ist ein Blick in den alten Lesesaal, wo zahlreiche Erstausgaben zu sehen sind. Die Handschriftensammlung mit Originalfolianten und Informationen über deren Herstellung bildet das Herzstück der Dauerausstellung. Außerdem gibt es Wechselausstellungen und eine Dauerausstellung mit Exponaten aus der Nationalgalerie. Regelmäßig finden Konzerte und Vorträge im Haus statt.

Nationaltheater 20

Hverfisgata 19, www.leikhusid.is

Eigentlich hatte sich Guðjón Samúelsson einen Märchenpalast als Nationaltheater (Þjóðleikhús) vorgestellt, doch aus Kostengründen musste er sich einschränken und das Ergebnis wurde eine massive Elfenburg. 1928 wurde mit dem Bau begonnen, doch erst1950 konnte das Haus eröffnet werden. Hier sieht man die Säulenbasalte über den Fenstern, und besonders schön ist in diesem Stil die Decke des Zuschauerraums gestaltet. Interessant ist auch

Reykjavík-Panorama vom Turm der Hallgrímskirkja

der Außenputz, bestehend u. a. aus Quarz und Obsidian. Er ist ausgesprochen witterungsbeständig und wurde hier erstmals verwendet.

Living Art Museum 22

Nýlistasafn, Skúlagata 28, www.nylo.is, Di–So 12–17 Uhr, Eintritt frei

1978 von engagierten isländischen Künstlern als Gegenbewegung zur etablierten Kunst gegründet, bietet das Museum bis heute jungen und originellen Künstlern eine ideale Plattform. Regelmäßig werden auch internationale Avantgardisten gezeigt.

Hallgrímskirkja 23

Skólavörðuholt, www.hallgrimskirkja.is, Kirche und Turm tgl. 9–17, Mai–Sept bis 21 Uhr, Turmfahrt 800 ISK

Der 76 m hohe Turm der Hallgrímskirkja mit dem rot erleuchteten Kreuz, das man schon aus 100 km Entfernung sieht, ist das Wahrzeichen von Reykjavík. Von der Aussichtsplattform im Turm eröffnet sich ein hervorragender Blick über die Stadt. Die Besichtigung des Kircheninneren sollte man bei einem Reykjavík-Aufenthalt nicht verpassen (s. Entdeckungstour S. 90).

Einar Jónsson Museum 24

Eíriksgata, www.lej.is, Juni–15. Sept. Di–So 13–17, 16. Sept.–Mai Sa/So 14–17 Uhr, Dez./Jan. geschl., 1000 ISK, Garten ganzjährig geöffnet

Das ehemalige Wohnhaus und Atelier des Bildhauers und Malers Einar Jónsson (1874–1954) ist heute Museum (Listasafn Einars Jónssonar). Das Gebäude entwarf der Künstler zusammen mit dem Architekten Einar Erlendsson. Jónssons Arbeiten sind nicht unumstritten, erinnern diese symbolistisch zum Teil völlig überfrachteten Skulpturen doch sehr an den Stil des nationalsozialistischen Heldenkults. Ein Besuch des Gartens mit seiner gelungenen Anlage aus Kunst und Natur ist auf jeden Fall sehr lohnend.

Safn 25

Bergstaðastræti 52, www.safn.is, Sa/So 14–17 Uhr, Eintritt frei

Wenige Schritte weiter zeigt die private Galerie Safn zeitge- ▷ S. 92

Auf Entdeckungstour: Hallgrímskirkja – Reykjavíks weißes Wahrzeichen

Reykjavík als Stadt ist recht jung und Reykjavíks städtische Architektur ist noch jünger. Einer der ersten Architekten, der das Stadtbild prägte, war der Staatsarchitekt Guðjón Samúelsson (1887–1950). Reykjavíks weithin sichtbare Hallgrímskirche 23 hat er 1937 entworfen. Ein geradezu riesiges Gotteshaus für die damals kleine Stadt.

Infos: Skólavörðuholt, www.hallgrimskirkja.is, Kirche und Turm tgl. 9–17, Mai–Sept. bis 21 Uhr, Turmfahrt 800 ISK.

Orgelkonzerte: Im Sommer finden in der Kirche regelmäßig Orgelkonzerte statt, in jedem geraden Jahr international besetzte Festivals. Die Website der Kirche (s. o.) hält dazu Informationen bereit.

Der wohl schönste Weg zur Hallgrímskirkja führt über den Skólavörðustígur direkt auf die Kirche zu. Ab dem großen, grauen Gebäude aus Lavasteinen, dem alten Gefängnis von Reykjavík, sieht man das Gotteshaus auf einer Anhöhe thronen. Benannt ist die Hallgrímskirkja nach dem Geistlichen Hallgrímur Pétursson (1614–1674), dessen Passionslieder auch über die Grenzen Islands hinaus bekannt sind. Vor dem Haupteingang steht das Standbild von Leifur Eiríksson, dem Entdecker der Neuen Welt rund 500 Jahre vor Kolumbus. Die Skulptur von Stirling Calder war ein Geschenk der USA anlässlich des tausendjährigen Bestehens des Althings im Jahr 1930.

Das Vermächtnis des Staatsarchitekten

Der Erbauer der Hallgrímskirkja war Guðjón Samúelsson (1887–1950), der erste voll ausgebildete Architekt Islands. Nach seinem Studium in Kopenhagen kehrte er 1915 nach Island zurück und wurde dort 1919 zum Staatsarchitekten ernannt. Sein Baumaterial war von Beginn an Beton. Nach einem großen Brand in der Reykjavíker Innenstadt 1915 wurde qua Gesetz der Bau von Holzhäusern in Städten verboten. Zahlreiche meist sehr repräsentative Gebäude hat Samúelsson für Reykjavík und landesweit entworfen. Etliche prägen eindeutig das Stadtbild, wie die katholische Kirche Landakotskirkja, die erste aus Stahlbeton errichtete Kirche. Auch ganze Wohnviertel und Reihenhaussiedlungen in der Reykjavíker Weststadt gehen auf seine Entwürfe zurück.

Für die Anhöhe Skólavörðuholt hatte Samúelsson schon 1927 eine Kirche geplant. Damals fertigte er den ersten Bebauungsplan für die Stadt, ein imposantes Karree mit Stadttor, öffentlichen Gebäuden und vor allem Museen, quasi ein Zentrum der isländischen Kultur, zu dem auch das Atelier von Einar Jónsson gehörte (s. S. 89). Die ursprünglich entworfene Kirche glich damals eher einer Basilika.

Mächtiger Turm, lichter Innenraum

Realisiert wurden schließlich spätere Pläne Samúelssons für die Hallgrímskirkja mit einem mächtigen Turm und weit ausladenden Seiten, die an die Anordnung von Basaltsäulen erinnern. Die Seitenansicht offenbart ein etwas bizarres stilistisches Gemenge aus Neugotik und Zwiebelkuppel. Begonnen wurde der direkt vor Ort betonierte Bau 1945, doch die endgültige Fertigstellung dauerte bis 1986, da die Baukosten zu 40 % über Spendengelder finanziert wurden.

Betritt man den Kircheninnenraum, in dem rund 1200 Personen Platz finden, eröffnet sich eine wohltuende Schlichtheit – hell, klar und trotz der Weite einladend. Am Eingang begrüßt eine Jesus-Statue von Einar Jónsson die Gläubigen. Demütig, friedlich und vor allem freundlich ist die Darstellung, deren Größe sich in der hohen Kathedrale mit den gotisch anmutenden Säulen und Fenstern verliert. Über dem Eingang wurde die Orgel von Johannes Klais 1992 perfekt in den Spitzbogen eingepasst. Die hervorragende Akustik des Raumes macht Chorgesang und Orgelmusik gleichermaßen zum Genuss. Dass der Raum von Anfang an für Konzerte genutzt werden sollte, zeigt sich in der Bestuhlung. Nicht nur, dass die gut gepolsterten Bänke sehr bequem sind, ihre Rückenlehnen lassen sich zudem nach Bedarf umklappen. So kommt der Klang der Orgel voll zur Geltung, da man ihm zugewandt lauschen kann.

nössische isländische Kunst. Bei den wechselnden Ausstellungen erhält man einen guten Einblick in das aktuellste Kunstschaffen auf der Insel. Enge Zusammenarbeit mit der Partnergalerie in Berlin.

Miklatún-Park

Im Zentrum der Stadt lädt eine sehr schöne Parkanlage mit viel Grün und Bäumen sowie vier Skulpturen zum Verweilen ein. Eine Figur erinnert an den Dichter Einar Benediktsson, geschaffen von Ásmundur Sveinsson, eine andere an die Künstlerin Nina Trygvadóttir, eine Arbeit von Sigurjón Ólafsson. Die kleine Oase liegt direkt an der Ausfallstraße Miklabraut.

Kjarvalsstaðir 26

Miklatún-Park, www.artmuseum.is, tgl. 10–17 Uhr, 1400 ISK

Johannes S. Kjarval gehört in Island zu den bedeutendsten Malern des 20. Jh. Vor seinem Tod 1972 hat er Reykjavík eine große Sammlung seiner Werke vermacht. Heute besitzt das Museum rund 3350 seiner Arbeiten, darunter 159 Gemälde, der Rest Zeichnungen, die im Wechsel ständig gezeigt werden. Daneben gibt es noch Sonderausstellungen. Reizvoll ist auch der Besuch der Cafeteria mit Blick in den Park.

Öskjuhlíð

Der 61 m hohe bewaldete Stadthügel Öskjuhlíð ist ein beliebtes Freizeitgebiet. Zahlreiche Wege schlängeln sich bis zur Kuppe, auf der Reykjavíks zweites Wahrzeichen ruht, Perlan, die Perle. Über 130 Pflanzenarten wachsen hier und bieten 84 Vogelarten Lebensraum. Nicht weit entfernt liegt in einer Bucht das Strandbad Nauthólsvík (s. u.).

Perlan 27 ▶ Karte 2, D 3

Öskjuhlíð, www.perlan.is, tgl.10–22 Uhr, Saga Museum: www.sagamuseum.is, April– Sept. tgl. 10–18, Okt.–März tgl. 12–17 Uhr, 2000 ISK

Schimmernd wie eine Perle ruht der futuristisch anmutende, spiegelnde Glaskuppelbau, entworfen vom Architekten Ingimundur Sveinsson, auf fünf Heißwassertanks, vier davon sind noch in Gebrauch. Perlan verkörpert eine gelungene Mischung aus Pragmatismus, Gigantismus, Hightech und Freizeitvergnügen. In den Tanks befinden sich 20 Mio. Liter Thermalwasser aus den heißen Quellen um und in Reykjavík. Damit werden Häuser, Schwimmbäder und auch einige Straßen beheizt. In dem ›leeren‹ Tank ist das **Saga Museum** eingerichtet, in dem historische Ereignisse in Island mit Wachsfiguren nachgestellt sind.

Eine Wendeltreppe führt in die Spiegelkuppel, von der aus man nicht nur einen ausgezeichneten Gesamteindruck von der Architektur erhält, sondern vor allem das Schauspiel des Springbrunnens beobachten kann, der den Ausbruch des Geysirs Strokkur simuliert. Alle fünf Minuten schießt eine 15 m hohe Fontäne empor, der sogar die faszinierende Wasserglocke des Originals vorausgeht. Seit 1999 gibt es auch noch einen Outdoor-Geysir zu Füßen von Perlan (13–17 Uhr in Betrieb). In der Spiegelkuppel befinden sich eine Cafeteria, ein Aussichtsraum sowie ein Feinschmeckerrestaurant, das sich in einer Stunde um 360° dreht. Von der Cafeteria-Ebene gelangt man auf die um die Kuppel herumführende Aussichtsplattform, die dem Besucher einen fantastischen Panoramablick eröffnet. Neben den Teleskopen befinden sich Lautsprecher, aus denen Beschreibungen der landschaftlichen Sehenswürdigkeiten in mehreren Sprachen erklingen – sofern die Anlage funktioniert.

Nauthólsvík 28 ▸ Karte 2, C 3
Nauthólsvegi, www.nautholsvik.is, 15. Mai–15. Aug. tgl. 10–19, 16. Aug.–14. Mai, Mo–Sa 11–13, Mo, Mi 17–19 Uhr
Goldener Sand und warmes Wasser, das ins Meer fließt, schon stellt sich das Mallorca-Feeling ein. Im Sommer herrscht dann auch entsprechende Enge, denn die Anlage misst gerade eimal 100 m – dennoch ein besonderer Badeort.

An der Universität

Universitätshauptgebäude 29
Saemundargata 2
Zwischen der vierspurigen Ausfallstraße Hringbraut und der Suðurgata erstreckt sich der Campus. Hier befindet sich das Hauptgebäude der 1911 gegründeten Universität Islands, die 1936–1940 von Guðjón Samúelsson entworfen und errichtet wurde. Vor dem Portal steht die Skulptur »Sæmundur auf der Robbe« von Ásmundur Sveinsson. In den Nachbargebäuden sind die jeweiligen Fakultäten untergebracht. Architektonisch besonders gelungen ist der Bau der Naturwissenschaften neben dem Nordischen Haus. Das festungsähnliche Gebäude an der Suðurgata beherbergt Universitäts- und Nationalbibliothek.

Nordisches Haus 30
Sturlugata 5, www.nordice.is, Ausstellungen Di–So 12–17 Uhr
Auf einer Wiese mit kleinem Teich steht das blauweiße Nordische Haus (Norræna Hús), das der finnische Architekt Alvar Aalto entworfen hat. In dem Kulturzentrum der nordischen Länder finden Ausstellungen, Lesungen, Konzerte und mehr. statt. Eine umfangreiche Bibliothek und ein Restaurant mit schönem Ausblick stehen dem Besucher ebenso zur Verfügung.

Isländisches Nationalmuseum 31
Suðurgata 41, www.thjodminjasafn.is/, Mai–15. Sept. tgl. 10–17, 16. Sept.–April Di–So 11–17 Uhr, 1500 ISK
Einen hervorragenden Überblick über die Kulturgeschichte Islands von den Anfängen bis in die Gegenwart erhält man im Isländischen Nationalmuseum (Þjóðminjasafn). Die gelungene multimediale Präsentation der Informationen sowie die lichte Architektur der Räume haben dem Museum 2006 eine Auszeichnung eingebracht. Ein Besuch vermittelt ein gutes Verständnis von der heutigen isländischen Gesellschaft. Daneben gibt es noch wechselnde Ausstellungen.

Spaziergang durch das Laugardalur

▸ Karte 2, D/E 2
Dauer: 1–3 Std., mit Kindern länger
Das Tal der heißen Quellen, so die Übersetzung, erstreckt sich vom Hilton Hotel Nordica bis zum größten Schwimmbad Reykjavíks, dem Laugdalslaug, und dem Haustier- und Familiengarten. Die Quellen dienen heute der Beheizung und Warmwasserversorgung der Häuser, Schwimmbäder und Gewächshäuser in Reykjavík. Bei Erreichen der Haushalte hat das Wasser eine Temperatur von ca. 75° C. Bis in die 1920er-Jahre wuschen die Hausfrauen ihre Wäsche hier. Der Weg, den die Frauen vom Zentrum aus nahmen, war der Laugavegur (s. S. 88), der beim Hilton Hotel Nordica endet. Hier beginnt der Spaziergang.

Ásmundur Sveinsson Museum 32
Sigtún 5, www.artmuseum.is, Mai–Sept. tgl. 10–17, Okt.–April tgl. 13–17 Uhr, Garten ganzjährig geöffnet, 1400 ISK

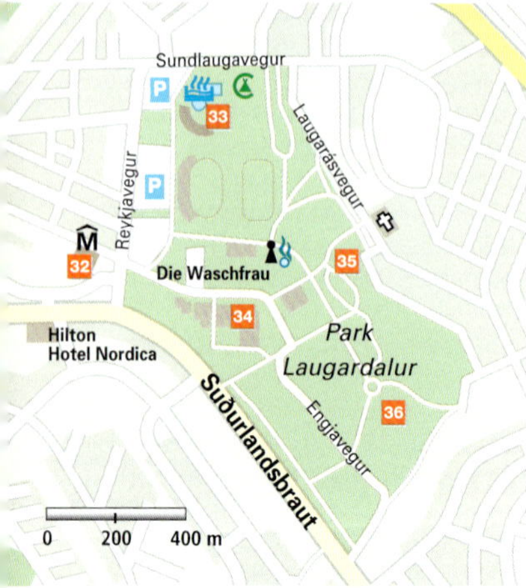

Spaziergang durch das Laugardalur

Am Kreisverkehr zu den Sportstätten liegt das Atelier und der Skulpturengarten von Ásmundur Sveinsson, dem bekanntesten und meistdiskutierten Bildhauer Islands. Sie sind heute Museum (Ásmundarsafn). Den ältesten Teil des Baus, genannt der Dom, errichtete der von griechischer und türkischer Architektur beeinflusste Bildhauer 1942 selbst. In den lichtdurchfluteten Räumen kommen seine teilweise filigranen Werke gut zur Geltung.

Laugardalslaug 33 und Laugardalshöll 34

Das größte Schwimmbad der Stadt, **Laugardalslaug,** wird von den heißen Quellen des Tals gespeist (Sundlaugarveg, Tel. 411 51 00, Mo–Fr 6.30–22, So/Sa 8–22 Uhr, 650 ISK, mit Reykjavík Welcome Card Eintritt frei). Darüber hinaus bietet das Laugardalur noch weitere Sporteinrichtungen, zu denen eine Rollschuhbahn, mehrere Fußballplätze und die große Sporthalle **Laugardalshöll** am Engjavegur gehören. Letztere wird auch für Ausstellungen und Konzerte genutzt. 1972 war sie Austragungsort des berühmten Schach-Weltmeisterschaftsspiels zwischen Bobby Fischer (USA) und Boris Spassky (UdSSR). Im Park sind die heißen Quellen und Ausstellungstafeln mit historischen Fotos zu sehen, die zeigen, wie die Waschanlage aussah. Die Skulptur »Die Waschfrau« (1937) von Ásmundur Sveinsson erinnert an die alte Zeit. Es war der Dampf dieser heißen Quellen, der Ingólfur Arnarson zu der Namensgebung Reykjavík, ›Dampfende (rauchende) Bucht‹, veranlasste – so steht es im Landnámabók (Landnahmebuch). Ein weiteres Denkmal im Park erinnert an seinen Gründer Eiríkur Hjartarson im Jahr 1929; die Stadt übernahm die Anlage 1955. Und über allem ragt der Berg Esja (914 m) empor, der je nach Lichtverhältnissen in den unterschiedlichsten Farben schimmert. Die Reykjavíker sagen an sonnigen Tagen von ihrem Hausberg: »Sie sieht heute großartig aus.«

Botanischer Garten 35

Engjavegur, April–Sept. tgl. 10–22, Okt.–März 10–17 Uhr

Vom Engjavegur zweigt ein Weg zum Botanischen Garten (Grasagarður Reykjavíkur) ab. Von den mehreren tausend Pflanzen stammen rund 350 aus Island. Es ist eine schöne, abwechslungsreiche Anlage mit thematischen Zuordnungen, die 1961 eröffnet wurde. Das Café Flora in einem Pavillon lädt zum Verweilen ein.

Haustier- und Familiengarten 36

Engjavegur, www.mu.is, 15. Mai–17. Aug. tgl. 10–18, 18. Aug.–14. Mai tgl. 10–17 Uhr, ab 13 Jahre, 800 ISK

Im südlichen Talabschnitt bietet der kleine Haustier- und Familiengarten (Húsdyragarður) mit Islands Haustieren den jungen Reykjavíkern Gelegenheit, diese auch außerhalb des Landlebens kennenzulernen. Ergänzend tummeln sich auch Robben, Rentiere und Füchse in den Gehegen. Zusätzlich gibt es noch ein Aquarium, einen Wissensbereich und eine Cafeteria. Zu der Anlage gehört auch der Familienpark mit Karussells, Bahnen, Schiffsschaukel etc.

Entlang der Küste

Reykjavík ist eine Hafenstadt und entsprechend hat die Stadt eine Skyline, die sich nur von der Seeseite aus zeigt. Gerade die Gebäude aus den späten 1990ern und den ersten Jahren des 21. Jh. präsentieren sich bei einem gemütlichen Spaziergang an der Küste entlang als städtisch und international mit ihrer vorherrschenden Glas-Stahl-Architektur.

Der alte Hafen 37

Der alte Hafen erstreckt sich vom Nordosten bis zur Innenstadt und einige Bereiche haben mit Museen, Geschäften, Restaurants und Hotels eine große Veränderung erfahren. Sie zählen jetzt zu dem neuen hippen Stadtquartier. An den Kais legen noch die kleinen Fischerboote, kleinere Schiffe und auch die mittleren Kreuzfahrtschiffe an, außerdem starten hier die Walbeobachtungsfahrten. Mit der alten Lokomotive wurde 1913–1915 das Baumaterial für die Hafenanlage vom Hügel Öskjuhlíð hierher transportiert. In dem ehemaligen Zollhaus findet am Wochenende der **Flohmarkt Kolaportið** statt mit einem bizarren, schrägen und bunten Warenangebot (Sa/So 11–17 Uhr).

Whales of Iceland 38 ▶ Karte 2, C 1

Fiskilóð 23–25, www.whalesoficeland.is, Sommer tgl. 9–19, Winter 9–18 Uhr, 2900 ISK

Die lebensechten Modelle von den um Island herum schwimmenden Walarten sind ideal für einen Besuch mit Kindern. Es ist beeindruckend, die Größe der Tiere einmal vollständig zu sehen.

Víkin – Seefahrts- und Fischereimuseum 39 ▶ Karte 2, C 1

Grandagarður 8, www.maritimemuseum.is, tgl. 10–17 Uhr, 1400 ISK, ehemaliges Schiff der Küstenwache 1200 ISK, Kombi-Ticket 2000 ISK

Das Museum in der ehemaligen Fischfabrik dokumentiert ausgezeichnet das Leben und die früheren Arbeitsbedingungen rund um die Fischerei, sozusagen Islands Lebensnerv.

Arnarhóll 40

Vom kleinen Adlerhügel, so sein übersetzter Name, blickt Ingólfur Arnarson, der erste offizielle norwegische Siedler auf Island, männlich entschlossen über Reykjavíks Hafen und Altstadt hinweg auf das Meer. Das 4 m hohe Standbild schuf Einar Jónsson 1907. Ingólfurs Blick schweift auch in Richtung des neuen Konzertzentrums Harpa (s. S. 86).

Küstenstraße Sæbraut 41

Entlang der mehrspurigen Küstenstraße führt ein Spazierweg an zwei Skulpturen vorbei, zum einen an der **»Partnerschaft«** von Pétur Bjarnarson, die an eine Harpunenspitze erinnert, und zum anderen an der viel fotografierten **»Sonnenfahrt«** (Sólfar, Foto s. S. 96) von Jón Gunnar Arnarson. Arnarsons faszinierende Skulptur nimmt Anleihen bei der Form der alten Wikingerschiffe und ist zugleich filigran und leicht, je nach Blickwinkel scheint sie über dem Wasser dahin zu schweben. Der Blick über das Meer mit den Gebirgszügen ist ein Genuss. So wundert es auch nicht, wenn die Apartments in den hohen Wohnanlagen zu den teuersten in der Stadt zählen.

Höfði 42

▶ Karte 2, D 2, *Borgartún*

Seit dem legendären Treffen von Ronald Reagan und Mikhail Gorbatschow 1986 ist dieses Haus weltberühmt. 1909 mit norwegischem Holz erbaut, dient es heute der Stadt als Empfangshaus. Drei Tafeln in Englisch, Russisch und Isländisch erinnern an die Begegnung der Staatsmänner.

Insel Viðey 43

▶ Karte 2, E 1 *Fährverbindungen s. S. 103*

Im Kollafjörður nördlich von Reykjavík liegt die kleine Insel Viðey, auf der der Landvogt Skúli Magnússon (1711–1794) seinen Amtssitz hatte. Wie Ausgrabungen bezeugen, war die Insel schon im 10. Jh. besiedelt. Im Jahr 1225 wurde dem hl. Augustin dort ein Kloster geweiht, das bis 1551 bestand und dessen Besitz anschließend der dänischen Krone zufiel.

Das Gutshaus Viðeyjarstofa, das seit seiner Restaurierung im Jahr 1988 ein Restaurant beherbergt (Tel. 533 50 55), wurde 1753–1755 für Skúli Magnússon gebaut und ist heute das älteste Steingebäude in Island. Architekt war der Däne Eigtved, der auch das dänische Schloss Amalienborg in Kopenhagen entwarf. Das zweite erhaltene Gebäude der Insel, die Kirche, wurde 1774 errichtet. Der Stiftsamtmann und Präsident des Obersten Landgerichts, Magnús Stephensen (1762–1833),

Erinnert an ein Wikingerschiff – die Skulptur »Sólfar« an der Sæbraut

kaufte Viðey im Jahr 1817 und ließ die einzige Druckerei des Landes dorthin verlegen, wo sie von 1819–1844 betrieben wurde. Anfang des 20. Jh. entstand an der Ostküste der Insel das Dorf am Sundbakki zusammen mit einer überaus erfolgreichen Fischfabrik. Es gab Jahre, da stammte ein Viertel der isländischen Fischprodukte von hier. Doch nach dem Bankrott der Fabrik zogen die Menschen nach Reykjavík, die letzten verließen 1943 das Dorf. Die Ruinen und Fundamente der Häuser sind noch heute zu sehen und informativ beschriftet.

Viðey ist ein beliebtes Ausflugsziel, und mehrere Wanderwege laden zum Erkunden ein. Im Westteil befindet sich das Umweltkunstwerk des Bildhauers Richard Serra, »Etappen«, eingepasst in die Landschaft. Seit Oktober 2007 steht hier auch der »Imagine Peace Tower«, entworfen von Yoko Ono zur Erinnerung an John Lennon. Vom 19. Okt. bis 8. Dez. strahlt das Licht in den Himmel und es werden Abendfahrten dorthin angeboten (s. Imagine Peace Tour unter www.elding.is).

Freilichtmuseum Árbæjarsafn 44

Kistuhyl, www.arbaejarsafn.is, Juni–Aug. tgl. 10–17, Sept.–Mai tgl. 13 Uhr geführte Touren, 1400 ISK

Das Freilichtmuseum im Osten von Reykjavík wurde 1957 von der Stadt mit dem Ziel gegründet, alte und interessante Gebäude dort zu erhalten, um so die Lebensformen vergangener Tage zu dokumentieren.

Der Hof Árbær bildet das Zentrum der Museumsanlage und ist ein gutes Beispiel für die alten Grassodenhöfe. Er findet zum ersten Mal Erwähnung in einer Chronik aus dem Jahr 1464. Im Landesregister von 1686 wurde Árbær schon als Eigentum des Königs aufgeführt. Anfang des 20. Jh. diente das Gebäude auch als Gasthaus, da es an der Straße nach Osten lag. Das heutige Holzhaus mit Wellblechverkleidung ersetzte 1891 das alte Sodenhaus. 1912 wurde ein weiterer Flügel an der Nordseite angebaut, und einige Jahre später kam noch ein Pferdestall dazu. Heute stehen in unmittelbarer Nachbarschaft des Hofes die Kirche von Silfrastaðir aus dem Siedlungsgebiet des Skagafjörður in Nordisland, 1842 erbaut und 1960 nach Árbær gebracht, sowie eine rekonstruierte Sakristei und eine Schmiede. Die Innenausstattung der Häuser vermittelt einen guten Eindruck von den damaligen Lebensbedingungen. So ist im Miðhús, ehemals Lindargata 43 a, eine alte Druckerei mit einer Buchbinderei untergebracht, im Smiðhús, einem typischen Handwerkerhaus von 1820, wird der Wohnstil jener Zeit dokumentiert.

Wer eine Rast auf seinem Gang durch die Vergangenheit machen will, hat im Dillonshús dazu Gelegenheit. Der irische Adlige Arthur E. D. Dillon ließ das Gebäude 1835 für seine Verlobte Sire Ottesen bauen, die darin ein Vergnügungslokal betrieb. Heute ist im Dillonshús das Restaurant des Museums untergebracht sowie ein kleiner alter Laden. Bilddokumente der Stadtentwicklung Reykjavíks sowie in den Sommermonaten stattfindende Sonderausstellungen und Familien- und Kulturprogramme ergänzen das reichhaltige Angebot des Freilichtmuseums.

Übernachten

In Reykjavik findet jeder eine geeignete Unterkunft, von renommierten Sternehotels bis zu sehr schlichten Zimmern oder einem Zeltplatz. Während mancher Kongresse kann es auch mal schwierig werden, wenn man in einem bestimmten Hotel unterkommen möchte. In der jährlich erscheinenden Broschüre »Áning« sind viele Unterkünfte klassifiziert aufgelistet (Download unter www.heimur.is/world oder als Broschüre in den Touristenzentren erhältlich).

Traditionsreich – **Hótel Borg** **1**: Pósthússtræti 11, Tel. 551 14 40, www.hotelborg.is, DZ 445 €, Frühstück 15 €/pro Pers. Das Hotel in der Stadtmitte gegenüber dem Parlamentsgebäude wurde 1930 erbaut und 2006/2007 im original Art-déco-Stil restauriert. Jeder der 56 Räume ist mit individuellen und extra angefertigten Möbeln ausgestattet. Von den 56 Räumen sind 7 als Suiten ausgestattet, eine sogar über 2 Etagen mit einem 360°-Blick über Reykjavík.

Grün im Grünen – **Icelandair Hotel Reykjavík Natura** **2**: ▶ Karte 2, D 2, Nauthólsvegur 52, Tel. 444 45 03, www.icelandairhotels.com, DZ ab 27 000 ISK, Frühstück 2500 ISK. Modern eingerichtet, mit Spa und Wellnessbereich, zertifiziertes grünes Hotel hinsichtlich Ausstattung, regionaler Produkte oder auch Mülltrennung. Bustickets in die Stadt sind frei. Spazierwege und Fahrradwege in unmittelbarer Nähe.

Preiswerter Komfort – **Hótel Cabin** **3**: ▶ Karte 2, D 2, Borgartún 32, Tel. 511 60 30, www.hotelcabin.is, DZ ab 209 €. Gehört zu den preisgünstigeren Hotels in Island. Die Zimmer sind zwar klein, aber von Minibar bis Dusche ist alles vorhanden. Das Hotel bietet Zimmer, die vom Tageslicht geschützt sind, was ideal für Gäste ist, die in den hellen Sommernächten mit Schlafschwierigkeiten kämpfen.

Über den Dächern von Reykjavik – **Room with a view** **4**: Laugavegur 18, Tel. 552 72 62, www.roomwithaview.is, Apartment ab 265 €. Wer längere Zeit in Reykjavík bleiben will, für den sind diese komplett und mehr als geschmackvoll ausgestatteten Apartments ideal. Über den Dächern von Reykjavík mit einem fantastischen Blick bis zum Snæfellsjökull können bis zu sechs Personen in einem Apartment übernachten. Hier fühlt man sich sofort zu Hause! Die beste Empfehlung auch in der Gay-Community.

Mitten in Reykjavik – **Gästehaus # 101** **5**: Laugavegur 101, Tel. 562 61 01, www.iceland101.com, DZ 70–100 €, Mai–Sept. Frühstück pro Pers. 6 €. Die 16 Zimmer sind einfach ausgestattet, WC und Dusche befinden sich auf den Etagen. Aufgrund der günstigen Lage

Besonders gemütlich im Winter – Reykjavíks Cafés

sind die meisten beschriebenen Sehenswürdigkeiten gut zu erreichen.

Jung geblieben – **Jugendherberge 6**: ▶ Karte 2, E 2, Sundlaugavegur 34, Tel. 553 81 10, www.hostel.is, Bett ab 3800 ISK, DZ ab 11 000 ISK. Liegt nicht nur neben dem großen Schwimmbad und nahe der Grünanlagen, sondern ist auch mit dem isländischen ECO-Label zertifiziert. Stadtbus Nr. 14 fährt alle 20 Min. ins Zentrum. Übernachtung im Doppelzimmer möglich. Hier erhält man auch Informationen über Land und Leute sowie über die 30 Jugendherbergen des Landes.

Neben der Jugendherberge – **Reykjavík Campsite 7**: ▶ Karte 2, E 2, Sundlaugavegur 32, Tel. 568 69 44, www.reykjavikcampsi te.is, Mitte Mai–Mitte Sept., pro Person 1700 ISK. Angenehmer Stadtzeltplatz.

Essen & Trinken

Ein nordisches Erlebnis – **Dill Restaurant 1**: Sturlugata 5, Tel. 552 15 22, www.dillrestaurant.is, Mo–Fr 11.30–15, Mi–Sa 19–22 Uhr. Die nordische Küche (im nordischen Haus), frisch und neu interpretiert. Mittags leger ab 2500 ISK, abends Menü 3–7 Gänge, ab 7900 ISK plus Weine (ab 6000 ISK). Das Restaurant wurde mehrfach ausgezeichnet, Reservierung notwendig.

Fischspezialitäten – **Þrír Frakkar 2**: Baldursgata 14, Tel. 552 39 39, www.3frakkar.com, 11.30–14.30, 18–22, Sa/So 18–23 Uhr, Hauptgericht ab 3600 ISK. Urgemütliches Restaurant im alten Teil Reykjavíks. Spezialisiert auf Fischgerichte, bietet zudem Walfleisch (4390 ISK) und Pferdefleisch (4950 ISK) an. Ungezwungene Atmosphäre, je nach Wochentag abenteuerlich eng.

Blick auf Kirche – **Café Loki 3**: Lokastígur 28, Tel. 466 28 28, www.textil.is, Mo–Sa 9–21, So 11–21 Uhr. Traditionelle isländische Gerichte wie Plokkfisch mit selbstgebackenem Roggenbrot (ab 2800 ISK) oder Fleischsuppe (ab 1800 ISK), außerdem belegte Brote oder Skyr. Daneben gibt es Babysachen, individuelles Design.

Mein Tipp

Kaffeeerlebnis – Café Haïti 8
Fantastischen Kaffee gibt es bei Elda. In ihrem kleinen Bistro im alten Hafen röstet sie unterschiedliche, fair gehandelte Kaffeesorten in einer historischen Maschine selbst. Als Haitianerin schwört sie natürlich auf guten Kaffee, und entsprechend lecker ist er auch bei ihr. Dazu gibt es kleine, u. a. selbst gemachte Süßigkeiten. Lohnend sind auch die herzhaften Speisen wie Suppe oder Sandwiches. Espresso, Cappuccino oder türkischer Kaffee sind natürlich auch im Angebot (Geirsgata 7b/ Fisherman's Wharf 2, www.cafehaiti.is, tgl. 8.30–18 Uhr, Kaffee ab 390 ISK).

Bio – **Kryddlegin Hjörtu 4**: Skulagata 17, Tel. 588 88 18, www.kryddlegin hjortu.is, Mo–Mi 11.30–21, Do–Sa 17–23, So 17–22 Uhr. Kleines Bio-Restaurant mit Salatbar, selbstgebackenem Brot sowie Suppen, Menü mit 3 Gängen 4990 ISK, und zu allem hat man einen tollen Blick auf Esja.

Fish and Chips – **Icelandic Fish & Chips 5**: Tryggvagata 8, Tel. 511 11 18, www.fishandchips.is, Mo–Fr 11.30–21, Sa 12–21, So 17–21 Uhr, Suppe ab 1250 ISK, Fisch ab 2490 ISK, Chips und andere Beilagen ab 450 ISK. Großzügiger Platz und man staunt, wie abwechslungsreich Fisch und Kartoffeln sein können. Man stellt sich die unterschiedlichen Variationen selbst zusammen.

Belgisch-französisch – **Tíu Dropar 6**: Laugavegur 27, Tel. 551 93 80, tgl. 18–22 Uhr, großer Salat 2190 ISK, Crêpes 1490 ISK. Belgische Waffeln, Crêpes und leckere Salate, abends französische Weine.

Traditionell – **Kaffivagninn 7**: ▶ Karte 2, C 1, Grandagarður 10, am Hafen, Tel. 551 59 32, Mo–Fr ca. 8–18, Sa/So 9–18 Uhr. Hier isst der ›Seemann‹ mit Blick auf den Hafen. Mittags gibt es wirklich leckere Fischpfannen ab 2690 ISK, ansonsten Kuchen (450–950 ISK) und Krabbenbrote (1890 ISK). Toll ist die Terrasse.

Kaffeeerlebnis – **Café Haïti 8**: s. Mein Tipp links.

Für Eisfreunde – **Valdís 9**: ▶ Karte 2, C 1, Grandagarður 21, Tel. 586 80 88, Di–So 12–23 Uhr. Selbstgemacht, von den klassischen Sorten bis zu Lakritzeis. Ab 350 ISK.

Einkaufen

Lebensmittelläden oder Discounter wie Krónan oder Bónus sind in der ganzen Stadt zu finden. Auf Austurstræti ist ein Supermarkt rund um die Uhr geöffnet und heißt logischerweise ›24‹. In der Nähe der Jugendherberge und des Zeltplatzes in Laugalækur gibt es einen Supermarkt.

Individuell und extravagant – **Spaksmannsspjarir 1**: Bankastræti 11, www.spaksmannsspjarir.com. Einfach nach ein paar besonderen Kleidungsstücken schauen, anprobieren und sich verführen lassen.

Schicker Strick – **Farmers Market 2**: ▶ Karte 2, C1, Hólmaslóð 2, Tel. 552 19 60. Strickwaren können so schön sein. Vom klassischen Design bis zum extravaganten Teil. Reinschauen lohnt immer.

Outdoor-Kleidung – **66° North 3**: Bankastræti 5, weitere Geschäfte Faxafen 12 und in der Mall Kringlan (s. u.), www.66north.com. Isländisches Outdoor-Label von hoher Qualität, aber auch relativ teuer. Manchmal haben sie ausgesprochen schöne Farben im Programm.

Größte Buchhandlung – **Eymundsson** 4: www.eymundsson.is, Austurstræti 18, Mo–Fr 9–22, Sa/So 10–22 Uhr. Bücher und Landkarten über Island, auch deutsch- oder englischsprachig. Über die Website können alle angebotenen Bücher und Karten online bestellt werden; liefern auch ins Ausland. Im Café auf der 2. Etage kann man sofort lesen und/ oder einen kleinen Imbiss einnehmen.

Alles unter einem Dach – **Kringlan** 5: ▶ Karte 2, D 3, Kringlan 4–121, www.kringlan.is, Mo–Mi 10–18.30, Do 10–21, Fr 10–19, Sa 10–18, So 13–18 Uhr. Die erste große Mall in Island, heute rund 150 Geschäfte sowie Restaurants und Kinos.

Für Briefmarkensammler – **Postamt (Postur)** 6: Pósthússtraeti 5, Tel. 580 12 00, Fax 580 12 39, www.frimerki.is, Mo–Fr 9–18 Uhr. Die schönen isländischen Briefmarken sind bei Sammlern sehr begehrt.

Musik-CDs – **12 Tónar** 7: Skólavörðustíg 15, Tel. 551 56 56, http://www.12tonar.is. Independent Label und legendärer Musikshop. Alle isländischen Musiker sind vertreten. Unbedingt reinhören.

Wollig – **The Handknitting Association of Iceland** 8: Skólavörðustígur 19, Tel. 552 18 90, www.handknit.is, Mo–Fr 9–18, Sa 10–17 Uhr. Wer Wollprodukte wie Pullover, Mützen und Decken sucht, findet hier ein breites Angebot von traditionell bis fashionable – oder Wolle zum Selberstricken.

Flohmarkt – **Kolaportið** 9: im Zollhaus am alten Hafen, Geirsgata, Sa/So 11–17 Uhr. Hier findet man Schräges und Ausgefallenes.

Aktiv

Angeln – **Stangaveiðifélag Reykjavíkur** 1: Rafstöðvarvegur 14, Tel. 568 60 50, www.svfr.is. Der Reykjavíker Angelclub betreut die besten Lachsflüsse in der Stadt wie den Elliðará, aber auch einige gute Seen wie Hafravatn. Auch Hochseeangeltouren werden organisiert.

Bowlen – **Keiluhollin** 2: ▶ Karte 2, D 3, Öskjuhlíð, Tel. 511 53 00, www.keiluhollin.is. 18 Bahnen, außerdem wird regelmäßig Disco-Bowlen angeboten. Für Familien, Gruppen oder einfach weil es regnet eine ideale Abwechslung.

Electric-Bike – **Season Tours** 3: Vættaborgum 104, www.seasontours.is. Auf dem Fahrrad in kleiner Gruppe erkundet man in 3 Std. die Stadt. Ideal für alle, die es nicht zu anstrengend mögen. Auch viel Wissenswertes über die Geschichte Islands.

Tauchen – **PADI Dive Center** 4: ▶ Karte 2, C 1, Hólmaslóð 2, Tel. 663 28 58, www.dive.is. Tauchausflüge in der Umgebung von Reykjavík, auf der Reykjanes-Halbinsel und im Þingvallavatn. Auch Nachtausflüge sowie Schnorcheln.

Stadtrundgang mit Insidern – **GoEcco** 5: Tel. 696 74 74, www.goecco.com. Im Sommer gibt es tgl. einen kostenlosen Stadtgang (im Winter jeden Fr), Start am Whale Watching Center um 13 Uhr (15 Min. früher eintreffen). Weitere Touren telefonisch oder über Internet buchen.

Wale beobachten – **Whale Watching Center** 6: Ægisgarður, am alten Hafen, Tel. 555 35 65, www.whalewatching.is, April–Okt. Dreimal täglich fahren die Boote raus zur Walbeobachtung. Zur Einstimmung bietet sich für die Passagiere der kostenlose Besuch im Walzentrum an. Vom 20. Mai bis 15. Aug. kann man auch auf den vorgelagerten Inseln Kolonien von Papageitauchern sehen.

Lava live – **Volcano House** 7: Tryggvagata 11, Tel. 555 19 00, www.volcanohouse.com. Englische Filme über die Vulkanausbrüche auf Heimaey oder vom Eyjafjallajökull, im Sommer auch um 18 Uhr auf Deutsch.

Fahrradverleih – **Borgarhjól** **8**: Hverfisgata 50, Tel. 551 56 53, www.borgarhjol.is. Damen- und Herrenfahrräder, einige Kinderfahrräder. Zahlung nur mit Kreditkarte möglich.

Schwimmen und – **Städtische Bäder:** www.spacity.is, Eintrittspreis 600 ISK, Ermäßigung mit Reykjavík Welcome Card. Reykjavík hat sieben Thermalbäder und das Strandbad Nauthólsvík (s. S. 93) am Meer, Mo–Do 6.30–22, Fr bis 20, Sa/So meist 10–16 Uhr. Sowohl die Qualität des Wassers als auch die Kombination aus heißem Wasser und kalter Luft wirken sich erwiesenermaßen positiv auf die Gesundheit aus. Reykjavík wurde deshalb im Herbst 1998 in die Vereinigung europäischer Bäderstädte aufgenommen.

Skifahren – **Bláfjöll und Skálafell:** Die zwei Skigebiete liegen rund 20 km von Reykjavík entfernt (Tel. 530 30 00, www.skidasvaedi.is).

Abends & Nachts

Wo sich vor dem Eingang am Wochenende die längsten Schlangen bilden – das ist derzeit sehr angesagt. Besonders in Diskotheken wird schicke Kleidung erwartet. Bei Veranstaltungen und in Kneipen mit Livemusik wird häufig Eintritt genommen.

Kuschlige Enge – **Kaffibarinn** **1**: Bergstaðarstræti 1, So–Do 18–1, Fr/Sa 18–4 Uhr. Wer den Roman »101 Reykjavík« gelesen hat, sollte den Schauplatz kennen. Voll, gemütlich, laut.

Beliebter Treff – **Kaffi Sólon** **2**: Bankastræti 7a, Tel. 562 32 32, So 12–1, Mo–Do 11–1, Fr/Sa 11–4 Uhr. Tagsüber ein seit Generationen beliebtes Restaurant und Bistro, besonders die 50+ halten allen Veränderungen stand, an Wochenenden Disco auf der oberen Etage.

Abtanzen – **Austur** **3**: Austurstræti 7, Do 20–1, Fr/Sa 20–4.30 Uhr. Seit mehreren Jahren ein angesagter Club, der sich zudem hält. Man legt Wert auf entsprechendes Styling.

Isländische Oper – **Íslenska Óperan** **12**: im Konzerthaus Harpa, Austurbakki 2, Tel. 528 50 50, www.opera.is, Karten Mo–Fr 10–18, Sa/So 12–18 Uhr. Die erst seit rund 30 Jahren bestehende Oper produziert jährlich bis zu vier Opern, in denen überwiegend isländische Sänger auftreten.

Orgelmusik – **Hallgrímskirkja** **23**: Tel. 510 10 00, www.hallgrimskirkja.is. Während der Sommermonate finden regelmäßig Konzerte statt.

OmU – **Kinos:** Bíoborgin/Snorrabraut; Stjörnubío/Laugavegur; Regenboginn/Hverfisgata; Háskólabío/Hagatorg am Radisson SAS Hótel Saga; Laugarásbío/Kleppsvegur; Bíohöllin/Álfabakka 8, Breiðholt; in den Malls Kringlan und Smáralind. Die Programme der großen Kinos findet man unter http://midi.is/ bio/. Europäische und amerikanische Filme werden im Original mit isländischen Untertiteln gezeigt, außerdem isländische Filme mit englischen Untertiteln.

Infos & Termine

Verkehr

Stadtbusse: www.straeto.is. Das innerstädtische Unternehmen ist Stræto, auch mit Buslinien nach Hafnarfjörður, Mosfellsbær und Akranes. Die wichtigsten städtischen Haltestellen sind Lækjartorg, Hlemmur, Grensás und Mjódd mit entsprechenden Umsteigemöglichkeiten. Die Busse fahren tagsüber alle 20 Min. und abends sowie am Wochenende alle 30 Min. bzw. stündlich. Die Einzelfahrt kostet 400 ISK. Bei mehreren Fahrten lohnt sich der Kauf der Reykjavík Welcome Card (s. u.).

Fähren nach Viðey: 15. Mai–Sept. vom neuen Reykjavíker Hafen (Starfabakki-Sundahöfn) tgl. hin zwischen 10.15 und 17.15 Uhr alle 60 Min., zurück von 12.30–18.30 Uhr. Vom alten Hafen tgl. 11.50, 14.50 Uhr hin, zurück 11.30, 14.30, 17.30 Uhr; Okt.–15. Mai Sa/So vom neuen Reykjavíker Hafen hin 13.15, 14.15, 15.15, zurück von 13.30–16.30 Uhr, 1100 ISK.
Überlandbusse: BSÍ Busterminal, Vatnsmýrarvegur 10, Tel. 562 10 11, www.bsi.is, tgl. 4.30–24 Uhr. Von hier fahren alle Überlandbusse ins ganze Land. Außerdem kommt hier auch der Flughafenbus an.
Flüge: Inlandflüge starten vom Reykjavík Airport aus. Entsprechende Fluggesellschaften s. S. 22.

Termine

Winter Lights Festival: Februar. Ein Fest, um die Lebensfreude mitten im Winter zu heben. Eine Mischung aus Kunst, Kultur, Sport, Geschichte.
Food and Fun: Februar. Internationaler Gourmet-Wettbewerb, an dem sich etliche Restaurants der Stadt beteiligen. Viel Spaß, exzellentes Essen aus ausschließlich isländischen Produkten.
Reykjavík Art Festival: Mai, www.artfest.is. Es ist das international beachteste Kulturfestival mit isländischen und internationalen Gästen zu bildender Kunst, Theater und Musik.
Unabhängigkeitstag: 17. Juni. Paraden, Musikdarbietungen, Open-Air-Bühnen, Stände und Tanz.
Orgel-Festival: Sommermonate. In jedem geraden Jahr veranstaltet die Hallgrímskirche ein internationales Festival mit Orgelmusik.
Reykjavíker Gay-Pride: August, www.gaypride.is. Die farbenfröhliche Gay-Parade findet immer mehr Anhänger auch bei den Touristen. Ein großes Sommerfest mit etlichen Auftritten in Reykjavíker Klubs.
Kulturnacht: 3. Samstag im August. Kulturveranstaltungen werden in der ganzen Stadt angeboten, und zum Abschluss gibt es ein Feuerwerk. Am selben Tag findet auch der Reykjavík Marathon statt.
Reykjavík Jazz Festival: Mitte August. Fünf Tage lang stehen Veranstaltungen in unterschiedlichen Klubs und Plätzen im Sound des Jazz.
Literaturfestival: September. Seit 1985 findet – zunächst unregelmäßig, jetzt jedes ungerade Jahr – ein internationales Literaturfestival mit hochkarätigen Autoren und Workshops statt.
Internationales Filmfestival: Herbst. Seit 2004 hat Reykjavík sein Filmfestival mit dem Fokus auf junge Talente.
Iceland Airwaves: Oktober. Das Musikevent hat fast schon legendären Status, seitdem es 1999 erstmals stattfand. Neue Gruppen aus den USA, Island und Europa treten hier auf.
Sequences: Oktober/November. Internationales Cross-Media-Art-Festival.
Young Art Festival: November. Hier präsentieren sich die jungen bildenden Künstler.

Reykjavík Welcome Card

Die Reykjavík Welcome Card ist für einen, zwei oder drei Tage erhältlich. Sie umfasst die unbegrenzte Benutzung der öffentlichen Verkehrsmittel, freien Eintritt in acht Museen und das Freilichtmuseum Árbæjarsafn sowie in die sieben städtischen Schwimmbäder, den isländischen Tierpark, zur Eislaufbahn und zum Familienpark (im Sommer) sowie eine Bootsfahrt nach Viðey und noch vieles mehr. Wirklich ideal. Die Karte kostet 3300 ISK (1 Tag), 4400 ISK (2 Tage) bzw. 4900 ISK (3 Tage) und ist in den Tourist Information Centers, in einigen Museen und Hotels sowie an den großen Busstationen erhältlich.

Reykjavíks Nachbarstädte

Seltjarnarnes ▸ C 6

Reykjavík erstreckt sich über eine Halbinsel, auf deren westlichem Ausläufer die Nachbarstadt Seltjarnarnes liegt. Seltjarnarnes grenzt so unmittelbar an die Hauptstadt, dass man kaum den Übergang wahrnimmt. Rund 4600 Einwohner leben in dem Ort. Schon früh wurde hier gesiedelt und standen in den späteren Jahrhunderten Bauernhöfe. Reizvoll ist nicht nur die Lage, an drei Seiten vom Meer umgeben mit wunderschönen Ausblicken zum Snæfellsjökull und in Richtung Reykjanes, sondern auch die Ortsanlage mit der niedrigen Bebauung. Heute ist Seltjarnarnes vor allem eine Schlafstadt von Reykjavík, zwar mit eigener Verwaltung und kulturellen Einrichtungen, aber ohne bedeutende Industrie.

Nesstofa

Austurströnd 2, Tel. 595 91 00, 561 71 00, tgl. 13–17 Uhr, Eintritt frei
Das weiße Steinhaus wurde 1761 von dem dänischen Architekten Jacob Fortling errichtet und steht als eines der ältesten Steinhäuser Islands unter dem Protektorat des Nationalmuseums. Ursprünglich war es Arzthaus und Apotheke und später Ausbildungsstätte für medizinische Berufe (bis 1875). Heute ist noch die alte Apotheke darin zu sehen. Derzeit wird daneben an einem Museum für Medizin gebaut.

Vogelschutzgebiet Grótta

Vom Leuchtturm (s. Lieblingsort S. 106) führt ein schöner Wanderweg durch das Vogelschutzgebiet entlang der Küste bis zum Golfplatz. Auf der einen Seite das Meer und auf der anderen Seite das Grün, in dem im Frühsommer die Vögel brüten, und der kleine Teich Bakkatjörn. Graugänse, Möwen und auch Eiderenten trifft man hier an, daneben Sperlings- und Brachvögel. An Tafeln kann man sich informieren, wer hier fliegt und brütet.

Aktiv

Entspannung pur – **Seltjarnarnes Schwimmbad:** Suðurströnd, Tel. 561 1700, Mo–Fr 6.30–21, Sa/So 8–19.30 Uhr (Sommer). Gemütliches Bad und angenehm wegen seines Salzwassers.

Infobox

Anreise und Weiterkommen

Auto: von Reykjavík-Zentrum Richtung Westen nach Seltjarnarnes und in südlicher Richtung nach Kópavogur.
Bus: Beide Nachbarorte lassen sich gut mit dem Linienbus erreichen, Seltjarnarnes mit der Linie 11 und Kópavogur mit der Linie 1, Infos: www.straeto.is.

Mit dem Rad rund um Seltjarnarnes

Dauer: 5 Std. mit Besichtigungen, Strecke: 25–30 km, Fahrradverleih s. S. 102, außerdem am Zeltplatz
Reykjavík hat eine wunderbare Küstenpromenade, die sich von Reykjavík bis nach Seltjarnarnes erstreckt und gerne für Radtouren oder zum Joggen genutzt wird. Die Radtour ist empfehlenswert, denn selbst bei

Mit dem Rad rund um Seltjarnarnes

Gegenwind ist es nicht sehr anstrengend vorwärtszukommen – man fährt immer auf dem gleichen Niveau rund um die Halbinsel Seltjarnarnes herum. Man beginnt auf der Höhe von **Höfði** (s. S. 96) und radelt nach Westen. Es sind nicht nur die Sehenswürdigkeiten an der **Sæbraut,** sondern vor allem die schönen Blicke auf die Berglandschaft und die kleinen Inseln in der Bucht, die zu Pausen einladen. An besonders sonnigen Tagen kann man sogar den Snæfellsjökull im Westen sehen. Lediglich entlang der **Mýrargata** hat man keinen eigenen Radweg, ansonsten kann man ganz gelassen fahren, und z.B. den einen oder anderen Abstecher in den **alten Hafen** machen und den Fang der Fischer begutachten.

Das Ziel ist der Leuchtturm **Grótta** auf einer kleinen Insel am äußersten Zipfel von Seltjarnarnes, ein idealer Platz für ein Picknick. Danach geht es an der Südseite von Seltjarnarnes mit Blick auf den Berg Keilir auf der Halbinsel Reykjanes weiter. Etliche schöne Villen und Häuser mit z. T. nett gestalteten Gärten stehen hier. Nachdem man den **Flughafen** umrundet hat, dessen Landebahn fast ins Meer reicht, erholt man sich zum Abschluss im Strandbad **Nauthólsvík** oder im Wald am **Öskjuhlið** (s. S. 92, 93) mit seinen zahlreichen Spazierwegen. Von hier aus fährt man entweder zurück ins Zentrum oder sieht sich noch an, wie und wo die Reichen Islands wohnen: in dem traditionsreichen Stadtteil **Fossvogsdalur.**

Kópavogur ▸ C 6

An Reykjavík grenzt im Süden unmittelbar die zweitgrößte Stadt Islands, Kópavogur, an. Schaut man auf die Stadtentwicklung, so hat man den Eindruck, der Nachbar will mit Größe konkurrieren. So stehen hier das einzige wirkliche Hochhaus des Landes

Lieblingsort

Am Leuchtturm von Grótta – da wo der Horizont im Meer versinkt ▶ C 6

Auf der äußersten Nordwestspitze der Halbinsel Seltjarnarnes steht der Leuchtturm von Grótta (Gróttu viti). Bei Ebbe ragen einige glitschige Felsen aus dem Wasser und laden zum Besuch der kleinen Insel mit Leuchtturm ein. Ich sitze am liebsten am Strand und lausche der Brandung, wenn sie über die Kiesel rollt, und beobachte die zahlreichen Vögel, wie sie aufgeregt hin und her laufen und zwischen den Steinen nach kleinen Tieren picken. Reykjavík liegt hinter mir: Wenn ich mich umdrehe, sehe ich die aufragenden Bauten wie eine Kulisse, schöner ist der Blick aufs Meer. Hier kann man sich verlieren. Manchmal sieht man ein Schiff in der Ferne und in den Sommernächten erlebt man das Schauspiel der Mitternachtssonne mit den faszinierenden Farbspielen.

und eine riesige Mall, Smáralind. Auch kulturell strengt man sich an mit sehenswerten Museen und einem kleinen Konzerthaus – lange bevor es in Reykjavík ausgeschrieben wurde.

Naturhistorisches Museum
Hamraborg 6a, www.natkop.is, Mo–Do 10–19, Fr 11–17, Sa 13–17, Eintritt frei
Das naturhistorische Museum (Náttúrufræðistofa) hat zwei Sammlungen, eine zur Tierwelt des Landes mit Schwerpunkt Vögel und Muscheln sowie eine zu Gesteinen und Mineralien. Das architektonisch ansprechende Gebäude beherbergt darüber hinaus ein Forschungsinstitut und die Stadtbücherei.

Kunstmuseum
Hamraborg 4, www.gerdarsafn.is, Di–So 11–17 Uhr, 500 ISK
Das kleine, aber feine Kunstmuseum der Stadt (Gerðarsafn) konzentriert sich mit seiner Sammlung und den Ausstellungen auf die isländische Kunst des 20. Jh. und der Gegenwart. Benannt ist das Museum nach der bekannten Glaskünstlerin und Bildhauerin Gerður Helgadóttir, deren Werke im Haus zu sehen sind. Einladend sind auch das Café und die Außenanlage.

Konzerthaus
Hamraborg 6, www.salurinn.is, Karten um 5000 ISK
Das architektonisch formschöne Konzerthaus Salurinn wurde im Jahr 1999 eröffnet und war damit das erste Konzerthaus in Island. Verarbeitet wurden Treibholz und Gestein aus Island, im Innern überzeugt vor allem die gute Akustik. Das Programm geht von September bis Mai, bestritten von nationalen und internationalen Künstlern. Hier bietet sich die Gelegenheit, auch klassische Musik zu hören.

Einkaufen

Shoppingmall – **Smáralind:** Hagasmára 1, Mo–Mi, Fr 11–19, Do 11–21, Sa 11–18, So 13–18 Uhr. 70 Geschäfte, Restaurants und Kinos.

Bessastaðir ▸ C 6

Bessastaðirvegur bei Álftanes
Der Hof Bessastaðir liegt auf der Landzunge Álftanes vor den Toren Hafnarfjörðurs und ist heute die Residenz des Staatspräsidenten. Zu Beginn des 13. Jh. gehörte der Hof Snorri Sturluson. Nach dessen Ermordung fiel er in den Besitz der norwegischen und später dänischen Krone, die ihn bis ins 18. Jh. als Sitz des königlichen Verwalters nutzte. Von 1805 bis 1846 befand sich dort die sogenannte ›Gelehrten-Schule‹ (Gymnasium), die anschließend nach Reykjavík verlegt wurde.

Der Dichter Grímur Thomsen kaufte in der zweiten Hälfte des 19. Jh. den Hof, und ein späterer Besitzer schenkte ihn 1941 dem Staat. Seitdem ist Bessastaðir Wohnsitz des Staatsoberhauptes. Die ältesten Teile der heutigen Residenz wurden 1763 erbaut. In der Kirche, die in den Jahren 1780 bis 1823 errichtet wurde, befinden sich sehr schöne Fenster, mit Motiven aus der isländischen Geschichte. An der Altarseite hängen Tafeln mit den Namen der früheren, schon verstorbenen Staatspräsidenten und der Dauer ihrer Amtszeiten: Sveinn Björnsson (1944–1952), Ásgeir Ásgeirsson (1952–1968), Kristján Eldjárn (1968–1980).

Übernachten

Fisherman's Village – **Hlið:** Álftanes, direkt an der Küste gelegen, Buchungen über Fjörukráin (s. S. 124), DZ 19 300 ISK, Haus 30 600 ISK.

Garðabær ▸ C 6

Obwohl es eine eigenständige Stadt ist, mit einer für isländische Verhältnisse relativ großen Einwohnerzahl (rund 10 000), so nimmt man Garðabær doch meist als Teil von Reykjavík wahr. Ebenso wie Kópavógur zählt es zu den Schlafstätten der Hauptstadt, obwohl seitens der jeweiligen Stadtverwaltungen viel getan wird, um die Eigenständigkeit zu betonen. Das kulturelle Angebot Garðabærs ist entsprechend breit und vielfältig, nicht zuletzt mit herausragenden Besichtigungsorten.

Hofsstaðir

Kirkjulundur, jederzeit zugänglich

Archäologische Funde zeigen, dass während der Besiedlungszeit (870–930) hier ein Hof stand, der bis ins 12. Jh. erhalten blieb. Heute kann man die informativ aufbereiteten Grundmauern des ehemaligen Langhauses sehen. Die Größe des Hofes ist für isländische Verhältnisse bemerkenswert und veranschaulicht, dass hier offensichtlich ein bedeutender Bauer siedelte.

Museum für Design und angewandte Kunst

Garðatorg 1, Tel. 512 15 25, www.honnunarsafn.is, Di–So 12–17 Uhr, 500 ISK

Eines der jüngsten Museen im Reykjavíker Raum ist das Museum für Design und angewandte Kunst (Hönnunarsafn Íslands). Gegründet wurde die Sammlung 1998, 2010 konnte das Haus bezogen werden. Regelmäßig finden Ausstellungen zu isländischem und nordischem Design statt, in Einzelschauen werden Künstler präsentiert. Sehenswert ist vor allem auch die Sammlung isländischer Designarbeiten von Anfang des 20. Jh. bis heute. Gesammelt werden nicht nur Objekte wie Schmuck, Keramikgegenstände oder Möbel, sondern auch Entwürfe und Zeichnungen, um den Entwicklungsprozess und Wandel zu dokumentieren.

Mit seiner klaren Formensprache gehört das isländische Design zum nordischen Stil

Das Beste auf einen Blick

Goldener Kreis und Halbinsel Reykjanes

Highlight!

Geysir: Ein faszinierendes Hochtemperaturgebiet mit zahlreichen kleinen, sprudelnden und lebendigen Quellen. Auch wenn Stóri-Geysir, der Große Geysir, manchmal müde ist, sein Nachbar Strokkur ist umso aktiver. S. 117

Auf Entdeckungstour

Die Versammlung der freien Männer in Þingvellir: Ein Spaziergang zu den Stätten im Nationalpark Þingvellir, an denen im Mittelalter die Goden tagten und Recht sprachen. Etliche Ruinen sind noch zu sehen und auf dem Lögberg, dem alten Vortragsplatz der Gesetze, kann man die Akustik selber testen. S. 114

Kultur & Sehenswertes

Gljúfrasteinn: Das ehemalige Wohnhaus des Literaturnobelpreisträgers Halldór Laxness ist heute Museum. Hier kann man seinem Leben und Arbeiten nachspüren und sich von der Umgebung wie einst der Autor inspirieren lassen. S. 112

Skálholt: Der erste Bischofssitz ist einer der bedeutendsten historischen Orte des Landes. In der modernen Kirche findet man noch viele Spuren der einst mächtigen Bischöfe. S. 120

Aktiv unterwegs

Tauchen im Þingvallavatn: Ein Tauchgang im Graben zwischen den Kontinenten ist ein besonderes Erlebnis, das man bei DiveIceland.com buchen kann. S. 117

Wanderung zum Krýsuvíkurberg: Die Klippen von Krýsuvíkurberg erstrecken sich über 5 km und bieten Vögeln ideale Nistplätze. S. 133

Genießen & Atmosphäre

Blaue Lagune: Islands wohl bekanntester Badeplatz ist ein Ort der Entspannung und des Genießens. In dem wohlig warmen Wasser kann man ganz schwerelos treiben und dabei in den Himmel blicken. S. 132

Abends & Nachts

Viking Restaurant in Hafnarfjörður: Ein Gelage wie in Wikingerzeiten mit zünftigem Essen und anschließendem Gesang. Lieder werden erklärt und bei manchen kann man auch mitsingen. S. 124

Goldener Kreis

Von Reykjavík aus führt eine Rundtour, der sogenannte Goldene Kreis, zu einigen der Hauptsehenswürdigkeiten des Landes: den Versammlungsstätten von Þingvellir, zum Geysir und dem Wasserfall Gullfoss. Außerdem gibt es wohl kaum eine andere so überschaubare Fahrt, bei der man die landschaftliche Vielfalt Islands so gut kennenlernen kann. Alles was Island ausmacht – Feuer und Eis, Meer und Wiesen –, findet man hier vor. Am Gullfoss beginnt das Hochland, dessen Gletscher schon von Weitem zu sehen sind.

Infobox

Internet
www.thingvellir.is: Praktische, historische und geologische Informationen zum Nationalpark.

Anreise und Weiterkommen
Auto: Von Reykjavík auf der Nr. 1 bis Mosfellsbær, rechts auf die Nr. 36, über die Nr. 365 nach Laugarvatn, dann Nr. 37 und Nr. 35 folgend bis Gullfoss, die gen Süden auch nach Skálholt führt.
Bus: Den Goldenen Kreis kann man als Busausflug von Reykjavík buchen (tgl. z. B. bei Grayline, www.grayline.is).

Vorsicht Massentourismus!
Da der Goldene Kreis der beliebteste Ausflug von Reykjavík aus ist, sind hier entsprechend viele Touristen unterwegs und bevölkern die Sehenswürdigkeiten. Dennoch lohnt sich die Tour, da Orte angesteuert werden, die man mit Island unverwechselbar verbindet wie die alte Parlamentsstätte Þingvellir oder den Geysir.

Mosfellsbær ▶ C 6

Der nördliche Nachbarort Mosfellsbær war ein Zentrum für die Wollverarbeitung. Die Räume der ehemaligen Wollfabrik Álafoss werden heute für Ausstellungen genutzt, einige Künstler haben hier ihre Ateliers. Halldór Laxness lebte fast 50 Jahre in Gljúfrasteinn, wenige Kilometer östlich des Ortszentrums. Auf dem Friedhof Mosfell wurde er begraben.

Gljúfrasteinn
270 Mosfellsbær, www.gljufrasteinn.is, Juni–Aug. tgl. 9–17, Sept.–Mai Di–So 10–17 Uhr, 800 ISK
Der Literaturnobelpreisträger Halldór Laxness (1902–1998) zog zusammen mit seiner Frau 1945 in dieses Haus. 2002 wurde es der Stadt Mosfellsbær vermacht und ist heute Museum. Der private Charakter des Hauses ist erhalten geblieben, und mit einem Audio-Guide erfährt man viel über das Leben und Werk des Autors. Spazierwege durch den Garten und in die nähere Umgebung sind möglich.

Þingvellir ▶ D 6

Kein Ort in Island hat eine ähnlich große Bedeutung für das historische Selbstverständnis der Isländer und für das als Nation wie Þingvellir (Versammlungsebenen). Hier wurde 930 der erste isländische Freistaat verkündet und am 17. Juni 1944 die Republik Island ausgerufen. Auch geologisch stellt das Gebiet eine Besonderheit dar, denn hier treffen Alte und Neue Welt, Europa und Amerika, deutlich sichtbar aufeinander. Kilometerlange Spalten, von Nordosten nach Südwesten verlaufend, prägen den 50 km² großen, 1928 gegründeten Nationalpark. Seit Juli 2004 gehört Þingvellir auch zum Weltkulturerbe der UNESCO.

Der Graben Þingvellir, von den Spalten Almannagjá im Westen und Hrafnagjá im Osten begrenzt, ist die Fortsetzung des mittelatlantischen Rückens. Messungen haben ergeben, dass er sich binnen eines Jahres bis zu 8 mm senkt und sich um den gleichen Wert ausdehnt. Die eurasische Platte mit dem östlichen Teil des atlantischen Meeresbodens und die amerikanische Platte mit dem westlichen Atlantikboden driften von hier auseinander.

Multimedia-Informationszentrum und Aussichtspunkt Hakið

801 Selfoss, www.thingvellir.is, tgl. 9–17, Juni–Aug. bis 18 Uhr, Eintritt frei, 200 ISK für Toilettenbenutzung

Am Aussichtspunkt Hakið oberhalb der Almannagjá steht ein Informationszentrum, in dem man alles über die Geschichte und Geologie Þingvellirs erfährt. Die Plattform eröffnet einen guten Blick auf die Umgebung mit dem See Þingvallavatn im Süden und dem Schildvulkan Skjaldbreiður (1060 m) sowie dem Tafelberg Hlöðufell (1188 m) im Norden. Schildvulkane sind aus dünnflüssiger Lava aufgebaut, daher erklärt sich ihre große Grundfläche. Skjaldbreiður steigt mit einer Neigung von 6 Grad ganz gleichmäßig an. Außer auf Island kommt dieser Vulkantyp nur noch auf Hawaii vor.

Lögberg und Lögrétta

Von Hakið führt ein Weg durch die Almannagjá, die Almännerschlucht, bis zum Lögberg, der der Vortragsplatz des Gesetzessprechers war. In seiner Nähe traf sich die Lögrétta, die Versammlung der Goden (s. Entdeckungstour S. 114).

Öxarárfoss

Um zu dem rund 10 m hohen Wasserfall Öxarárfoss zu gelangen, muss man die Almannagjá am Lögberg vorbei nach Norden verlassen. Der Wasserfall wurde im Mittelalter künstlich geschaffen, um den Versammlungsplatz mit Trinkwasser zu versorgen.

Þingvallavatn

Der See Þingvallavatn mit den Vulkaninseln Nesjaey und Sandey ist der größte Binnensee Islands (84 km²) mit einer Tiefe bis zu 114 m. Sein Hauptzufluss ist der Fluss Öxará. Seine heutige Ausdehnung erhielt der See erst durch das Erdbeben im Jahr 1789, als sich die Ebene um 60 cm senkte und er sich weiter nach Norden ausbreitete.

An seinem Ufer stehen zahlreiche Wochenendhäuser, nicht zuletzt wegen der guten Angelmöglichkeiten. Tauchfreunde können hier auch auf Erkundungen gehen, entsprechende Tauchgänge und auch Schnorcheltouren werden angeboten, so im Graben Silfra zwischen der amerikanischen und eurasischen Platte.

Þingvallakirkja

Mai–Aug. tgl. 9–19.30 Uhr

In der Kirche von Þingvellir hängt die Islandglocke – ein Geschenk König Olafs von Norwegen aus dem Jahr 1018 –, die rund 900 Jahre später bei der Gründung der Republik läutete und auch titelgebend für Laxness' Roman war. Das mittelalterliche Gotteshaus stand vermutlich auf demselben Platz, auf dem sich auch die jetzige, 1859 geweihte Kirche befindet, und war so groß, dass bei schlechtem Wetter der Vortrag der Gesetze in ihm stattfand.

Fünfgiebeliges Haus und Nationalfriedhof

Im fünfgiebeligen Haus (Þingvallabær) neben der Kirche wohnte ▷ S. 117

Auf Entdeckungstour: Die Versammlung der freien Männer in Þingvellir

Ein Spaziergang zu den Stätten im Nationalpark Þingvellir, an denen im Mittelalter die Goden tagten und Recht sprachen. Etliche Ruinen sind noch zu sehen und auf dem Lögberg, dem alten Vortragsplatz der Gesetze, kann man die Akustik selbst testen.

Reisekarte: ▶ D 6

Start: ab Aussichtspunkt Hakið markierte Wege

Dauer: 2–3 Std.

Ab 930 wurde das Althing, die Versammlung der Goden, jedes Jahr im Sommer am See Þingvallavatn abgehalten. Für Þingvellir als Versammlungsplatz sprach seine verkehrsgünstige Lage im Zentrum des am dichtesten besiedelten Landstrichs Islands sowie das satte Weideland und reichliche Wasser für die Pferde. Händler, Handwerker und Bauern aus dem ganzen Land kamen zu dem zweiwöchigen Jahresereignis; man traf Freunde und Verwandte, schloss neue Bekanntschaften und Ehen. Es war ein Volksfest mit Spielen, Ringkämpfen, Gesang, Bier und Neuigkeiten. Zeitweise hielten sich bis zu 5000 Menschen in Þingvellir auf, die in Zelten oder Stein-Soden-Hütten Unterkunft fanden.

Thingbuden für das Gefolge

Vom Aussichtspunkt Hakið führt ein etwas steiler Weg in die **Almannagjá**, die ›Schlucht aller Männer/Leute‹ (s. Foto), deren Basaltwände an der Westseite sich bis zu 40 m hoch erheben. Im nördlichen Teil der Schlucht standen im Mittelalter die Thingbuden, die Unterkünfte der Gefolgsleute. Die hier sichtbaren Ruinen stammen aus dem 17. und 18. Jh., die Hütten im Mittelalter waren wohl deutlich größer. Sie wurden aus Steinen und Grassoden mit einer Holzkonstruktion gebaut.

Die Macht der Goden

Thingplätze sind in Island schon für die Zeit vor 930 überliefert. Dort wurde Recht formuliert, ausgelegt und gesprochen, eine exekutive Gewalt besaß das Thing ursprünglich nicht. Den Vorsitz hatten die Goden, Männer, die als Priester und Häuptlinge den Gemeinden, den Godentümern, vorstanden. Ihr Status richtete sich nach dem Ansehen ihrer Siedlervorfahren. Die Godenwürde fußte auf dem Gelöbnis gegenseitiger Treue und Unterstützung zwischen dem Goden und seiner Gefolgschaft, einer Vereinbarung, die von beiden Seiten gelöst werden konnte. Die Zugehörigkeit zu einem Godentum war nicht von der geografischen Lage abhängig, sondern basierte auf der freien Entscheidung der Bauern.

Berg der Gesetzgebung

Der **Lögberg,** in der Zeit der Goden der Vortragsplatz des Gesetzessprechers, ist heute durch einen Fahnenmast und eine Steintafel gekennzeichnet. Der Gesetzessprecher leitete das Althing und trug im Verlauf seiner dreijährigen Amtszeit alle Gesetze mit Einzelfällen an dieser Stelle auswendig vor. Außerdem musste er die Lögrétta, die Versammlung der Goden, leiten. Er wurde von der Lögrétta gewählt und als Einziger bezahlt. Bis heute konnte nicht geklärt werden, wo genau sich der Lögberg befand, sicher aber in dem Areal.

Die anwesenden 36, später sogar 48 Goden bildeten die mit gesetzgebender und -bewahrender Funktion ausgestattete **Lögrétta**. Sie saßen zusammen mit zwei Beratern unterhalb des Lögbergs. Stimmrecht besaßen ausschließlich die Goden. Sie ernannten auch die Richter der neu geschaffenen Viertelgerichte, die während eines Althings tagten. Nach Übernahme des Christentums im Jahr 1000 kamen auch die Bischöfe mit ihren Männern dazu.

Der norwegische König löste 1262 die Lögrétta auf, anstelle des Gesetzessprechers ernannte er einen Gesetzesmann und die Landesverwalter ersetzten die Goden. An die Spitze der Landesverwaltung trat 1279 der Statthalter des Königs. Die neuen Ämter bekleideten zunehmend Norweger und später Dänen. Das nur noch vier Tage währende Althing diente bald ausschließlich als Strafgericht.

Grausame Hinrichtungen

Folgt man dem Weg durch die Almannagjá an Lögberg und Lögrétta vorbei weiter nach Norden, überquert man bald auf einer Brücke die Oxará. Der Fluss wurde im Mittelalter in die Ebene umgeleitet. Von der Brücke blickt man auf eine Vertiefung im Wasser, **Drekkingahylur**, in der ab 1618 Frauen, die uneheliche Kinder geboren, Ehebruch begangen oder ihren Ehemann ermordet

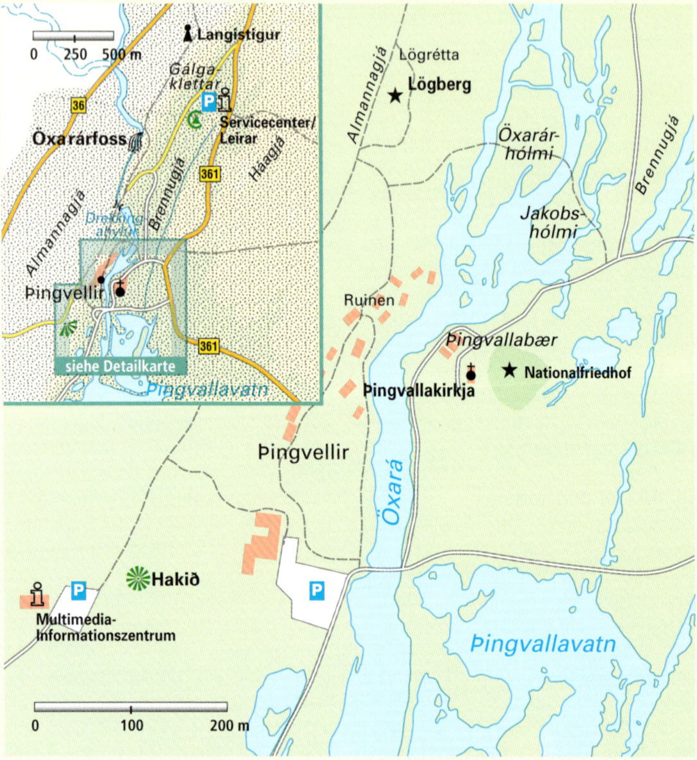

hatten, durch Ertränken hingerichtet wurden. 18 Ertränkungen sind dort belegt. In der nahe gelegenen Schlucht **Brennugjá** wurden in der Zeit der Hexenverfolgungen im 17. Jh. neun Menschen wegen Hexerei verbrannt. Daher auch der Name der Schlucht, Verbrennungsschlucht.

Stätte nationaler Identität

Im Jahr 1798 kam das Althing zum letzten Mal in Þingvellir zusammen. 1800 wurde es aufgelöst und 43 Jahre später als beratende Versammlung wieder eingesetzt. Neuer Tagungsort war Reykjavík. Þingvellir verlor damit politisch seine Bedeutung, historisch hat es seinen festen Platz im Bewusstsein jedes Isländers behalten, entsprechende Gedenktage erfreuen sich bis heute eines großen Zustroms. Als 1994 das 50-jährige Jubiläum der Republik hier gefeiert wurde, stauten sich die Fahrzeuge kilometerlang in Richtung Þingvellir. Für ausländische Staatsgäste gehört ein Besuch des Weltkulturerbes zum Pflichtprogramm, oft verbunden mit dem Pflanzen eines Baumes im Wald der Freundschaft, der 1990 anlässlich des 60. Geburtstages der damaligen Präsidentin Vigdís Finnbogadóttir angelegt wurde.

früher der Pfarrer, der zugleich Direktor des Nationalparks war. Heute sind hier nur noch Büros. Auf dem 1939 angelegten Nationalfriedhof sollten große Kämpfer für die unabhängige Nation beigesetzt werden. Außer den Dichtern Jónas Hallgrímsson (1807–1845) und Einar Benediktsson (1864–1940) hat dort allerdings niemand seine letzte Ruhestätte gefunden. Es geht sogar das Gerücht, dass man die Gebeine eines Fremden statt denen von Jónas Hallgrímsson aus Kopenhagen hierher gebracht haben soll.

Übernachten

Natürlich – **Zeltplätze:** www.thingvellir.is/plan-your-visit/camping.aspx. Die fünf Zeltplätze im Nationalpark sind gut ausgestattet und teils ruhig gelegen. 1400 ISK pro Pers.

Essen & Trinken

Fast Food – **Servicezentrum Þingvellir:** am Campingplatz von Leirar, April–Okt. tgl., Nov.–März Sa/So, ab 1200 ISK. Die Klassiker vom Grill und Sandwiches erhält man im derzeit einzigen Restaurant vor Ort.

Aktiv

Angeln – **Servicezentrum Þingvellir:** s. u. Hier gibt es Angelscheine für die Saison vom 1. Mai–15. Sept.
Tauchen – **DiveIceland.com:** Ásbúdartröð 17, 220 Hafnarfjörður, Tel. 699 30 00, www.diveiceland.com. Tauchgänge in der Silfra, der Spalte zwischen den Kontinentalplatten. Zählt zu den Top-Tauchplätzen der Welt.
Schnorcheln – **Arctic Rafting:** Laugarvegur 11, 101 Reykjavík, Tel. 571 22 00, www.arcticrafting.com. Schnorcheln in der Silfra und anschließend heiße Schokolade.

Infos

Servicezentrum Þingvellir: am Campingplatz von Leirar, Tel. 482 26 60, Fax 482 36 35, www.thingvellir.is, Mai–Sept.
Bus: tgl. Busse von Reykjavík, ansonsten ganzjährig organisierte Rundfahrten.

Geysir ! ▶ E 6

Die berühmte Springquelle (Stóri-) Geysir gab dem Thermalfeld im Tal Haukadalur seinen Namen. Die Multimedia-Show im Geysircenter informiert sehr anschaulich über die geologischen Besonderheiten und ist ein idealer Einstieg, um sich mit der Region vertraut zu machen.

Das Funktionsprinzip eines Geysirs studierte der Naturforscher Robert Bunsen 1846 auf seiner Islandreise. Er maß die Wassertemperatur an unterschiedlichen Stellen des Schachtes und stellte fest, dass sie in der Tiefe zunahm. Erklärung: Mit der Wassertiefe steigt der Wasserdruck und damit auch der Siedepunkt. Fällt der Wasserdruck, siedet das Wasser in der Tiefe, und es kommt zum Ausbruch. Hinzu kommen noch mineralische Stoffe und der Luftdruck, die den Siedepunkt herabsetzen.

Das Tal Haukadalur war einst reich an Wäldern und Weiden. Mit der Wiederaufforstung versucht man an diese Zeit anzuknüpfen.

Geysircenter

Haukadalur, 801 Selfoss, Tel. 480 68 00, www.geysircenter.is, Mai–Aug. tgl. 10–17, Sept.–April tgl. 12–16 Uhr, 1000 ISK
Eine lohnende Ausstellung, die man aber in dem riesigen Center mit Restaurant, Café, Souvenir- und Wollsa-

Vorsicht Verbrühungsgefahr!
Nehmen Sie die Hinweisschilder sowie die Absperrungen im Gebiet der Geysire im Haukadalur ernst, denn die Wassertemperaturen liegen z. T. weit über 60 °C! Während der Sommermonate kommt es durchschnittlich zu drei Unfällen durch Verbrühungen in der Woche.

chenshop fast suchen muss. Wer Rummel liebt, ist hier gut aufgehoben. Die Ausstellung ist eine Multimedia-Show zu geologischen Besonderheiten in der Region, z. B. wie fühlt sich ein Erdbeben an oder wie sehen Nordlichter aus?

Stóri-Geysir

Der Stóri-Geysir, der Große Geysir, im Haukadalur wurde erstmals 1294 infolge seines Ausbruchs erwähnt und von Bischof Brynjólfur Sveinsson 1647 unter dem Namen ›Geysir‹ beschrieben. Geologen schätzen sein Alter aufgrund der Sinterablagerungen an seinem Becken auf rund 10 000 Jahre. Seine aktivste Zeit hatte Geysir im 18. Jh., im Jahr 1772 schoss halbstündlich eine Wasserfontäne von bis zu 70 m empor. Durch die Jahre verringerte sich seine Tätigkeit, bis sie 1915 ganz abbrach. 1935 grub man einen unterirdischen Kanal, der den Wasserspiegel senkte und damit auch den Druck. Der Erfolg nach der Drucksenkung war beeindruckend, aber er hielt nur bis 1964 vor. Nach einer weiteren siebenjährigen Ruhepause funktionierte Geysir nach dem ›Prinzip Zufall‹ oder nur dann, wenn ihm einige Portionen Seife zugesetzt wurden. Diese so provozierten Ausbrüche erinnerten sehr stark an überschäumende Waschkessel. Erdbeben im Jahr 2000 belebten die Aktivitäten des Geysirs, der jetzt wieder auf natürliche Weise eruptiert. Faszinierend sind die alten Kieselsinter – Geysrit – an dem fast kreisrunden 14 m großen Becken, deren feine Schichten eine Miniaturlandschaft bilden. In der Mitte des Beckens befindet sich die 2 m große Öffnung des Quellschachtes.

Strokkur

Nur 100 m vom Großen Geysir entfernt schießt die Fontäne des Strokkur (Butterfass) heute regelmäßig empor, nachdem 1963 sein Quellschacht gereinigt wurde. Beeindruckend ist die mit Luft oder Dampf gefüllte Wasserglocke über dem 2 m großen Schacht, die sich Sekunden vor der Eruption bildet und in den unterschiedlichsten Blautönen schillert.

Außer den Springquellen befinden sich noch viele kleine heiße Quellen im Haukadalur, deren Farben je nach ihrer mineralischen Zusammensetzung vom tiefen Türkisblau bis zum leuchtenden Rot reichen.

Kirche von Haukadalur

Interessant ist auch unweit des Thermalgebiets die Kirche von Haukadalur, deren Türring vom Wanderstab des Riesen Bergþór stammen soll. Bergþór hatte seinen Freund, den Bauern von Haukadalur, gebeten, ihn dort zu begraben, wo er Glockenläuten und Bachrauschen hören könne. Der Bauer versprach, diesen Wunsch zu erfüllen, und eines Tages fand er auch das verabredete Zeichen für Bergþórs Tod, des Riesen Wanderstab, vor seiner Hoftür. Er brachte den toten Riesen nach Haukadalur und begrub ihn in der Nähe des Flusses Beiná, wo heute eine Steinplatte auf das Grab hinweist.

Der Strokkur ist der aktivste Geysir im Haukadalur

Übernachten

Singulär – **Hótel Geysir:** an der Nr. 35, Haukadalur, 801 Selfoss, Tel. 480 68 00, Fax 480 68 01, www.geysircenter.is, DZ 26 000 ISK. Außer gemütlichen Zimmern auch Luxuszimmer mit Whirlwanne. Ein kleines Schwimmbad gehört zum Haus.
Alternative – **Camping:** Der Zeltplatz wird vom Hótel Geysir (s. o.) betrieben, entsprechend kann man das Hotelschwimmbad mitbenutzen.

Essen & Trinken

Gediegen – **Hótel Geysir:** s. o., Mittagsbüfett 3700 ISK, Hauptgericht abends ab 3000 ISK. Auf der Speisenkarte stehen auch vegetarische und glutenfreie Gerichte.
Schnell – **Geysircenter:** s. o. Hier gibt es Fast Food, einige Lebensmittel, ein Restaurant und ein Café.

Gullfoss ▸ E 6

Einer der schönsten Wasserfälle Islands ist unbestritten der Gullfoss, der ›Goldene Wasserfall‹, der seinem Namen im Licht der Abendsonne alle Ehre macht. Hier stürzt der Gletscherfluss Hvítá, vom Langjökull kommend, in zwei Stufen, die in einem 90°-Winkel zueinander stehen, insgesamt 31 m tief in die Schlucht Hvítárgljúfur. Hvítá hat sich bei Gullfoss eine 3 bis 4 km lange Schlucht in das Hochplateau gegraben, die bis zu 70 m tief ist. Der Fluss brauchte dafür ca. 10 000 Jahre, dem heutigen Flusslauf, d. h. vor allem den nördlichen 400 bis 500 m der Schlucht, folgt die Hvítá erst seit 1766.

Vom Parkplatz aus führen Wege direkt bis an die beiden Kaskaden heran, in deren Sprühregen, wenn man Glück hat, bei Sonnenschein Regenbogen leuchten. Auf dem Pfad dorthin kommt man an einer Basaltsäule mit dem Reliefporträt der Bauerntochter Sigriður Tómasdóttir vom Hof Brattholt vorbei. Sigríðurs Entschlossenheit verhinderte Anfang des 20. Jh. den Bau eines Wasserkraftwerks bei Gullfoss, den zuerst Engländer und später die Isländer planten. Seit 1979 stehen der Gullfoss und das Gebiet westlich der Hvítá mit Hvítárgljúfur bis Brattholt unter Naturschutz.

So reizvoll wie der Wasserfall im Sommer ist, so faszinierend wirkt er im Winter, wenn der Sprühregen zu fantastischen Gebilden gefriert.

Infos

Informationscenter: am oberen Parkplatz. Eine Ausstellung unterrichtet über die Entstehung des Wasserfalls und seine Geschichte. Große Cafeteria und Souvenirgeschäft.
Bus: im Sommer tgl. von/nach Reykjavík, ansonsten organisierte Touren.

Skálholt ▸ E 6

Von 1056 bis 1785 war Skálholt Bischofssitz und zugleich auch viele Jahrhunderte lang kulturelles und politisches Zentrum des Landes, insgesamt residierten hier 31 katholische und zwölf protestantische Bischöfe. Ísleifur Gissurarson, Enkel des ersten Siedlers von Skálholt, wurde 1056 zum ersten Bischof geweiht. Sein Sohn Gissur Ísleifsson, Bischof von 1082 bis 1118, übergab den Besitz Skálholt der Kirche mit der Auflage, hier den Bischofssitz des Landes einzurichten. Während seiner Amtszeit wurde im Althing die Kirchensteuer beschlossen, sodass jeder Isländer ein Zehntel seiner Einnahmen an den Bischof abführen musste.

Schon im 11. Jh. erhielt Skálholt die erste Lateinschule, die mit dem Umzug des Bischofssitzes nach Reykjavík auch dorthin verlegt wurde. Heute ist es ein Tagungszentrum sowohl für kirchliche als auch andere Organisationen.

Dass die Auseinandersetzungen in Glaubensfragen nicht immer ganz friedlich verliefen, davon zeugt der Gedenkstein nördlich der Kirche. Er erinnert an den letzten katholischen Bischof Jón Arason, der zusammen mit seinen beiden Söhnen Björn und Ari am 7. November 1550 hier geköpft wurde. Seine Inschrift lautet übersetzt: »Jón Arason, Bischof, ließ hier das Leben für seinen Glauben und sein Vaterland.«

Domkirche

Viele Kirchen haben in Skálholt gestanden, alle auf dem Platz der gegenwärtigen. Die größte war die 50 m lange Stabkirche des Bischofs Klængur Þórsteinsson (errichtet 1155). Die Grundsteinlegung der heutigen Kirche fand am 1. Juli 1956 statt, anlässlich des 900-jährigen Jubiläums der ersten Bischofsweihe. Der Grundriss des 30 m langen Gotteshauses, entworfen von dem Staatsarchitekten Hörður Bjarnason, bildet – in der Tradition der mittelalterlichen Domkirche des Ortes – ein Kreuz. Geweiht wurde die Kirche am 21. Juli 1963. In der Krypta liegen die Gebeine der Bischöfe von Skálholt, außerdem befindet sich dort der Steinsarg des Bischofs Páll Jónsson aus dem Jahre 1211 sowie eine Sammlung alter Grabsteine. Das Material für den Sarkophag stammt vermutlich von dem Tuffgestein des Vörðufell (319 m) südlich von Skálholt. Im Keller sieht man die freigelegten Grundmauern eines Ganges, der früher von der Kirche zur Schule und den Wohnhäusern führte. Neben der Kirche wurden einige der ehemaligen Gebäude freigelegt.

Am Bau des heutigen Gotteshauses beteiligten sich die skandinavischen Staaten mit Geschenken, so spendeten sie z. B. fünf der acht Glocken. Norwegen schickte u. a. Dachziegel, Fliesen und die Kirchentüren, Dänemark finanzierte die Orgel, Bänke sowie die Mosaikfenster und das Mosaik im Altarchor. Das Taufbecken aus Granit ist ein Geschenk der Färöer. Die Mosaikfenster entwarf Gerður Helgadóttir, und das Mosaik im Altarchor stammt von Nina Tryggvadóttir. Die Kanzel datiert aus der Amtszeit des Bischofs Brynjólfur Sveinsson (1639–1674).

Übernachten, Essen

Einfach – **Skálholtsskóli:** Tel. 486 88 70, Fax 486 89 94, www.skalholt.is, DZ ab 15 600 ISK. Übernachtungsmöglichkeit in der Schule. Schlichte, geschmackvoll ausgestattete Zimmer z. T. mit Bad. Da Skálholt auch für Seminare genutzt wird, ist es sinnvoll, vorab zu reservieren. Die angebotenen Gerichte sind meist typisch isländisch zu moderaten Preisen. Ein idealer Ort, um etwas zu entspannen und Ausflüge in die Umgebung zu machen.

Infos & Termine

Bus: www.sternatravel.com. Regulärer Bus von Reykjavík nach Laugarvatn, die letzten km muss man laufen. Ansonsten mit organisierter Busfahrt.
Kirchenkonzerte: Juli, in der Domkirche. Kontaktadresse in Reykjavík: Laufásvegur 4, Tel. 866 46 00, 846 52 64, www.sumartonleikar.is. Seit 1975 finden die Sommerkonzerte statt, mit internationalen Musikern und neuen Kompositionen.

Die Halbinsel Reykjanes

Jeder, der mit dem Flugzeug anreist, landet auf der Halbinsel Reykjanes, doch die meisten lernen nur die Schnellstraße zwischen Keflavík und Reykjavík kennen. Aber Reykjanes bietet mehr: große Lavaflächen, geothermische Gebiete, Steilküsten mit zahlreichen Vogelkolonien, Seen inmitten einer faszinierenden Vulkanlandschaft. Ein Ausflug zur Blauen Lagune, dem wohl beliebtesten Bad Islands, ist zugleich eine gute Gelegenheit, die Halbinsel im Südwesten zu erkunden. Die vielen Wandermöglichkeiten machen Lust auf einen längeren Aufenthalt.

Infobox

Internet

www.visitreykjanes.is: Hier gibt es u. a. eine Broschüre auf Englisch zum Downloaden, die gute Informationen und Adressen aus der Region enthält.
www2.norvol.hi.is: Auf der englischsprachigen Website des Institute of Earth Science in Reykjavík finden Geologieinteressierte gute Informationen und damit einen guten Einstieg für Reykjanes.

Anreise und Weiterkommen

Auto: Die meisten Reisenden kommen in Keflavík an und sind somit gleich auf Reykjanes. Hier kann man sich einen Wagen mieten.
Bus: Die örtlichen Busverbindungen sind gut. Zur Blauen Lagune kann man tgl. von Reykjavík aus mit dem Bus fahren, z. B. mit Grayline (www.grayline.is). Die regionale Busgesellschaft Strætó führt auf der Frontpage ihrer Website alle Linien (Leið) auf Reykjanes auf (www.sbk.is, nur auf Isländisch).

Hafnarfjörður und Umgebung ▸ C 6/7

Hafnarfjörður wurde auf den Ausläufern des Búrfellshraun erbaut, einem Lavafeld, das vor ca. 7000 Jahren entstand. Aufgrund seiner guten Hafenanlage und der reichen Fischgründe war der Ort ein beliebter Handelsplatz. Bis Anfang des 17. Jh., als Dänemark das Handelsmonopol erließ, diente er als Depot der deutschen Hanse und als ihr Haupthafen auf Island. Die Hanseaten errichteten dort Wohn- und Geschäftshäuser sowie eine Kirche. Heute erinnert ein Monument des deutschen Künstlers Lupus an die erste lutherische Kirche in Island.

Hafnarfjörður ist in vielem eine besondere Stadt. Regelmäßig finden Wikingerfeste statt, sodass sie als Wikingerstadt der Neuzeit gilt. Vor allem ist sie aber die Stadt der Elfen, denn man geht davon aus, dass die Angehörigen des verborgenen Volkes in der Lava in und um die Stadt leben.

Lavagarten Hellisgerði

Skúlaskeið o.N., nur mit Führung ab der Touristeninformation (Strandgata 6)

In der Nähe des Hafens befindet sich der Park Hellisgerði (Höhlengarten), eine gelungene Synthese aus Baumbestand und Lavalandschaft. Angelegt wurde der Park 1922. Beliebt ist der Garten auch bei Elfenfreunden. In einem besonderen Stadtplan sind die Wohnorte der unsichtbaren Wesen eingezeichnet.

Islands Haarfarbe ist Blond: zwei Mädchen in Hafnarfjörður

Heimat- und Schifffahrtmuseum

Vesturgata 8, Tel. 585 57 80, Eintritt frei

Das Heimat- und Schifffahrtmuseum (Byggðasafn Hafnarfjarðar) umfasst gleich mehrere Gebäude. Zunächst das ehemalige **Lagerhaus** (Pakkhús, Juni–Aug. tgl. 11–17, Sept.–Mai Sa/So 11–17 Uhr), das 1865 errichtet wurde. Hier sind Ausstellungen zur Stadtgeschichte, eine Spielzeugsammlung und wechselnde Themenausstellungen zu sehen. Daneben steht das älteste Gebäude der Stadt, das ehemalige **Wohnhaus von Bjarni Sívertsen** (1760–1833), gebaut 1803 (Sívertsens-Hús, Juni–Aug. tgl. 11–17 Uhr).

Sívertsen war einer der ersten Handelsunternehmer des Landes nach Aufhebung des dänischen Monopols. Er besaß eine eigene Fischereiflotte und baute die erste Schiffswerft. Die Ausstattung des Museums dokumentiert das Leben einer reichen Bürgerfamilie im 19. Jh. In ganz anderen Verhältnissen wohnten die Arbeiter und Seeleute in dieser Zeit, wie man in einem kleinen Haus, dem **Siggas Haus**, sehen kann (Siggubær, Kirkjuvegur 10, Juni–Aug. Sa/So 11–17 Uhr).

Kunstmuseum Hafnarborg

Strandgata 34, www.hafnarborg.is, Mi–Mo 12–17, Do 12–21 Uhr, frei

Interessante Ausstellungen vor allem von zeitgenössischen isländischen Künstlern werden hier gezeigt. Zudem finden regelmäßig kleine Konzerte statt. Reizvoll ist ein Besuch auf jeden Fall, allein um im Café zu sitzen.

Übernachten

Sehr altnordisch – **Hótel Viking:** Strandgata 55, Tel. 565 12 13, www.vikingvillage.is, DZ Mai–Sept. ab

Mein Tipp

Wikingerschmuck im Hótel Viking
Das Hótel Viking bietet nicht nur weiche Betten, sondern auch Kunstgewerbe aus Island, Grönland und den Färöer-Inseln. Besonders schön sind die Schmuckstücke aus Grönland, gefertigt z. B. aus Rentierhorn. Kleine Tupilaks oder auch Eisbärköpfe als Kettenanhänger. Auch die Preise sind durchaus akzeptabel. Wenn man sich nicht sofort entscheiden kann, einfach bei einer Tasse Kaffee oder Tee darüber nachdenken. Urige Atmosphäre (Adresse s. S. 123).

22 700 ISK, sonst 18 100 ISK. 42 gut ausgestattete Zimmer, einige mit Platz für 4 Pers., mit Dekorationen und Bildern aus der nordischen Mythologie und den drei Ländern Island, Grönland und den Färöer. Hot-Pot.
Neunordisch – **Lava Hostel:** Hjallabraut 51, Tel. 565 09 00, www.lavahostel.is, 15. Mai–31. Aug., DZ 13 400 ISK, Schlafsack ab 5100 ISK. Schön gelegen, direkt am Skulpturenpfad. In dem architektonisch gelungenen Bau finden die Gäste eine gute Ausstattung mit 2–6-Bett-Zimmern vor. Schöner Blick vom Frühstücksraum in den Park.
Outdoor – **Camping:** Zeltplatz am Gästehaus (s. o.). Man kann die Einrichtungen des Gästehauses mitbenutzen. Geschützte Lage an Lavahöhlen.

Essen & Trinken

Zünftig – **Viking Restaurant Fjörukráin:** Strandgata 55, Tel. 565 12 13, www.fjorukrain.is, So–Fr 18–24, Sa 18–3 Uhr, Menü um 8900 ISK (inkl. einem Bier und einem Schnaps). Ein uriges Wikingerrestaurant, das heute schon eine Institution in Island ist! Hier findet man eine Kopie des Wandteppichs von Bayeux neben einem ausgewachsenen Eisbären und zahlreichen Seevögeln. Das Menü aus Lammfleisch, Lachs und Skyr wird stilecht serviert, dazu: Musik und Wikinger-Schnaps.
Kulturszene – **Súfistinn:** Strandgata 9, Tel. 565 37 40, Mo–Do 8.15–23.30, Fr 8–23.30, Sa 10–23.30, So 11–23.30 Uhr. Hier gibt es kleinere Gerichte, z. B. vegetarische Lasagne (1460 ISK), Quiche und Salate sowie guten Kuchen und sehr guten Kaffee (400 ISK). Beliebter Ort.
Vollwert und Kunst – **Gló:** Hafnarborg, Tel. 578 11 11, www.glo.is, Mo–Fr 11–21, Sa/So 11–17 Uhr, Hauptgerichte ab 1790 ISK, Suppe mit Brot 1250 ISK. Ein reichhaltiges Salatbüfett sowie tgl. ein Fleisch- und ein Gemüsegericht. Immer frische Produkte, auch zum Mitnehmen.

Aktiv

Reittouren – **Íshestar:** Sörlaskeið 26, Tel. 555 70 00, www.ishestar.is. Auch für Anfänger möglich. Besonders reizvoll ist die Viking-Tour um den Berg Helgafell und weiter durch die Lava.
Geführte Wanderung – **Hidden World Tours:** Tel. 694 27 85, www.alfar.is, Di und Fr 14.30 Uhr, 4500 ISK, inkl. Karte der Hidden World. Der Rundgang startet von der Touristeninformation.
Bergtour – **Mountain Climbing:** Buchungen Tel. 891 70 74, www.mountainclimbing.is, Kontakt auch über Hotels und Touristeninformationen. Leichte Bergwanderung auf den Hausberg Hafnarfjörðurs, Helgafell (340 m). Auch privat geführte Wanderung auf der Halbinsel Reykjanes. Touren um die 32 000 ISK.

Infos & Termine

Infos

Touristeninformation: Strandgata 6, Tel. 585 55 00, Fax 585 55 99, www.visithafnarfjordur.is, Mo–Fr 8–16 Uhr. Im Heimat- und Schifffahrtsmuseum, Vesturgata 8, Juni–Aug. tgl. 11–17 Uhr. Halten Karten der Umgebung und vor allem auch vom Ort für Stadtspaziergänge bereit.

Verkehr

Bus: www.straeto.is. Regelmäßig Linienbusse zwischen Reykjavík und Hafnarfjörður. Infos über Fahrplan und Linien auf der Website. Zudem hält der Flughafenbus auch am Ortseingang.

Termine

Kulturfestival ›Bright Days‹: 30. Mai–2. Juni. Alljährliches Festival mit zahlreichen Veranstaltungen vor allem lokaler Künstler.
Wikingerfest: www.fjorukrain.is. Im Sommer treffen sich eine Woche Wikinger aus aller Welt und zeigen, wie man in früheren Zeiten gelebt, gearbeitet und gefeiert hat.
Weihnachtsmarkt: Vom letzten Wochenende im November bis Weihnachten findet der Weihnachtsmarkt – nach deutschem Vorbild – statt.

Kapelluhraun ▸ C 7

Das große Lavafeld Kapelluhraun erstreckt sich von der Küste südlich von Hafnarfjörður bis zum Kleifarvatn. Hier liegt in Straumsvík das größte Industrieunternehmen des Landes: die Aluminiumschmelze Alcan. Den Namen erhielt das Lavafeld aufgrund der dort entdeckten mittelalterlichen Kapelle, in der die Reisenden vor ihrem Ritt durch die unwirtliche Lava beten konnten. Bei Untersuchungen der aus Lavaplatten geschichteten Ruine fand man 1950 eine kleine Frauenfigur, die die hl. Barbara verkörpert. Sie ist heute im Nationalmuseum in Reykjavík zu sehen.

Narðvík ▸ B/C 7

Njarðvík ist eine alte Siedlung, deren erste Kirche 1269 geweiht wurde und die schon auf dem gleichen Platz wie die heutige, 1886 erbaute Steinkirche stand. Seit jeher lebten die Bewohner von der Fischerei und der Fischverarbeitung. Die alte Fischerhütte Stekkjarkot gibt ein beredtes Zeugnis vom Leben der Fischer im 19. Jh. (auf Anfrage zu besichtigen, Tel. 421 67 00).

Víkingaheimar

Víkingabraut 1, www.vikingaheimar.com, tgl. 11–18 Uhr, Winter tgl. 12–17 Uhr, 1300 ISK
Die Welt der Wikinger erklärt eine multimediale Ausstellung, die 2000 in Washingtons Smithsonian Museum zu sehen war. Im Zentrum des Gebäudes steht das rekonstruierte Wikingerschiff »Íslendingur«, das 2000 von Island in die USA segelte.

Besiedlerzeit-Zoo

Víkingabraut, direkt neben dem Museum, Tel. 421 67 00, Mai–Aug. tgl. 11–17 Uhr, Eintritt frei
Der Landnámsdýragarðurinn, ausgestattet mit den Haustieren, die die Siedler auch hatten, wie Schafe, Ziegen, Hühner, Enten etc., begeistert vor allem Kinder.

Übernachten

Für alle Jungen – **Jugendherberge Njarðvík:** Fitjabraut 6 a/6 b, Tel. 421 88 89, Fax 421 88 87, www.fithostel.is, 4000 ISK, 1000 ISK Bettzeug, Küchen für Selbstversorger. Die moderne Jugendherberge ist mit Internetanschluss und Hot-Pot ausgestattet. Zwei- bis 8-Bett-Zimmer. Gute Anbindung an Keflavík und Reykjavík. Zeltplatz.

Keflavík ▸ B 7

Die Stadt Keflavík ist der größte Ort und das Verwaltungszentrum der Region. Zusammen mit Njarðvík und Hafnir (s. S. 130) bildet sie die Gemeinde Reykjanesbær. Sie war durch die Jahrhunderte ein bekannter Handelsplatz, erstmals im 13. Jh. erwähnt, und besitzt heute den zweitgrößten Hafen Islands mit entsprechender Werft. Großen wirtschaftlichen Einfluss hatte auch die Nähe zur amerikanischen Airbase, und so verloren in Keflavík nach dem Abzug der Amerikaner 2006 rund 900 Menschen ihre Arbeit. Das Wachstum der letzten Jahre ist durch die globale Finanzkrise gestoppt worden und etliche Neubauten stehen leer. Kultur, Natur und die Regionalgeschichte spielen heute für die Präsentation der Stadt eine wichtige Rolle. Reizvoll sind die Küstenwanderungen sowohl in östlicher wie in westlicher Richtung, auf denen man viele Vögel beobachten kann.

Duus Hús

Duusgata 2–8, Grófin, Tel. 421 37 96, Mo–Fr 12–17, Sa/So 13–17 Uhr
Das Kulturzentrum mit drei unterschiedlichen Ausstellungensstätten befindet sich im alten Stadtteil Keflavíks in der Nähe des Hafens für Kleinboote. Das älteste Gebäude des Komplexes wurde von dem dänischen Kaufmann Peter Duus 1877 erbaut. Außer dem örtlichen Kunstmuseum gibt es die Schiffsmodellsammlung eines ehemaligen Kapitäns sowie ein Regionalmuseum.

Rokksafn Íslands

Hjallavegur 2, Tel. 420 10 30, tgl. 11–18 Uhr, www.rokksafn.is, 1500 ISK
Isländische Musik seit dem 19. Jh., vor allem aber nach 1945, klangvoll und informativ präsentiert. Außerdem kann man selber Instrumente spielen.

Übernachten

Es gibt durchaus Hotels in Keflavík, doch einige sind schlicht zu teuer im Verhältnis zum Standard.

Einfach und gut – **B&B:** Hringbraut 92, Tel. 421 89 89, 867 44 34, www.bbguesthouse.hostel.com, DZ ab 50 €. Zentral gelegen, einfache Ausstattung. Transport zum Flughafen im Übernachtungspreis enthalten.

Gästehaus – **Alex:** Aðalgata 60, Tel. 421 28 00, www.alex.is, DZ ab 15 900 ISK. Zeltplatz am gleichnamigen Gästehaus (pro Pers. 1100 ISK). Kürzeste Entfernung zum Flughafen. Transport wird angeboten.

Essen & Trinken

Fast alle Restaurants findet man entlang der Hafnargata. Auch die meisten Bars reihen sich hier aneinander, am Wochenende bis 5 Uhr geöffnet.

Meerblick – **Kaffi Duus:** Duusgata 10, Tel. 421 70 80, www.duus.is, tgl. 11–22 Uhr, Fischgerichte ab 1800 ISK, abends à la carte: Fisch ab 3000 ISK und Fleischgerichte ab 3500 ISK. Im Kulturhaus, viele Tische mit Hafenblick.

Asiatisch – **Thai Keflavík:** Hafnargata 39, Tel. 421 86 66, Mo–Fr 11.30–22, Sa 12–22, So 16–22 Uhr. Gerichte ab 1690 ISK, auch zum Mitnehmen. Große Auswahl, vegetarische Variationen.

Kaffeeduft – **Kaffitár:** Stapabraut 7, Tel. 420 27 00, http://kaffitar.is, Mo–Fr 9–17, Sa 11–16 Uhr. Café, Laden und Kaffeerösterei. Original isländischer Kaffee, köstliche Karamellbonbons.

Infos & Termine

Reykjanes Information Center: im Duus Hús, Duusgata 2–8, Tel. 421 37 26, www.visitreykjanes.is, Juni–Aug. Mo–Fr 12–17, Sa/So 13–17 Uhr.
Touristinfo im Flughafen Keflavík: Ankunftsbereich, Tel. 425 03 30, www.visitreykjanes.is, Juni–Aug. tgl. 6–18, 21–1 Uhr, ansonsten abhängig vom Flugplan.
Bus: SBK, Grófin 2–4, Tel. 420 60 00, www.sbk.is. Tgl. Busse zwischen Reykjavík und Keflavík. Zwischen Keflavík, Njarðvík und Hafnir Linienbusse.
Nacht des Lichts: 1. Wochenende im September. Am Jachthafen von Keflavík ragt eine Basaltklippe ins Meer, die entsprechend beleuchtet wird.

Die Nordwestküste von Reykjanes

Entlang der Nordwestküste liegen nur drei kleine Orte. Aufgrund des flachen Landstrichs eröffnet sich eine enorme Weite, die besonders eindrücklich bei der Strandwanderung von Garðskagi zum nur 5 km entfernten Sandgerði zu erleben ist. Zahlreiche Zugvögel versammeln sich hier im Frühjahr und Herbst, und nicht selten sieht man Robben auf den Felsen liegen. Der Weg führt vorbei an dem Hügel Kirkjuhóll, an dem im Namen des Glaubens mörderische Taten vollzogen wurden, z. B. die blutige Rache an den Vollstreckern der Hinrichtung von Jón Arason.

Garður ▸ B 6

Das 9 km westlich von Keflavík entfernt liegende Dorf Garður ist nicht nur bekannt als früher Siedlungsplatz – eine Tante von Ingolfur Arnarson soll hier gelebt haben –, sondern auch für seine beiden Leuchttürme. Von der Landspitze **Garðskagi**, wo die Leuchttürme stehen, kann man über den gesamten Faxaflói bis zum Snæfellsjökull blicken. Der ältere Turm wurde 1897 erbaut, und der jüngere von 1944 ist sogar der höchste Islands (s. auch Lieblingsort S. 128). Zahlreiche Seevögel kann man hier beobachten, auf Schildern sind viele von ihnen abgebildet und beschrieben.

Übernachten

Zeltplatz – **Camping Garðskagi:** direkt am Leuchtturm, einfache Ausstattung, aber dafür sensationelle Fernsicht über den Atlantik.

Sandgerði ▸ B 7

Ein hübscher Küstenort, der seine besten Zeiten als dänischer Handelsplatz erlebte. Heute herrscht im ausgebauten Hafen ein reger Fischereibetrieb. Am Ortseingang fällt die Skulptur ›Verzauberung‹ von Steinunn Þórarinsdóttir auf, ein schwankender Mann und drei Stahlwellen. Nicht nur die schöne Lage lohnt den Besuch, sondern vor allem auch das **Fræðasetrið Nature Center** (Garðvegur 1, Mai–Sept. Mo–Fr 10–16, Sa/So 13–17, sonst Mo–Fr 10–14 Uhr, 600 ISK), ein naturkundliches Museum mit einer Ausstellung über das Leben auf dem Meeresgrund sowie über den französischen Polarforscher Baptiste Charcot.

Infos

www.sandgerdi.is: Informationen über den Ort und seine Einrichtungen.
Bus: www.sbk.is. Tgl. Busverbindung von Keflavík aus.

Lieblingsort

Zeit zum Entdecken – das Museum in Garðskagi ▶ B 6
Das schlichte, helle Gebäude mit dem Charme einer Großgarage beherbergt ein wunderschönes Museum (Byggðasafn Garðskaga) mit einem netten Café. Wohnungseinrichtungen, Kühlschränke, Radios, kurz alles, was die Bürger der Region nicht mehr wollten, weil es alt war, ist hier ausgestellt. Besonders beeindruckend in der privaten Sammlung ist die Motorenhalle. Bunt und geordnet stehen rund 60 Kraftmaschinen in dem großen Schauraum (Foto), die älteste von 1920. In dieser Sammlung kann man immer wieder etwas entdecken. Danach genießt man bei selbstgebackenem Kuchen den Blick über die Bucht Faxaflói – oder die Mitternachtssonne (Skagabraut 100, 250 Garður, Tel. 422 72 20, April–Okt. tgl. 13–17 Uhr, Eintritt frei; Café: Sommer tgl. 13–24, sonst 13–22 Uhr).

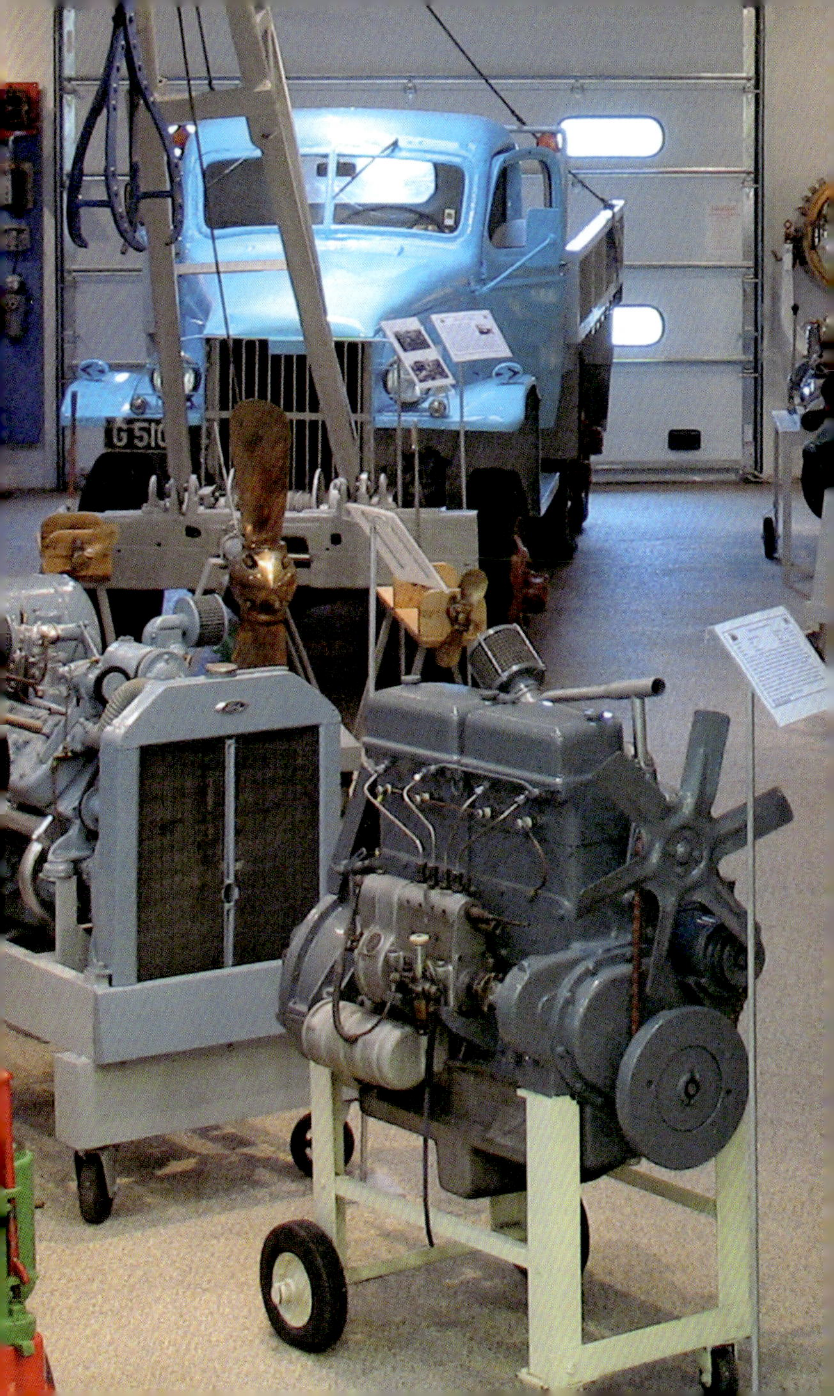

Hvalsnes ▸ B 7

4 km südlich von Sandgerði steht in Hvalsnes die alte und sehenswerte Kirche **Hvalsneskirkja**. Hier war der Passionsdichter Hallgrímur Pétursson von 1644–1651 Pfarrer. Während dieser Zeit verstarb seine kleine Tochter, für die er eigenhändig den Grabstein beschriftete, der jetzt in der Kirche steht. Die heutige Kirche wurde 1885–1887 gebaut. Von Hvalnes kann man entlang der Küste wandern, vorbei an einem deutschen Handelsplatz aus dem 15. und 16. Jh. Vor der Küste ereigneten sich auch etliche Schiffsunglücke, denn bis zum Ende des 18. Jh. waren hier wichtige Handelsplätze. Rund 10 km entfernt liegt der Ort Hafnir.

Die Südwestküste von Reykjanes

Hafnir ▸ B 7

Hafnir an der Südwestküste von Reykjanes zählte einst zu den wichtigen Fischereiorten, doch heute deuten nur noch die malerische Lage und einige alte Häuser wie die Holzkirche aus dem Jahr 1861 darauf hin. Von Hafnir aus führt auch ein alter Verbindungsweg quer über die Halbinsel, der Prestastigur, der ehemals Kirchspiele der Region miteinander verband.

Entlang der Küstenstraße Nr. 425 ▸ B 7

Von Hafnir bis Grindavík führt die schöne Straße Nr. 425 die Küste entlang mit interessanten Abstechermöglichkeiten. Hier sieht man einige geologisch faszinierende Punkte und bei kleinen Wanderungen erlebt man die reizvolle Küste. Die Klippen von **Hafnarberg** sind z. B. ein Paradies für Vogelfreunde. Zahllose Seevögel nisten hier. Zudem sammeln sich die Vögel in den Felsen auf ihrem Flug nach Grönland. Südlich der 30 m hohen Klippen liegt die Sandbucht Stóra Sandvík mit einem der schönsten Strände.

Wer einmal von Europa nach Nordamerika wandern möchte, sollte die **Brücke zwischen den beiden Kontinenten** in der Nähe von Stóra Sandvík aufsuchen. Sie überspannt den Graben zwischen der eurasischen und der nordamerikanischen Kontinentalplatte, der sich durch ganz Island zieht und sich in Þingvellir gut erkennen lässt (s. S. 114).

Das Hochtemperaturgebiet **Gunnahver** erreicht an einigen Stellen bis zu 300 °C und besteht vor allem aus Fumarolen und Solfataren. Die Besonderheit des Gebiets liegt darin, dass das Grundwasser reines Meerwasser ist. Der Name geht zurück auf eine Volkserzählung, nach der Gunna hier in einer heißen Quelle ertränkt wurde, da sie angeklagt war, ein Ehepaar, das sie nicht mochte, getötet zu haben.

Eine Ausstellung in dem Kraftwerk **Reykjanesvirkjun** an der Straße Nr. 425 kurz vor dem Thermalfeld informiert über geothermische Energie im Allgemeinen sowie deren Nutzung in Island im Speziellen. Beinahe futuristisch mutet der Bau inmitten der Lavalandschaft an (www.powerplantearth.is, 21. Mai–16. Sept. Sa/So 12.30–16.30 Uhr Besichtigung der Ausstellung möglich).

Am äußersten westlichen Punkt der Halbinsel liegt der **Leuchtturm Reykjanesviti**. Der erste Leuchtturm wurde hier 1878 errichtet, doch ein Erdbeben zerstörte ihn. Bei klarer Sicht kann man die 14 km südwestlich gelegene Vogelinsel Eldey sehen, die 1974 zum Naturschutzgebiet erklärt wurde und

An der Steilküste bei Hafnarberg kann man beim Wandern Vögel beobachten

nur mit besonderer Erlaubnis betreten werden darf. Im Jahr 1844 wurde auf dem Eiland der letzte Riesenalk getötet. Den 77 m hohen Steilfelsen aus Palagonittuff bevölkert die mit ca. 40 000 Vögeln wohl größte Basstölpel-Kolonie der Welt.

Grindavík ▸ C 7

Grindavík verfügt über einen der wichtigsten Fischereihäfen in Island und war schon im Mittelalter ein Handelsplatz von deutschen und englischen Kaufleuten. 1627 überfielen algerische Seeräuber den Ort und verschleppten zahlreiche Einwohner. Von Grindavík aus kann man sehr schöne Küstenwanderungen machen, so nach Selatangar, wo die Ruinen des Fischplatzes aus dem 19. Jh. noch gut zu sehen sind. Vom nahe gelegenen Berg Þorbjarnarfjell (243 m) hat man einen herrlichen Ausblick auf die Landschaft.

Salzfischmuseum

Hafnargata 12 a, www.grindavik.is/kvikan/saltfisksetur, 14. Mai–Aug. tgl. 10–17, Sept.–13. Mai Sa/So 11–17 Uhr, 1200 ISK

Das Kulturhaus »Kvikan« beherbergt neben einer aufschlussreichen geologischen Ausstellung das Salzfischmuseum. Fotos, Arbeitsgeräte und arrangierte Arbeitsszenen vermitteln die harte Arbeit der Fischer und Fischerfrauen. Salzfisch gehört bis heute zu den wichtigen isländischen Exportprodukten. Der Satz »Leben ist Salzfisch« ist ein Zitat aus Halldór Laxness' berühmtem Roman »Salka Valka«, den er z. T. in Grindavík geschrieben hat.

Essen & Trinken

Salzig – **Salthúsið:** Stamphólsvegur 9, Tel. 426 97 00, www.salthusid.is, Mai–Sept. tgl. 12–22, Fischgerichte ab 3300 ISK. Rustikal und freundlich. Unbedingt den Salzfisch probieren und noch das Dorfleben genießen.

Seemännisch – **Kaffi Bryggjan:** Miðgarður 2, Tel. 426 71 00, Mo–Fr 8–23, Sa/So 10–23 Uhr, ab 650 ISK. Café direkt am Hafen mit nautischem Equipment. Tgl. frische Suppe, hausgemachter Kuchen, alles was Fischer essen.

Blaue Lagune ▸ C 7

240 Grindavík, Tel. 420 88 00, www.bluelagoon.com, Juni tgl. 9–21, Juni–Aug. tgl. 8–22, Sept.–Mai. 10–20 Uhr, Juni–Aug. ab 45 €, Sept.–Mai 35 €

Die Blaue Lagune (Bláa Lónið) ist wohl der populärste Badeort in Island und fast schon ein Synonym für das Land. Der poetische Name passt so gar nicht zu den prosaischen Fakten, denn es handelt sich um den Abwassersalzsee des geothermischen Kraftwerks Svartsengi. Das Kraftwerk liegt in einem Hochtemperaturgebiet mit Salzwasserquellen, die Temperaturen bis zu 240 °C erreichen. Mit dem heißen Wasser wird zum einen kaltes Süßwasser erwärmt, das zur Beheizung der Ortschaften und des Flughafens auf Reykjanes genutzt wird, und zum anderen erzeugt man mit dem aufströmenden Dampf über eine Turbine Strom. Da das Abflusswasser sehr mineralhaltig ist, führte man 1982 eine Reihe von medizinischen Untersuchungen durch, die eine heilende Wirkung des Wassers bei Schuppenflechte (Psoriasis) und anderen Hauterkrankungen feststellten. Der im Frühjahr 1999 eröffnete Bau ist nicht nur architektonisch gelungen, sondern bietet auch bis zu 700 Gästen die Möglichkeit, sich umzuziehen. Umschlossen von der Lava liegt der See – der stetig erweitert wird – mit seinem milchig-blauen Wasser, dessen Farbe je nach Lichtverhältnissen von Türkis bis Tiefdunkelblau wechseln kann. Konstante 38 °C hat das Wasser, jedes Bad ist ein Fest für Seele und Körper. Außerdem werden verschiedene Massagen angeboten (60–95 €).

Übernachten

Gesund – **Blue Lagoon Clinic:** Tel. 420 89 00, DZ 270 € (Eintritt in die Blaue Lagune inkl.). Zimmer mit Blick auf die Lava, kleine Terrasse, eigenes Bad. Es wird Abendessen serviert.

Einkaufen

Kosmetika – **Blue Lagoon Shop:** s. o. Die Kosmetikserie, aus den Mineralien und Algen der Lagune hergestellt, ist als Mitbringsel sehr geeignet.

Infos

Bus: tgl. fahren mehrere Busse zur Blauen Lagune von Keflavík Airport, Keflavík und Reykjavík.

Krísuvík und Kleifarvatn ▸ C 7

Für die Rückfahrt von Grindavík nach Reykjavík empfiehlt sich die Küstenstraße Nr. 427, die bei Krísuvík auf die Straße Nr. 42 stößt. Eine Vulkanlandschaft von faszinierendem Farbenspiel lädt hier zu Wanderungen ein (s. u.). Allein die Fahrt auf der teils ungeteerten Nr. 42 ist ein Erlebnis und vermittelt einen Eindruck vom isländischen Hochland im Kleinen.

Im geothermischen Gebiet **Krísuvík** dampfen Erdlöcher, Schlamm- und heiße Quellen. Trotz einiger durchgeführter Bohrungen wird bisher das enorme Potenzial an geothermischer Energie nicht genutzt. Breite Pfade führen durch das Gebiet, in dem es an manchen Stellen stark nach Schwefel riecht. Gegenüber dem Thermalgebiet liegt der See Grænavatn, benannt nach seiner intensiven grünen Farbe. Früher standen hier sogar mehrere Höfe und bis Januar 2010 eine kleine Holzkirche aus dem 19. Jh.

Nördlich von Krísuvík liegt der 10 km² große, schwarze See **Kleifarvatn,** in dessen Tiefe ein Ungeheuer von der Größe eines Wales hausen soll. Seit einigen Jahren befinden sich am Südufer einige blubbernde Solfatare. Zudem verkleinert sich die Wasseroberfläche, da das Wasser aufgrund von Rissen, die sich nach einem Erdbeben gebildet haben, versickert.

Lava-Wanderungen

Krísuvík und Kleifarvatn sind gute Ausgangspunkte für Wanderungen, so z. B. zu dem inmitten einer Mondlandschaft liegenden See **Djúpavatn.** In dessen Nachbarschaft befindet sich der Zwillingsvulkan **Trölladyngja** (375 m/393 m), von dem es nicht mehr weit zu einem weiteren geothermischen Gebiet bei **Höskuldarvellir** ist, einer grünen Grasoase. Inmitten der Lavalandschaft steht monolithisch der pyramidenförmige Vulkan **Keilir** (379 m). Ein rund 4 km langer Weg führt vom Kleifarvatn zum **Grænavatn.**

Wanderung zum Krýsuvíkurberg

Dauer: 3–4 Std. je nach Verweildauer, Strecke: 14 km hin und zurück

Von der Nr. 42 geht es auf die Nr. 427 in westlicher Richtung, nach rund 4 km folgt ein Abzweig, dem man mit entsprechendem Wagen folgen kann bis zum **Parkplatz.** Im Westen sieht man schon die 40 m hohe, steil aufragende Küste und in östlicher Richtung erkennt man die Vögel. Man läuft nun über die sanft geneigten Ausläufer des Hügels **Rauðaskriða.** Nach rund 2 km (ca. 30 Min.) erreicht man einen rot-orangenen **Leuchtturm,** ab hier verläuft der weitere Weg direkt oberhalb der Klippe **Krýsuvíkurberg.** An der höchsten Stelle tost die Brandung in 70 m Tiefe. Es lohnt sich, einen guten und sicheren Platz zu suchen, um die Vögel zu beobachten. Ca. 57 000 Seevögelpaare nisten in den Felsen, Trottellummen und Eissturmvögel sind am häufigsten zu sehen. Oberhalb des Leuchtturms haben sich Papageitaucher angesiedelt. Der Grasboden ist ideal für ihre Bruthöhlen. Vom Leuchtturm kann man noch weitere 5 km entlang der Steilküste wandern.

Wanderung zum Krýsuvíkurberg

Der Südwesten

Auf Entdeckungstour

Energie aus der Tiefe – das neue Kraftwerk auf Hellisheiði: Geothermische Kraftwerke liefern grünen Strom und vor allem das heiße Wasser für die Heizungen. Island zählt zu den glücklichen Ländern, die Erdwärme als Energiequelle in großem Maßstab nutzen können. Ein Besuch des jüngsten Kraftwerks Hellisheiðarvirkjun ca. 18 km westlich von Hveragerði ist nicht nur für Ingenieure spannend. S. 138

Rache und Vergeltung – im Land der Njáls saga: Wer durch die geradezu lieblichen Landstriche im Südwesten Islands reist, kann sich nur schwer vorstellen, dass hier die heftigsten und blutigsten Kämpfe zwischen den verfeindeten isländischen Sippen stattfanden. S. 150

Kultur & Sehenswertes

Hekla-Zentrum im Hotel Leirubakki: Der Hekla ist wohl der Vulkan Islands, der die Gemüter und die Fantasie durch die Jahrhunderte bewegt hat. Im Hekla-Zentrum erhält man nicht nur Infos zur Geologie. S. 149

Sagnheimar auf Heimaey: Den spektakulären Vulkanausbruch und seine Folgen lernt man am besten hier einzuschätzen. Historische Aufnahmen zeigen, wie es vorher aussah. S. 156

Zu Fuß unterwegs

Wanderung auf die Hekla: Herrlich sind die Ausblicke auf die Gletscher Langjökull und Hofsjökull bei einer Hekla-Besteigung. S. 148

Die Klippen über Herjólfsdalur: Herrliche Ausblicke über die Küste von Heimaey kombiniert mit der Beobachtung von Papageitauchern – das entschädigt für den etwas steilen Aufstieg. S. 157

Genießen & Atmosphäre

Hummer satt in Stokkseyri: Das Restaurant Víð fjöruborðið ist berühmt für seine Hummerkrabben. Zum leckeren Essen gibt es noch einen schönen Meerblick gratis dazu. S. 144

Abends & Nachts

Nationalfeiertag auf Heimaey: Am 1. Wochenende im August startet die Megaparty und das Familienevent, für das die Isländer gern ihr ›Festland‹ verlassen. S. 153

Die Südwestküste

Der Südwesten erstreckt sich über das größte Flachlandgebiet Islands. Günstige klimatische Gegebenheiten und fruchtbare Böden bieten hier ideale Voraussetzungen für die Landwirtschaft. Die Produktion und der Verkauf von landwirtschaftlichen Erzeugnissen zählen zum Haupterwerb in den hier angesiedelten Orten. Neben den vielen Weiden fallen auch zahlreiche Probebohrungen auf, vor allem auf Hellisheiði, wo eine der aktiven Riftzonen verläuft. In Hveragerði nutzt man die lokale Erdwärme für große Gewächshäuser. Die große Anzahl an Pferdehöfen macht den Süden außerdem zum Reiterparadies. Doch auch andere Aktivitäten wie Bergwandern, Rafting und sogar Hundeschlittenfahren lassen sich hier realisieren. Der legendäre Vulkan Hekla gehört zu den beliebtesten Wanderzielen, der Fluss Hvítá zu den aufregendsten Rafting-Flüssen des Landes. Apropos Fluss: Den Süden durchziehen mit die besten Lachsflüsse!

Doch nicht nur die Landschaft lädt zum Aufenthalt ein, sondern auch die regionale Historie mit ihren abenteuerlichen Geschichten. Zahlreiche Orte und Höfe waren schon in der Zeit des isländischen Freistaates bewohnt. Manche wurden restauriert, andere sind nur noch als Name präsent, doch alle sind Teil der lebendigen Vergangenheit, die ihren Niederschlag in der alten Literatur, den Island-Sagas, gefunden hat.

Infobox

Internet

www.south.is: Auf der Hauptseite des Südens findet man Infos zu einzelnen Gemeinden an der Südwestküste, entsprechende Links leiten weiter. Es gibt zahlreiche Adressen von Pferdehöfen mit Tourenangeboten, Shows, Zucht oder Pferdeverkauf.

Anreise und Weiterkommen

Auto: Die Fahrt sowie die meisten Ausflüge ins Hochland führen über die südliche Ringstraße.

Bus: Die regionalen Busverbindungen sind gut. Hveragerði oder Selfoss werden tgl. mehrmals, kleinere Orte einmal am Tag von Bussen angesteuert.

Hveragerði ▸ D 7

Östlich des Hochplateaus Hellisheiði liegt in einem idyllischen Tal die Stadt Hveragerði. Schon die Fahrt dorthin führt durch eine faszinierende Lavalandschaft mit den Pseudokratern Rauðhólar, deren Material für den Straßenbau und die Startbahn von Keflavík benutzt wurde und die heute unter Naturschutz stehen. Westlich vom Vífilsfell (655 m) – mit einem Aussichtspunkt auf dem Gipfel – führt die Straße ins Skigebiet des Bláfjöll. Kein Wunder, dass der italienische Künstler Claudio Parmiggiani diese Umgebung als Kulisse für seinen Leuchtturm nutzte, der anlässlich des Reykjavík-Kulturjahres 2000 errichtet wurde.

Hveragerði ist vor allem bekannt geworden durch die in Island-Bildbänden der 1960er- und 1970er-Jahre immer wieder auftauchenden Fotos von Bananen. Die geschützte Tallage und die zahlreichen Thermalquellen, daher der Name – er bedeutet so viel wie ›Mauer der warmen Quelle‹ –,

Blumen am Polarkreis: Gewächshäuser in Hveragerði machen es möglich

haben dazu beigetragen, dass Hveragerði heute die Gartenstadt Islands ist. Mit den ersten Häusern baute man 1929 zugleich auch die ersten Gewächshäuser. 1939 wurde die staatliche Gartenbauschule gegründet, die u. a. Versuchsprogramme für Gewächshäuser und künstlich erwärmte Freibeete durchführte und heute eine Dependance der Hochschule für Landwirtschaft in Island ist. Interessant und lohenswert ist ein Besuch des Wintergartens der Schule. Hier fühlt man sich wie in einem tropischen Wald en miniature, Luftfeuchtigkeit und Temperatur erinnern so gar nicht an das isländische Klima.

Hveragerði ist auch als Rehabilitationszentrum für Rheumaerkrankungen anerkannt, und 1955 wurde hier das Kurheilbad des Isländischen Homöopathenverbandes eröffnet. Um Touristen zu gewinnen, bietet die Klinik auch Wellnessprogramme wie Massagen und Schlammbäder für jedermann an.

Thermalgebiet

Hveramörk 13, Tel. 483 50 62, Mai–Aug. 8–18 Uhr, Sa/So 12–16 Uhr

In einem ausgewiesenen Thermalgebiet im Zentrum der Stadt kann man sich mit den unterschiedlichen Quellen, ihrer Beschaffenheit und Wirkungsweise vertraut machen. Die geothermische Energie wird für die gesamte Stadt genutzt, für die Beheizung der Häuser, des Schwimmbads und der über 50 000 m^2 Gewächshausfläche. In Hveragerði ▷ S. 140

Auf Entdeckungstour: Energie aus der Tiefe – das neue Kraftwerk auf Hellisheiði

Geothermische Kraftwerke liefern grünen Strom und vor allem das heiße Wasser für die Heizungen. Island zählt zu den glücklichen Ländern, die Erdwärme als Energiequelle in großem Stil nutzen können. Ein Besuch des jüngsten Kraftwerks Hellisheiðarvirkjun ca. 18 km westlich von Hveragerði ist nicht nur für Ingenieure spannend.

Reisekarte: ▶ D 7

Infos: Tel. 412 58 00, 660 94 00, www.orkusyn.is, 900 ISK. Es gibt ein Café und einen Shop.

Anfahrt von Hveragerði: die Ringstraße in Richtung Reykjavík, nach ca. 18 km auf der rechten Seite Abzweig zum Kraftwerk.

Öffnungszeiten: tgl. 9–17 Uhr

Waren Vulkanausbrüche und heiße Quellen in früheren Jahrhunderten Anlass für Erzählungen von geheimnisvollen Geistern und Ungeheuern oder gar die Strafen der Götter, so haben die Isländer im 20. Jh. bestens gelernt, die Energie aus der Erde für sich zu nutzen. Das jüngste und derzeit größte geothermische Kraftwerk, Hellisheiðarvirkjun, 2006 gebaut, steht auf den Ausläufern der Hochebene Hellisheiði. Hier erstreckt sich eines der vulkanisch aktiven Gebiete Islands, eine Hochtemperaturzone, die zudem noch auf dem Graben zwischen der nordamerikanischen und eurasischen Erdplatte liegt.

Erdwärme für alle

Wie eine Pfeilspitze ragt das Überdach des Eingangsbereichs von Hellisheiðarvirkjun in die Landschaft, rechts und links davon riesige Hallen. Für den Architekten Iven Stefán Cilia symbolisieren die leicht versetzten Kraftwerksanlagen die beiden Erdplatten und die Spitze zeigt genau in Richtung Snæfellsjökull, des sagenumwobenen Gletschers im Westen. So soll sich in dem Gebäude die spirituelle Energie, die dem Gletscher zugeschrieben wird, mit der realen vereinen.

In der lichten Eingangshalle fällt sofort die große Treppe ins Auge, deren überdimensionierte mittlere Stufen nicht für Riesen gemacht wurden, sondern als Sitzplätze dienen. Die Tour beginnt mit einem Vortrag über die Geschichte der Energieversorgung Reykjavíks. 1909 wurde die Firma Orkuveita Reykjavíkur gegründet, die 67 % der isländischen Bevölkerung versorgt und damit der größte Energieproduzent des Landes ist. Rund 95 % der isländischen Haushalte heizen heute mit durch Erdwärme erhitztem Wasser, die restlichen mit grünem Strom.

Heißes Wasser erhitzt kaltes

So vorinformiert geht es nun auf die erste Etage, wo an einer Touchscreenwand die Energiegewinnung veranschaulicht wird. Über bis zu 2000 m tiefe Bohrlöcher werden heißes Wasser und Wasserdampf an die Oberfläche gepumpt und unter Druck separiert. Der Dampf wird zur Stromerzeugung über Turbinen geleitet, das 180 °C heiße Wasser zur Erhitzung von Gletscherwasser aus dem Hochland eingesetzt. Hat das frische Wasser eine Temperatur von 85 °C erreicht, geht es über Röhren auf seine Reise zum Verbraucher. 78–80 °C weist es noch auf, wenn es bei den Haushalten ankommt. In Reykjavík wird es in den Wassertanks von Grafarholt zwischengelagert. Gegenüber dem Touchscreen informieren in einem kleineren Raum mehrere Bildschirme über die Vegetation, die Vögel in der Region sowie die lokale Geschichte.

Turbinen auf Hochtouren

Wendet man sich nach rechts, gelangt man zu einer Plattform mit Einblick in die Turbinenhalle. Vier dröhnende Maschinen stehen hier, aber man hört sie nur, wenn die Glastüren geöffnet sind. An der einen Stirnseite läuft ein Film aus den 1940er-Jahren über Reykjavík. Es ist beeindruckend, wie sehr sich die Stadt in den letzten Jahrzehnten verändert hat: Wirkte sie damals eher wie ein weitläufiges Dorf, so hat sie heute großstädtischen Charakter. Im linken Raum kann man sich einen kurzen Film über die Geologie anschauen, eine informative Darstellung mit Fokus auf das Gebiet rund um Hengill. Von der linken Plattform blickt man auf die Niederdruckturbine. Allein die Architektur lädt zum Verweilen ein, und bei einem Kaffee auf der Eingangsebene kann man die Tour abschließen.

werden etwa 60 % der Gewächshauserträge Islands produziert. Gemüse und vor allem Schnittblumen und Topfpflanzen wachsen hier reichlich.

Kunstmuseum

Austurmörk 21, Mai–Sept. tgl. 12–18, Okt.–April Do–So 12–18 Uhr, 15. Dez.–15. Jan. geschl., Eintritt frei

Das moderne Kunstmuseum (Listasafn Árnesinga) hat seinen Sammlungsschwerpunkt auf internationale Gegenwartskunst gelegt. Interessante Ausstellungen, die keine Mainstream-Kunst zeigen. Kleines Café im Haus.

Ausflüge in die Umgebung

Die Umgebung von Hveragerði lädt zu Wanderungen ein. In den zahlreichen Tälern und Klammen, die sich aus dem nördlich gelegenen Hengill-Gebirge bis zur Stadt herunterziehen, stößt man immer wieder auf Dampf- und Schlammquellen. Das **Hengill-Massiv** (803 m) besteht aus Basalt, Rhyolith und Tuff. Unter dem Gebirge befindet sich eines der größten Hochthermalgebiete des Landes, mit einer Temperatur von 400 °C in 2 km Tiefe. Die gut markierten Wanderwege führen nach Nesjavellir und dann auch weiter zum Þingvallavatn. Ein Ausflug mit dem Pkw bietet sich zum nahe gelegenen Geothermalkraftwerk Hellisheiðivirkjun an der Hengill-Südseite an. Dort erfährt man, wie Erdwärme für die Erhitzung von Heizwasser genutzt wird (s. Entdeckungstour S. 138).

Übernachten

Für Unabhängige – **Gästehaus Frumskógar:** Frumskógar 3, Tel. 896 27 80, www.frumskogar.is, Apartment ab 21 500 ISK, DZ 16 400 ISK, Frühstück 1700 ISK. Ruhig in der Nähe des geothermischen Gebiets gelegen. Die fünf Apartments für 2–4 Pers. sind gut ausgestattet mit kleiner Terrasse, Hot-Pot und Grill für alle. Im Gästehaus gibt es einfache Zimmer mit Waschbecken.

Für Frischluftfreunde – **Zeltplatz:** Tel. 483 46 01, 1. Juni–15. Sept. In der Nähe des Freibads. Gut ausgestattet.

Essen & Trinken

Etwas anders isländisch – **Kjöt og Kúnst:** Breiðamörk 21, Tel. 483 50 10, www.kjotogkunst.is, Mo–Sa 11.30–21 Uhr, Hauptgericht ab 2500 ISK. ›Fleisch und Kunst‹, so der übersetzte Name, ist Laden und Restaurant. Geboten werden isländische Gerichte und Vollwertkost, auch zum Mitnehmen. Außerdem wird mit heißem Dampf gegart.

Typisch isländisch – **Conditori Hverabakarí:** Breiðumörk 10, Tel. 483 48 79, tgl. Mo–Fr 7.30–18, Sa/So ab 8–17 Uhr. Die Bäckerei des Ortes, nicht nur für Selbstversorger, hier bekommt man auch kleine Gerichte und Sandwiches, guten Kuchen sowieso.

Aktiv

Zu Pferd – **Eldhestar:** Vellir, Tel. 480 48 00, Fax 480 48 01, www.eldhestar.is. Reittouren jeder Art.

Infos

Regional Information Center: Sunnumörk 2, Tel. 483 46 01, www.south.is, Sommer Mo–Fr 9–16.30, Sa 12–14, Winter Mo–Fr 9–16 Uhr. Mit Erdbebenausstellung – zu sehen sind u. a. Einrichtungsgegenstände, die bei dem Beben 2008, das die Stärke 6,3 auf der Richterskala erreichte, demoliert wurden, und man kann erleben, wie sich ein Erdbeben anfühlt.

Bus: Alle Busse zwischen Reykjavík und Höfn halten hier, außerdem Verbindung nach Þorlákshöfn.

Þorlákshöfn ▸ D 7

Seit Jahrhunderten ist Þorlákshöfn ein Fischerort, der zum Wohlstand der Region beitrug. Fischfang und Fischverarbeitung bilden die wirtschaftliche Basis der Bewohner. An der Südküste zwischen Grindavík und Höfn im Südosten ist Þorlákshöfn der einzige gute Hafen. Bis Sommer 2010 lief von hier die Fähre nach Heimaey (s. S. 153) aus. Bemerkenswert an der Hafenanlage ist der Wellenbrecher aus 2930 Felsblöcken mit einem Gewicht von 9,3 t, der in dieser Art hier erstmals in Island gebaut wurde. Einen Besuch lohnt auch die architektonisch gelungene Kirche, die dem Heiligen Þorlák geweiht ist. Þorlákshöfn ist ein idealer Ausgangspunkt für Strandwanderungen. Seit dem Bau der Brücke 1988 bestehen unmittelbare Busverbindungen zu den südlichen Küstenorten Eyrarbakki und Stokkseyri.

Einkaufen

Glasig – **Hendur í höfn:** Unubakka 10–12, Tel. 848 33 89, Juni–Aug. Mo–Fr 14–18, Sept.–Mai Di–Fr 14–18 Uhr. Sehr schöne Glaskunst, auch Schalen oder Schüsseln. Angeschlossenes Café.

Infos

Bücherei und Museum Ölfuss: Hafnarberg 1, Tel. 480 38 30, www.olfus.is/bokasafn.
Bus: Von Selfoss fährt Mo–Fr ein Bus über Eyrarbakki und Stokkseyri. Info: www.straeto.is, Linie 74.

Selfoss ▸ D 7

Die Orte Selfoss, Eyrarbakki und Stokkseyri hat man aufgrund ihrer Nähe zu der neuen Gemeinde Árborg verbunden. Die ursprünglichen Ortsnamen sind aber weiterhin in Gebrauch. Die Stadt Selfoss am Gletscherfluss Ölfusá ist das Handelszentrum des Südens. Die Einwohner leben vor allem vom Handel mit Landwirtschaftsprodukten, so befindet sich hier z. B. eine der ältesten Molkereien Islands, Mjólkurbúð Flóamanna, die 1929 eröffnet wurde. Der Brückenbau bei Selfoss im Jahr 1891 war nicht nur das größte Bauwerk seiner Zeit, sondern veränderte vor allem die Infrastruktur im Süden. Eyrarbakki, 1000 Jahre lang Zentrum für Handel und Verkehr, verlor dadurch seine bedeutende wirtschaftliche Stellung. Im September 1944 brach die Brücke, die nicht für den schweren Lastenverkehr geplant war, unter zwei Molkereifahrzeugen zusammen. Schon drei Monate später konnte die neue Hängebrücke eingeweiht werden.

Der Reiz der Stadt erschließt sich dem Reisenden nicht sofort, denn sie wirkt von ihrer Anlage mit den Einfa-

Mein Tipp

Für Luxus-Liebhaber
Besonders schön gelegene und luxuriös ausgestattete Apartments und Zimmer bietet die Anlage **Grímsborgi.** Als Standort für Ausflüge wie z. B. zum Goldenen Zirkel ist sie ideal. Die Außenanlage ist mit Hot Pots besonders attraktiv. Im Restaurant werden ausgezeichnete Gerichte mit Fisch oder Lamm und vegetarisches Essen serviert (Ásborgir 30, nördlich von Selfoss, an der Nr. 36, über die Nr. 35 zu erreichen, Tel. 555 78 78, www.grimsborgir.com, DZ ab 41 800 ISK, Dinnerbuffet im Sommer 6900 ISK).

milienhäusern und der rechtwinkligen Straßenführung wie ein amerikanischer Vorort. Doch auf Spaziergängen entlang des Flusses Ölfusá oder durch die kleinen Straßen kann man schöne Winkel entdecken. Selfoss bemüht sich sehr, touristisch attraktiv zu werden. Kultur, Sport- und Unterbringungsmöglichkeiten sind in den letzten Jahren ausgebaut worden, ebenso wie das Angebot, Ausflüge an die Südküste oder nach Geysir, Gullfoss etc. von hier aus zu unternehmen.

Wanderungen in der Umgebung

Der Berg Ingólfsfjall (551 m) vor der Stadt ist nach dem ersten Siedler Islands, Ingólfur Arnarson, benannt, der in einem kleinen Hügel auf dem Berg begraben sein soll. Von dem Tuffberg hat man einen ausgezeichneten Blick auf die Südküste bis zu den Vestmannaeyar. Auch wenn die Felsbrocken schlimmsten Steinschlag befürchten lassen, so braucht es dafür doch ein Erdbeben, wie es im Jahr 1896 stattfand.

Lupinenfelder prägen das sommerliche Landschaftsbild im Südwesten

Übernachten

Sicher ist das Hotel am Fluss die zuerst auffallende Übernachtungsstätte, doch gibt es kleine Gästehäuser mit preiswerteren Unterkünften.
Im kleinen Haus – **Gesthús:** Engjavegur, Tel. 482 35 85, www.gesthus.is, DZ um 98 €, Frühstück 10 €. Gemütliche Bungalows für 4 Pers. mit eigener Dusche/WC und Küche. Für die Gäste stehen auch zwei Hot Pots zur Benutzung bereit. Im Grünen neben dem Sportplatz und Zeltplatz gelegen. Hin und wieder laufen auch Enten und Gänse herum.
Lauschig – **Zeltplatz:** Zentral gelegen neben dem Gästehaus (s. o.) und gut ausgestattet, z. T. gibt es richtig lauschige Ecken, in die man sein Zelt stellen kann. Bäume und Büsche bieten guten Schutz bei Wind.

Essen & Trinken

Sehr gemütlich – **Kaffi-Krús:** Austurvegur 7, Tel. 482 16 72, www.kaffikrus.is, So–Do 10–24, Fr/Sa bis 2 Uhr, Salate ab 1890 ISK, gegrilltes Lamm 5430 ISK. Neben Kuchen und Gebäck gibt es auch kleine und große, hübsch präsentierte Gerichte. Das altertümliche Haus und die Einrichtung laden zum Verweilen ein.

Infos

Upplýsingamiðstöð Árborg: in der Bibliothek, Austurvegur 2, Tel. 482 19 90, Juni–Aug. 10–19 Uhr. Hier gibt es Karten für Wanderungen in der Umgebung und u. a. Internet.
Bus: tgl. Busse von Selfoss nach Reykjavík sowie Stokkseyri, Eyrarbakki und Höfn. Weitere Touren ins Hinterland wie etwa nach Gullfoss, Geysir oder ins Hochland. Abfahrt: Fossnesti (Austurvegur 46). Selfoss ist ein kleiner Verkehrsknotenpunkt.

Eyrarbakki ▸ D 7

Eyrarbakki mit seinen zahlreichen alten Häusern wirkt recht unberührt. Der Ort war jahrhundertelang der einzige Hafen an der Südküste und damit ein wichtiger Handelsort. Von hier aus brach auch Eyrarbakkis berühmtester Sohn, Bjarni Herjólfsson, auf. Als er zu seinem Vater nach Grönland wollte, der 985 mit Eirík rauði ausgewandert war, trieb sein Schiff bis an die amerikanische Küste, aber aus Furcht vor Eingeborenen betrat er nicht das Land.

Heimat- und Seefahrtsmuseum

Eyrargata, Tel. 483 15 04, www.husid.com, Mai–Sept. tgl. 11–18 Uhr sonst nach Vereinbarung, 700 ISK

Das älteste Haus, Húsið, ist von 1765. Das ehemalige Wohnhaus eines dänischen Kaufmanns beherbergt heute das lohnende Heimatmuseum (Byggðasafn Árnesinga) mit Exponaten aus der damaligen Zeit. Die Exponate in dem benachbarten Seefahrtsmuseum erzählen vor allem von der Geschichte Eyrarbakkis als Hafenort, u. a. sind Fischereizubehör und ein Fischerboot von 1915 zu sehen.

Wanderungen in der Umgebung

Für Strandspaziergänge und Wanderungen in das Naturschutzgebiet Flói an der Mündung der Ölfusá ist Eyrarbakki ein guter Ausgangspunkt. In dem Schutzgebiet kann man Vögel beobachten und außerdem sehr gut Lachse angeln. Ein ausgewiesener Weg führt durch das Terrain, in dem auch Watvögel brüten.

Essen & Trinken

Fisch und Kunst – **Rauða húsið:** Búðarstíg, Tel. 483 33 30, www.raudahusid.is, Mo–Do 11.30–21, Fr–So bis 22 Uhr, abends Fisch ab 4500 ISK, Hummerschwänze 6650 ISK. In einem alten Haus, umgeben von Kunst, kann man typische Fischgerichte genießen, wie Salzfisch oder Hummerkrabben.

Stokkseyri ▸ D 7

Östlich von Eyrarbakki liegt der kleine Ort Stokkseyri. Hier steht eine alte Fischerhütte, **Þuríðarbúð**, die jedermann zugänglich ist. Benannt wurde die Hütte nach Þuríður Einarsdóttir, einer der wenigen Frauen, die als ›Steuermann‹ auf einem Ruderboot mitfuhr (Juni–Aug. ganztägig).

In dem kleinen Museum **Rjómabúið á Baugsstöðum**, 5 km östlich des Ortes, sind Einrichtungen und Geräte aus der ersten Molkerei Islands aus der Zeit um 1900 untergebracht (Juli–Aug. Sa/So 13–18, sonst Tel. 483 10 82).

Draugasetrið und Icelandic Wonders

Hafnargötu 2, www.draugasetrid.is, Sommer tgl. 13–18, Winter nur für Gruppen, Tel. 842 26 10, Eintritt pro Museum 1500 ISK

Für Gruselfreunde und Geisterliebhaber gibt es das schaurig-schöne Museum Draugasetrið. Im selben Haus im Erdgeschoss kann man sich im Icelandic Wonders noch mit den Wichteln und Elfen Islands vertraut machen und in einer 200 m^2 großen Kältekammer bei -5 bis -10° C mit Nordlichtern und Eisbrocken frieren. Originelle Seiten von Island lernt man hier kennen.

Essen & Trinken

Am Meer – **Við fjöruborðið:** Eyrarbraut 3, Tel. 483 15 50, www.fjorubordid.is, Mo–Do 17–21, Fr 17–22, Sa 12–22, So 12–21 Uhr, Hummerkrabben ab 4700 ISK. Berühmt für seine Hummerkrabben, die man nach Menge bestellt. Von allen Tischen Blick aufs Meer, gemütlich bis rustikal eingerichtet.

Aktiv

Kajaktour – **Kajakaferðir:** Heiðarbrún 24, Tel. 896 57 16, www.kajak.is. Touren entlang der Küste und auf Seen im Umland. Ab 4500 ISK pro Pers., Kinder 1200 ISK.

Hella ▸ E 7

Es kann kaum einen größeren Unterschied geben: hier das grüne, durch landwirtschaftliche Nutzung geprägte Hella und dort, nur wenige Kilometer entfernt, ein riesiges Lavagebiet, in dessen Zentrum der berühmte Vulkan Hekla seit ewigen Zeiten aktiv ist. Das erste Haus in Hella an dem Fluss Ytri-Rangá wurde 1912 gebaut, doch am Westufer des Flusses befinden sich bei dem Hof Ægisíða zwölf Höhlen mit Eingravierungen, die vermutlich von irischen Mönchen aus der Zeit vor der Besiedlung im 9. Jh. stammen.

Hella ist heute vor allem ein Dienstleistungszentrum und versorgt die landwirtschaftlichen Gebiete der Umgebung, die auf Tierzucht und Milchproduktion spezialisiert sind. Im 5 km entfernten Gunnarsholt ist eine staatliche Versuchsstation zur Renaturierung der durch Erosion gefährdeten Landstriche, die u. a. weite Flächen mit Gräsern und Strandhafer ansät. Auch für die zahlreichen Lupinenfelder, deren intensives Blau im Sommer auffällt, sind sie verantwortlich. 4 km östlich gelangt man über die Nr. 266 nach Oddi. Im Mittelalter gehörte der Hof einer der bedeutendsten Familien des Landes, den Oddaverjar.

Übernachten

Natürlicher Luxus – **Hótel Rangá:** zw. Hella and Hvolsvöllur an der Nr. 1 (s. Lieblingsort S. 146).
Mit Flussblick – **Árhús:** Rangárbakkar, Tel. 487 55 77, www.arhus.is, Hütten 13 000–24 000 ISK, Bettzeug pro Person 1600 ISK. Am Fluss Rangá liegen die gemütlichen Hütten und der Zeltplatz. Von einfachen 4-Personen-Hütten mit Schlafsack bis zu mit WC und Dusche sowie Kücheneinrichtung ausgestatteten Hütten reicht das Angebot. Ein idealer Ort, um zu relaxen.

Essen & Trinken

Neben zwei Restaurants in Þrúðvangur gibt es den preiswerteren Grill an der Tankstelle und gute Selbstversorgungsmöglichkeiten.
Klein, aber fein – **Servicecenter Árhús:** (s. o.): Im Servicecenter der Hüttenanlage werden Abendessen und tagsüber kleine Gerichte (zwischen 1000 und 2500 ISK) angeboten.

Infos

Touristeninformation: im Geschäft Laufafell, Þrúðvangur 2, Tel. 487 51 65, tourinfo@rang.is, www.ry.is, Juni–Aug. Mo–Fr 8–18.30, Sept.–Mai 10–17.30 Uhr.
Bus: Alle Busse zw. Reykjavík und Höfn halten hier sowie im Sommer die nach Landmannalaugar und Þórsmörk.

Hekla ▸ E/F 7

Dominierend und oft schneebedeckt ragt das 1491 m hohe Hekla-Massiv aus der Lavalandschaft empor. Der 4 km lange Bergrücken des Spaltenvulkans erstreckt sich von Südosten nach Nordosten. Er ist nicht nur der aktivste Vulkan Islands, sondern auch der berühmteste und vor allem der berüchtigtste. Hekla galt in Europa bis ins 17. Jh. als Tor zur Hölle, aus dem das Jammern und Klagen der gepeinigten Seelen drang. Wie sollten sich auch die Menschen der damaligen Welt die verheerenden Ausbrüche dieses Vulkans erklären, von denen zwölf in der Zeit zwischen 1104 und 1693 stattfanden?

Untersuchungen der unterschiedlichen Ascheschichten ergaben, dass die

Lieblingsort

Jacuzzi mit Fernblick – Hótel Rangá bei Hella ▶ E 7

Manchmal muss es etwas Luxus sein, ein Jacuzzi in einem der schönsten Hotels des Landes. Am besten hat man ihn für sich – ob draußen oder drinnen, allein oder zu zweit –, um ungestört den unbeschreiblich weiten Blick über die Flusslandschaft bis zur Hekla und den Gletschern zu genießen. Das Hotel im Landhausstil gehört sicher zur gehobenen Klasse, aber sowohl Unterkunft als auch die Küche sind jede Krone wert. Ein besonderer Hit sind die Suiten, die alte Suite hat einen Jacuzzi mitten im riesigen Raum, einer der romantischsten Badeplätze mit toller Aussicht (zwischen Hella und Hvolsvöllur am Fluss Rangá, Tel. 487 57 00, www.hotelranga.is, DZ ab 344 € in der Hauptsaison).

Hekla erstmals vor etwa 7000 Jahren ausbrach. Da die Laven um den Berg herum zur Zeit der Landnahme schon dicht bewachsen waren, nimmt man an, dass der Vulkan damals bereits seit 200 bis 300 Jahren ruhte. Das war wohl auch der Grund, dass erste Siedler ihre Häuser in unmittelbarer Nähe der Hekla errichteten. Der Ausbruch von 1104, der auch in den Annalen der Insel erwähnt wird, zerstörte die damals blühende Siedlung im Þjórsárdalur. Das ausgespuckte Bimsgestein bildete noch 220 km weiter nördlich im Land eine 10 cm dicke Ascheschicht. Selbst in Skandinavien konnte Asche von diesem gewaltigsten Ausbruch in Island nachgewiesen werden. Der längste Hekla-Ausbruch begann am 5. April 1766 und endete im Mai 1768. Die nach allen Richtungen ausgeflossene Lava bedeckt eine Fläche von 65 km^2. 1947, bei der größten Eruption des Vulkans im 20. Jh., wurde die Asche bis nach Helsinki getragen, außerdem erhöhte sich der Gipfel um 50 m. Zuletzt brach der Vulkan nach neunjähriger Pause im Februar 2000 aus. Doch die Eruption war nicht so heftig wie 1991, als die Rauchwolke innerhalb von 10 Minuten eine Höhe von 11,5 km erreichte.

Wanderung auf die Hekla

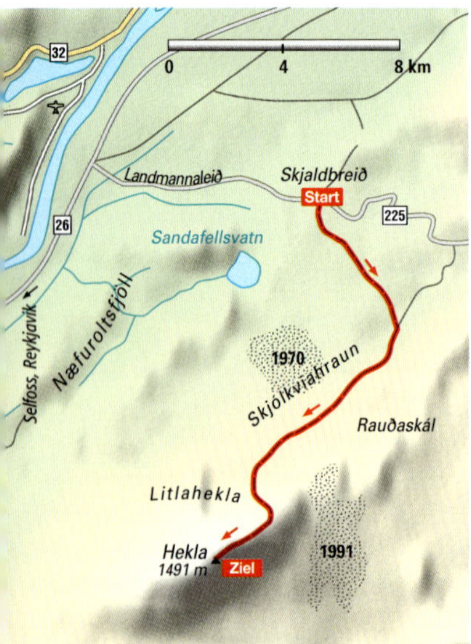

Wanderung auf die Hekla

Dauer: 5–6 Std., mit Geländewagen kommt man relativ weit hoch

Nicht zuletzt wegen des wunderbaren Ausblicks in Richtung Norden auf die Gletscher Langjökull und Hofsjökull lohnt eine Besteigung der Hekla. Der einfachste Aufstieg erfolgt von Nordosten aus, vom Weg **Landmannaleið** (s. S. 286), der nach Landmannalaugar führt. Bei der Erhebung **Skjaldbreið** biegt eine Jeep-Spur in Richtung Hekla ab. Am Ende der Spur steigt man immer in südwestlicher Richtung an. Westlich liegen die **Skjólkvíar-Krater,** die bei dem Ausbruch 1970 entstanden und aus denen auch 1991 zwei kleine Lavaströme flossen; östlich befindet sich der rote Krater **Rauðaskál.** Der Anstieg ist weder steil noch gefährlich, meist verläuft er über den Rücken. Je nach Winter und Schneeschmelze können einige Abschnitte rutschig sein, von daher ist es gut, sich zuvor in Leirubakki nach dem besten Weg zu erkundigen. Der Untergrund besteht aus lockerem Lavageröll und Asche, was beim Abstieg vergnüglich ist, da man dann im Laufschritt hinunterrennen kann. Interessant sind die verschiedenen Lavaströme, die schichtweise übereinander liegen. Im **Gipfelbereich** muss man auf Dampflöcher und scharfkantige Lava achten. Die Lavafarben reichen von Schwarz bis Rostrot.

Übernachten, Essen

In Hekla-Nähe – **Hótel Leirubakki:** an der Nr. 26, Tel. 487 87 00, www.leirubakki.is, DZ ohne Bad 23 400 ISK, DZ mit Bad 31 000 ISK, Schlafsack 6100 ISK, alle mit Frühstück. Im Neubau angenehme Zimmer mit Blick auf die Hekla, im alten Gebäude Schlafsackplätze. Von hier aus lassen sich Wanderungen machen oder auch andere Aktivitäten wie Reit- und Angeltouren buchen. Lava Hot Pot inklusive.

Infos

Hekla-Zentrum: im Hótel Leirubakki, s. o., tgl. 10–22 Uhr, 800 ISK. Hervorragend präsentierte Informationen über den Vulkan und die Umgebung.
Bus: Im Sommer hält hier der Bus nach Landmannalaugar.

Hvolsvöllur ▸ E 7

Auch Hvolsvöllur ist ein Versorgungsort für die Region, Dienstleistungen und Handel schaffen die meisten Arbeitsplätze. Als Reisender kann man von hier aus auf den Spuren der Njáls saga wandeln (s. Entdeckungstour S. 150), so z. B. nach Fljótsdalur in Fljótshlíð mit zahlreichen Wasserfällen.

Saga-Zentrum

Hliðarvegur 14, Tel. 487 87 81, www.njala.is, 15. Mai–15. Sept. tgl. 9–18, 16. Sept.–14. Mai Sa/So 10–17 Uhr, 900 ISK
Die richtige Einstimmung für eine Tour auf den Spuren der Njáls saga erhält man im Saga-Zentrum (Sögusetrið). In der Ausstellung wird nicht nur die Njáls saga visualisiert, sondern auch viel Wissenswertes über die Lebensumstände in Island zwischen 800 und 1300 sowie über die Seefahrt vermittelt. In einem Raum wird u. a. gezeigt, wie man aus Pflanzen Tinte herstellte. Im selben Gebäude ist auch das Museum zur Geschichte der Co-op-Gesellschaft (Kaupfélag) in Südisland untergebracht.

Übernachten

Viel Platz – **Hotel Hvolsvöllur:** Hlíðarvegur 7, Tel. 487 80 50, www.hotelhvolsvollur.is, DZ ab 190 €. Die 62 Zimmer sind gut ausgestattet und haben eine angenehme Größe.
Urig – **Jugendherberge Fljótsdalur:** Fljótshlíð, Tel. 487 84 98, www.hostel.is, 3850 ISK. Malerisch gelegen und ein guter Ausgangspunkt für Wanderungen in der Umgebung. Platz für 15 Pers., deshalb vorher reservieren. Unbedingt ausreichend Lebensmittel mitbringen, denn der nächste Laden ist 27 km (Hvolsvöllur) entfernt.

Essen & Trinken

Mit Souvenirs – **Café Eldstó:** Austurvegur 2, Tel. 482 10 11, tgl. 10–22 Uhr. Hübsches Café mit Liebe zum Detail. Guter Kaffee und Sandwiches; Suppe, Brot und Salat 1600 ISK. Außerdem: Keramik aus Heklalava.
Auf der Durchreise – **Servicecenter Hlíðarendi:** Austurvegur 3, Tel. 487 81 97, tgl. 9–22 Uhr, ab 1300 ISK. Bietet neben viel Leben – hier halten Busse und Reisende – gutes Essen vom Burger bis zum Fischgericht.

Infos

Touristeninformation: Hlíðarvegur 14, Tel. 487 80 43, www.south.is, im Sommer tgl. 9–18 Uhr.
Bus: Tel. 551 11 66, www.sternatravel.com, tgl. nach Reykjavík/Höfn, 15. Juni–14. Sept. tgl. Þórsmörk. Auch: www.straeto.is.

Auf Entdeckungstour: Rache und Vergeltung – im Land der Njáls saga

Wer durch die geradezu lieblichen Landstriche im Südwesten Islands reist, kann sich nur schwer vorstellen, dass hier die heftigsten und blutigsten Kämpfe zwischen den verfeindeten isländischen Sippen stattfanden. Fast jeder Stein und jeder Hügel erzählt eine Geschichte, meist findet man nicht mehr als eine Tafel, aber dafür kann man seiner Fantasie freien Lauf lassen.

Dauer: mit dem Auto 2–3 Std.

Sagahof Keldur: Tel. 487 84 52, 15. Juni–15. Aug. tgl. 10–17 Uhr, 750 ISK

Die Njáls saga zählt zu den bekanntesten Sagas des Landes, und ihre wichtigen Schauplätze liegen im Südwesten. Die Ereignisse um Njáll Þorgeirsson und seine Familie sowie seine Freundschaft zu Gunnar Hámundarson spielen im 10./11. Jh., niedergeschrieben wurde die Saga um 1280. Da sowohl Njáll als auch Gunnar schon in dem älteren Landnámabók (Landnahmebuch) erwähnt wurden, nimmt man an, dass die Sagahelden auf reale Personen zurückgehen. Die Mischung aus Realität und Fiktion hat die Menschen schon seit dem Mittelalter begeistert. Die Tour auf den Spuren der Njáls saga ist aber nicht nur kulturgeschichtlich interessant, sondern führt auch durch eine reizvolle Landschaft, geprägt von Flüssen, Gletschern und vor allem dem Vulkan Hekla.

Eine Tragödie des Unausweichlichen

Die Njáls saga liegt in mehreren Manuskripten bzw. Kopien vor, was ihre Beliebtheit durch die Jahrhunderte belegt. Große Themen werden in der Saga angesprochen: Es geht um Liebe und Hass, wie in der Beziehung zwischen Gunnar und seiner rachsüchtigen Frau Hallgerður. Sie verzeiht ihm nicht, dass er sie einmal geohrfeigt hat, und verweigert ihm deshalb ihre Unterstützung in seinem letzten Kampf.

Es geht um Rache und unerbittliche Kämpfe zwischen verfeindeten Sippen, an deren Ende nur der Tod stehen kann, wie bei Njáll, der fast mit seiner ganzen Familie in seinem Hof verbrannt wird. Es geht um Gut und Böse, und so entwickelt sich eine kleine Tat eines Einzelnen zu einem folgenschweren Desaster für alle. Und es geht auch um wahre Helden-Freundschaft, wie sie unverbrüchlich zwischen Njáll und Gunnar Bestand hat.

Das Heim Gunnars

Gunnar ist der strahlende Held, edel und wahrhaftig, doch er bestreitet nur den ersten Teil der Saga. Seine Fähigkeiten sind überwältigend: Seine Schwertschläge sind schnell und kraftvoll, seine Pfeile treffen immer ins Ziel, er schwimmt wie eine Robbe und springt in voller Bewaffnung fast 2 m hoch. Und auch seine schöne Erscheinung wird immer wieder hervorgehoben. Gunnar lebt auf **Hlíðarendi** 1, einem schön gelegenen Hof in dem Tal Fljótsdalur. Sein Großvater Baugur Rauðason siedelte hier als Erster.

Von hier hat man einen wunderbaren Blick über die Ebene und den Fluss, umgeben von grünen Hängen. Die kleine Landkirche rundet die Idylle ab. In einem überwältigenden Kampf wird Gunnar in der Saga auf seinem Hof getötet. Heute erinnert eine Tafel an die Ereignisse. Der Pfad über die kleine Brücke führt zu dem Haus der Künstlerin Nina (1892–1965).

Gunnars Entscheidung

In der Saga wird deutlich, wie sehr Gunnar sein Land liebt. Als er sich als Geächteter aufmacht, Island zu verlassen, hält er bei **Gunnarshólmi** 2 inne. Auf diesem Grasland – in der Nähe der Straße 250 – entscheidet er sich, umzukehren, und besiegelt damit seinen Tod. Beim Blick auf seinen Hof sagt er: »Wie lieblich die Hänge sind, lieblicher als sie mir jemals vorher schienen, die goldenen Äcker und das frisch gemähte Heu. Ich reite nach Hause und werde nicht weggehen« (Kap. 75). Nicht weit von Gunnarshólmi ragt der kleine Berg **Stóra-Dimon** 3 einsam in der Flussebene empor. In der Saga heißt er Rauðuskriður und ist Schauplatz eines wichtigen Kampfes. Njáls ältestem Sohn Skarphéðinn gelingt es am Ende des Getümmels, den Fluss auf Eisschollen zu überqueren.

Der Feuertod Njáls

Njáll lebt mit seiner Familie auf dem Hof **Bergþórshvoll** 4, in dem küstennahen Flachland Landeyjar gelegen. Er ist freundlich, reich und vor allem gelehrt und weise. Njáll warnt und vermittelt, doch letztlich kann er weder seinen Freund noch seine Familie oder sich vor dem Verhängnis bewahren. Eine 100 Mann starke Truppe umzingelt schließlich Bergþórshvoll und brennt den Hof mit

ihm und mehreren Familienmitgliedern darin nieder.

Ausgrabungen und archäologische Untersuchungen ergaben, dass an der Stelle des heutigen Gehöfts in der Tat zu Anfang des 11. Jh. ein Gebäude abgebrannt ist. Eine Informationstafel erläutert die Ereignisse.

Sagazeit zum Anfassen

Um einen Eindruck von den mittelalterlichen Höfen und den Räumlichkeiten zu erhalten, lohnt ein Besuch des Gehöfts **Stórahof** 5, das schon seit der Besiedlungszeit existiert. Sein erster Bewohner soll Ketill Þorkelsson gewesen sein, doch für die Njáls saga interessant ist der spätere Bewohner Mörður Valgarðsson, ein Verwandter Gunnars, der zu einem seiner erbittertsten Feinde wurde und auch an seiner Ermordung beteiligt war. Im ausgehenden 19. Jh. lebte der Dichter Einar Benediktsson hier.

Ebenfalls der Hof **Keldur** 6 ist schon in der Besiedlungszeit belegt und gehörte der Familie der Oddaverjar, dem mächtigsten Clan des Südens. In der Njáls saga heißt es, dass Ingjaldur Höskuldsson, der Onkel von Njáls unehelichem Sohn Hökuldur, hier lebte. Teile des mittelalterlichen Hofes sind noch erhalten, so das Langhaus und ein unterirdischer Gang. Jüngere Anbauten stammen aus dem 17. Jh. und die wellblechverkleidete Holzkirche aus dem Jahr 1875. Anfang des 20. Jh. waren die Gebäude von Sandstürmen bedroht und der letzte Besitzer errichtete entsprechende Schutzwälle. Die Torfhäuser stehen unter dem Protektorat des Nationalmuseums.

Vestmannaeyjar

Im Südwesten Islands liegt die vorgelagerte Inselgruppe Vestmannaeyjar (Westmänner-Inseln) bestehend aus rund 15 Eilanden und zahlreichen Schären. Einst von Katastrophen heimgesucht, ist die einzige bewohnte Insel Heimaey heute ein hübscher Ort mit zahlreichen Überraschungen.

Das Alter des Archipels schätzt man auf 5000 bis 8000 Jahre, wobei einzelne Inseln durchaus jünger sein können. Surtsey entstand erst 1963–1967 und ist der südlichste Punkt Islands.

Der Name Vestmannaeyjar geht auf folgende Begebenheit zurück: Hjörleifur, der Ziehbruder des ersten Siedlers Ingólfur, ließ sich mit seiner Familie und seinen irischen Sklaven südlich des Mýrdalsjökull an der Küste nieder, dem heutigen Hjörleifshöfði. Offensichtlich war das Verhältnis zwischen Herr und Sklaven getrübt, denn diese erschlugen Hjörleifur und flohen auf die Inselgruppe. Um seinen Ziehbruder zu rächen, verfolgte Ingólfur die Flüchtigen und tötete sie auf Heimaey, der größten der Inseln. Das Archipel wurde nach den irischen ›Westmännern‹ benannt.

Heimaey ▸ E 8

Auch Island hat sein Lummerland, die Insel Heimaey, die seit dem legendären Ausbruch 1973 zwei Berge hat. Fast eine andere Welt, denn die Insulaner sind ein ganz besonderes Völkchen. Aufgrund der überschaubaren Größe der Insel, sie hat eine Gesamtfläche von 11,3 km^2, lässt sie sich gut zu Fuß erkunden.

Der erste offizielle Siedler auf Heimaey war Herjólfur Bárðarson, der sich um 900 dort niederließ, doch eine kontinuierliche Besiedlung blieb aus. Der Reichtum der Insel wuchs ab 1300 stetig, damals gab es schon drei Kirchen, und ab 1400 wurde Heimaey Handelsplatz der Engländer.

1627 wurde Heimaey von nordafrikanischen Piraten überfallen. 36 Einwohner wurden getötet und 242 – rund die Hälfte der Bevölkerung – in die Sklaverei verschleppt. Obwohl die Dänen Ende des 16. Jh. zum Schutz vor Überfällen eine Befestigungsanlage (Skansinn) bauen ließen, konnten sie damit das Eindringen der Nordafrikaner nicht verhindern, denn diese gingen im Süden von Heimaey an Land. Die meisten der Insulaner starben in der Sklaverei, erst neun Jahre später wurden einige vom dänischen König freigekauft. Unter ihnen war Guðrið Símonardóttir, an sie erinnert

Infobox

Touristeninformation Heimaey: Safnahús (Museumsgebäude), Raðhúsströð, Tel. 488 25 55.

Internet

www.vestmannaeyjar.is: Die offizielle Seite des Ortes, viel auf Englisch.
www.visitwestmanislands.com: Die Touristenseite mit allen Infos.

Anreise und Weiterkommen

Flugzeug: Eagle Air (Ernir), Tel. 562 42 00, www.eagleair.is, tgl. Flüge zwischen Reykjavík und Heimaey.
Fähre: Ganzjährig mehrmals tgl. zwischen Landeyjahöfn und Heimaey (Herjolfur, Tel. 481 28 00, www.herjolfur.is). Auch Autos werden transportiert.

heute eine Skulptur in der Nähe des Rathauses. Sie heiratete nach ihrer Rückkehr Hallgrímur Pétursson.

Der Vulkanausbruch

Heimaey, 23. Januar 1973, 1.55 Uhr nachts. Die Bewohner der Insel wurden von dem Vulkanausbruch aus dem Schlaf gerissen. Sie erlebten ein bedrohliches Inferno: Im Osten der Insel war ein 1600 m langer Riss aufgebrochen und daraus schossen feurige Lavafontänen bis zu 300 m hoch. Tonnenschwere Lavabrocken flogen als glühende Bomben umher, zerstörten etliche Gebäude, die anschließend unter der vulkanischen Asche begraben wurden. Breite, glühende Lavaströme mit Temperaturen von 1100 °C ergossen sich im Osten ins Meer. Glücklicherweise konnte die Bevölkerung der Insel, 5300 Menschen, in einer einzigartigen Rettungsaktion innerhalb nur weniger Stunden auf das Festland gebracht werden. Begünstigt hatte den reibungslosen Transport die Tatsache, dass die gesamte Fischereiflotte Islands in dieser Nacht im Hafen lag.

Fünf Monate dauerte der Ausbruch, der in dieser Zeit zum weltweiten Medienereignis wurde. Immer wieder ließen sich Journalisten über die Insel fliegen, selbst Linienflugzeuge änderten etwas die Route, um dieses Schauspiel zu sehen. Die größte Gefahr war, dass die ins Meer fließenden Lavamassen die Hafeneinfahrt verschließen könnten und damit auch die Lebensgrundlage der Bewohner, die Fischverarbeitung, zunichte machen würden. Um das zu verhindern, pumpte man Meerwasser zur Abkühlung auf die Lava, 4 bis 5 Mio. Liter pro Minute, und erreichte somit ein schnelles Erstarren. Als die Erde schließlich zur Ruhe kam, war ein Drittel der 1200 Häuser unter der Lava begraben und die übrigen von einer dicken Ascheschicht – insgesamt 1,5 Mio. m^3 – bedeckt. Nach monatelangen Bergungs- und Reinigungsarbeiten kehrten rund zwei Drittel der Bewohner zurück.

Heute ist Heimaey wieder eine florierende, grüne Insel, deren Bewohner es durchaus verstanden haben, Nutzen aus dem Vulkanausbruch zu ziehen. Insgesamt vergrößerte sich die Insel um 2,5 km^2, die neuen Lavamassen im Süden gewähren dem Hafen einen guten Schutz gegen den Nordostwind, und Baumaterial – früher

eher Mangelware – ist jetzt im Überfluss vorhanden.

Eldheimar – Museum der Erinnerung

16. Mai–4. Okt. 11–18, 5. Okt.–15. Mai 13–17 Uhr, www.eldheimar.is, 2300 ISK

Ab 2005 wurden einige Häuser, die bei dem Vulkanausbruch 1973 verschüttet wurden, freigelegt. Das Projekt erhielt den bezeichnenden Namen ›Pompeji of the North‹. Das über das Grabungsgelände gebaute Museum präsentiert eine der freigelegten Häuserruinen als Exponat und möchte so ein Ort der Erinnerung für die ehemaligen Bewohner sein. Die multimediale Ausstellung informiert ausführlich über das Ausbruchsereignis. Eine weitere Ausstellung zeigt die Entstehung Surtseys.

Skansinn

Skansvegur, 15. Mai–15. Sept. 11–17 Uhr

Die Wehranlage Skansinn aus dem 16. Jh. ziert sogar eine kleine Kanone.

Wirkt bei Sonnenschein fast mediterran – der Hafen von Heimaey

Mein Tipp

Gänsehaut auf Heimaey – Krimitipp

Das Projekt Pompeji of the North (s. Eldheimar S. 155) hat auf spannendste Weise schon Eingang in die Krimi-Welt gefunden. »Das glühende Grab« von Yrsa Sigurðardóttir (Frankfurt 2008) beginnt damit, dass 2007 das Haus von Markús Magnússon ausgegraben werden soll. Doch Markús besteht darauf, zunächst alleine in den Keller zu gehen, und findet dort drei Leichen, dabei hatte er nur eine Schachtel gesucht. Auch die hat es in sich: einen abgetrennten Kopf. Markús wird natürlich sofort als Mörder verdächtigt und die Anwältin Dóra muss ihm helfen. Es zeigt sich, dass das Leben in den 1970er-Jahren nicht nur harmonisch auf der Insel war, und die Frage ist: Wer intrigierte gegen wen? Und weiter: Wer waren die Toten? Warum wollte Markús' Jugendliebe Alda unbedingt die Schachtel? In Yrsa Sigurðardóttirs Krimi kann der Leser die Antworten finden. Wer weiß, welches grausige Geheimnis im nächsten ausgegrabenen Haus schlummert.

Daneben steht eine Stabkirche, Geschenk der Norweger anlässlich der 1000-Jahr-Feierlichkeiten zur Christianisierung im Jahr 2000. Das weitere Gebäude, Landlyst, war Islands erstes Geburtskrankenhaus, 1847 errichtet und später hierhin versetzt. Heute ist es ein Museum, in dem u. a. die erste Hebammenausstattung zu sehen ist.

Kirche

Zu den ältesten Steinbauten Islands gehört die Landakirkja, 1778 nach einem Entwurf des deutschen Architekten G. D. Anthon fertiggestellt. Gegenüber der Kirche befindet sich der Friedhof, dessen Torbogen 1973 weltweit durch eine Fotografie bekannt wurde, auf der er fast weiß aus der schwarzen Asche herausragt und die die Inschrift zeigt: »Ég lifa og Þér munduð lifa« (Ich lebe und ihr werdet leben). Westlich des Friedhofs steht die Skulptur »Alda aldanna« (Woge des Jahrhunderts, 1902) von Einar Jónsson.

Sæheimar

Heiðarvegur 12, http://saeheimar.is, Mai–Sept. tgl. 11–17, Okt.–April Sa 13–16 Uhr, 1000 ISK

Das Naturkundemuseum gehört mit zu den besten und größten des Landes. Es beherbergt drei Sammlungen: eine umfangreiche Fischausstellung mit Aquarium sowie Fischen und Schalentieren rund um Vestmannaeyjar, eine Vogelsammlung mit 150 ausgestopften Arten sowie eine Gesteinssammlung.

Sagnheimar

Ráðhúströð, Tel. 488 20 45, Mai–Sept. tgl. 11–17, Okt.–April Sa 13–16 Uhr, www.sagnheimar.is, 1000 ISK

In mehreren gut präsentierten Ausstellungen wird das Leben auf der Insel gezeigt. Der Überfall der Nordafrikaner, das Leben der Frauen oder der Ausbruch 1973 sind zeitgemäß aufgearbeitet. Regelmäßig auch kleinere Sonderausstellungen.

Wanderungen

Auf den Vulkan Eldfell

Vom Osten der Stadt aus führen Pisten in das neue Lavagebiet und zu dem 1973 entstandenen Vulkan Eldfell (227 m), vorbei an den Ruinen eines mit Lavamassen bedeckten Hauses. Inmitten der neuen Lava erinnert ein Gedenkstein an Pfarrer Jón Þorsteinsson, den nordafrikanische Seeräuber am 17. Juli 1627 erschlugen.

In unmittelbarer Nachbarschaft von Eldfell ragt der 5000 Jahre alte Berg Helgafell (226 m) empor. Von beiden Vulkanen genießt man einen weiten Blick über die gesamte Insel und auf die Südküste Islands mit den Gletschern Eyjafjallajökull und Mýrdalsjökull.

Entlang der Küste nach Stórhöfði

Wanderkarte in der Touristeninformation

Eine Wanderung entlang der Küste und rund um die Insel bis zur Südspitze Stórhöfði, von der man die zahlreichen unbewohnten Nachbarinseln sehen kann, ist einfach und erholsam. Der Weg dorthin führt vorbei an einem schönen Strand, der im Sommer zum (Sonnen-)Baden aufgesucht wird.

Für ornithologisch interessierte Besucher ist die Wanderung ein Vergnügen. Tausende Seevögel nisten in den Klippen, vor allem die großen Kolonien der Papageitaucher. Von Anfang Juli bis Mitte August dauert die Papageitaucher-Jagdsaison. Mittels großer Käscher werden die Vögel im Flug gefangen. Die Ausbeute eines Tages kann pro Fänger über 1000 Tiere betragen. Auch die Nachbarinseln gehören zum Jagdrevier, und die Fänger wohnen in den dort stehenden Häusern. Je nach Zubereitungsart schmeckt das Fleisch der Vögel ganz ausgezeichnet.

Entlang den Klippen von Herjólfsdalur

Wer den Papageitauchern besonders nahe sein will, wandert auf die Klippen um Herjólfsdalur, wo die Vögel Erdlöcher in die grünen Hänge gegraben haben. An diesen Hängen kann man inmitten der Kolonien die possierlichen Tiere ausgiebig beobachten, die im Vergleich zu den Möwen ausgesprochen ruhige Zeitgenossen sind. Blátindur ist mit seinen 273 m auch der höchste Berg der Insel und von dort hat man einen exzellenten Ausblick. Von hier aus kann man auch über die Höhen bis zum Hafen wandern.

In manchen Klippen hängen Seile, die dem Nationalsport der Westmänner dienen. Man schwingt an den Felsen entlang, um so zu den Vogelnestern zu gelangen. In früheren Zeiten war das durchaus nicht als Sport gedacht, sondern die Vogeleier dienten als wichtige Ernährungsgrundlage, vor allem als der Fischfang noch nicht industrialisiert war.

Übernachten

Heimaey ist nicht nur bei ausländischen Touristen beliebt, sondern auch bei Isländern, speziell im August. Recht breites Angebot auch für Familien.

Alles da – **Gästehaus Hamar:** Herjólfsgata 4, Tel. 481 34 00, http://guesthousehamar.com, Juni–Aug., DZ um 20 000 ISK. Von der Ausstattung eher ein Hotel als ein Gästehaus. Zimmer mit Bad und TV.

Fast wie zu Hause – **Gästehaus Hótel Vestmannaeyjar:** Vestmannabraut 25, Tel. 481 29 00, DZ um 20 000 ISK, inkl. Frühstück. Der Name ist Programm, große Zimmer, besonders geeignet für Familien, Essküche, Badezimmer auf jeder Etage, ideal für Selbstversorger.

Für Schlafsackfreunde – **Gästehaus Jugendherberge Sunnuhóll:** Vestmannabraut 28 b, Tel. 481 29 00, www.hostel.is, Schlafsack 3800 ISK, DZ 12 000 ISK, Bettzeugaufschläge. Die Räume sind einfach eingerichtet, aber angenehm. Gästeküche und Aufenthaltsraum sind vorhanden sowie Badezimmer auf jeder Etage.

Bevölkern die Küste von Heimaey – putzige Papageitaucher

Beliebt – **Zeltplatz:** Schön gelegen im Herjólfsdalur, Tel. 692 69 52. Man sollte sich aber überlegen, ob man am 1. Wochenende im August dort zeltet, da hier Bühnen aufgebaut werden und eine Zeltstadt entsteht.

Essen & Trinken

Es gibt mehrere Restaurants wie Fjólan im Hótel Þórshammer und einfache Grillstuben; da alle in Ordnung sind, besteht für den Gast kein Risiko.

Frischer Fisch – **Fjólan:** Vestmannabraut 28, Tel. 481 36 63, 7–23 Uhr, Hauptgerichte ab 2500 ISK. Atmosphärisch nicht so toll, hat aber eine gute Küche, vor allem die Fischgerichte sind zu empfehlen.

Gut und gesund – **GOTT:** Bárustigur 11, Tel. 481 30 60, 11–22 Uhr. Beliebt in der Stadt wegen der guten Küche mit frischen Zutaten, von Fisch- bis zu vegetarischen Gerichten, frischen Säften und selbstgebackenem Brot. Angenehme Atmosphäre. Hauptgerichte ab 2000 ISK.

Aktiv

Inselsightseeing – **Viking Tours:** Tangagötu 7, Tel. 488 48 84, www.vikingtours.is. Großes Angebot: Bootsfahrten rund um die Insel (im Sommer, tgl. 11, 15.30 Uhr) oder rund um Surtsey (auf Anfrage), Walbeobachtungsfahrt (wetterabhängig, Preis tourabhängig), Tiefseeangeln (auf Anfrage, Aus-

rüstung wird gestellt), Busfahrt über die Insel (tgl. 13 Uhr). Preise derzeit in Euro.
Wanderungen – **Eyjaferðir:** Faxastígur, Tel. 481 10 45, http://tourist.eyjar.is. Bieten geführte Wanderungen. Preise und Termine nachfragen.
Rund um die Inseln – **Rib Safari:** Tel. 661 18 10, www.ribsafari.is. Wer es schnell mit viel PS liebt, ist hier richtig. Bootstouren, u. a. rund um Heimaey oder auch Surtsey. Buchungen und Infos telefonisch.

Abends & Nachts

Angesagt – **Volcano Café:** Bárustigur 2, Tel. 481 21 01, tgl. 12–24, Fr/Sa bis 4 Uhr. Café, Bar und vor allem der Veranstaltungsort für Gruppen – und Groupies.
Vulkankino – **Gemeindehaus:** Vestmannabraut, Tel. 481 10 45, 15. Juni–15. Aug. tgl. 11, 15.30 und 21 Uhr, 800 ISK. Filmvorführungen über die Vulkanausbrüche und das Leben auf Heimaey.

Termine

13. Weihnachtstag: 6. Januar. Die dreizehn Weihnachtswichtel ziehen in Begleitung ihrer Trolleltern mit Fackeln durch die Stadt und werden zuletzt mit einem Feuerwerk verabschiedet.
Ende des Vulkanausbruchs: 1. Wochenende im Juli. Mit Musik und Tanz wird daran erinnert.
Nationalfeiertag: 1. Wochenende im August. In Erinnerung an die Feier von 1874, an der die Bewohner nicht in Þingvellir teilnehmen konnten. So feierten die Heimaeyer auf der Insel und behielten die Tradition bei. Heute kommen (fast alle) Isländer nach Heimaey. Mit Musik und Klippenklettern geht es hoch her. Papageitaucher findet man auf dem Teller und in der Luft. Wer dabei sein möchte, sollte sich rechtzeitig einmieten.
Lundapysa: Mitte August. Wenn die jungen Papageitaucher flügge werden, fliegen sie oft irritiert in den Ort. An Lundapysa, in der sogenannten Nacht der Kinder, retten die Inselkinder die Jungvögel, sammeln sie in Kartons und bringen sie am nächsten Morgen ans Meer.

Surtsey ▸ E 8

Ein submariner Vulkanausbruch baute die Insel innerhalb von vier Jahren auf. Die Eruption begann am 14. November 1963 und die letzte Lava floss am 5. Juni 1967. Seitdem haben Brandung und Wettereinflüsse das Aussehen der Insel permanent verändert. Seit seiner Entstehung befindet sich das Eiland unter Naturschutz, und mit großem Interesse verfolgen Biologen die Ansiedlung von Pflanzen, die bis heute rund 2 % der 2,5 km^2 großen Fläche bedecken. 15 höhere Pflanzenarten haben schon Wurzeln geschlagen, ein Dutzend Moose und Flechten sowie rund 100 Algen sind heimisch geworden. Außerdem nisten sechs Vogelarten auf Surtsey. Für Touristen sind Bootstouren oder Rundflüge die einzige Möglichkeit, um einen Eindruck von Surtsey zu erhalten. Bis heute ist der Zutritt zur Insel nur Wissenschaftlern gestattet und seit 2008 gehört sie zum Weltnaturerbe der UNESCO.

Aktiv

Inselumrundung – **Viking Tours:** s. links. Einmal rund um die Insel, man sieht die Steilufer und mit etwas Glück vielleicht Wale.
Bootsausflug – **Rib Safari:** s. o. Auch mit dem Schnellboot geht es um die Küste von Surtsey.

Das Beste auf einen Blick

Der Südosten

Highlight!

Skógar: Die Landschaft, die Weite und der spektakuläre Wasserfall bilden das, was in der Literatur als *locus amoenus*, lieblicher Ort, bezeichnet wird. S. 165

Auf Entdeckungstour

Wandern in Skaftafell im Nationalpark Vatnajökull: Wandern in Skaftafell gleicht einem Ausflug ins Grüne. Die üppig blühende und vegetationsreiche Oase mit einigen Naturschönheiten und Ruinen vergangener Höfe ist von Gletscherzungen umgeben. In der Nähe des Gletschers zu siedeln barg immer eine Gefahr, denn unter dem Eis liegt einer der aktivsten Vulkane des Landes. S. 176

Kultur & Sehenswertes

Freilichtmuseum in Skógar: Hier findet man fast alles, was es in Island früher gab. Jede Ecke des Museums bietet ein Schaustück. S. 165

Brydebúð in Vík: Eine informative Ausstellung über die Schiffsunglücke vor Islands Südküste, berüchtigt für ihre Stürme und Havarien. S. 167

Zu Fuß unterwegs

Über die Gletscher: Die Wanderung von Skógar nach Þórsmörk ist abwechslungsreich und führt zwischen Gletschern durch. S. 165

Auf Islands höchsten Gipfel: Von Skaftafell aus werden geführte Bergwanderungen auf Hvannadalshnúkur angeboten, den höchsten Berg des Landes. Hinauf ins ewige Eis braucht man eine gute Kondition. S. 174

Genießen & Atmosphäre

Zeltplatz am Skógafoss: Das beruhigende Rauschen des niederfallenden Wassers ist ein wirklich schlafförderndes Geräusch. Man kann aber auch einfach vor dem Zelt sitzen und den Anblick bestaunen. S. 166

Abends & Nachts

Þórsmörk: Ein Wochenende in Þórsmörk ist ein unvergessenes Erlebnis. Hier wird bis in die Nacht gegrillt, gesungen und getrunken, eine richtige Open-Air-Party, schlafen kann man wieder am Sonntagabend. S. 162

Die breiten flachen Sandstrände und die oft stürmische See waren von jeher problematisch für die Anlandung von größeren Schiffen, so gibt es auch keinen Hafenort an der Südostküste. Für Strandspaziergänge sind die schwarzen flachen Lavasandstrände dagegen ein Genuss, die schönsten liegen in der Umgebung von Vík. Je weiter man nach Osten gelangt, umso häufiger prägen Gletscher die Landschaft, unter denen wie beim Mýrdalsjökull nicht selten Vulkane wie die aktive Katla schlummern, und gehen an der Küste die Strände in breite Sandergebiete über. Den Gletscher zum Anfassen erlebt man im Nationalpark Vatnajökull in Skaftafell, wo selbst Laien erkennen können, dass sich die Gletscherzungen des Vatnajökull zurückziehen. In der Region wurde der Katla-Geopark eingerichtet, ein Projekt, das nach den großen Vulkanausbrüchen 2010 und 2011 begonnen wurde. Hier lassen sich an vielen Orten die Kräfte der isländischen Natur besonders gut studieren und erfahren (www.katlageopark.is).

Infobox

Internet

www.south.is: Auf der Hauptseite des Südens findet man Infos zu einzelnen Gemeinden im Südosten und wird über entsprechende Links weitergeleitet.

Anreise und Weiterkommen

Auto: Die Fahrt entlang der Küste sowie die meisten Ausflüge ins Hochland führen über die südliche Ringstraße.
Bus: Die Busverbindungen sind hier sehr gut. Alle erwähnten Orte werden täglich angefahren, ansonsten mehrmals wöchentlich.

Þórsmörk ▸ F 8

Drei Gletscher haben das Gebiet Þórsmörk geprägt, Eyjafjallajökull im Süden, Mýrdalsjökull im Osten und Tindfjallajökull im Nordwesten. Im Schutz der Gletscher vor den Südostwinden herrscht ein relativ mildes Klima, in dem eine üppige Vegetation aus Birken, unterschiedlichsten Büschen und Sträuchern sowie dem leuchtend violett blühenden Waldstorchschnabel gedeiht.

Die Flüsse Krossá im Süden, Markarfljót im Nordwesten und Þröngá im Nordosten begrenzen das Gebiet. In Þórsmörk siedelte sich vermutlich in der Mitte des 10. Jh. Ásbjörn Reykretilsson an. Dieser weihte die Gegend dem Gott Thor, daher der Name ›Thors Wald‹. Der heutige Birkenwald wurde aber erst im 19. Jh. angepflanzt und lieferte Holz als Brennmaterial, bis er dem Verbiss der Schafe zum Opfer fiel. Mit der Zerstörung der Vegetation ging auch eine starke Bodenerosion einher, deren Spuren noch immer deutlich an den abgetragenen Hängen zu sehen sind. Heute ist Þórsmörk ein naturgeschütztes Gebiet, das entsprechend von Schafen freigehalten wird.

Die Piste F 249 ▸ E 8

Die Fahrt nach Þórsmörk führt von Hvolsvöllur (s. S. 149) über den Gletscherfluss Markarfljót, der in einem mehrere Kilometer breiten Delta 20 km weiter südlich ins Meer mündet. Der weitere Weg verläuft auf der Piste F 249 an der Nordseite des Vulkans und Gletschers Eyjafjallajökull entlang, dessen zahlreiche Flüsse dabei zu furten sind. Aufgrund des Ausbruchs im April 2010 haben sich die Abflüsse verändert. Es bestand sogar zeitweise die Gefahr eines Gletscherlaufs. Wenige Kilometer weiter kann man sich entscheiden, welchen Teil von Þórsmörk man aufsuchen will: das nördliche **Húsadalur, Langidalur** oder **Básar**, am Südufer der Krossá gelegen. Trotz aller Warnungen bleiben immer wieder Autos in der Krossá stecken, manchmal enden Unfälle auch tödlich. Fahrten dorthin sollten nur mit Geländewagen und am besten im Konvoi unternommen werden (Hinweis: Der nächste Laden ist 15 km entfernt, Lebensmittel also mitbringen, auch wenn es in Langidalur einen kleinen Kiosk gibt und in Húsadalur ein Restaurant).

Wanderungen

Zu Höhlen und Gipfeln

Von Húsadalur aus führen Wanderwege nach Langidalur, vorbei an den Höhlen **Sóttarhellir, Sönghellir** sowie **Snorraríki;** in Letztere gelangt man nur nach einer Kletterpartie über einen Felsen. Funde deuten darauf hin, dass in dieser kleinen Höhle in früheren Zeiten Gefangene gehalten wurden.

Eine ausgezeichnete Aussicht über das gesamte Gebiet hat man vom 458 m hohen **Valahnúkur**, der sich sehr gut über den Rücken des Berges Assa begehen lässt. Der höchste Berg im Þórsmörk-Gebiet ist **Mófell** (855 m), weiter östlich. Zu ihm gelangt man am besten, wenn man dem Lauf der Þröngá folgt.

Auf dem Laugavegur

Eine beliebte Mehrtagestour auf dem **Laugavegur** nach Landmannalaugar beginnt in Þórsmörk. Der Weg vom Ende des Tals Húsadalur verläuft durch Hamsraskogar weiter in nordöstlicher Richtung über Emstrur, Álftavatn und Hrafntinnusker. Auf der viertägigen Tour besteht die Möglichkeit, dort in den Hütten des Ferðafélags Íslands (Wanderverein Islands) zu übernachten. Den notwendigen Schlüssel erhält man beim Hüttenwart der Ferðafélags-Hütte, die am Ende des Langidalur in der Nähe der Krossá steht.

Nach Skógar

Eine andere Wanderung verläuft zwischen den beiden Gletschern Eyjafjallajökull und Mýrdalsjökull entlang nach **Skógar**. Nach Goðaland führt eine Fußgängerbrücke über die Krossá. Der Weg von Básar zu den Gletschern ist ausgesprochen steil, weshalb meistens die Tour von Skógar aus gestartet wird. In diesem Fall hat man aber einen nicht ganz ungefährlichen Abstieg nach Þórsmörk vor sich. Bei Fimmvörðuháls zwischen den Gletschern steht eine Hütte. Der Weg führt jetzt über die neue Lava des Ausbruchs im Frühjahr 2010 (s. auch S. 162)

Übernachten

Hüttendorf – **Volcano Huts:** Húsadalur, Tel. 552 83 00, www.volcanohuts.com, Kleine Hütte 25 000 ISK, Schlafsack 7000 ISK, DZ im Schlafsack 16 000 ISK. Drei Häuser für Gruppen und Einzelreisende mit Küchenbenutzung und Badezimmer, acht Hütten für 4–5 Pers. ohne Toiletten. Außerdem Zeltplatz, Restaurant (Frühstück 2000 ISK, Mittag 2500 ISK, Abend-Büfett 4500 ISK) sowie ein Servicehaus mit Sauna, Duschen, Toiletten und Hot Pot.

Ursprünglich – **Skagfjörðsskáli:** in Langidalur, Tel. 893 11 91, www.fi.is, 15. Mai–Sept., zu buchen über Ferðafélags Íslands (s. S. 27), Schlafsack 7000 ISK. Die älteste Hütte in Þórsmörk hat fünf Schlafsäle für insgesamt 75 Pers., WCs und Duschen im Nebenhaus, Zeltplatz.

Angenehm – **Básar:** www.utivist.is, zu buchen über Útivist (s. S. 27), Schlafsack 5000 ISK. Die Hütte bietet Platz für 80–90 Pers. Auch Zelten in der Umgebung der Hütte ist möglich.

Aktiv

Geführte Touren – **Ferðafélags Íslands:** Adresse s. S. 27. Führt Wanderungen zwischen Landmannalaugar/Þórsmörk sowie Skógar/Þórsmörk durch. Außerdem Touren nur nach Þórsmörk. Auch Útivist (s. S. 27) bietet die Wanderungen an.

Infos

Bus: Reykjavík Excursions, Tel. 580 54 00, www.re.is/day-tours/landmannalaugar-adventure-on-your-own. Von 13. Juni–15. Sept. tgl. von/nach Reykjavík und Þórsmörk, Húsadalur sowie Verbindungen zwischen den Hütten (15 000 ISK).

Eyjafjallajökull ▸ E/F 8

Mit einer Höhe von 1666 m ist der Gletscher Eyjafjallajökull die höchste Erhebung an der Südküste. Die letzten Ausbrüche des subglazialen Vulkans fanden im März 2010 und davor 1821/22 statt. Die einst weißen Eiskappen sind jetzt schwarz von der Asche, und noch immer fürchtet man, dass auch der Nachbarvulkan ausbricht. An den fast senkrechten Bergwänden stürzen mehrere beeindruckende Wasserfälle hinab, wie z. B. der 40 m hohe **Seljalandsfoss**, hinter dem man durchgehen kann. Ca. 3–4 km weiter, westlich des Hofes Fit, befindet sich eine Höhle in der Felswand, genannt **Paradísarhellir.** Den Volkssagen nach hauste hier im 16. Jh. der Gesetzlose Hjalti Magnússon. Runenzeichen zeugen davon, dass hier Leute gelebt haben.

Infos

Þorvaldseyri Visitor Center: 861 Hvolsvöllur, Tel. 487 57 57, www.iceland erupts.is, Juni–Aug. tgl. 9–18, Mai/Sept. tgl. 10–16, Okt.–April tgl. 11–16

Küche im Freilichtmuseum von Skógar

Uhr, 800 ISK. In dem privaten Besucherzentrum erfährt man alles über den Ausbruch des Eyjafjallajökull und seine Folgen für die lokalen Bauern. Besonders reizvoll, ein Fläschchen Asche aus dem Shop.

Skógar! ▸ F 8

Nur wenige Häuser, ein sehenswertes Freilichtmuseum, eine enorme Weite mit Sicht fast bis zur Küste und ein atemberaubender Wasserfall, das alles macht den Sprengel Skógar aus!

Skógafoss ist mit seinen 60 m Falltiefe einer der höchsten Wasserfälle in Island. Es heißt, dass der erste Siedler von Skógar, Þrasi, eine Kiste mit Gold dort versteckt habe. Ein Junge wollte sie sich holen, aber er bekam nur den Griff zu fassen, der jetzt im Museum zu sehen ist. Bei Sonnenschein schimmert das Gold durch den Wasserfall. Bei einer Wanderung von Skógar auf den **Eyjafjallajökull** passiert man **Drangshlíð**. Auf der Hauswiese steht ein Fels mit Höhlen, die als Ställe dienten.

Wanderung von Skógar nach Þórsmörk

Start: Skógar, Strecke: 23 km, Dauer: 1–2 Tage (8–10 Std. Wanderzeit)

Zunächst geht es rechts vom Wasserfall **Skógafoss** hinauf zu einer Plattform, anschließend verläuft der reizvolle Weg in östlicher Richtung entlang der **Skógá**, die dem Wanderer in zahlreichen Wasserfällen entgegenkommt. Nach rund 8,2 km erreicht man eine Brücke, und weiter geht es am Westufer, den Pflöcken folgend. Es lohnt sich der Blick zurück, im Osten erkennt man Dyrhólaey und im Westen die Westmänner-Inseln. Die Vegetation und Landschaft haben sich verändert, es ist karger und steiniger geworden. Die erste Hütte, **Baldvínsskáli**, steht am Rand der Schneefelder, eine einfache Schutzhütte, bis zu der eine Jeepspur führt.

Der Pass **Fimmvörðuháls** liegt auf einer Höhe von 1100 m, bei sonnigem Wetter ein Traum ansonsten kann es sehr verhangen sein, mit ausgesprochen schlechten Sichtverhältnissen. Wenn zusätzlich die Markierungspflöcke umgefallen sind, tapst man etwas orientierungslos über die Schneefel-

Mein Tipp

Das Freilichtmuseum in Skógar

Es gibt viele Museen in Island, aber nur wenige, die man wirklich besuchen sollte, **Skógasafn** steht dabei an erster Stelle. Über Jahrzehnte hat der Kurator oder treffender Sammler, Þórður Tómasson, Gebäude, Einrichtungen, Werkzeuge, Fahrzeuge, Boote usw. aus der Region zusammengetragen, die meisten Objekte wurden ihm überlassen. Natürlich gibt es auch eine naturkundliche Abteilung mit ausgestopften Vögeln und einer Eiersammlung. Im Verlauf der Jahrzehnte wurde der Komplex erweitert, und zuletzt kam 2002 das interessante Verkehrs- und Technikmuseum dazu. In den alten Gebäuden des Freilichtmuseums taucht man ein in die früheren Zeiten. Höhepunkt ist sicher, wenn Þórður Tómasson auf dem Harmonium spielt und singt. Hier kann man sehr schnell viele Stunden verbringen und sich im dazugehörigen Café mit kleinen Snacks stärken (Tel. 487 88 45, www.skogasafn.is, Juni–Aug. tgl. 9–18, Mai, Sept. 10–17, Okt.–April 11–16 Uhr, 2000 ISK; Café: Juni–Aug. tgl. 10–17 Uhr).

der. Dennoch haben solche Wolkenwanderungen durchaus ihren Reiz. Die Hütte **Fimmvörðuskáli** für die Übernachtung liegt 500 m westlich der Route. Der Weg von der Hütte verläuft über kleine Altschneefelder, je nach Jahreszeit mehr oder weniger weich, und Schotterhügel. Nach 30 Min. stößt man auf **neue Lava,** die schnell durchquert ist. Nach Überwindung des Passes **Brattafönn** (1000 m ü. NN) geht es im Norden hinab in eine urwüchsige Schluchtenwelt. Einige Abschnitte sind etwas steiler, doch dort findet man Ketten und Seile zur Sicherung, so auch an dem Grat **Heljarkambur** (Höllenkamm). Die Ausblicke in die Tiefe sind beeindruckend und nach Überschreiten des Grats **Kattarhryggur** gelangt man zur Schlucht **Þvergil.** Von dort ist es nicht mehr weit zum ersten Birkenwald von Þórsmörk und der Hütte **Básar.**

Wanderung von Skógar nach Þórsmörk

Übernachten

Einfach – **Hótel Edda:** in der Schule, Tel. 444 40 00, 444 48 30, www.hoteledda.is, DZ um 20 000 ISK, Frühstück 2000 ISK, Juni–Aug. Einfache Zimmer mit Waschbecken im alten Schulgebäude, Hot Pot im Garten.

Gute Lage – **Jugendherberge Skógar:** nah am Wasserfall, Tel. 487 88 01, 899 59 55, www.hostel.is, 1. Febr.–1. Dez., Schlafsack 3800 ISK Sommer, 3300 ISK Winter. Ehemalige Grundschule, in der Nähe des Skógafoss. Küchenbenutzung und Waschmaschine.

Islandfeeling – **Zeltplatz:** direkt am Skógafoss. Auf einer großen Wiese direkt am Wasserfall. Zudem hat man auch einen wunderschönen Blick in Richtung Küste.

Essen & Trinken

Isländisch – **Hótel Edda:** s. o., Hamburger 1850 ISK, gegrilltes Lamm 4900 ISK. Zutaten aus der Region.

Hallencharme – **Skógasafn:** s. Mein Tipp S. 165. Suppen ab 900 ISK.

Einkaufen

Regionales – **Skógasafn:** s. Mein Tipp S. 165. Außer üblichen Souvenirs gibt es hier Kunsthandwerk und Strickwaren aus der Region. Einmal vorbeischauen lohnt sich.

Aktiv

Reiten – **Skálakot:** 6 km westlich von Skógar, Tel. 487 89 53, www.skalakot.com. Kurze Ausritte 1 Std. 6000 ISK, Strandtour 3–4 Std. ab 15 000 ISK. Außerdem werden Wanderungen angeboten oder Combo-Touren mit Sauna und Essen.

Eistouren für Anfänger – **Mountain Guide:** am Imbiss Fossbuð, Tel. 894 29

59, www.mountainguide.is. Ganzjährig außer 24./25. Dez. und 1. Jan., Pick up von Skógar nur Juli–15. Aug., Gletschertouren ab 9900 ISK. Leichte Gletschertouren auf den Mýrdalsjökull.
Touren aller Art – **Icelandic Travel Market:** in der Nähe des Wasserfalls, Tel. 894 29 56, www.icelandictravel market.is, April–Aug. tgl. 8.30–18.30 Uhr. Infos und Tourenbuchung.

Infos

Bus: Im Sommer tgl. von/nach Reykjavík und Höfn.

Vík í Mýrdal und Umgebung ▸ F 8

Vík í Mýrdal ist der südlichste Ort Islands, dessen Einwohner von den Dienstleistungen für die Region leben. Reizvoll ist die Lage am Fuß des Tufffelsens **Reynisfjall** (340 m) inmitten saftiger grüner Weiden, umrahmt von schwarzen Sandwüsten. In den Felswänden brüten zahllose Papageitaucher. Zur Bucht Dyrhólaós führt westlich des Reynisfjall die Straße Nr. 215 (s. Lieblingsort S. 168).

Ein Kulturzentrum mit Regionalmuseum ist im ältesten Haus des Ortes, **Brydebúð**, untergebracht. Besonders interessant ist der Ausstellungsteil über die Schiffsunglücke vor der Südküste von 1896–1982, unter denen 80 deutsche Trawler waren, sowie die Ausstellung zum Katla Geopark (Víkurbraut 28, www.visitvik.is/listings/brydebud-1895/, tgl. 9–20 Uhr, 500 ISK).

Auf dem Weg zum Strand von Vík mit den markanten Felsen Reynisdrangar kommt man an dem Gedenkstein für die deutschen Seeleute der Hochseefischerei vorbei, die bei Schiffsunglücken an der Südküste umkamen. Er ist zugleich auch ein Dank den Isländern, die einige der Schiffbrüchigen retteten. Nach alten Volkserzählungen sollen **Reynisdrangar** versteinerte Trolle sein. Während der Sommermonate ist hier ein Brutgebiet der Küstenseeschwalben.

Übernachten

Schön alt – **Welcome Puffin Hostel:** Víkurbraut 26 a, Tel. 487 12 12, www.vik hotel.is/puffinhostel/, DZ ab 25 000 ISK, Frühstück 1800 ISK. Das Hotel bietet Zimmer mit Dusche, das kleine Gästehaus nebenan Schlafsackunterkünfte.
Über dem Ort – **Jugendherberge Norður-Vík:** Suðurvíkurvegur 5, Tel. 487 11 06, 867 23 89, www.hostel.is, ganzjährig, Schlafsack ab 3800 ISK, DZ 7700 ISK. Etwas oberhalb des Ortes mit schönem Blick, Aufenthaltsraum, Küchenbenutzung.
Am Hang – **Zeltplatz:** Klettsvegur, in der Nähe des Hótel Edda. Gute Ausstattung, kann aber am Wochenende recht voll werden.

Essen & Trinken

Gemütlich – **Halldórskaffi:** Víkurbraut 28, Tel. 487 12 02, Juni–Aug. So–Fr 11–23, Sa bis 2, Sept.–Mai Fr 18–23, Sa bis 2 Uhr, 700–2000 ISK. Ideal für den Kaffee, Salate, Pizza.
Preiswert – **Víkurskáli:** Austurvegur, an der Tankstelle, Tel. 487 12 30, Juni–Aug. 9–23, Sept.–Mai 9–22 Uhr, 1000–2800 ISK. Hier hält der Bus, hier ist immer etwas los. Snacks und Gerichte.

Einkaufen

Klassiker – **Víkurprjón:** Austurvegur 20, Tel. 487 12 50, www.icewear.is. Wollwarengeschäft. Gediegene, aber nicht sonderlich originelle Sachen.

Lieblingsort

Dyrhólaós – schwarz-weißer Zauber ▸ F 8

Man taucht ein in eine Welt aus Steinen und Meer, einem Klackern und Klickern, in einen kunstvollen Schwarz-Weiß-Film. Je nach Wetter erkennt man die Aushöhlung am Kap Dyrhólaey im Westen ganz klar, oder sie taucht hinter einem zarten Dunst auf und verstärkt damit den zauberhaften Eindruck des Strandes. Er zählt zu den schönsten des Landes, diese Symphonie aus Licht, Form und Klang. Beeindruckend sind die Basaltwände mit den unzähligen Säulen, wie Orgelpfeifen nebeneinanderstehend. Hier ist jeder Schritt ein eigenes Lied, jeder Blick eröffnet ein neues Gemälde.

Infos

Brydebúð: Víkurbraut 28, www.visitvik.is/listings/brydebud-1895/. Informationen zur Region, Juni–Aug. tgl. 9–20 Uhr (s. S. 167).
Bus: tgl. von/nach Reykjavík und Höfn.

Dyrhólaey ▸ F 8

Die beiden verlandeten Inseln Pétursey (275 m) und Dyrhólaey liegen an der Küste westlich von Vík. Dyrhólaey (Türhügelinsel) ragt als 120 m hohes, steil nach Süden und Westen abfallendes Kap empor, an dessen südlichster Spitze sich ein Tor befindet. Beliebt sind Bootsfahrten durch das Tor, die von Vík aus unternommen werden. In dem 5 km² großen Naturschutzgebiet um Dyrhólaey brüten Seevögel, und der schwarze Lavastrand zählt zu den zehn schönsten des Landes.

Mýrdalsjökull ▸ F 7/8

Vík eignet sich als Ausgangspunkt für Touren in die Gletscherregion des Mýrdalsjökull, der mit einer Fläche von 701 km² der viertgrößte Gletscher des Landes ist. Ca. 200–300 m unter der Eiskappe schlummert ein überaus aktiver Vulkan, die **Katla**. Allein in den 1100 Jahren der Besiedlung haben 17 Ausbrüche stattgefunden. Unvorstellbare Wasser- und Schlammfluten – mehrere tausend Kubikmeter pro Sekunde – stürzen bei einer Eruption zusammen mit Eisbergen vom Gletscher herab über die Sander und sind wesentlich gefährlicher als die langsameren Lavaströme. Im Isländischen heißen diese Schlammströme *jökulhlaup* (Gletscherlauf). Beim letzten großen Ausbruch 1918 wurden 400 m³ große Steinblöcke 14 km weit mitgenommen. Die Katla-Ausbrüche ereignen sich alle 40–80 Jahre. Im Jahr 1955 beobachtete man einen verstärkten Gletscherlauf, aber die eigens zur Überprüfung der Katla in Vík und in Kirkjubæjarklaustur aufgestellten Seismografen konnten keinen Ausbruch feststellen.

Aktiv

Auf dem Gletscher über dem Vulkan – **Arcanum:** Ýtri-Sólheimar, Tel. 487 15 00, www.snow.is, 3-std. Gletscherwanderungen 9900 ISK; tgl. 1-std. Skidoo-Tour, Abfahrt 10, 12.30, 15 Uhr, 21 990 ISK; besonders begehrt sind die Vulkantouren in Superjeeps zur Katla und den neuen Vulkanen von 2010, tgl. Abfahrt 10, 12.30, 15 Uhr, 1 Std. 14 990 ISK.

Mýrdalssandur ▸ F/G 8

Mit 700 km² ist Mýrdalssandur südöstlich des Mýrdalsjökull die erste große Sanderfläche des Südens. Gebildet haben sich diese riesigen Gebiete aus Sand und Schotter durch das Schmelzwasser der nacheiszeitlichen Gletscherströme. Von Jahr zu Jahr schiebt sich die Küstenlinie immer weiter ins Meer hinaus. Man schätzt, dass die Schuttzufuhr der Gletscherflüsse auf die Sanderflächen pro Jahr 49 Mio. t beträgt. Neben der Versandung besteht auf den Sanderebenen auch Überschwemmungsgefahr. Heute sieht man aufgrund der riesigen Lupinenfelder nur wenig von dem schwarzen Sand. Östlich von Vík ragt inmitten von Mýrdalssandur die verlandete Insel **Hjörleifshöfði** 221 m empor. Sie wurde benannt nach Ingólfur Arnarsons Ziehbruder Hjörleifur, der sich dort 874 niederließ. Der Überlieferung nach wurde Hjörleifur jedoch von seinen irischen

Sklaven erschlagen. Die Sklaven flohen auf die Vestmannaeyjar, wo Ingólfur seinerseits Rache für seinen Freund nahm und sie erschlug (s. S. 153).

Kirkjubæjarklaustur und Umgebung ▸ G 7

Die Strecke von Westen nach Kirkjubæjarklaustur führt durch die moosbewachsene Lavafläche **Eldhraun,** die beim Laki-Ausbruch von 1783/84 entstand und dessen Südseite von zahlreichen Pseudokratern bedeckt ist. Der kleine Ort Kirkjubæjarklaustur – kurz Klaustur – fand schon früh Erwähnung in den Annalen. Die ersten Bewohner – noch vor den Wikingern – waren irische Mönche. Es heißt, von ihnen stamme der Schwur, dass nur Christen hier leben könnten. Der erste Siedler, laut Landnámabók (Landnahmebuch), war der Christ Ketill hinn fíflski. Nach dessen Tod wollte sich der Heide Hildir Eysteinsson hier ansiedeln, aber kaum, dass er das Weideland des Hofes erreicht hatte, fiel er tot um. Sein Grabhügel, **Hildishaugar,** liegt östlich des Ortes.

Die heutige **Kirche** wurde 1974 zum Gedenken an Pfarrer Jón Steingrímsson erbaut. Nicht weit von ihr stand das alte Gotteshaus, in dem Jón am 20. Juli 1793 seine berühmte Feuermesse hielt, die bewirkte, dass der Lavastrom, der die Gemeinde bedrohte, einhielt. Dieser erkaltete Strom ist Teil der größten Lavamenge, die je bei einem Ausbruch geflossen ist. Er ergoss sich aus einer 25 km langen Spalte im Südwesten des Vatnajökull, genannt Lakagígar.

Kirkjubæjarklaustur ist Ausgangspunkt für zahlreiche Touren, z. B. zu den **Laki-Kratern** (s. S. 173), und deshalb an Sommerwochenenden auch bei Isländern äußerst beliebt. Etwas außerhalb, an der Straße Nr. 203, befindet sich der **Kirkjugólfið**, der sogenannte Kirchenboden, eine 80 m² große Fläche aus sechseckigen, von Gletschern glattgeschliffenen Basaltsäulen. Nicht weit enfernt sind der **Systrastapi** und **Systravatn** (s. S. 172).

Übernachten

Malerische Lage – **Hörgsland:** 5 km östl. von Kirkjubæjarklaustur, Tel. 487 66 55, www.horgsland.is, Hütte für 2 Pers. ab 14 100 ISK (Schlafsack), 17 150 ISK (Bett), Frühstück 1700 ISK, Abendessen ab 3550 ISK. Die kleine Hütten-Feriensiedlung liegt nicht nur sehr schön, sondern bietet auch Restaurant, Hot Pot und gute Angelbedingungen.
Licht und modern – **Gästehaus Hvoll:** 25 km östlich von Klaustur, Tel. 487 47 85, 861 55 53, www.road201.is, ganzjährig, DZ 132 € inkl. Frühstück, bis zu 5-Bett-Zimmern. Zwei Häuser, Gemeinschaftsbäder, sehr reizvoll gelegen, ideal für Besuche des Nationalparks. Gemeinschaftsküchen, Lebensmittel mitbringen!
Gute Ausstattung – **Kirkjubær:** Zeltplatz direkt im Ort, sehr beliebt bei Isländern vor allem mit Wohnwagen.
Einfach – **Kleifar:** Zeltplatz am Ortsrand an der Nr. 203. Für Outdoor-Fans.

Essen & Trinken

Leckeres Lamm – **Systra Kaffi:** Klausturvegur 13, Tel. 487 48 48, tgl. 12–21 Uhr, Hummer-Pizza 3200 ISK, Hamburger ab 1750 ISK, gegrilltes Lamm 4600 ISK. Café und Bar mit angenehmem Ambiente, abwechslungsreiche Karte von Sandwich über Salat bis zum Lammgericht.
Fast Food – **Skaftárskáli:** Juni–Aug. 9–22, sonst bis 20 Uhr, um 1700 ISK. Typisch isländischer Tankstellen-Imbiss.

Vom Berg Laki ist der Blick auf die Laki-Kraterreihe besonders beeindruckend

Infos

Touristeninformation: Klausturvegur 13, Gemeindezentrum, Tel. 487 46 20, www.klaustur.is, tgl. 8.30–18.30 Uhr. Weitere Infos und Touren auch unter www.visitklaustur.is.
Bus: www.sternatravel.com. Im Sommer tgl. Busse zw. Höfn und Reykjavík, die in Kirkjubæjarklaustur an der Tankstelle und am Hotel halten und nach einer Pause weiterfahren. Auch Busse über Landmannalaugar (s. S. 286).

Systrastapi und Systravatn

Das 1185 errichtete Benediktinerinnenkloster existierte bis zur Reformation im Jahr 1550. Der einsame Felsen **Systrastapi**, westlich von Klaustur, soll die Ruhestätte zweier Nonnen sein, die sich nicht streng an die Ordensregeln hielten und deshalb verbrannt wurden. Die eine habe sich dem Teufel verkauft und sich auch noch den

Männern hingegeben, die andere unsittlich über den Papst geredet. Nach der Reformation wurde der Letzteren ihre Missachtung verziehen, seitdem wachsen auf ihrem Grab Blumen – im Gegensatz zu dem ihrer Betschwester.

Oberhalb von Klaustur befindet sich der See **Systravatn**, in dem die Nonnen badeten. Eines Tages, so wird erzählt, ragte eine Hand mit einem Goldring aus dem Wasser, nach der zwei Nonnen gierig griffen und die sie für immer in die Tiefe zog.

Die Laki-Kraterreihe

▶ G 6/7

Auf dem Weg zu den Laki-Kratern, die zum Nationalpark Vatnajökull gehören, kommt man an der Schlucht **Fjaðrárgljúfur** vorbei. Hier hat sich der mäandrierende Fluss Fjaðrá tief in das weiche Gestein eingegraben. Der Wasserfall **Fagrifoss** (schöner Wasserfall) macht seinem Namen mit den beiden Hauptfallarmen, die sich nach unten zu Schleiern verbreitern, alle Ehre. Der Berg **Laki** (818 m) gliedert die Spalte in zwei gleich große Teile. Über 100 Krater sind an ihr von Südwesten nach Nordosten aufgereiht. Von dem Berg hat man einen herrlichen Blick auf die Kette, die sich bis zum Vatnajökull erstreckt. Die Atmosphäre, die von der Lavalandschaft ausgeht, kann zutiefst bedruckend sein: Kaum ein Laut ist zu hören, je nach Licht wirkt sie gespenstisch bis bizarr.

Die Folgen des Ausbruchs, der am 8. Juni 1783 begann und bis zum 7. Februar 1784 dauerte, gerieten für die Bevölkerung zur Katastrophe. Unmittelbar betroffen von der ausgeflossenen Lava waren 14 Höfe, die von den Gesteinsmassen bedeckte Gesamtfläche betrug 565 km^2. Dramatischer erwiesen sich aber die Auswirkungen des Ascheregens und eines blauen Dunstes – bestehend aus Kohlendioxid und schwefliger Säure –, welche die Gewässer und Weideflächen verseuchten, wodurch 11 000 Rinder (50 %), 200 000 Schafe (79 %), 28 000 Pferde (76 %) in jenem Winter verendeten. Innerhalb von drei Jahren verringerte sich die Bevölkerung Islands um 20 %.

Infos

Bus: www.re.is, 20. Juni–8. Sept. tgl., ca. 3,5 stündige Pause bei Laki.

Auf dem Weg nach Skaftafell

Núpstaðarskógur ▶ H 7

Die Ringstraße durchquert das grüne Gebiet des Brunasandur am Rande des Brunahraun, eines Lavastroms aus dem Laki. Kurz dahinter zieht sich das Buschwaldareal Núpstaðarskógur an den Hängen von Eystrafjall hoch und reicht vom westlichen Skeiðarárjökull bis südlich von Grænalón. Eine beeindruckend tiefe Schlucht mit mehreren Wasserfällen, u. a. den Hvítárfoss, findet man in dem Naturschutzgebiet. Den Gletschersee Grænalón, der 15 km entfernt ist, kann man nur zu Fuß erreichen.

Skeiðarársandur ▶ H 7

Skeiðarársandur erstreckt sich über eine Fläche von 1000 km^2. Zahlreiche breite und reißende Gletscherflüsse sind zu passieren, was seit 1974 kein größeres Problem mehr darstellt. Erst damals, anlässlich der 1100-Jahr-Feier der Besiedlung, wurde die letzte Brücke über Skeiðará fertiggestellt und damit die Ringstraße endgültig geschlossen. Auch wenn jetzt die größten Flüsse Núpsvötn, Sandgigjukvísl und Skeiðará mit – hoffentlich – überflutungssicheren Brücken versehen wurden, so müssen doch jedes Jahr Reparaturen an der Straße vorgenommen werden.

Ehemals sollen sich im Gebiet des Skeiðarársandur zahlreiche Höfe befunden haben, die aber den Ausbrüchen der Vulkane des Gletschers Vatnajökull zum Opfer fielen. So brach z. B. 1362 der Öræfajökull aus und begrub die Siedlungen in der Region unter einer 30 cm dicken Ascheschicht. Der Name Öræfasveit (Einödgemeinde) für das Gebiet zwischen Skeiðarársandur und Breiðamerkurjökull stammt aus dieser Zeit. Weitaus gefürchteter sind die Grímsvötn, eine 35 bis 40 km^2 große Caldera mit Kratern und Solfataren, die fast in der Mitte des Vatnajökull liegen. Die Ausbrüche sind mit vernichtenden Gletscherläufen sowie Schwefelgasen verbunden und treten seit 1934 etwa alle 10 Jahre auf. Der letzte und gewaltigste Gletscherlauf des 20. Jh. ereignete sich im Herbst 1996. Teile der damals zerstörten Brücke kann man von der Straße aus sehen.

Skaftafell ▶ H 7

Wie eine vegetationsreiche Oase mutet Skaftafell an, 1967 als Nationalpark gegründet, danach stetig vergrößert, bis es 2008 Teil des **Vatnajökull-Nationalparks** wurde. Zu dem Gebiet gehören drei Talgletscher, deren größter der Skeiðarárjökull ist. In der klimatisch begünstigten Gegend, geschützt durch den Öræfajökull mit der höchsten Erhebung Islands – **Hvannadalshnúkur** (2119 m) –, wachsen Birken- und Ebereschenwälder. Bis zu 12 m hohe Bäume findet man in **Bæjarstaðarskógur** an der Westseite des Morsárdalur. Hier stehen 22 ha unter dem Schutz der staatlichen Wiederaufforstung. Außerdem gedeihen in Skaftafell Farne, Baldrian, der Waldstorchschnabel und seltene Orchideenarten. Zahlreich sind die Vogelarten, wie Bekassine, Wiesenpieper, Zaunkönig und die auf dem Sander brütenden Schmarotzer-, Raub- und Mantelmöwen.

Wanderungen

Der Reiz des Parks sind die vielen Wandermöglichkeiten zu den landschaftlichen Attraktionen (s. auch Entdeckungstour S. 176). Der **Svartifoss** fällt vor einer Wand aus regelmäßig gebildeten schwarzen Basaltsäulen nieder. Vom Aussichtspunkt **Sjónarsker** hat man einen hervorragenden Blick auf den Sander und die Talgletscher. Die Geltscherzunge des **Morsárjökull** kalbt in einen kleinen See. Die einzigen heißen Quellen im Nationalpark (bis zu 80 °C) befinden sich westlich des **Bæjarstaðarskógar**. Alle Wege sind gut markiert und auf einer Karte verzeichnet, die man beim Parkaufseher erhält. Geführte Gletschertouren werden vom Zeltplatz aus angeboten (s. u.). Für einen Aufenthalt in Skaftafell sollte man genug Zeit einplanen, um die Vielfalt der Gegend genießen zu können.

Übernachten

Gemütlich – **Hof 1 Hotel:** am Nationalpark, Öræfasveit, Tel. 478 22 60, http://hof1.is, DZ 19 200–29 600 ISK. Kleines Gästehaus mit großem Aufenthaltsraum und angeschlossenem Restaurant (Menü um 5000 ISK).

Sehr groß – **Zeltplatz:** im Nationalpark. Einfache Ausstattung. Wer weite Wege nicht scheut, findet ruhige Plätze.

Aktiv

Auf Islands höchsten Gipfel – **Mountain Guide:** auf dem Zeltplatz im Nationalpark, Tel. 894 29 59, www.mountainguide.is, ganzjährig geführte Touren im Nationalpark und auf den Gletscher, 3 Std. Wanderung auf dem Eis 9900 ISK, 4 Std. 14 900 ISK, Aufstieg zum Hvannadalshnúkur April–Sept. 12–15 Std. 39 900 ISK, Eisklettern Juni–Aug. 4 Std. 14 900 ISK.

Infos

Skaftafell-Besucherzentrum: Tel. 470 83 00, www.vatnajokulsthjodgardur.is, ganzjährig geöffnet, Sommer 9–19 Uhr. Hier erhält man eine Karte mit eingezeichneten Wanderwegen. Ausstellung über den Gletscher.
Bus: tgl. von/nach Reykjavík und Höfn, auch über den Fjallabaksleið nyrðri.

Gletschertouren zählen zu den Highlights im Skaftafell Nationalpark

Auf Entdeckungstour: Wandern in Skaftafell im Vatnajökull-Nationalpark

Eine Wanderung im Skaftafell verheißt einen wunderbaren Ausflug ins Grüne. Die üppig blühende und vegetationsreiche Oase mit einigen Naturschönheiten und Ruinen vergangener Höfe ist von Gletscherzungen umgeben. In der Nähe des Gletschers zu siedeln barg immer eine Gefahr, denn unter dem Eis liegt einer der aktivsten Vulkane des Landes.

Reisekarte: ▶ H/J 6/7

Start: Zeltplatz. Hier befindet sich an der Nordseite ein Eingang in den Buschwald. Dort stehen auch die jeweiligen Wegweiser mit Zeitangaben.
Dauer: je nach Wanderung 1–6 Std.

Wanderkarte: im Besucherzentrum erhältlich

Das Faszinierende an diesem Ort des Vatnajökull-Nationalparks ist das Nebeneinander von Gletschern und üppiger Vegetation. Wenn man einen Tag zum Wandern einplant, beginnt man am besten mit dem, was diese Landschaft geprägt und geformt hat: Gletschereis.

Skaftafellsjökull

Nur ein großer Spaziergang (rot, 1 Std. hin und zurück) ist es vom Besucherzentrum aus zu dem namengebenden Gletscher, dessen Zunge schon vom Parkplatz gut zu sehen ist. Skaftafellsjökull ist einer der hier typischen Talgletscher, der sich, wie alle isländischen Gletscher, schon deutlich zurückgezogen hat. Noch um 1940 war er mit dem Nachbargletscher Svínafellsjökull südlich des Berges Hafrafell verbunden. Heute sieht man die Schleifspuren an den Felsen, die zeigen, wie hoch er einmal herausragte. Jährlich zieht sich der Gletscher rund 50 m zurück.

Rundweg über Skaftafellsheiði

Dieser Rundweg (violett), der insgesamt 6 Stunden dauert, führt zum einen zu dem Wasserfall Svartifoss (s. Foto links) und zum anderen hat man immer gute Aussichtsmöglichkeiten auf die Gletscherzungen. Außerdem erlebt man die vielfältige Vegetation in unterschiedlichster Form, die Gerüche und auch die Dichte der Sträucher. Im Juli findet man auch Beeren.

Zunächst hält man sich an die Ausschilderung des Aussichtspunkts Sjónasker. Von dort kann man gut den Verlauf des Skaftafellsjökull sehen. Von Sjónasker geht es nun weiter in nördlicher Richtung über die Heide, hinauf auf Skerhól, von wo man einen guten Blick auf den Wald Bæjarstaðarskógur und den Gletscher Skeiðarárjökull hat. Danach geht es in nordöstlicher Richtung über Skorarbýr zu den beiden Bergen Fremri- und Nyðri-Hnauka. Von dem letzteren, 706 m hohen Berg hat man einen guten Blick auf das Tal Morsárdalur, in das der Gletscher Morsárjökull mit einer Gletscherlagune ragt.

Unterhalb des nächsten Berges Kristínartindar geht es Richtung Osten auf Gláma zu. Von hier ist der Blick auf den Liparitberg Kristínartindar besonders eindrucksvoll sowie auch auf den Gletscher Skaftafellsjökull. Der Rückweg erfolgt nun am Ostrand der Heide bis nach Sjónarnípa, den Aussichtsfelsen. Beim Blick vom Felsrand erkennt man deutlich die Zerklüftung und Spalten der Gletscherzunge. Auch das hat im Laufe der letzten Jahre zugenommen, ein weiteres Zeichen für das Abschmelzen. Zurück geht es nun durch die kleine Klamm Eystragil.

Das alte Skaftafell

Ein Spaziergang (gelb) zu dem Hof Sel dauert 1,5 Stunden. Wieder beginnt man am Zeltplatz und wendet sich nach Westen. Im Mittelalter war in der Nähe des Hofes Sel der alte Hof Skaftafell, der auch Thingplatz war und eine Kirche hatte. Die geschützte Lage, vor allem durch den aufragenden Öræfajökull, ließ und lässt die Vegetation hier bestens gedeihen, von daher ein idealer Siedlungsplatz mit weiten Heuwiesen. Welche Gefahren unter dem Vatnajökull schlummern, erlebten die Siedler erst im 14. Jh., damals brach der Vulkan Öræfajökull aus und sein Ascheregen zerstörte den Nachbardistrikt Litla Hérað. Skaftafell hatte mehr Glück, doch mit Anstieg des Flusses Skeiðará wurde immer mehr Boden von den Hängen weggespült. Aus diesem Grund verlegte man den Hof im 19. Jh. rund 100 m höher. Die alten Ruinen sind noch zu sehen. Der Hof Sel ist ein schönes Beispiel für einen Grassodenhof.

Das Beste auf einen Blick

Der Osten

Highlight!

Vatnajökull: Der Gigant unter den Gletschern Europas verzaubert immer wieder anders. Mal faszinieren die schwimmenden Eisberge auf der Gletscherlagune Jökulsárlón, mal bannen die endlos erscheinenden Eisflächen bei einer Wanderung den Blick. S. 180

Kultur & Sehenswertes

Ostisländisches Heimatmuseum in Egilsstaðir: Insbesondere die Rekonstruktion eines Grabes aus dem Jahr 980 lohnt den Besuch. Selten fühlt man sich der vergangenen Kultur so nahe. S. 192

Zu Fuß unterwegs

Wandern in Lónsöræfi: Von Stafafell in dieses Naturschutzgebiet zu wandern ist ein Erlebnis. Die farbigen Liparit-Berge wirken wie gemalt. S. 185

Wandern um Neskaupstaður: Von hier aus die Ostfjorde und ihre Gebirge entdecken, entweder mit dem örtlichen Wanderverein oder auf eigene Faust mit Wanderkarte. S. 190

Genießen & Atmosphäre

Jökulsárlón: Ob man mit dem Boot über den Gletschersee fährt und die Eisberge fast hautnah erlebt oder einfach nur den Anblick genießt, hier spürt man die Schönheit des Eises. S. 182

Skriðuklaustur: Ein sehr eigenwilliges Gebäude, das so gar nicht hierher zu passen scheint. Der Genießer stoppt wegen des Cafés im Keller. Sehr gemütlich und vor allem eine gute Küche. S. 196

Abends & Nachts

Víkin in Höfn: Hier rocken die Bewohner unter dem Gletscher ab, nachdem sie ihre Hummersuppe genossen haben. Am Wochenende bis 3 Uhr geöffnet. S. 184

Der Osten teilt sich in zwei Regionen mit ausgeprägtem Landschaftscharakter. Das Gebiet um den Gletscher Vatnajökull wurde vor allem durch die zerstörerischen Gletscherläufe geformt, die ehemals grüne Landstriche unter sich begruben und riesige Sanderflächen schufen. Nur noch wenige Höfe findet man hier, die meisten zwischen Jökulsárlón und Höfn. Die Ostküste nördlich des Vatnajökull prägen dagegen beeindruckende Fjorde mit etlichen kleinen, alten Orten. Auch diese Region wirkt trotz der Siedlungen nicht weniger einsam.

Der Vatnajökull, Europas größter Gletscher, bietet Wanderern und Bergsteigern ein Eldorado. Eines der angesagtesten Ziele ist die Gletscherlagune Jökulsarlón mit ihren weißen, blauen und schwarzen Eisbergen.

Der Hauptort des Ostens, Egilsstaðir, liegt nicht mehr an der Küste, sondern an dem Fluss Lagarfljót. Ganz in der Nähe befindet sich der Kárahnjúkar-Staudamm, dessen Kraftwerk der riesigen Aluminiumschmelze der Firma Alcoa in Reyðarfjörður die nötige Energie liefert. Das Megabauwerk, das die Umweltschützer in Island Sturm laufen ließ, geht auf den politischen Willen zurück, den Osten wirtschaftlich aufzurüsten. Doch trotz solcher massiver ökologischer Eingriffe ist der Reiz des Ostens vielfältig, und die Landschaft wirkt vielerorts immer noch unberührt.

Infobox

Touristeninformation

Für den Vatnajökull ist das Büro in Höfn (s. S. 184), für die Ostfjorde das in Egilsstaðir (s. S. 193) zuständig.

Internet

www.visitvatnajokull.is: Website für das Gebiet rund um den Vatnajökull.
www.east.is: Viele Adressen von Höfn bis Vopnafjörður, gute Planungshilfe.

Anreise und Weiterkommen

Auto: Die Nr. 1 führt in die Region.
Bus: Das Busnetz ist ausgezeichnet. In Höfn muss man aber übernachten, wenn man nach Egilsstaðir von Skaftafell kommend weiterfahren möchte.
Flug: Von Reykjavík werden Höfn und einige Orte im Osten angeflogen. Dort kann man einen Mietwagen leihen oder Ausflüge mit Bussen machen.
Organisierte Touren: Gletschertouren werden von Höfn aus, Hochlandtouren von Egilsstaðir aus angeboten.

Vatnajökull! ► H/J 5/6

Der Vatnajökull ist mit einer Fläche von über 8300 km^2 nicht nur Islands, sondern auch Europas größter Gletscher. Sein Eisschild liegt auf einem Gelände, das sich rund 700 bis 800 m über dem Meer erhebt, und hat eine Dicke von maximal 1000 m. Sein Name, ›Gewässergletscher‹, deutet auf die zahlreichen Gletscherflüsse hin, die ihm entspringen. Rund 20 Auslassgletscher gehen von ihm ab, entweder als steile Talgletscher oder breite, löffelförmige Eisloben mit geringer Hangneigung. Auch in Island schmelzen die Gletscher verstärkt ab, so auch der Vatnajökull, was sich am Auftauchen neuer Gletscherlagunen gut erkennen lässt, ebenso wie an den Schürfspuren an den Felsen.

Bis ins 16. Jh. wurde der Gletscher regelmäßig in Nord-Süd-Richtung überquert, da er die kürzeste Verbindung

Eine Gletscherzunge des Vatnajökull kalbt in den Jökulsárlón

zwischen den Landesteilen Islands war. Die erste Überquerung als Expedition leitete im Jahre 1875 der Engländer William Watts. Gletschertouren auf den Vatnajökull werden heute in vielfältiger Form unternommen, mit Schneekatzen, Motorschlitten, Skiern oder auch mit Jeeps und 1992 erstmals mit Mountainbikes von jungen isländischen Wanderführern.

Südlicher Vatnajökull ▶ J 7

Auf dem **Hof Svínafell** in der Nähe der gleichnamigen Gletscherzunge im Süden des Vatnajökull lebte Flosi Þórðarson, mitverantwortlich für Njáls Tod (s. S. 150). Die alte Ansiedlung **Hof** (Tempel) besteht aus sieben Bauernhöfen und der 1883/84 gebauten Kirche. Sie wurde wohl auf dem Platz des früheren Tempels errichtet – einer Kultstätte zu Ehren der altnordischen Götter, die der Siedlung ihren Namen gab.

Rund 10 km südlich von Fagurhólsmýri ragt die Landzunge **Ingólfshöfði** ins Meer. An ihrer höchsten Stelle misst sie 76 m, reizvoll sind vor allem ihre Vogelklippen mit ihren zahllosen Seevögeln. Erreichen kann man die Halbinsel mit dem Traktor. Benannt wurde die Landzunge nach Ingólfur, der hier seinen ersten Winter verbracht hatte.

Aktiv

Treckertour – **From Coast to Mountains:** in Hofsnes, Tel. 894 08 94, www.localguideofvatnajokull.com/, Mai–Ende Aug. Mo–Sa um 13.30, Juni–Mitte Aug. auch 10.15 Uhr, 6900 ISK. Fahrt mit dem Heuwagen nach Ingólfshöfði.

Jökulsárlón ▶ J 7

Der kürzeste Gletscherfluss Islands, Jökulsá á Breiðamerkursandi, kommt aus dem 160 m tiefen Gletschersee Jökulsárlón, in den der Breiðamerkurjökull kalbt, und mündet nach 1500 m ins Meer. Vom See ist es nicht weit bis an den Gletscher, der sich im Verlauf dieses Jahrhunderts immer weiter zurückgezogen hat. Erst 1992 hat man unter dem Gletscher einen 25 km langen und 5 km breiten Fjord entdeckt. Die Kulisse mit dem großen Gletscher und den auf dem Jökulsárlón treibenden Eisbergen ist äußerst beeindruckend. Im Sommer besteht die Möglichkeit, auf dem Gletschersee eine Bootstour zu machen – die Fahrt zwischen den Eisbergen ist ein Erlebnis: Blau bis schwarz schimmern die bizarren Klötze, eines der beliebtesten Fotomotive in Island. Vielleicht kommt einem die Umgebung bekannt vor, denn es ist ein beliebter Spot für Werbefilme. Wer mehr für sich sein will, stoppt an der rund 4 km westlich gelegenen Lagune Breiðárlón. Blauschimmernd kriecht die Gletscherzunge auf den Felsen.

In **Breiðamerkursandur** befindet sich einer der Hauptbrutplätze der Skua, vermutlich nisten hier 2000 bis 3000 Brutpaare, außerdem tummeln sich Robben in der Jökulsá. 13 km östlich des Jökulsárlón an der Ringstraße informiert das **Museum Þórbergssetur** auf dem Gehöft Hali (Gästehaus) über das Leben und Werk des isländischen Schriftstellers Þórbergur Þórðarson (1889–1974). Den modernen Museumsbau entwarf der Architekt Sveinn Ívarsson (s. S. 70, Tel. 478 10 78, 867 29 00, www.thorbergur.is, Mai–Sept. tgl. 9–20, Okt.–April tgl. 8–11, 16–20 Uhr, 1200 ISK).

Essen & Trinken

Blick auf die Eisberge – **Jökulsárlón-Café:** am Seeufer, Tel. 478 21 22, http://icelagoon.is/the-cafe/, tgl. 9–19 Uhr. Täglich frische Sandwiches, Fischsuppe,

Kuchen, selbtgebackene Waffeln und Erfrischungen.
Modernes Ambiente – **Cafeteria:** im Museum Þórbergssetur, Tel. 478 10 78, ganzjährig, Öffnungszeiten s. o. Leckerer Kuchen und isländische Küche.

Aktiv

AufdemJökulsárlón–**Bootsfahrt:**http://icelagoon.is/tours/, Tel. 478 22 22, Juni–Aug. jede halbe Stunde bis 19 Uhr, 30–40 Min., Amphibienfahrzeug 4500 ISK, Zodiak 1 Std. 7500 ISK. Man kommt den Eisbergen ganz nahe.
Erlebnistour – **Glacierjeeps:** Abfahrt von der Ringstraße, Abzweig F 985, Tel. 478 10 00, www.glacierjeeps.is, ganzjährig Gletschertouren aller Art, z. B. mit Skidoo ab 1 Std. pro Pers. 19 500 ISK. Auf dem Gletscher ist die bewirtschaftete Hütte Jökalsel, das höchstgelegene Restaurant Islands (840 m).

Höfn í Hornafjörður und Umgebung ▸ K 6

Höfn í Hornafjörður ist ein idealer Ausgangspunkt für zahlreiche Touren. Der ständig wachsende Ort lebt sowohl vom Handel als auch von der Fischindustrie. Bedeutung erlangte er erst, als im 19. Jh. der Handelsplatz von Papos hierher verlegt wurde. Nach den Eindrücken der recht einsamen Landstriche seit Vík wirkt Höfn geradezu städtisch. Eine zunehmend wichtige Rolle für die Einwohner spielt der Tourismus.

Im **Visitor Center** (Gamlabúð) am Hafen informiert eine Ausstellung über die Geologie und Geschichte der Region. Das historische Haus stand ursprünglich in Papós in Lón und wurde 1897 nach Höfn transportiert (s. Infos S. 184).

Das historische **Pakkhús** nebenan stammt aus der Zeit nach 1930, heute ist dort ein Restaurant untergebracht (s. S. 184).

Höfns Küste

Im Vogelschutzgebiet **Ósland** nicht weit vom Hafen halten sich zahlreiche Vogelarten auf und nicht selten sieht man auch Seehunde vor der Küste. Zwischen den Steilhängen des Skarðstindur (488 m) und Klifatindur (888 m) verläuft der Pass, an dessen höchster Stelle man einen hervorragenden Blick auf die südlichen Gletscherzungen des Vatnajökull und in der anderen Richtung auf den Papafjörður und die Landzunge Papós hat.

Von 1860 bis 1897 war **Papós** Handelsplatz, danach wurde es von Höfn abgelöst. In der Nähe der Ruinen aus jener Zeit sieht man noch ältere Gebäudereste, die vermutlich von den irischen Eremiten stammen, die vor der Besiedlung Islands hier lebten; die alte Flurbezeichnung Papatætur weist darauf hin.

Übernachten

Fast idyllisch gelegen – **Hótel Edda:** Ránarslóð 3, Tel. 444 48 50, www.hoteledda.is, DZ 216 €. Besonders reizvoll an dem Hotel ist seine Lage – in der Nähe von Ósland – mit Blick auf Meer und Vatnajökull. Schöne helle Ausstattung mit Bad.
Sehr beliebt – **Jugendherberge Nýibær:** Hvannabraut 3, Tel. 478 17 36, 864 21 59, www.hostel.is, Schlafsack 3850 ISK. Vom 2-Bett- bis zum 6-Bett-Zimmer ist in der neuen Herberge alles gegeben. Freundliche und praktische Ausstattung. Man kann sogar sein Fahrrad unterstellen, und es gibt eine Waschmaschine.

Bezahlt wird am Automaten – Tankstelle in Höfn

Sehr gute Ausstattung – **Zeltplatz:** Tel. 478 16 06, www.campsite.is, 1100 ISK pro Pers./Zelt. Waschmaschine, Duschen, Internetzugang etc. sind vorhanden. Außerdem werden rustikale Hütten vermietet. Platz für 4–6 Pers., Kochgelegenheit und Essecke vorhanden. Preise für Hütten erfragen.

Essen & Trinken

Am Hafen – **Pakkhús:** Krosseyjarvegi 3, Tel. 478 22 80, www.pakkhus.is, Küche tgl. 12–22 Uhr, Hauptgerichte ab 3000 ISK. Hummersuppe, gebratene Enten und Hühnchen aus der Region, frische Fischgerichte in einer gemütlichen und urigen Atmosphäre. Nachmittags Kuchenbuffet.

Rustikal – **Kaffi Hornið:** Hafnarbraut 42, Tel. 478 26 00, Sommer tgl. 11.30–22 Uhr, kleine Gerichte 1000–1900 ISK, Hauptgerichte ab 2000 ISK. Gemütliches Holzambiente, von à la carte bis zum preiswerten Tagesgericht, Salatbar und die Spezialität des Ortes: Hummer (5000 ISK).

Treffpunkt – **Víkin:** Víkurbraut 2, Tel. 478 23 00, Mo–Do 9–1, Fr/Sa 9–3 Uhr. Spezialität ist Hummersuppe, ansonsten auch Nudeln mit Hummer (2400 ISK) und leckere Pizzas. Fischgerichte ab 1700 ISK, gegrilltes Lamm 2180 ISK.

Aktiv

Gletscher – **Vatnajökull Travel:** Bugðuleiru 3, Tel. 894 16 16, www.vatnajokull.is, Juni–Aug. Tagestour ab Höfn und zurück mit Jökulsárlón und Fahrt auf den Gletscher, Bootsfahrt und Skidoo-Tour inkl. 258 € (ohne Verpflegung).

Infos & Termine

Höfn Visitor Centre: in der Gamlabúð am Hafen, Tel. 470 83 30, Juni–Aug.

tgl. 8–20, Mai/Sept. tgl 10–18, sonst tgl. 10–12, 16–18 Uhr. Wichtigste Informationsstelle für das Gebiet Vatnajökull. In zwei weiteren Gebäuden Exponate zum Fischfang und zum Leben der Fischer.
Bus: tgl. nach Reykjavík und Egilsstaðir morgens vom Zeltplatz ab.
Flug: www.eagleair.is. Tgl. mehrere Flüge zwischen Höfn und Reykjavík.
Hummerfest: 1. Wochenende im Juli, Familienfest rund um den Hummer.

Stafafell ▸ L 6

Stafafell ist ein altes Gehöft an der Ringstraße östlich von Höfn, das bis 1920 bewohnt war und heute als Herberge bewirtschaftet wird (s. u.). Der Gletscherfluss Jökulsá í Lóni, vom Vatnajökull kommend, ist hier über die 247 m lange Brücke leicht passierbar. Südlich des Flusses führt ein Jeep-Track in das seit 1977 bestehende Naturschutzgebiet **Lónsöræfi**, das für seine ausgezeichneten Wandermöglichkeiten bekannt ist. Die farbenprächtigen Liparitberge und die formenreichen Täler und Schluchten bieten viel Abwechslung. Lónsöræfi ist Ausgangsort einer mehrtägigen Wanderung bis zum Snæfell.

Übernachten

Im Grünen – **Stafafell:** Lón, Tel. 478 17 17, 478 22 17, www.stafafell.is, Schlafsack 3750 ISK, DZ 11 000 ISK, Frühstück 1800 ISK. Neben hellen Zimmern auf dem Hof gibt es auch Hütten, einige Zimmer mit Dusche/WC. Ein Zeltplatz ist angeschlossen. Abendessen nach Vereinbarung, ansonsten Selbstversorger. Ein idealer Ausgangspunkt für Wanderungen und Spaziergänge. Organisierte Touren ab 3000 ISK.

Entlang der Ostfjorde

Der Weg führt durch die typische Fjordlandschaft der Ostküste: rechts das Meer und linker Hand die steil aufragenden Basaltberge des Hochplateaus mit engen Taleinschnitten. Die Küstenstraße ist sehr gut ausgebaut, mit Parkplätzen und ausgewiesenen Vogelbeobachtungsstellen. Die überaus reizvolle Landschaft bietet gute Wandermöglichkeiten. Die malerischen und historisch interessanten Küstenorte sind besondere Entdeckungen, zumal sie ihr touristisches Angebot kontinuierlich ausbauen.

Djúpivogur ▸ L 5

Djúpivogur, bestehend seit 1589, ist einer der ältesten Handelsplätze in Island. Die historischen Gebäude im Ortszentrum stammen aus der Zeit der dänischen Kaufleute, die für Jahrhunderte den Handel beherrschten. Heute leben die Einwohner vor allem von Fischfang, Landwirtschaft und Tourismus. Im Gebäude **Langabúð**, einem ca. 200 Jahre alten Laden, ist das Regionalmuseum untergebracht (www.langabud.is, 15. Mai–15. Sept. tgl. 11–18 Uhr, 500 ISK, angeschlossenes Café). Außer Gerätschaften aus der Region sind u. a. eine Büstensammlung des Holzschnitzers Rikarður Jónsson und im Nachbarhaus eine Mineraliensammlung zu sehen. Im Sommer leben hier unzählige Vögel. Ein Highlight des Ortes sind die Steineier in Gleðivík des Künstlers Sigurður Guðmundsson. 34 davon säumen die Küste, geformt wie die Eier der rund um Djúpivogur heimischen

Vögel. Der Granit für das Kunstwerk stammt aus der Umgebung.

Wanderungen und Ausflüge

Die Landzunge **Búlandnes** mit ihren zahlreichen Seen ist ein ausgewiesenes Gebiet für Vogelbeobachtungen, entsprechende Hinweistafeln hat man dort aufgestellt (Info: www.birds.is).

Westlich von Djúpivogur erhebt sich die 1069 m hohe Basaltpyramide des **Búlandstindur**. Wie der Snæfellsjökull in Westisland gilt dieser Berg als ein ›geistiges Energiezentrum‹. Nicht weit davon steht der Bauernhof **Teigarhorn**, dessen Umgebung weltweit als Fundstätte für Zeolithen bekannt ist. Sammeln von Gesteinen ist hier verboten.

Neben schönen Wanderungen entlang der Küste kann man auch Tagestouren zu der vorgelagerten **Insel Papey** unternehmen. Der Name der Insel leitet sich ab von den irischen Mönchen, den Papar, die hier bis zur Besiedlung durch die Norweger ein kontemplatives Leben führten.

Übernachten

Monopol – **Hótel Framtíð:** Vogaland 4, Tel. 478 88 87, Fax 478 81 87, www.hotelframtid.com, DZ 27 900 ISK, 2-Pers.-Hütten 22 400 ISK, 2-Pers.-Apartment 35 000 ISK, Frühstück 2050 ISK. Im Neubau gibt es sehr ›holzig‹ ausgestattete, große Zimmer mit Komfort. Aber es werden auch einfache, preiswertere Zimmer angeboten, außerdem Hütten und Apartments.
Schön gelegen – **Jugendherberge Berunes:** zwischen Djúpivógur und Breiðdalsvík, Tel. 478 89 88, 869 72 27, www.berunes.is, Schlafsack 3850 ISK, im DZ 9700 ISK, Hütten ab 19 000 ISK, Frühstück 1750 ISK, Abendessen bei Vorausbuchung. Der ehemalige Bauernhof wurde 1907 gebaut. Gemütliche Ausstattung, u. a. mit einer kleinen Bibliothek. Außerdem gibt es drei Hütten für Selbstversorger und einen Zeltplatz. Die Jugendherberge zählt zu den grünen und besten Herbergen des Landes.

Essen & Trinken

Mit Hafenblick – **Hótel Framtíð:** s. o., Fischmenü ab 4780 ISK, Fleischmenü ab 5580 ISK. Relativ großes Hotel-Restaurant – beliebt bei Gruppen – mit Blick auf den Hafen und fangfrischem Fisch. Lecker ist das selbstgebackene Brot.
Antik – **Café Langabúð:** Tel. 478 88 20, 15. Mai–15. Sept. tgl. 11–18 Uhr, um die 1000 ISK. Etwas antikisiert eingerichtet, aber gemütlich. Bietet kleine Gerichte wie Suppen und Kuchen.

Aktiv

Geführte Touren – **Papeyjarferðir:** Tel. 478 88 38, 866 13 53, www.djupivogur.is/papey, Juni–15. Sept. tgl. 13 Uhr. Papey 4 Std. 9000 ISK, Vogel- und Robbenbeobachtung 8500 ISK, Fjordfahrt 4000 ISK. Hochseeangeln auf Anfrage möglich.

Infos

www.djupivogur.is: Informationen zu Sehenswürdigkeiten im Ort und in der Umgebung, Restaurants und Unterkünften.
Bus: tgl. von/nach Egilsstaðir und Höfn.

Breiðdalsvík ▸ L 5

Breiðdalsvík existiert als Ort erst seit 1960, selbst die Besiedlung fand erst Ende des 19. Jh. statt. Die Einwohner leben hauptsächlich von der Fischindustrie. Außerdem ist man bestrebt, die vielfältigen Wandermöglichkeiten der Region und damit den Tourismus auszubauen. Auf den Inseln in der gleichnamigen Bucht kann man Eiderenten und Seehunde beobachten. Bei dem nahe gelegenen Hof **Snæhvammur** fand man Gräber mit Beigaben, die über 1000 Jahre alt sind und heute im Nationalmuseum in Reykjavík aufbewahrt werden. Im ältesten Haus des Ortes, **Gamla Kaupfélag,** dem alten Geschäft aus dem Jahr 1906, ist eine interessante Ausstellung zur Geologie der Region untergebracht (Tel. 470 55 65, www.breiddalssetur.is, Sommer tgl. 11–18 Uhr). Außerdem befindet sich hier die Touristeninformation.

Übernachten, Essen

Schön gelegen – **Hótel Bláfell:** Sólvellir 14, Tel. 475 67 70, www.hotelblafell.is/, DZ ab 180 €. Das gemütliche Holzhaus im Landhausstil bietet komfortable Zimmer mit Bad und einen ansprechenden Aufenthaltsraum mit offenem Kamin. Außerdem gibt es Sauna und Solarium. Im Restaurant setzt man auf traditionelle Küche, und das noch zu guten Preisen. Mittagessen, Suppe, Brot, Kaffee und Kuchen. Abends häufig Buffet.

Infos

Touristeninformation: im Gamla Kaupfélag, s. o.

Mein Tipp

Steinreicher Osten ▸ M 5
Sowohl Breiðdalsvík als auch Stöðvarfjörður, ein kleiner, aber sehr schöner Fjord, verfügen über besondere Mineralienvorkommen und vielfältige Bergformationen. In beiden Orten gibt es lohnende Steinsammlungen. Die Hobbysammlerin Petra Sveinsdóttir hat während ihres langen Lebens zahllose Steine zusammengetragen, die nun in einer bizarr-amüsanten Weise präsentiert werden (Steinasafn Petru Sveinsdóttir, Stöðvarfjörður, Sunnuhlíð, Tel. 475 88 34, www.steinapetra.is, Mai–Sept. tgl. 9–18 Uhr, 1000 ISK).
Auch in Eskifjörður gibt es eine Privatsammlung, bestehend aus isländischen Gesteinen und zahlreichen Mineralien aus anderen Ländern. Kontakt bekommt man über das Gästehaus Mjóeyri, s. S. 189.

Fáskrúðsfjörður ▸ L 4

An der Wende zum 20. Jh. diente der Ort Fáskrúðsfjörður als Hauptstützpunkt der französischen Seeleute, die hier ihr eigenes Krankenhaus und ihre eigene Kirche mit eigenem Friedhof errichteten. Rund drei Jahrhunderte hatten französische Fischer hier vor der Küste gefischt. Auf die französisch-isländische Freundschaft verweisen die zweisprachigen Straßenschilder und eine engagierte Memorabilienpflege. Ein Besuch im **Café Fransmenn á Íslandi** – Franzosen in Island – mit seinem Museum bietet sich an (Búðavegur 8, Tel. 892 89 29, Juni–Aug. tgl. 10–18 Uhr, Museum 550 ISK, guter Kuchen). Traditionell leben die Einwohner hier hauptsächlich vom Fischfang. Im Gebiet um Fáskrúðsfjörður sind zahlreiche Wanderwege markiert worden.

Die Inseln

Östlich des Fjords Fáskrúðfjörður liegen die beiden Inseln **Skrúður** und

Andey. Andey ist eine relativ flache Grasinsel mit einer großen Eiderenten-Population. Auf der immergrünen Felseninsel Skrúður lebt eine der größten Papageitaucher-Kolonien neben verschiedenen Alkenarten, Eissturmvögeln, Basstölpeln sowie Islands größter Silbermöwen-Kolonie. Von der dortigen Höhle Skrúðshellir, der wohl größten Ostislands, heißt es, dass darin ein Riese gehaust habe, der sich vorzugsweise von geraubten Jungfrauen und Schafen ernährte.

Übernachten, Essen

Schöner Blick – **Hótel Bjarg:** Skólavegur 49, Tel. 475 14 66, www.hotelbjarg.is, DZ 145 €. Es besticht schon durch seine Lage mit Blick über Hafen und Fjord. Renoviert und vor allem hervorragende Latexmatratzen. Zudem verheißt es guten Schlaf aufgrund des Baches, der unter dem Hotel dahinrauscht. Zudem gibt es ein großes Restaurant mit guter Küche im Haus.
Kostenlos – **Zeltplatz:** in Ortsnähe.

Infos & Termine

www.fjardabyggd.is: Informationen zu Fáskrúðfjörður, aber auch zu Reyðarfjörður, Eskifjörður, Norðfjörður und Stöðvarfjörður, die alle zur Gemeinde Fjarðabyggð gehören. Infos sonst im Café Fransmenn (s. S. 187).
Bus: www.austfjardaleid.is. Mo–Sa nach Egilsstaðir und in die Nachbarfjorde.
Nationalfeiertag: Am 17. Juni heißt es hier auf die Berge mit der ganzen Familie.
Französischer Nationalfeiertag: 14. Juli. Die isländische und die französische Flagge werden im Ort feierlich gehisst.
Französische Tage: Ende Juli. Familienfestival.

Reyðarfjörður ▸ L 4

Am Reyðarfjörður, dem größten Fjord an der Ostküste (30 km Länge, 7 km Breite), unterhielten die Alliierten im Zweiten Weltkrieg eine bedeutende Militärbasis. Nach dem Bau des Aluminiumwerks hat sich der Ort enorm entwickelt, die Infrastruktur wurde verbessert, was Neubauten, Fußballhalle und Kino u. a. belegen. Mit den beiden Tunneln ist die Anbindung nach Höfn verbessert worden. Doch leider hat sich die Einwohnerzahl nach Inbetriebnahme der Aluminiumschmelze im Jahr 2007 nicht wie erwartet entwickelt, viele Neubauten stehen bis heute leer. Kürzere Spaziergänge kann man entlang des Flusses Búðará machen, ansonsten heißt es hinauf in die Berge.

Museum über die Besatzungszeit
Hospital camp v/Hæðargerði, Tel. 470 90 63, Juni–Aug. tgl. 13–17 Uhr, 1000 ISK
Das Museum (Íslenska Stríðsárasafnið) zeigt, dass die englische Besatzungszeit in Island nicht ohne nachhaltige Folgen war, legte sie u. a. die Basis für späteren Wohlstand. Doch auch die Reibungsverluste im Miteinander waren vorhanden, was die Ausstellung z. T. darzustellen versucht. Eine in mancher Hinsicht eigenwillige Sammlung und Präsentation, dennoch nicht uninteressant.

Übernachten

Ein Haus mit Geschichte – **Gästehaus Tærgesen:** Búðurgata 4, Tel. 470 55 55, 892 91 36, www.taergesen.com, DZ ab 90 €. Die Zimmer im ältesten Haus des Ortes sind vor wenigen Jahren renoviert worden. Vier Gemeinschaftsbäder. Ein Haus mit Charme, zudem zentral gelegen und mit Terrasse.

Für Vogelfreunde – **Zeltplatz:** im Ort am Ententeich. Recht gut ausgestattet. Es gibt eine Vogelbeobachtungshütte.

Essen & Trinken

Bistro – **Hjá Marlín:** Vallergerði 9, Tel. 892 03 36, tgl. 17–20 Uhr, Tagesgerichte um 2000 ISK. Recht gemütliches Café mit Bar, belgische Waffeln!
Beliebter Treff – **Kaffi Kósi:** Búðargata 6, Tel. 474 16 66, Do 20–1, Fr/Sa 22–3 Uhr. Barbetrieb. Beliebter Wochenendtreff.

Infos

Bus: Mo–Sa zwischen den einzelnen Orten und nach Egilsstaðir.

Eskifjörður ▸ L 4

Eskifjörður entwickelte sich mit dem norwegischen Heringsfang im 19. Jh., zuvor war der Ort ein Handelsplatz. Bis heute ist die Fischverarbeitung ein wichtiger Wirtschaftszweig, verbunden mit dem Wachstum, das durch die Aluminiumschmelze erfolgt ist. Am Nordufer des Reyðarfjörður bei Helgustaðir, ca. 9 km weiter östlich, liegt eine der besten Doppelspatminen, die vom 17. bis ins 20. Jh. genutzt wurde. Doppelspat wurde vor allem für optische Präzisionsgeräte verwendet. Zahlreiche Doppelspatexponate in Museen stammen von hier, so ein 230 kg schweres Exponat im National History Museum in London. Heute ist das Areal um die Mine Landschaftsschutzgebiet.

Seefahrtsmuseum Ostislands

Strandgata 39b, Tel. 476 16 05, Juni–Aug. tgl. 13–17 Uhr, 1000 ISK

In einem Haus von 1816, Gamla Búð, ist das Seefahrtsmuseum Ostislands (Sjóminjasafn Austurlands) untergebracht. Es war ursprünglich der Laden und das Lagerhaus des Ortes und im Erdgeschoss sieht man auch noch Teile der alten Ladeneinrichtung. Ansonsten widmet es sich vor allem dem Herings-, Haifisch- und Walfang in der Region mit zahlreichen alten Fotos und auch Booten. In der 1. Etage zeigt das Regionalmuseum u. a. ein Modell des Ortes aus dem Jahr 1923.

Übernachten

Direkt am Meer – **Gästehaus Mjóeyri:** ca. 3 km östlich vom Ortszentrum, Strandgata 120, Tel. 477 12 47, www.mjoeyri.is, Schlafsack 5600–7800 ISK, DZ 14 200–17 100 ISK, Hütten 19 800–24 100 ISK, Abendessen mögl. Sehr schön am Fjord in der Nähe eines Leuchtturms gelegen. Äußerst beliebt bei Isländern. Die Zimmer sind einfach, aber angenehm ausgestattet, außerdem gibt es fünf Hütten für 6–7 Pers. Ideal für Wanderungen.
Im Grünen – **Zeltplatz:** am Park am Ortsrand.

Essen & Trinken

Typisch isländisch – **Tankstellen-Imbiss:** Strandgata 13, Tel. 476 13 83, ab 1000 ISK. Hier ist meist etwas los. Klassisches Fast Food.

Aktiv

Outdoor – **Gästehaus Mjóeyri:** s. o. Das Aktivitätenangebot reicht von Rentierjagd bis zu Skitouren im Winter. Boote können geliehen werden, 1 Stunde kostet 4000 ISK plus Benzinkosten. Schneemobilfahrten, Eisklettern, geführte Wanderungen am Fjord.

Fischkutter im Hafen von Neskaupstaður

Infos

Bus: Mo–Sa zwischen den einzelnen Orten und nach Egilsstaðir.

Neskaupstaður ▸ M 4

Der größte Ort Ostislands am Norðfjörður bietet vor allem Wanderern und Wintersportlern gute Möglichkeiten. Um die Wende vom 19. zum 20. Jh. unterhielten die Norweger hier eine größere Heringsstation. Fischfang und -verarbeitung sind die wichtigen Wirtschaftszweige, zudem steht hier Islands größte Fischgefrieranlage. Die Lawinenschutzbauten oberhalb Neskaupstaður sind lohnende Aussichtspunkte.

Museumshaus

Egilsbraut 2, Tel. 470 90 63, 15. Juni–Aug. tgl. 13–17 Uhr, jeweils 550 ISK

In einem ehemaligen Lagerhaus am Hafen sind gleich drei Museen untergebracht: Tryggvasafn zeigt Werke des hier 1940 geborenen Malers Tryggvi Ólafsson und das Naturkundemuseum (Náttúrugripasafnið) ausgestopfte Tiere und eine umfangreiche Gesteinssammlung, darunter Doppelspat aus Helgustaðir. Die Seefahrtsausstellung präsentiert die persönliche Sammlung von Jósafat Hinriksson.

Naturschutzgebiet

Das Naturschutzgebiet (Folksvangur Neskaupstaðar) liegt etwas östlich des Ortes und bietet sehr schöne Spazierwege. Dort befindet sich an der Küste die **Höhle Páskahellir** (Osterhöhle), zu der Stufen hinunterführen. Sie wurde durch die Brandung gebildet und innen sind kleine Löcher zu sehen, die von Bäumen stammen, die vor

12 Mio. Jahren von Lava bedeckt wurden. Die Wege führen durch Feuchtwiesen mit üppiger Vegetation, mineralisch interessante Felsen und bieten reichlich Gelegenheit für Vogelbeobachtungen.

Übernachten, Essen

Mit Malerei – **Hótel Capitanó:** Hafnarbraut 50, Tel. 477 18 00, www.hotelcapitano.is, Schlafsackplatz möglich (Preis erfragen), DZ ab 15 000 ISK. Hinter der blauen Wellblechfassade verbergen sich gut ausgestatte Zimmer (3 Sterne) und Bilder von Tryggvi Ólafsson. Restaurant im Haus.

Aktiv

Kajaktouren – **Kajakklúbburinn Kaj:** Tel. 863 99 39, http://kaj.123.is. Geführte zweistündige Tour, Anfragen per E-Mail.
Wandern – **Ferðafelag Fjarðamanna:** Melagata 8, Tel. 470 10 18, 863 36 23, www.simnet.is/ffau. Der regionale Wanderverein bietet geführte Touren in die Umgebung an. Hier gibt es auch eine Wanderkarte für die Region.

Infos & Termine

Bus: www.austfjardaleid.is. Im Sommer tgl. Busse zwischen Egilsstaðir sowie den Nachbarorten.
Seemannsfest: 1. Wochenende im Juni. Mit Wettrudern.
Funkenflug: Juli. Rockfestival und Familienfest. In der Zeit kostenlose Benutzung der Zeltplätze.

Seyðisfjörður ▸ L 4

Seyðisfjörður war im 19. Jh. die größte Handelsniederlassung Islands, und noch heute erinnern die gut erhaltenen Holzhäuser an diese Blütezeit des Ortes, als sich viele Norweger wegen des Heringsfangs ansiedelten. Hier gab es schon 1906 die erste Untersee-Telefonleitung, nicht zuletzt wegen der Anbindung nach Europa. Der gute natürliche Hafen machte Seyðisfjörður zu einem wichtigen Umschlagplatz im Land und ist Anlaufhafen der Smyril Line (s. S. 23). Die Engländer und Amerikaner richteten während des Zweiten Weltkriegs hier ihre ersten Stützpunkte ein. Die malerische blaue Kirche wird im Sommer für Konzerte genutzt. Seyðisfjörður bietet Wandermöglichkeiten in der näheren Umgebung.

Das älteste Kraftwerk Islands, **Fjarðarsel**, stammt aus dem Jahr 1913 und lieferte damals erstmalig Strom in ein Gemeindenetz. Während der Sommermonate kann das Kraftwerk mit Elektrizitätsmuseum besichtigt werden (Tel. 472 11 22, Besichtigung Juni–Aug. nach tel. Anfrage, 30 Min. zu Fuß stadtauswärts gelegen).

Technikmuseum Ostislands

Hafnargata 44, Tel. 472 16 96, www.tekmus.is, Juni–15. Sept. tgl. 11–17 Uhr, 1000 ISK
Einen guten Eindruck der technischen Errungenschaften von 1880 bis 1950 in Seyðisfjörður erhält man im Technikmuseum (Tækniminjasafn), das in dem ehemaligen Wohnhaus von Otto Wanthe eingerichtet wurde. Weitere Gebäude mit ehemaligen Werkstätten gehören schon zu dem einzigartigen Museum dazu. Hier erfährt man auch alles über die erste Untersee-Telefonleitung. Pétur ist einer der engagiertesten Museumsleiter.

Übernachten

Alteingesessen – **Jugendherberge Hafaldan:** Ránargata 9, Tel. 472 14 10, Fax

472 16 10, www.simnet.is/hafaldan, Schlafsack 3850 ISK. Ein Haus mit familiärer Atmosphäre in der Nähe des Hafens gelegen. Küchenbenutzung, Gruppen können nach Absprache auch Mahlzeiten bestellen. Es gibt noch ein schönes Ausweichhaus im Ort.
Mitten in der Natur – **Skalanes:** 17 km entfernt an der südlichen Spitze des Fjords, Tel. 690 69 66, www.skalanes.com, 15. Mai–Sept., Übernachtung inkl. Frühstück 9800 ISK, Mittagssuppe 1800 ISK, Abendessen um 3000 ISK. Das Natur- und Kulturzentrum bietet neben Unterkunft auch Naturbeobachtungen und geführte Wanderungen entlang der einzigartigen Küste. Man kann sich gegen Gebühr von Seyðisfjörður bzw. der ersten Flussfurt abholen lassen.
Im Ort – **Zeltplatz:** Gut ausgestattet und zentral gelegen.

Essen & Trinken

Kunst und Kultur pur – **Skaftfell:** Austurvegur 42, Tel. 472 16 33, tgl. 12–21 Uhr. Pizza, Kuchen und leckerer Kaffee. Skaftfell ist das örtliche Kunstzentrum mit wechselnden Ausstellungen und Cafébetrieb. Gemütlich, auch mit Internetcafé. Es ist Sitz der Dieter-Roth-Stiftung.
Gemütlich – **Kaffi Lára:** Norðurgata 3, Tel. 472 17 03, www.elgrillobrew.com. Nettes Café und vor allem gemütlicher Pub, auch bei Bedarf Sportbar. Gehört vor allem zur örtlichen Brauerei. Hier trifft sich der Ort.

Aktiv

Kajaks, Mountainbikes – **Hlynur Oddsson:** Tel. 865 37 41, www.iceland-tour.com. Kajaktouren im Fjord ab 1 Std., Mountainbike-Touren ab 2 Std., Bootsfahrten mit Vogelbeobachtung und Angeln. Alle Preise vor Ort erfragen. Kajaks und Fahrräder können auch entliehen werden.

Infos & Termine

Touristeninformation: im Fährhaus, Ferjuleira 1, Tel. 472 15 51, www.visitseydisfjordur.com, Mai–Sept. 9–16 Uhr. Hier erhält man u. a. auch einen historischen Stadtführer mit Informationen zu den alten Häusern. Verkauft auch Buspässe.
Bus: tgl. von/nach Egilsstaðir.
Á Seyði: Juni–Aug. Kulturfestival mit Ausstellungen und Konzerten.
Sommerkonzerte: Juli–Aug. Mittwochs Konzerte in der Blauen Kirche (Bláa Kirkja) im Rahmen des Kulturfestivals.
LungA: Juli. Kunstfestival der Jugend.
Norwegische Tage: August. Mit Theater, Ausstellungen, Veranstaltungen.

Egilsstaðir ▸ L 4

Egilsstaðir, eine der jüngsten Städte Islands – ihre Entwicklung begann erst 1944 –, ist heute das Dienstleistungszentrum des Ostens. Eine wichtige Rolle schreibt die Stadtverwaltung dem Ausbau des Tourismus zu. Die abwechslungsreichen Ausflugsmöglichkeiten machen Egilsstaðir zu einem idealen Zwischenstopp. Auch das kulturelle Angebot ist in den letzten Jahren erweitert worden. Von Egilsstaðir lohnt ein Abstecher nach Bakkagerði am Borgarfjörður (ca. 68 km, s. Lieblingsort S. 194).

Ostisländisches Heimatmuseum

Laufskógar 1, Tel. 471 14 12, www.minjasafn.is, Juni–Aug. Mo–Fr 11.30–19, Sa/So 10–18 Uhr, 1000 ISK
Lohnend und auch ausgesprochen interessant aufgearbeitet sind die Ausstellungsräume im Ostisländischen

Heimatmuseum (Minjasafn Austurlands). Im Zentrum steht ein heidnisches Grab von 980, das man 1995 in der Nähe von Seyðisfjörður ausgegraben hat. Zu sehen sind die Knochenreste eines Mannes und seines Pferdes. Auch die anderen Exponate vermitteln einen guten Eindruck vom früheren Leben, wie z. B. das medizinische Equipment des letzten Landarztes der Region.

Übernachten

Kleines, feines Haus – **Gästehaus Vínland:** Fellabæ, Tel. 615 19 00, www.vinland-gisting.net, DZ 9400–19 700 ISK, Frühstück 2100 ISK. Geschmackvoll ausgestattet, mit Kühlschrank und Wasserkocher, außerdem Internet. Zum Teil mit schönem Ausblick. Außerdem gibt es ein Sommerhaus für 4 Pers. mit schöner Ausstattung (ab 195 €/Nacht).
Gute Ausstattung – **Zeltplatz Egilsstaðir:** zentral, Tel. 470 07 50, 862 37 90. Trotz der Größe findet man auch ruhige Plätze.

Essen & Trinken

Stilvoll – **Gästehaus Egilsstaðir:** kleine Straße von der Nr. 1 in Richtung Lagarfljót, Tel. 471 11 14. Gute Küche mit abwechslungsreichen Fleischgerichten, z. B. Ente 6200 ISK.
Kuchen u. a. – **Café Nielsen:** Tjarnarbraut 1, Tel. 471 26 26, Mo–Do 11.30–23.30, Sa/So 13–23.30 Uhr, Buffet mit Salatbar 11.30–13.30 Uhr 1850 ISK, Fleischgerichte ab 4900 ISK, Fischgerichte 3950 ISK. Im ältesten Haus des Ortes, auf der Speisekarte stehen von vegetarisch bis Rentier, im Sommer Terrassenbetrieb.
Fast-Food – **Söluskáli:** Tankstelle, Kaupavangur, Tel. 478 12 00, bis 22.30 Uhr. Hier gibt es fast immer etwas zu essen.

Aktiv

Fahrrad fahren – **Skógar Rent a Bike:** Dynskógar 4, Tel. 471 12 30, 892 18 50, Mo–Fr 10–18, Sa 11–15 Uhr. Z. B. einmal rund um Lögurinn. Preise vor Ort.
Reiten – **Útnyrðingsstaðir:** 7 km nördlich des Ortes, Tel. 471 17 27, 869 82 10, Ausritte in den Sommermonaten ab 5000 ISK. Reiterhof mit Pferdezucht.

Infos & Termine

Touristeninformation: Miðvangur 1–3, Tel. 471 23 20, Fax 471 18 63, www.east.is, Juni–Aug. Mo–Fr 8.30–18, Sa 10–16, So 17–21, sonst Mo–Fr 12–18, Uhr. Wichtigste Auskunftsstelle für den Osten Islands. Hier erfährt man alles über Unterkünfte und Ausflugsmöglichkeiten in die Umgebung sowie Aktivitäten, darunter Touren auf den Snæfell (s. S. 197).
Bus: tgl. nach Höfn und Akureyri sowie in die kleinen Orte.
Flug: www.airiceland.is. Tgl. Flüge von/nach Reykjavík. Der Flughafen liegt 3 km stadtauswärts in nördlicher Richtung.
Jazz-Festival: Juni. Gruppen aus Island und Skandinavien.
Ormsteiti: Ende Aug./Anfang Sept. Erntefest mit buntem Programm.

Rund um Lögurinn

▶ L 4

In dem 30 km langen und bis zu 3 km breiten See Lögurinn bzw. Lagarfljót soll eine Verwandte des schottischen Seeungeheuers Nessie hausen. Obwohl zahllose Quellflüsse im Fljótsdalur in den See münden, bleibt der milchig scheinende Gletscherwassercharakter erhalten.

Lieblingsort

Besuch bei den Elfen – Bakkagerði ▶ L/M 3

Verborgen und geradezu verwunschen liegt der kleine Ort Bakkagerði umgeben von einer Berglandschaft mit den farbenprächtigen Rhyolith- und Basaltbergen wie Dyrfjöll und Staðarfjöll. Nur wenige Häuser stehen hier und manche sind geradezu skurril, wie das Lindarbakki (Foto), ein fast gänzlich von Grassoden bewachsenes Haus von 1899 mit leuchtend roten Giebeln. Für Elfenliebhaber ist der Ort ein Muss, denn hier soll der Hauptsitz des verborgenen Volkes sein. In dem 30 m hohen Basalthügel Álfaborg soll gar die Elfenkönigin residieren. Stolz ist man auch darauf, dass der Maler Jóhannes S. Kjarval (1885–1972) hier aufwuchs. In der kleinen Kirche hängt ein Bild von ihm, auf dem Jesus die Menschen segnet. Er steht auf dem Hügel Álfaborg und im Hintergrund sieht man Dyrfjöll. Ein lauschiger Ort zum Staunen, Vögelbeobachten und Wandern. Wer in Bakkagerði länger verweilen will, findet entsprechende Übernachtungsmöglichkeiten.

Wer genug von den Gletscher- und Lavalandschaften hat und Sehnsucht nach dem Rauschen eines Waldes verspürt, sollte unbedingt nach **Hallormsstaður**, Islands größtem Wald- und Wiederaufforstungsgebiet, am südlichen Ostufer von Lögurinn aufbrechen. Die ältesten Bäume sind über 100 Jahre alt und einige erreichen Höhen von über 12 m. Sehr interessant ist ein Spaziergang durch den Lehrwald, ein Informationsblatt der dortigen Wiederaufforstungsstelle erklärt die unterschiedlichen Baumarten.

Aus der Kirche von **Valþjófsstaður** am Südende des Sees stammt die berühmte mittelalterliche Holztür, die man im Nationalmuseum in Reykjavík besichtigen kann. Die heutige Kirchentür ist eine exakte Kopie.

Wenige Kilometer weiter befindet sich der ehemalige Wohnsitz des Schriftstellers Gunnar Gunnarsson, **Skriðuklaustur**, 1939 von dem Architekten Fritz Höger erbaut. Unterstützt wurde das Projekt von den Nationalsozialisten, denen Gunnarsson durchaus freundlich gesinnt war. 1949 schenkte der Autor den Hof dem isländischen Staat. Heute ist ein Kulturzentrum darin untergebracht, mit Ausstellungen zu Gunnarsson und Künstlern aus der Region. Die Ausgrabungen zeigen die Grundmauern des einstigen Klosters sowie den Friedhof. Die Skelette lassen vermuten, dass hier ein Hospital war (Fljótsdalur, Tel. 471 29 90, www.skriduklaustur.is, Sommer tgl. 10–18, Mai/Sept. tgl. 12–17 Uhr, 1000 ISK).

Nicht weit entfernt steht das Informationszentrum **Végarður** des staatlichen Energieversorgers Landsvirkjun, in dem man sich über das Kraftwerk Kárahnjúkar HEP informieren kann (http://www.landsvirkjun.com/company/visitus, Juni–Aug. 10–17 Uhr). Zu dem mit 118 m dritthöchsten Wasserfall Islands, **Hengifoss**, an der Westseite des Lagarfljót führt ein steiler Wanderweg hinauf. Schön ist auch **Litlanesfoss** mit seinen faszinierenden Basaltsäulen.

Mein Tipp

Der Kárahnjúkar-Staudamm

▶ J/K 4/5

Allein die Fahrt ins Hochland zum Stausee Hálslón, nördlich des Vatnajökull, ist ein Erlebnis. Die Straße 910 ist die einzige asphaltierte ›Hochlandpiste‹ Islands, ausgebaut für die damaligen Baufahrzeuge. Weite, Tiere und hin und wieder Hinweisschilder zu Orten der Hrafnkels saga. Landsvirkjun macht in Kultur. Der Staudamm ist ein beeindruckendes Bauwerk ebenso wie der 54 km² große Stausee (s. auch S. 64). Der Damm hat eine Länge von 750 m und eine maximale Höhe von 193 m: Das größte Bauwerk, das bisher in Island errichtet wurde. Reißend und rasend schnell der Überlaufwasserfall.

Übernachten

Haus im Wald – **Sommerhotel Hallormsstaður:** Hallormsstaður, Tel. 471 24 00, www.hotel701.is, DZ ab 17 850 ISK. Wunderschön gelegen für alle, die den Wald und Ruhe lieben. Angeboten werden auch Ausritte. Hier hat man den ganz anderen Islandeindruck. Das Haus gehört zu einem Komplex, bestehend aus Hotel, Gästehaus und Hütte.

Zelten am See – **Camping Atlavík:** Hallormsstaður, Tel. 849 14 61. Geradezu idyllisch liegt dieser Zeltplatz im Wald direkt an einem See, mit Strandabschnitt. Ab hier auch Bootsausflüge

Trotz des nahen Staudamms ist die Schlucht Dimmugljúfur noch an vielen Stellen wild

möglich (Bootsverleih, Tel. 847 00 63, 30 Min. 1500 ISK).

Essen & Trinken

Gemütlich und gut – **Skriðuklaustur:** im Kulturzentrum, s. links. Sehr lohnend ist ein Besuch im Café mit regionalen Gerichten und hervorragenden Kuchen, Suppen und Brot.

Infos

Snæfellsstofa: Fljótsdalur, in der Nähe von Skriðuklaustur, Tel. 470 08 40, www.vjp.is, Mai, Sept. Mo–Fr 10–16, Sa/So 13–17, Juni–Aug. tgl. 9–19 Uhr. Informationen über den östlichen Teil des Vatnajökull-Nationalparks, außerdem eine sehr gute Ausstellung und geführte Touren.

Snæfell ▸ K 5

Besonders attraktiv sind Ausflüge in das ostisländische Hochland zum Stratovulkan Snæfell, dessen 1833 m hoher Gipfel immer schneebedeckt ist. Auf der Fahrt über den Hochland-Track hat man vielleicht Glück und sieht Rentiere, die in dieser Region frei leben. Vom Snæfell gelangt man auf einem kurzen Fahrweg an den Nordoststrand des Vatnajökull. Wer an einer geführten Tour auf den Berg teilnehmen möchte, erhält in der Touristeninformation in Egilstaðir die Adressen von Veranstaltern (s. S. 192). Die mehrtägige Wanderung von Snæfell nach Lónsöræfi (rund 60 km, s. S. 185) führt über eine landschaftlich faszinierende Strecke, beginnend mit einer Gletscherüberquerung.

Das Beste auf einen Blick

Der Nordosten

Highlights!

Dettifoss und Umgebung: Der mächtigste und größte Wasserfall Islands – imposant, laut und der zweite in einer Kaskadenserie. Enorme Wassermassen stürzen in die Tiefe und bieten einen beeindruckenden Anblick. S. 206

Mývatn und Umgebung: Der See, die Enten, die unglaublich vielfältige Vulkanlandschaft – genau diese einzigartige Kombination macht den Reiz des Mývatn aus. S. 208

Auf Entdeckungstour

Die Dimmuborgir – vulkanische Schönheiten am Mývatn: Eine Wanderung durch die bizarre Skulpturenlandschaft der Dimmuborgir bietet viele Entdeckungen. Es ist das Zusammenspiel von Vegetation und Lava, das so fasziniert. Auch der anschließende Gang auf den alten Tuffring Hverfjall hat etwas Ungewöhnliches. S. 212

Kultur & Sehenswertes

Walzentrum in Husavík: Eine informative und zugleich alle Sinne ansprechende Präsentation der großen Meeressäuger. Für Walinteressierte ist dieses Museum ein Muss. S. 207

Vogelmuseum am Mývatn: Man muss sich ja nicht für Ornithologie interessieren, doch das Café mit Seeblick lohnt einen Besuch. Bei selbstgebackenem Kuchen kann man die schnatternden Vögel beobachten. S. 211

Aktiv unterwegs

Wanderung durch die Schlucht Jökulsárgljúfur: Lohnend ist die zweitägige Tour, die zu den meisten Sehenswürdigkeiten des Parks führt. S. 204

Walbeobachtung ab Husavík: Raus aufs Meer und dann die Meeresriesen beobachten, wie sie mit großer Leichtigkeit ihre Sprünge absolvieren. S. 207

Genießen & Atmosphäre

Hótel Norðurljós in Raufarhöfn: Es ist nicht die Architektur des Baus, sondern vielmehr der Besitzer, der viel zu erzählen hat, die leckere Küche und der Blick auf den Hafen. Genießen, rausgucken und Kaffee trinken. S. 201

Ásbyrgi: Im Nationalpark Jökulsárgljúfur lockt der lauschige Wald mit dem See vor der steilen Felswand zu Spaziergängen oder auch zum Zelten. Auf der Nordseite hat man dann den freien Blick bis zum Meer. S. 204

Abends & Nachts

Gamli bærinn in Reykjahlíð: Wer keinen romantischen Spaziergang in der Mitternachtssonne am See favorisiert, kann Livemusik in der Gaststätte Gamli bærinn hören. S. 210

Es sind nur einzelne Plätze im Nordosten, die sich zu touristischen Hochburgen entwickelt haben, wie der See Mývatn, das Fischerdorf Húsavík oder der Wasserfall Dettifoss. Die nördlichste, namenlose Halbinsel, in der die Ebene Melrakkaslétta liegt, ist sicher noch ein Geheimtipp. Die kalten Nordwinde können fast ungebrochen über die Ebene fegen, denn nur wenige, schützende Berge erheben sich hier. Selbst die Küste im äußersten Norden wirkt unspektakulär, und doch ist es gerade dieser fast gleitende Übergang von Land ins Meer, der den Eindruck von wirklicher Weite vermittelt.

Ganz anders die Regionen weiter westlich: Húsavík ist das unumstrittene Zentrum für Walbeobachtung, und die Region um den Mývatn, die direkt ans Hochland grenzt, hat eher mit dem Besucherandrang zu kämpfen. Hier eröffnet sich ein weiter Blick auf die majestätischen Berge nördlich des Vatnajökull. Zudem ist die Umgebung des Sees ein geologisches Bilderbuch mit seinen unterschiedlichen Vulkanismusformen.

Infobox

Internet

www.northiceland.is: Das ist die offizielle Website für den gesamten Norden, eine umfangreiche Adressbank bietet zusätzliche Informationen zu den Regionen.

Anreise und Weiterkommen

Flug: Man kann von Akureyri nach Þórs-höfn fliegen, Flugplan, Preise und Onlinebuchung unter www.air iceland.is.

Auto: Von der Nr. 1 zweigt die Nr. 85 in den Nordosten ab.

Bus: Busse fahren ganzjährig wochentags von Akureyri über Húsavík nach Þórshöfn und zurück.

Melrakkaslétta

Zuerst auf der Straße Nr. 1, dann auf der Nr. 85 kann man von Egilsstaðir noch weit in den einsamen und schönen Nordosten fahren. Wirtschaftlich hat die Region mit der kontinuierlichen Abwanderung der Bevölkerung zu kämpfen, wie zahlreiche verlassene Höfe zeigen. Die Bewohner lebten von Robbenjagd, Fischfang und den Eiderenten, günstig war auch das Treibholz. Eiderenten sind noch immer von wirtschaftlicher Bedeutung. Auf der Ebene Melrakkaslétta nisten Tausende Vögel.

Þórshöfn ▸ K 1

Schon im 16. Jh. diente der Ort als Handelsplatz für ausländische Händler, doch erst 1846 wurde er dazu offiziell ernannt. Die ersten Häuser baute man dann 1880, vorher fand der Handel auf den Schiffen statt. Das älteste, erhaltene Haus stammt aus dem Jahr 1902 und steht in der Fjarðarvegur (Nr. 14). Die Wirtschaft Þórshöfns mit seinem günstig gelegenen Hafen basiert auf Fisch- und Muschelfang sowie auf der Verarbeitung der frisch gefangenen Meerestiere. Þórshöfn ist als Ausgangsort für Wanderungen auf die Halbinsel Langanes gut geeignet.

Übernachten

Zentral – **Gästehaus Lyngholt:** Langanesvegur 12, Tel. 897 50 64, www.lyngholt.is, DZ 13 300–13 900 ISK. Einfache angenehme Zimmer, alle mit TV und W-LAN, Küchenbenutzung. Bei

einem längeren Aufenthalt – einem Monat – gibt es Sonderkonditionen.
Mitten im Grünen – **Ytra-Áland:** rund 15 km nördlich von Þórshöfn, Tel. 468 12 90, 863 12 90, www.ytra-aland.is, Schlafsackplatz 4500 ISK, DZ 14 000–17 000 ISK. Einfache, aber gut ausgestattete Zimmer. Außerdem Sommerhaus, Reitgelegenheiten, weitere Ausflüge und Angelscheine werden angeboten, Abendessen auf Anfrage.
Sehr einfach – **Zeltplatz:** oberhalb der Kirche.

Essen & Trinken

Beliebter Treff – **Eyrin:** Eyravegur 3, Tel. 468 12 50, 868 86 47, So–Do 11–23, Fr, Sa 11–3 Uhr, Pizza ab 1200 ISK. Restaurant, Bar und Billardraum. Pizza, Pasta, Burger, Salate, Fleisch- und Fischgerichte.

Raufarhöfn ▸ J 1

Der nördlichste Ort Islands wirkt aufgrund seiner Lage direkt am Meer und östlich der Ebene Melrakkaslétta wie von der Welt entrückt. Hier dauern die Tage im Winter am kürzesten und im Sommer am längsten, hier leuchten die fantastischsten Nordlichter und die schönste Mitternachtssonne. Einst war Raufarhöfn ein lebendiger Heringsfischerort, doch heute liegt über allem viel Melancholie (s. Lieblingsort S. 202). Im Hafen dümpeln einige Boote vor sich hin. Alles strahlt eine Ruhe aus, die sich wohltuend auf den Besucher legt.

Arctic Henge

Nördlich von Raufarhöfn entsteht derzeit ein großer mythologischer Sonnenkalender: Arctic Henge. Bisher sind nur zwei Tore und die zentralen Steinbögen errichtet worden. Von dem Platz aus lässt sich der Verlauf der Mitternachtssonne bestens verfolgen.

Wanderungen in der Umgebung

Ein beliebter, 2 km langer Weg führt von Raufarhöfn zur Landzunge **Höfði**, vorbei an der 1927 gebauten Kirche nach Plänen von Guðjón Samúelsson. Von Höfði hat man einen atemberaubenden Blick aufs Meer und in den Klippen nisten zahllose Vögel.

Ein schöner Spaziergang führt nach **Hraunhafnartangi**, dem fast nördlichsten Punkt auf Island, von hier sind es nur noch 3 km bis zum Polarkreis. Als Hraunhöfn war der Ort im Mittelalter ein sehr bekannter Hafen und endgültig wurde er erst im 19. Jh. aufgegeben. 1945 versetzte man den Leuchtturm von Rif hierher.

Übernachten, Essen

Nordlichter im Winter – **Hótel Norðurljós:** Aðalbraut 2, Tel. 465 12 33, Fax 465 13 83, www.hotelnordurljos.is, DZ 21 000–23 000 ISK. Unbedingt dort essen: mittags um 3000 ISK, abends um 4500 ISK. Ehemalige Unterkunft der Heringsarbeiterinnen. Gemütlich mit alten Fotos ausgestattete Zimmer. Die Fischgerichte des Hausherrn sind empfehlenswert. Der Blick aus dem Restaurant mit Terrasse geht auf den Hafen, ein idealer Platz, um Mitternachtssonne oder Nordlichter zu genießen.
Im Rund – **Zeltplatz:** Geschützter Platz in der Nähe des Schwimmbads.

Infos & Termine

Touristeninformation: Im Hotel Norðurljós, s. o.
Bus: www.hba.is, nur mit Vorbestellung nach Akureyri und Þórshöfn.
Slettugangur: 2. Wochenende im Aug. Wanderung entlang dem alten Postweg nach Kópasker als Ortsereignis.

Lieblingsort

Gartenkunst aus Strandgut in Raufarhöfn ► J 1

In Raufarhöfn hat man Zeit und Muße, um Plätze zu gestalten. Direkt neben dem Hótel Norðurljós wurde diese klassisch isländische Kreation aus Steinen, Treibholz und Walknochen angelegt. Man könnte sie als Naturskulpturengarten bezeichnen. Selbst einige Blumen behaupten sich dazwischen in dem rauen Wind. Es ist nicht nur ein besonderes Erlebnis, hier auf einem Walwirbel zu sitzen, sondern bei Strandspaziergängen in der Nähe findet man häufig selbst hübsche Treibholzstücke.

Nationalpark Jökulsárgljúfur ▸ J 2

Von Raufarhöfn aus ist der Nationalpark Jökulsárgljúfur auf der Straße Nr. 85 gut zu erreichen. Der Park erstreckt sich über ein Gebiet von 120 km² von Ásbyrgi im Norden bis zum Dettifoss rund 30 km weiter südlich und gehört heute zum Vatnajökull-Nationalpark. Durch ihn fließt der Gletscherfluss Jökulsá á Fjöllum, der am Nordrand des Vatnajökull entspringt und der zweitgrößte Fluss Islands ist. Auf seinem Weg durch den Nationalpark überwindet er mehrere Geländestufen. In der Mitte des Nationalparks liegt das Tal Vesturdalur.

Ásbyrgi

In der hufeisenförmigen Schlucht Ásbyrgi ragen vor allem im Süden bis zu 100 m hohe Felswände steil auf. Aufgrund der Form heißt es, sie sei der Hufabdruck von Odins achtbeinigem Pferd Sleipnir. Der Einschnitt, dessen Enden im Nordteil die 60 m hohe Basaltinsel Eyjan trennen, misst 3,5 km in der Länge und 1 km in der Breite. Entstanden ist er vor Tausenden von Jahren durch die reißenden Wassermassen eines Gletscherlaufs. Noch vor 2000 Jahren gab es einen gewaltigen Wasserfall an seiner Südkante. Ein Fahrweg führt in die bewaldete Schlucht, in der man auch zelten kann. Am Südende befindet sich ein kleiner See mit den wohl zutraulichsten Enten Islands.

Wanderung durch die Schlucht Jökulsárgljúfur

Start: Ásbyrgi, Strecke: ca. 35 km, Dauer: 2 Tage, Übernachtung: Campingplatz im Tal Vesturdalur

Die Wanderung führt an bizarren Felsformationen vorbei und lässt sich ohne Schwierigkeiten bewältigen. Zelten darf man nur auf dem Campingplatz im Tal Vesturdalur.

1. Tag: Die erste Etappe (rund 17 km) geht von Ásbyrgi zum Vesturdalur, für die es mehrere Varianten gibt. Der einfachere Weg geht vom **Kiosk** aus auf den **Felsrand.** Vom Felsrand am Ostrand der Schlucht führt der weitere Weg bis zu den Felsformationen bei **Klappir** südlich von Ásbyrgi. Von Klappir geht es in östlicher Richtung zum **Canyon der Jökulsá.** Wer erst später an die Schlucht möchte, folgt dem Schild und damit dem kürzeren Weg in südlicher Richtung. Nach rund 2 Std. entlang der Schlucht taucht die Kraterreihe **Rauðhólar** auf. Anschließend kommt man an den **Hljóðaklettar** (Echofelsen) vorbei, fantastischen Basaltformationen, die Höhlen und riesige Skulpturen bilden. Die meisten sind Schlote von Vulkanen, deren lockeres Außengestein im Laufe der Zeit von der Jökulsá fortgeschwemmt wurde. Danach den Hinweisschildern zum **Vesturdalur** und dort zum Campingplatz folgen.

2. Tag: Am zweiten Tag folgt man zunächst dem Schild ›Dettifoss‹, das am **Parkplatz** steht. Kurz darauf tauchen die Felsen **Karl og Kerling** (Mann und Frau), die dem Volksglauben nach zwei versteinerte Trolle sind. Auf der gegenüberliegenden Flussseite ist ihr Zuhause zu erkennen, die Höhle Tröllahellir. Nach einer weiteren Stunde in südlicher Richtung kommt man zu den Klippen **Kallbjörg,** wo zu Anfang des 20. Jh. eine Seilbahn Güter über den Fluss transportierte. Durch die **Stallaá,** einem frischen Quellfluss,

Der donnernde Dettifoss ist bei einer Wanderung durch die Jökulsárgljúfur schon von Weitem zu hören

kann man bequem hindurchwaten. Danach öffnet sich der tiefe Canyon zu einem weiten Tal mit terrassenförmigen Hängen. Der Parkplatz **Hólmatungur** liegt am **Ytri-Þórunnarfjall** (300 m), von dem man einen guten Ausblick auf den Wasserfall **Réttarfoss** hat. Die Landschaft wird jetzt wieder karger und schon bald sieht man den nächsten Wasserfall, **Hafragilsfoss.** Dort gabelt sich der Weg: Die eine Route verläuft oberhalb in südöstlicher Richtung und die andere durch die Klamm **Hafragil** über Geröllhalden und steile Abschnitte, an denen Fixseile als Halt montiert sind. Am Ende der Wanderung erreicht man den donnernden **Dettifoss.**

Wanderung durch die Schlucht Jökulsárgljúfur

Dettifoss und Umgebung ! ▸ J 2/3

Schon von Ferne ist die Gischtwolke des **Dettifoss** zu sehen, dessen ungeheure Wassermassen auf einer Breite von 100 m 44 m in die Tiefe stürzen. Nur schwer kann man sich, in Sprühwasser eingehüllt, der Faszination dieses gewaltigen Wasserfalls entziehen. Nur 1 km weiter südlich tost der 10 m hohe Wasserfall **Selfoss** herab.

Vom Dettifoss kann man einen Gang gen Norden machen durch den hier beginnenden Canyon **Jökulsárgljúfur**, den sich die Jökulsá bis zu 120 m tief gegraben hat und der mit rund 25 km der längste Fluss-Canyon Islands ist. Nur wenige Kilometer vom Dettifoss entfernt gelangt man zum **Hafragilsfoss** (27 m). Es ist die imposanteste Wasserfallserie in Island.

Übernachten

Einfach schön – **Zeltplätze:** in Ásbyrgi, in Vesturdalur und am Dettifoss. Alle Plätze sind schön gelegen.

Essen & Trinken

Fast Food – **Tankstelle:** in Ásbyrgi, Tel. 465 22 60. Die gängigen Snacks. Im Lebensmittelladen kann man sich mit dem Nötigsten versorgen.

Infos

Visitor Centre Glúfrastofa: in Ásbyrgi, am Zeltplatz, Tel. 470 71 00, www.vjp.is, Mai, Sept. tgl. 10–16, 1.–Ende Juni und Mitte–31. Aug. tgl. 9–19, Ende Juni–Mitte Aug. 9–21 Uhr. Ausstellung, geführte Touren im Nationalpark, Wanderkarte ist hier erhältlich.
Bus: www.sba.is. Tgl. Lininienbusse von Akureyri zum Dettifoss über Ás-

byrgi. Im Sommer werden von Mývatn aus Busfahrten zum Dettifoss und nach Ásbyrgi angeboten.

Húsavík ▸ H 2

Erster Bewohner der schön gelegenen und attraktiven Hafenstadt Húsavík war der schwedische Wikinger Garðar Svavarsson. 870 umsegelte er das Land und gab der Insel den Namen Garðarsholm (Garðars Insel). Er blieb einen Winter in Húsavík, während ein Sklave und eine Magd die ersten dauerhaften Siedler Islands wurden. Sehenswert ist die 1907 geweihte und aus norwegischem Holz gebaute **Kreuzkirche,** die im Innern drei Emporen hat. Die Einwohner leben vom Fischfang und auch vom Tourismus, seit Húsavík sich als Walort einen Namen gemacht hat. Ab 2015 wird der Bau des Silizium-Metallwerks von PCC in Bakki, nördlich von Húsavík, starten, Produktionsbeginn soll 2018 sein.

Museum Húsavík

Stórigarður 17, Tel. 464 18 60, www.husmus.is, Juni–15. Sept. tgl. 10–18, 16. Sept.–Mai Mo–Fr 10–16 Uhr, 800 ISK

Das Museum (Safnahúsið) zeigt anschaulich, wie Mensch und Natur in der Region zusammenwirkten. U. a. ist ein ausgestopfter Eisbär zu sehen, der 1969 auf der Insel Grímsey strandete und erlegt wurde. Außerdem gibt es noch ein Fotomuseum, ein Kunstmuseum und ein Seefahrtsmuseum.

Walzentrum

Hafnarstétt, Tel. 414 28 00, www.whalemuseum.is, Juni–Aug. tgl. 8.30–18.30, April/Mai/Sept. tgl. 9–16, Okt.–März Mo–Fr 10–15.30 Uhr, 1400 ISK

Aus dem 1997 eröffneten Walmuseum ist ein riesiges Walzentrum geworden. In der Ausstellung erhält man umfassende Informationen über alle Walarten, die vor Islands Küsten leben, außerdem gibt es lebensgroße Skelette der Meeressäuger zu sehen. Auch das Thema Walfang wird nicht ausgeklammert. Der ideale Einstieg vor einer Walbeobachtungsfahrt.

Übernachten

Hütten am See – **Kaldbakskot:** Tel. 464 15 04, 892 17 44, www.cottages.is, im Sommer ab 142 €. Gut ausgestattete Hütten verschiedener Größe mit schönem Blick und eigenem Teich.

Funktional – **Zeltplatz:** Am nördlichen Ortseingang.

Essen & Trinken

Urig – **Gamli Baukur:** direkt am Hafen, Tel. 464 24 42, www.gamlibaukur.is, So–Do 11.30–21, Fr/Sa 11.30–1 Uhr, Hauptgericht ab 2100 ISK. In einem urwüchsigen Holzhaus mit entsprechender Innenausstattung. Man serviert gute Gerichte mit Meeresfrüchten.

Tankstelle – **Olís:** Garðarbraut 64, ab 1000 ISK. Übliche Snacks und einfache Gerichte zu günstigen Preisen.

Aktiv

Von April bis Oktober fahren in Húsavík täglich Boote raus, um Wale zu beobachten. Die Chancen dazu sind gut.

Wale – **Gentle Giants:** direkt am Hafen, Tel. 464 15 00, www.gentlegiants.is. Bieten Walbeoachtung (3 Std. 9200 ISK), Hochseeangeln, Bootstouren und Touren in Kombination mit Reiten.

Der Walpionier – **North Sailing:** Hafnarstétt 9, Tel. 464 72 72, www.northsailing.is. Walbeobachtung und Bootsfahrten in restaurierten Eichenbooten (3 Std. 9300 ISK). Außerdem noch eine Vielzahl von Bootstouren.

Abends & Nachts

Urwüchsig – **Gamli Baukur:** s. S. 207. An Wochenenden Tanz/Livemusik.

Infos & Termine

Touristeninformation: Hafnarstétt 1, im Walmuseum, Tel. 464 43 00, www.visithusavik.is/, Juni–Sept.
Bus: www.sba.is. Im Sommer tgl. nach Akureyri, Mývatn. SBA bietet im Sommer auch Touren nach Ásbyrgi und Dettifoss an.
Wal-Festival: Juni. Familienwochenende mit Ausstellung und Vorträgen.
Schwedentage: Juli. Eine Woche lang wird die schwedische Herkunft mit Essen und Musik gefeiert.

An der Straße Nr. 87

▶ H 2/3

Auf dem Weg von Húsavík zum Mývatn kommt man an dem geothermischen Gebiet **Hveravellir** mit dem Geysir Ystihver vorbei, dessen Fontäne 25 m hoch schießt. Das heiße Wasser wird von hier u. a. für die Hausbeheizung nach Húsavík gepumpt. Einige Kilometer weiter liegt das Freilichtmuseum **Grenjaðarstaður** im Aðaldalur. Die ältesten Teile dieses Torfhofes stammen von 1876. Bis 1949 wurde der Hof bewohnt und heute ist ein Heimatmuseum darin untergebracht. Im 11. Jh. wurde hier der erste Großhof errichtet, der zudem einen Pfarrsitz beherbergte. Die benachbarte Kirche ist mit dem Hof über einen Gang verbunden, eine eher seltene Bauweise. Zu der Anlage gehört auch ein Friedhof, auf dem ein mittelalterlicher Runenstein steht (Tel. 464 36 88, Juni–Aug. tgl. 10–18 Uhr, zusammen mit Museum in Húsavík 1000 ISK, sonst 600 ISK).

Mývatn und Umgebung! ▶ H 3

Das Gebiet, das in einer Ebene auf 230 m Höhe liegt, befindet sich genau in der Riffzone, die sich von Reykjanes im Südwesten bis zum Öxarfjörður im Norden erstreckt. Entsprechend findet man hier noch aktive vulkanische Vorgänge und eine Vielfalt vulkanischer Formen wie eiszeitliche Vulkane und nacheiszeitliche Lavafelder. Die Umgebung des Mývatn, des Mückensees, gehört zu den geologisch besonders interessanten Gebieten Islands, und der See selbst gilt mit seinen vielfältigen Entenarten als Paradies für Ornithologen. Die Schönheit des Mývatn

lässt sich im Sommer allerdings nur mit Mückennetz genießen. Mit einem Ausmaß von 37 km^2 ist der Mývatn der viertgrößte See Islands. Er entstand vor 3500 Jahren und erhielt seine heutige Form 1500 Jahre später, als entlang der 9 km langen Kraterreihe Þrengslaborgir-Lúdentsborgir weitere Ausbrüche erfolgten und am Südufer die bei der Siedlung Skútustaðir liegenden Pseudokrater als auch die Lavaskulpturen des Dimmuborgir bildeten.

Reykjahlíð

Das Bemerkenswerteste des Ortes Reykjahlíð am Mývatn ist zum einen der gleichnamige Hof, mit einer Lanfläche von 6000 km^2 der größte Islands, und zum anderen seine Kirche: Bei dem Ausbruch der Spalte Leirhnjúkur, der als Mývatnseldar (Mývatn-Feuer) in die Geschichte einging, ergossen sich in den Jahren 1725–1729 fünf Lavaströme über das Gebiet. Einer erreichte im August 1729 das Ufer des Sees, zerstörte dabei die Höfe Gröf und Fagranes, verschonte aber die Kirche, die er nur rings umfloss. Zunächst glaubte man an eine höhere Fügung, aber die Antwort war trivialer: Die damalige Kirche, deren Fundament noch zu sehen ist, stand auf einer kleinen Erhöhung. Im Sommer ist Reykjahlíð der Hauptanlaufpunkt für Touristen und entsprechend überfüllt.

Das Ufer des Mývatn ist zum Schutz der Wasservögel für Menschen gesperrt

Übernachten

Seeblick – **Hótel Reykjahlið:** Tel. 464 43 71, www.myvatnhotel.is, im Sommer DZ ab 29 600 ISK, in der Nebensaison 14 000 ISK. Liegt direkt am See, schönes, altes Haus, das gut renoviert wurde. Klein, aber fein. Mit Internetzugang.
Schlicht – **Feraþajónusta Hlíð:** Hraunbrún, Tel. 464 41 03, www.myvatnaccommodation.is, DZ mit Bad 22 000 ISK, Schlafsack in 4-Bett-Räumen 4500 ISK oder kleinen Hütten ab 12 000 ISK. Die Hütten sind empfehlenswert.
Einfach, aber günstig – **Vogahraun Guesthouse:** http://vogahraun.is, Tel. 354 464 4399, DZ 90–180 €, Schlafsack 38–70 €. Einfache Budget-Unterkunft, angeschlossener Zeltplatz (Zelt 1500 ISK, Person 3500 ISK). Imbiss mit Pizza und Snacks.
Trubel – **Zeltplatz Hlíð:** Der Platz im Norden des Ortes liegt z. T. schon in der Lava, meist sehr frequentiert, Fahrradverleih.
Feucht – **Zeltplatz Bjarg:** Direkt am See, u. a. Fahrradverleih.
Bizarr – **Zeltplatz Vogar:** 2,5 km südlich, schöne Lage an der Lava.

Essen & Trinken

Mit der Kuh auf Du – **Vogafjós Café:** Vogarfarm, 2,5 km südlich an der Nr. 1, Tel. 464 43 03, 464 38 00, Mai–Sept. 11–23 Uhr, Suppe 2350 ISK, Hauptgerichte ab 4000 ISK. Im Dezember kommen die Weihnachtskerle Sa und So um 17.30 Uhr. In dem ehemaligen Kuhstall sitzt man nur durch eine Scheibe vom Melkstand getrennt. Hausgemachte Gerichte sowie leckerer Kuchen.
Wie in alten Zeiten – **Gamli bærinn:** im Hótel Reynihlíð, Tel. 464 42 70, tgl. 10–23 Uhr, Suppe 1900 ISK, Hauptgerichte 2500 ISK. ›Der alte Bauernhof‹ serviert feine Gerichte sowie Kaffee und Kuchen. An den Sommerwochenenden gibt es manchmal Livemusik.

Einkaufen

Regionales – **Mývatn Markt:** an der Nr. 1, Dimmuborgir, im selben Gebäude wie Kaffi Borgir, Juni–Aug. 11–21 Uhr. Außer Wollsachen und Souvenirs gibt es hier geräucherte Forelle und gegartes Brot.

Aktiv

Ins Hochland – **Mývatn Tours:** ab der Touristeninformation, Tel. 464 19 20, www.askjatours.is. Ausflug zur Askja mit Stopp und Aufenthalt in Herðubreiðarlindar (130 €), Ende Juni Mo, Mi, Fr, So, Juli–Sept. tgl. Abfahrt 8 Uhr an der Touristinformation.
Seeumrundung – **SBA:** Buslinie des Nordens, Tel. 550 07 20, www.sba.is. 9-std. Mývatn-Tour, Juni–Sept. Mo–Fr 7.50, Sa/So 8.30 Uhr ab Akureyri-Flughafen, 14 800 ISK; Zustieg in Reykjahlíð möglich.
Fahrradtouren – **Hike and Bike:** Múlavegur 1, Tel. 899 48 45, www.hikeandbike.is. Hier kann man Fahrräder leihen (4000 ISK/Tag), aber auch Radtouren oder Wanderungen buchen, z. B. Radfahren und Baden (9900 ISK). Auch mehrtägige, anspruchsvolle Touren.
Rundflüge – **Mýflug Air:** Flughafen Reykjahlíð, Tel. 464 44 00, www.myflug.is. 20 Min. bis zu 2 Std. über alle Sehenswürdigkeiten, außerdem nach Grímsey. Mindestens 2 Pers. Natürlich können Sie auch Ihre eigene Flugroute bestimmen, Preis nach Absprache.

Infos

Touristeninformation: Hraunvegur 8, Tel. 464 43 90, www.myv.is, www.visitmyvatn.is, Juni–Aug. tgl. 7.30–

20.30, Mai/Sept. tgl. 9–16, Okt.–April Mo–Fr 9–12 Uhr. Hier gibt es eine Karte mit den markierten Wanderwegen.
Bus: www.sba.is. Tgl. im Sommer Busse nach Akureyri, Husavík und Egilsstaðir. Außerdem tgl. Busse zur Krafla und Dettifoss sowie nach Skútustaðir. Abfahrt am Hótel Reynihlíð.

Am Seeufer entlang ▸ H 3

Das Gebiet von **Dimmuborgir** am Ostufer des Mývatn steht unter Naturschutz. Die bizarren Lavablöcke erreichen Höhen bis zu 40 m (s. Entdeckungstour S. 212).

Auf der in den See ragenden Landzunge **Kálfaströnd**, einem schönen Terrain mit zerklüfteten Lavaskulpturen, befindet sich der Park **Höfði**, in dem zu Beginn des 20. Jh. Laub- und Nadelbäume angepflanzt wurden. Besonders lohnend sind die Ausblicke auf den See mit zahlreichen kleinen Inseln und dem konisch aufragenden Berg Vindbelgjarfjall (529 m) auf der Westseite. Der höchste Punkt der Halbinsel ist Hafurshöfði.

Skútustaðir ist eine kleine Siedlung am Seeufer im Südosten. Von hier aus kann man sehr schöne Wanderungen unternehmen z. B. zu den beiden inmitten der Lavawüste **Grænavatnsbruni** monolithisch stehenden Tafelbergen **Bláfjall** (1222 m) und **Sellandafjall** (988 m), zu denen eine Fahrspur führt. Besonders reizvoll sind die Skútustaðagígar, deren zahlreiche kleine Krater eine grüne Hügellandschaft am See bilden. Da die Krater keinen Förderkanal wie normale Vulkane besitzen, der bis in die Tiefe der Erdkruste hinabreicht, bezeichnet man sie als Pseudokrater. Markierte Wege führen durch das Gebiet und der längste Spaziergang dauert 1 Std. Anbei: Am schönsten ist er im Licht der späten Sommersonne.

Mein Tipp

Vielfältige Vogelwelt im Museum von Sigurgeir
An der Nordwestseite des Mývatn in der Nähe der Halbinsel Ytri-Neslönd zeigt das Museum Fuglasafn Sigurgeirs ausgestopfte Vögel der Region. Das klingt angestaubt – ist es aber nicht. Die Exponate werden modern präsentiert. Der architektonisch interessante Bau passt an das Seeufer, ein harmonisches Zusammenspiel von Stein, Holz und Glas. Wer lieber lebende Vögel beobachtet, findet dazu ebenfalls Gelegenheit auf der Terrasse oder im Innenraum der Cafeteria, wo speziell dafür Fernrohre installiert wurden. Unbedingt probieren: das süße Brot mit der Mývatn-Räucherforelle (Tel. 464 44 77, www.fuglasafn.nett.is, Juni–Aug. tgl. 9–18, sonst 14–16 Uhr, 1000 ISK).

Übernachten, Essen

Nobel – **Sel-Hótel Mývatn:** in Skútustaðir, Tel. 464 41 64, Fax 464 43 64, www.myvatn.is, DZ ab 200 €, Okt.–April 128 €. Für den gehobenen Anspruch. Zimmer mit schönen Mahagoni-Möbeln, selbstverständlich mit Bad und Internetanschluss. Während der Sommermonate mittags und abends Buffets mit isländischen Spezialitäten (mittags 16 €, abends 33 €).
Schön – **Zeltplatz:** in der Nähe der Pseudokrater. Einfache Ausstattung.

Aktiv

Erlebnistouren – **Sel-Hótel Mývatn:** Adresse s. o. Das Hotel bietet zahlreiche Ausflüge und vor allem Winteraktivitäten an wie ▷ S. 214

Auf Entdeckungstour: Die Dimmuborgir – vulkanische Schönheiten am Mývatn

Eine Wanderung durch die bizarren Lavaformationen der Dimmuborgir bietet viele Entdeckungen. Es ist das Zusammenspiel von Vegetation und Lava, das so fasziniert. Auch der anschließende Gang auf den alten Tuffring Hverfjall hat etwas Ungewöhnliches.

Reisekarte: ▶ H 3

Infos: Die Broschüre zum Naturschutzgebiet Mývatn, in der Touristeninformation in Reykjahlíð erhältlich (s. S. 209), enthält eine Karte mit den eingezeichneten Wanderwegen.

Dauer: beide Wanderungen zusammen ca. 3–4 Std.

Start: Parkplatz an der Ringstraße

Direkt vom Parkplatz an der Ringstraße führen mehrere Wege in die Dimmuborgir, die dunklen Burgen, so die Übersetzung, eine verwunschene, geheimnisvolle Senke, in der bizarre Lavagebilde stehen, teilweise vollständig überwachsen von Birken und Kriechgewächsen. Sie entstand vor rund 2000 Jahren, als an dieser Stelle aus einem Lavasee die noch flüssige Lava abfloss. Zurück blieben die schon erstarrten Lavapfeiler, und die ebenfalls schon ausgehärtete Decke brach ein. Die Pfeiler lassen sich vom Rand aus gut erkennen. Die Lavaskulpturen erinnern bei tiefer stehender Sonne mit ihren langen Schatten an Elfen oder kleine Trolle, je nach Licht scheinen sie sich sogar zu bewegen – aber meist sind es dann doch die Zweige der daneben stehenden Büsche und Bäume, die im Wind schaukeln.

Rundweg zum Kirchentor – Kirkjuhringur

Die markierten Rundwege dauern von 20 Min. bis zu 1 Std. Besonders empfehlenswert ist der 2,5 km lange Weg Kirkjuhringur, der zu den schönsten Lavagebilden führt. Seinen Namen erhielt er nach einem hohen auffälligen Durchgang in der Lava mit sehr schönen Lavastrukturen. Bevor man den offenen Hohlraum, der an das Tor einer Kirche (kirkjan) erinnert, erreicht, führt ein Abzweig zum Stuhl des Weihnachtsmannes. Im November und Dezember werden hier die Weihnachtstage begangen, besonders berühmt sind die Veranstaltungen mit den Weihnachtskerlen, die dann durch diese Zauberwelt huschen und tanzen (s. S. 214).

Bilderbuchkrater Hverfjall

Aus den Dimmuborgir führt an der Nordseite ein markierter Weg zunächst durch Lava und anschließend über die Hverfjallssandur zu dem großen und auffallenden Tuffring Hverfjall. Er zählt zu den größten und schönsten Explosionskratern der Welt. Entstanden vor rund 2800 Jahren, ragt er rund 160 m aus der Ebene auf. Sein Durchmesser beträgt 1000 m und er ist 140 m tief, auf dem Boden wölbt sich ein kleiner Hügel. Fast vegetationsfrei liegt er grau und auffallend in der Landschaft.

Der Pfad an der Südseite des Kraters ist relativ steil, einfacher dagegen ist der Weg vom Parkplatz an der Nordseite. Der Blick über die Landschaft mit der Kraterreihe der Lúdentarborgir, aus der auch die Lava der Dimmuborgir stammt, und ins Hochland lohnt allein schon den Aufstieg.

Naturschutz beachten – Wege nicht verlassen

Dimmuborgir steht unter dem verstärkten Schutz des isländischen Umweltschutzamtes und es ist verboten, die klar gekennzeichneten Wege zu verlassen, sprich die Seile zu übertreten. Gerade die beiden beschriebenen Wanderziele zeigen sehr deutlich, wie wichtig der Naturschutz in Island ist. Auch wenn die Umgebung des Mývatn schon seit 1974 unter Naturschutz steht und später sogar unter besonderen Schutz gestellt wurde, lässt sich hier gut erkennen, wie stark die empfindlichen, vulkanischen Landschaftsformen durch die hohe Zahl der jährlichen Besucher beeinträchtigt werden. Einige der bröckligen Lavaskulpturen in den Dimmuborgir sind schon zerstört, weil in früheren Jahren viele einfach querfeldein liefen und so Teile abbrachen. Auch die Versuche, den Hverfjall von allen möglichen Seiten aus zu besteigen, hat zur Erosion der Hänge geführt.

Snowmobil- und Super-Jeep-Fahrten, Go-Kart- und Pferdeschlittentouren auf dem Eis, Langlaufexkursionen. Im Sommer Ausritte und Super-Jeep-Fahrten zur Askja oder nach Húsavík vorbei am Dettifoss. Von Sept. bis Mai Nordlichttouren. Das Equipment wird bei den Touren gestellt.

Reitausflüge – **Safarihestar:** Álftagerði 3, Tel. 464 42 03, 864 11 21. Reittouren am See, 1–2 Std. auch für Anfänger und Kinder. Buchung und Infos telefonisch.

Infos & Termine

Verkehr

Bus: www.sba.is. Der Linienbus zwischen Akureyri und Egilsstaðir hält hier.

Termine

Das Sel-Hótel Mývatn führt folgende Veranstaltungen durch:

Mývatn Open: März. Pferderennen auf dem Eis.

Snow-Cross: März. Snowmobil-Rennen.

Osterwanderung: Karfreitag. Wanderung rund um den See, 36 km, mit Gottesdienst in der Kirche von Skútustaðir.

Mývatn Marathon: Ende Mai/Anfang Juni. Rund um den See auch als Halbmarathon mit Barbecue und Lagerfeuer.

Weihnachten: in Dimmuborgir um den 1. Advent bis Mitte Dezember. Besuch der 13 Weihnachtskerle und natürlich des Weihnachtsmannes. Familientage.

Östlich des Mývatn

Immer noch sehenswert, wenn auch nicht mehr als Badeplätze geeignet, sind die Spalten **Grjótagjá** und **Stóragjá**. Sie erstrecken sich über mehrere Kilometer vom Mývatn nach Osten. Von der Straße Nr. 1 weisen Ausschilderungen dorthin. Einer ihrer zahlreichen Tümpel hat aufgrund von Mag-

Bis zu 100 °C heiß – brodelndes Schlammloch im Námaskarð

maeindringung eine Temperatur von um die 60 °C.

Das Dampfkraftwerk Bjarnarflag westlich des Námafjall versorgte bis 1980 die ehemalige Kieselgurfabrik mit Strom. Hier gibt es etliche dampfende Bohrlöcher und einen überwältigend blauen See. Ein Teil des heißen mineralhaltigen Wassers fließt in die malerisch gelegene Badelagune **Nature Baths** (Jarðbaðshólar). Das Wasser stammt aus einer Tiefe von bis zu 2500 m und hat eine angenehme Temperatur von 38 bis 41 °C. Der hohe Mineralgehalt verhindert Bakterienbildung, sodass man den Badespaß unbeschwert genießen kann (Tel. 464 44 11, www.jardbodin.is, Juni–Aug. tgl. 9–24, Sept.–Mai 12–22 Uhr, Juni–Aug. 3700 ISK, sonst 3000/3200 ISK).

Mein Tipp

Die Nr. 901 – fast im Hochland
▶ J/K 3/4

Auf der ehemaligen Ringstraße, der heutigen Nr. 901, war das Fahren im Land seinerzeit noch etwas abenteuerlicher. Doch noch immer erlebt man auf dieser Strecke eine Weite und Fernblicke, die Island von der schönsten Seite zeigen. Dazu gehört ein ausgiebiger Stopp in **Möðrudalur,** einem traditionellen Rastplatz im Hochland. Der alte Hof ist heute auch Feriendomizil. Hier kann man entspannen, den Blick auf die Bergwelt genießen, Jeeptouren ins Hochland oder herrliche Wanderungen unternehmen (Möðrudalur, Tel. 471 18 58, www.fjalladyrd.is).

Námaskarð und Krafla ▶ J 3

Hinter dem Bergpass riecht man schon das Solfatarenfeld **Námaskarð** am Fuß des Námafjall. Hier wurde durch die Jahrhunderte Schwefel abgebaut, den man auf dem europäischen Kontinent für die Schießpulverproduktion verwandte. Heute stellt dieses Thermalgebiet vor allem eine touristische Attraktion dar. Es zischt, dampft, brodelt und kocht aus zahllosen Öffnungen, die in den unterschiedlichsten Farben schimmern. Bis zu 100 °C heiß sind die Schlammbecken, und vor allem die hellen Stellen können leicht einbrechen. Um Unfälle zu vermeiden, wurden entsprechende Schilder und Begrenzungen aufgestellt. Lohnend ist der Ausblick auf Mývatn und die umgebende Lavalandschaft von Námafjall, 482 m hoch.

In der Nähe zweigt die Straße nach links zur **Krafla** ab. Das Krafla-Gebiet, benannt nach dem 818 m hohen Palagonitrücken, ist eines der aktivsten Vulkangebiete der Welt. Das Geothermal-Kraftwerk setzt Dampf in elektrischen Strom um. Es handelt sich dabei um Grundwasser, das sich aufgrund der Magmaintrusionen gleich zu Dampf erhitzt. Nördlich des Berges entstand bei dem Ausbruch 1724 der Krater Helvíti, in dessen 320 m großem Kratersee grünes Wasser schimmert (Krafla-Besucherzentrum: Juni–Aug. Mo–Fr 12.30–15.30, Sa/So 13–17 Uhr).

Südöstlich der Krafla befindet sich der von reinem Obsidian bedeckte Hügel **Hrafntinnuhriggur**. Weiter westlich erhebt sich der Vulkan **Leirhnjúkur**, der nicht nur den Mývatnseldar-Ausbruch im 18. Jh. verursachte, sondern ebenso mehrere kleine Eruptionen zwischen 1975 und 1984. Am Parkplatz beginnt ein Wanderweg durch das Gebiet.

Das Beste auf einen Blick

Der Norden

Highlight!

Akureyri: Die schöne Lage mit den alten Villen und dem vielen Grün nehmen den Besucher schnell für die quirlige, kleine Stadt ein, die alles bietet, was man von einer ›richtigen‹ Stadt erwartet. S. 218

Auf Entdeckungstour

Hólar – Pferdezentrum und Bischofssitz: Ein geschichtsträchtiger Ort mit zahlreichen interessanten Stätten und einer der ältesten Kirchen. Seit Jahrhunderten ist er auch ein Bildungszentrum. Die heutige Hochschule ist spezialisiert auf Pferdezucht und -haltung, sehr passend für die Region, die bekannt ist für ihre Pferde. S. 224

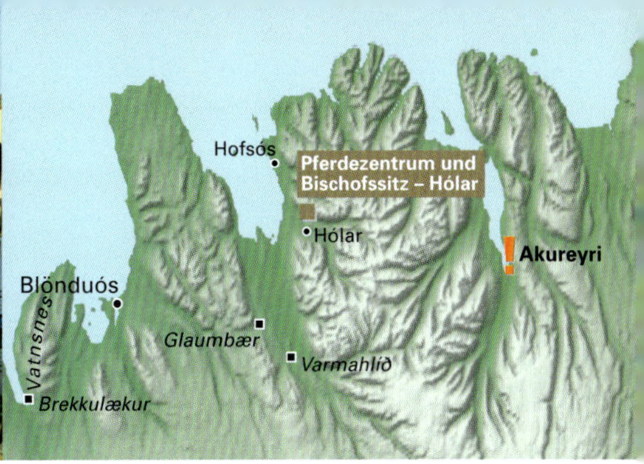

Kultur & Sehenswertes

Isländisches Emigrationszentrum in Hofsós: Das Museum über die isländischen Auswanderer im 19. Jh. vermittelt eine Vorstellung davon, wie arm viele Isländer damals waren. S. 223

Glaumbær: Der Grassodenhof schlechthin. In der Hofanlage kann man gut die typische Bauweise studieren. S. 227

Packeismuseum in Blönduós: Die Veränderungen des Meereises werden dargestellt und welche Konsequenzen es früher für die Menschen im Norden hatte. S. 231

Aktiv unterwegs

Rafting-Reit-Touren ab Varmahlíð: Mehrere Flüsse in der Region eignen sich für dieses Wildwasserabenteuer. S. 231

Reiten: Vom Reiterhof Brekkulækur geht es auf dem Pferderücken durch die freie Landschaft. S. 232

Genießen & Atmosphäre

Stadtpark Lystigarðurinn: Dieser große Park in Akureyri ist ideal zum Verweilen. Ganz nebenbei lernt man die unterschiedlichen Pflanzen des Landes kennen. S. 220

Húnaþing vestra: Entlang der Küste der Gemeinde auf der Halbinsel Vatnsnes gibt es mehrere Stellen, von denen aus man Robben beobachten kann. Eine sehr unterhaltsame Beschäftigung. S. 233

Abends & Nachts

Sjallinn: Das ist die Bar und Diskothek in Akureyri, wo immer was geboten wird. Entsprechend gut besucht. S. 222

Akureyri, die malerisch gelegene Metropole des Nordens, bietet mit vielen Holzhäusern aus dem 19. Jh. neben Villen aus den ersten Jahrzehnten des 20. Jh. eine anheimelnde Atmosphäre. Die sich nach Westen anschließende Berglandschaft auf der Halbinsel Tröllaskagi überwältigt mit ihren steilen Zinnen und Hängen. In den tiefen, oft recht schattigen Tälern findet man nur wenige Höfe, die Menschen lebten hier jahrhundertelang vom Fischfang. Geradezu goldene Zeiten erlebten die Fischer der Nordfjorde Anfang des 20. Jh., als die Heringsschwärme noch riesig waren. Heute wirken die einst reichen Fischerorte recht verloren.

Die Region zwischen Húnaflói und Skagafjörður ist vor allem landwirtschaftlich geprägt. Hier dominieren sanfte Hügel, Sumpf und Weiden. Robbenjagd und Haifischfang waren in früheren Zeiten zusätzliche Erwerbsquellen. Im Mittelalter blühten hier kulturelle Zentren, die heute nur noch touristische Bedeutung haben. Vielfältig sind mittlerweile die Möglichkeiten für Touristen: Reiter finden eine Vielzahl von Reiterhöfen, Wanderer können bis ins Hochland gelangen und Skifahrer schätzen die Pisten von Akureyri. Kurz: Im Norden gibt es noch vieles zu entdecken. Außerdem gilt die Region als klimatisch beständiger als der Süden mit weniger Regen während der Sommermonate.

Infobox

Touristeninformation

Die wichtigsten Büros sind in Akureyri (s. S. 223) und Varmahlið (s. S. 231).

Internet

www.northiceland.is: Hier findet man zahlreiche Infos zu Unterkünften, Aktivitäten, Museen etc.
www.northwest.is: Konzentriert sich auf diese Region. Nicht immer vollständig, aber mit vielen Anregungen und Links, teilweise auch auf Deutsch.

Anreise und Weiterkommen

Auto: Für Autofahrer stellen die Straßen alle kein Problem dar, da nur noch wenige Abschnitte geschottert sind.
Bus: Fast alle Plätze sind mit Linienbussen zu erreichen.
Flug: Wer sich auf kleinere Gebiete konzentrieren möchte, kann von Reykjavík aus nach Akureyri und Sauðárkrókur fliegen.

Akureyri ! ▸ G 3

Die Stadtgeschichte Akureyris beginnt erst 1862, allerdings ließ sich bereits im 9. Jh. der erste Siedler, Helgi magri (der Magere), hier nieder. Trotz seines späteren Ansehens als Gode verlor Helgi den Beinamen aus seinen Kindertagen nie. Er erhielt ihn nach einem Orkney-Aufenthalt bei Pflegeeltern, die ihn auf schmale Kost setzten. Gerne wird auf Helgis Offenheit in religiösen Fragen hingewiesen, denn er suchte sowohl Rat bei dem nordischen Gott Thor als auch bei Christus, nach dem er seinen Hof benannte. Helgis Hof Kristnes liegt etwa 7 km südlich von Akureyri, wo sich seit 1927 ein Krankenhaus befindet. Dieses war das erste große Gebäude in Island, das mit Wasser aus heißen Quellen beheizt wurde. Wer sich selbst einen Eindruck von Helgi verschaffen will, sollte sich das Standbild »Der Siedler« von Jónas Jakobsson ansehen. Die Skulptur steht an der Ausfallstraße nach Norden auf einem erhöhten Aussichtsplatz.

1602 wurde Akureyri erstmals als Handelsplatz erwähnt, ohne dass es zu diesem Zeitpunkt eine dauerhafte Siedlung gab. Mit der Aufhebung des dänischen Handelsmonopols erhielt Akureyri im Jahr 1787 das Stadtrecht, d. h. es hatte wie Reykjavík damals die Stellung eines königlichen Handelsortes. Eine eigenständige Stadt wurde der Ort erst 1862 mit nunmehr 286 Einwohnern. Mit der Gründung der Konsumgenossenschaft KEA (Kaupfélag Eyfirðinga Akureyrar) 1886 avancierte Akureyri zur bedeutenden Handelsstadt. Neben Handel und Industrie (Wollverarbeitung, Schiffbau) spielt auch die lokale Fischindustrie und Lebensmittelproduktion für die Wirtschaft der Region eine wichtige Rolle.

Akureyri ist nicht nur der bedeutendste Wirtschaftsstandort im Norden, sondern auch das kulturelle Zentrum der Region. 1987 wurde hier die zweite Universität der Insel eröffnet. Daneben gibt es noch eine Technische Hochschule sowie eine Musik- und Kunstschule. 1975 gründete man in Akureyri das erste professionelle Theater Islands außerhalb Reykjavíks. Seit 2010 gibt es das architektonisch gelungene Kulturzentrum Hof, mit Theater- und Konzertsaal.

Die Neustadt

Ein guter Ausgangspunkt für einen Stadtrundgang ist das Monument **»Der Siedler«** von Jónas Jakobsson an der Glerárgata. Von hier blickt man über die Halbinsel Oddeyri, schaut nordwärts in den Eyjafjörður, den mit 50 km längsten Fjord Islands, und sieht oberhalb der Stadt das Skigebiet Hlíðarfjall und das Gebiet Súlur.

Weiter geht man durch die Helgamagrastræti bis zur Bjarkarstígur Nr. 6, dem **Davíðshús**. In diesem 1944 erbauten Haus lebte der Schriftsteller und Dramatiker Davíð Stefánsson (1895–1964). Er zählt zu den Nationaldichtern des Landes. Besonders sehenswert ist seine große Privatbibliothek (Juni–Aug. 13–17 Uhr, 800 ISK).

Die **Stadtbibliothek**, in der Davíð Stefánsson 1928–1951 als Bibliothekar arbeitete, befindet sich in der nahe gelegenen Brekkugata. Gegründet 1827, ging sie 1906 in öffentlichen Besitz über. Heute beherbergt die Bibliothek außer den rund 100 000 Medieneinheiten auch das Distriktsarchiv. Hier werden alle öffentlichen und privaten Dokumente aus Akureyri und dem Distrikt Eyjafjörður aufbewahrt (Mo–Fr 10–19 Uhr, Internetzugang).

Geht man die Brekkugata weiter, gelangt man auf die **Hafnarstræti**, die beheizte Fußgängerzone im Zentrum der Stadt. Am Ende der Fußgängerzone sieht man die Freitreppe zur **Kirche** von Akureyri (Akureyrarkirkja). Sicher kommen einem die stilisierten Basaltsäulen bekannt vor, zu Recht, denn auch diese Kirche entwarf der Staatsarchitekt Guðjón Samúelsson (s. S. 90). Sehenswert sind die 17 Fenster, jedes zeigt eine Station aus dem Leben Christi sowie ein Ereignis aus der Geschichte des isländischen Christentums. Das älteste Fenster befindet sich über dem Altar. Es schmückte bis 1943 die Kirche in Coventry (England), die während des Zweiten Weltkriegs zerstört wurde (15. Juni–15. Aug. Mo–Do 10–16, So 17–21 Uhr Konzert).

In der Kaupvangsstræti geht es um moderne Kunst: 2012 haben sich das Kunstmuseum (Nr. 12), das Ketilhús und das Deiglan zum Zentrum für visuelle Kunst **Sjónlistamiðstöðin** zusammengeschlossen. Die drei Museen befinden sich in unmittelbarer Nachbarschaft (www.listak.is, Juni–Aug. Di–So 10–17, Sept./Mai Di–So 12–17 Uhr, Öffnungszeiten Deiglan unterschiedlich). Unterhalb der Kirche steht

Hübsch anzusehen: Blumenwiese im botanischen Garten von Akureyri

das 1902 gebaute, ehemalige **Wohnhaus Sigurhæðir** von Matthías Jochumsson (Eyrarlandsvegur 3, Zugang über Hafnarstræti, Juni–Aug. Mo–Fr 13–17 Uhr). Unmittelbar neben der Kirche fällt der architektonisch interessante Bau des **Kongregationshauses** auf, es ist direkt in den Hang gebaut.

In der Eyrarlandsvegur Nr. 28 befindet sich das fast hundert Jahre alte Holzgebäude des **Gymnasiums,** in dessen Nachbarschaft die eindrucksvolle Skulptur **»Der Geächtete«** von Einar Jónsson steht. Etwas weiter südlich die Straße hinunter schließt sich der **botanische Garten und Stadtpark** (Lystigarðurinn) an. Gegründet wurde er 1912 von Margrethe Schiöth, ein Denkmal im Park erinnert an sie. Man findet im botanischen Garten fast die gesamte isländische Flora sowie einen Bereich mit grönländischen Pflanzen vor. Die Anlage mit altem Baumbestand zählt zu den schönsten Islands (Juni–Sept. Mo–Fr 8–22, Sa/So 9–22 Uhr, www.lystigardur.akureyri.is).

Die Altstadt

In Richtung Süden kommt man in den ältesten Teil der Stadt, wo u. a. das **Nonnahús** zu besichtigen ist. Das Nonnahús ist sowohl eine Gedenkstätte an den Jesuitenpater und Autor der Nonni-Bücher Jón Sveinsson (1857–1944), der hier kurze Zeit in seiner Kindheit wohnte, als auch ein gutes Beispiel für ein Wohnhaus aus dem 19. Jh. (Aðalstræti 54, www.nonni.is, Juni–Aug. tgl. 10–17 Uhr, 800 ISK, 1100 ISK für Nonni-Haus und Regionalmuseum). Nachdem Jón Sveinsson in den Niederlanden und England studiert hatte, arbeitete er als Lehrer in Kopenhagen und Schriftsteller in den Niederlanden. 1911 erschienen seine ersten Bücher, die er auf Deutsch schrieb. Im Jahr 1930 wurde er zum Ehrenbürger Akureyris ernannt. Jón Sveinsson starb 1944 in Köln.

Im benachbarten **Regionalmuseum** (Minjasafn) wird die Geschichte der Region von der Besiedlung an gezeigt sowie die Entwicklung Akureyris zur Stadt (Aðalstræti 58, www.akmus.is, Juni–15. Sept. tgl. 10–17, 16. Sept.–Mai Do–So 13–16 Uhr, 1200 ISK). Die Kirche neben dem Museum, 1846 in Svalbarðeyri gebaut, wurde 1970 nach Akureyri gebracht. Auf dem Weg über die Hafnarstræti zurück ins Zentrum kommt man am ältesten Haus Akureyris, dem **Laxdalshús** (Nr. 11) aus dem Jahre 1795, und dem **Theater** (Leikfélag, Nr. 57) vorbei, das in einem schönen Holzhaus aus der Zeit um 1900, dem Samkomuhúsið (Versammlungshaus), untergebracht ist.

Ausflüge von Akureyri

Zwei besondere Museen liegen etwas außerhalb der Stadt. Zum einen das **Museum für Industrie** (Iðnaðarsafn, Krókeyri 2, www.idnadarsafnid.is, Juni–Mitte Sept. tgl. 10–17, sonst Sa 14–16 Uhr, 1000 ISK) mit Exponaten aus 30 verschiedenen Industriezweigen und zum anderen das **Flugzeugmuseum** (Flugsafn Íslands) am Flughafen, in dem neben zahlreichen alten Flugzeugen die Geschichte der Fluggesellschaft Icelandair gezeigt wird (www.flugsafn.is, Juni/Juli tgl. 11–17, sonst 14–17 Uhr, 1000 ISK).

Ein lohnenswerter Ausflug per Fähre (von Dalvík) oder Flugzeug (von Akureyri) geht zur Vogelinsel **Grímsey**.

Übernachten

Schicke Apartments – **Center Apartment Hotel:** Brekkugata 1b, Tel. 354 571 7201, www.centerapartmenthotel.is, Apartment für 2 Pers. 128–225 €. Geschmackvolle, gute Ausstattung und mit Balkons, um die Aussicht auf die Stadt zu genießen. Zentrale Lage.

Fantastische Aussicht – **Gästehaus Leifsstaðir:** Leifsstaðir, Tel. 462 16 10, www.leifsstadir.is, DZ ab 15 500 ISK. Nur 3 km von Akureyri entfernt bietet das Gasthaus in schöner und ruhiger Lage einen unvergesslichen Blick auf die Stadt, insbesondere in den Wintermonaten, wenn Tausende von Lichtern die Stadt illuminieren. Funktionale, aber gemütliche Zimmer.

Typisch isländisch – **Ferienwohnung:** Munkaþverárstræti 23, Tel. 861 88 64, http://altunga.is/pages.php?idpage=3019, Apartment für 4 Pers. 13 000 ISK, 2 Nächte 22 000 ISK, 4500 ISK Reinigung und Handtücher. 50 m² im Souterrain, einfach, aber mit Hot Pot.

Mit Hot Pot – **Jugendherberge Stórholt I:** Tel. 462 36 57, www.akureyrihostel.com, Schlafsack ab 4950 ISK, Sommerhaus für 3 Pers. 17 350 ISK. Ganzjährig geöffnet, 65 Plätze. Liegt ca.

Unser Tipp

Gästehaus Fosshóll – Übernachten am Goðafoss ▶ H 3

Östlich von Akureyri sieht man schon von der Ringstraße aus den imposanten Wasserfall Goðafoss. Er erhielt seinen Namen ›Götterwasserfall‹ im Jahre 1000, als der Gode der Region, Þorgeir Þorkelsson, nach der beschlossenen Übernahme des Christentums als Staatsreligion seine alten Götterstatuen in die tosenden Wassermassen warf. Þorgeir lebte auf der nahe gelegenen Farm Ljósvatn. Eine einfache, aber charmante Unterkunft mit Zeltplatz und guten Wandermöglichkeiten in der Umgebung bietet das direkt am Wasserfall gelegene Gästehaus und Restaurant Fosshóll (Bárðardal, Tel. 464 31 08, www.fossholl.is, DZ um 29 200 ISK, 15. Juni–Aug., Buchung über www.farmholidays.is).

2 km vom Busterminal entfernt. Behindertengerechte Ausstattung. Außerdem zwei Sommerhäuser.
Relativ laut – **Akureyri Camping Ground:** Þórunnarstræti, Tel. 863 07 26, 15. Mai–15. Sept. Gut ausgestatteter Zeltplatz neben dem Schwimmbad.
Lauschig – **Zeltplatz Hamrar:** www.hamrar.is, 3 km nördlich am Erholungsgebiet Kjarnaskógur, 1200 ISK pro Pers. Beliebt bei Familien.

Essen & Trinken

Angesagt – **RUB 23:** Kaupvangsstræti 23, Tel. 462 22 23, www.rub23.is, tgl. ab 17.30 Uhr, Fischgerichte 4290 ISK, Fleisch ab 4990 ISK. Der Ort für besondere Anlässe, delikate Zubereitung mit Gewürzen, die man sich selber zusammenstellen kann, und ein Sushi-Paradies, auch zum Mitnehmen.
Für jeden – **Bautinn:** Hafnarstræti 92, Tel. 462 18 18, www.bautinn.is, Fisch ab 3820 ISK, Fleisch ab 4110 ISK. Gutes Restaurant mit den üblichen Gerichten wie Pizza (ab 1680 ISK) und Hamburger (um 2100 ISK), aber auch isländisch inspiriert mit Lamm und Fisch ab 3250 ISK mit Suppe und Salatbar. Von den Tischen im Wintergarten kann man die Fußgängerzone beobachten.
Mit Weitblick – **Strikið:** Skipagata 14, Tel. 462 71 00, www.strikid.is, tgl. ab 11.30 Uhr, Fischgerichte ab 4500 ISK, Fleischgerichte ab 4900 ISK, Hamburger 2900 ISK. Gutes Restaurant mit Terrasse und einem fantastischen Blick auf den Fjord. Variationsreiche Küche.
Treffpunkt – **Bláa kannan:** Hafnarstræti 26, Tel. 461 46 00, tgl. 8.30–23.30 Uhr, Tagesgericht mit Salat und Suppe 1500 ISK. Sehr beliebt, spröder Charme.

Einkaufen

Alles aus Wolle – **Fold-Anna:** Hafnarstræti 85, Tel. 461 41 20, Mo–Fr 10–18, Sa 10–14 Uhr. Fabrikverkauf von Wollprodukten zu Tax-free-Bedingungen.
Für Weihnachtsfans – **Jólagarðurinn:** ca. 5 km in südl. Richtung vom Zentrum entfernt, Tel. 463 14 33, Juni–Aug. 10–21, Sept.–Dez. 14–21, Weihnachtstage und Jan.–Mai 14–18 Uhr. Das ganze Jahr über Weihnachtsschmuck und -figuren aus Island. Mit Café.

Aktiv

Busausflüge – **SBA-Norðurleið:** Hjalteyrargata 10, Tel. 550 07 00, Fax 550 07 01, www.sba.is. Tagesausflüge und mehrtägige Exkursionen. Ideal, wenn die Zeit nicht reicht, um auch das Hochland zu bereisen oder länger zu bleiben.
Fahrradverleih – **Viking Bikerental:** Hafnarstræti 124, Tel. 461 55 51, theviking@simnet.is. Fahrräder ohne Gangschaltung, ganzer Tag 2000 ISK.
Reiten – **Polar Hestar:** Grytubakki II, Tel. 463 31 79, www.polarhestar.is. Vom kurzen Ausritt bis zur einwöchigen Tour (1600 €), deutschsprachig.
Wanderungen – **Ferðafelag Akureyri:** Strandgata 23, Tel. 462 27 20, Fax 462 72 40, www.ffa.is. Der Verein unternimmt Wanderungen in Nordisland, auch Nicht-Mitglieder sind willkommen. Wanderkarten der Umgebung.
Wintersport – **Hlíðarfjall:** Tel. 462 22 80, www.hlidarfjall.is. Größtes Skigebiet Islands.

Abends & Nachts

Akureyri ist eine Studentenstadt mit entsprechendem kulturellen Angebot besonders am Wochenende.
Der Treff – **Sjallinn:** Geislagata 14, Tel. 462 27 70, Fr/Sa bis 4 Uhr. Beliebte und immer volle Bar und Club. Auftritte populärer Bands und DJs.
Gemütlich – **Night Club 600:** Strandgata 49, Tel. 461 7710, Fr/Sa ab 22 Uhr. Pub, Sa manchmal Livemusik.

Theater – **Leikfélag Akureyrar:** Hafnarstræti 57, Tel. 460 02 00, www.leikfelag.is. Neben Stücken isländischer Autoren finden regelmäßig Musical-, Tanz-/Opernaufführungen statt. Die Theatersaison dauert von Sept.–Juni.
OmU – **Kinos:** Borgabíó, Hólabraut 12, Tel. 462 35 99; Nyja-Bíó, Strandgata 2, Tel. 461 46 66.

Infos & Termine

Touristeninformation: Akureyrarstofa, Hof Culture House, Strandgata 12, Tel. 450 10 50, www.visitakureyri.is, Sommer Mo–Fr 8–18.30 Uhr. Alle Infos zur Region und auch zu Nordisland. Sehr schöner Shop.
Bus: www.sba.is. Tgl. Busse nach Mývatn, Egilsstaðir, Reykjavík, in den äußersten Nordosten und in die Fischerorte am Eyjafjörður sowie Busse über die Kjölur-Route und Touren zum Dettifoss.
Schiff: Verbindungen nach Hrísey und Grímsey.
Flug: Tel. 46 00 70 00, www.flugfelag.is. Flugverbindungen nach Reykjavík und anderen isländischen Orten.
Wanderwoche: 1. Juli-Woche wandert man in und um Akureyri, alle Schwierigkeitsgrade.
Arctic Open International Tournament: Juni. Golfturnier. Man spielt in der Mitternachtssonne 24 Std. lang auf dem nördlichsten Golfplatz der Welt.

Skagafjörður

Alte Saga-Orte, gut erhaltene Bauernhöfe aus dem 19. Jh. und der Bischofssitz Hólar (s. Entdeckungstour S. 224) zeugen von der Lebendigkeit der isländischen Geschichte in dieser Region. Doch neben den historischen Stätten ist es vor allem die schöne und abwechslungsreiche Landschaft, die den Reiz ausmacht. Der Fjord liegt zwischen den beiden Halbinseln Skagi und Tröllaskagi. Skagi ist im nördlichen Teil relativ flach und nur der Berg Tindastóll (989 m) ragt markant empor. Im Süden des Fjords liegt das sumpfige Mündungsgebiet der Laxá und im Osten ist das beeindruckende Bergland von Tröllaskagi. Es ist die größte Gebirgslandschaft im Norden und ähnelt von Alter und Form den Gebirgen in den Westfjorden. Bis zu 1500 m ragen einzelne Berge empor und zwischen den Gebirgszügen liegen enge Täler. Nur wenige Orte sind hier entlang der Küste zu finden. Auffallend sind auch die zahlreichen verlassenen Höfe, denn eine ertragreiche Weidewirtschaft ist an den oft schattigen Hängen nur mühsam möglich. Dieser Teil des Nordens ist vor allem berühmt für seine Pferdezucht und bietet Reitern und Wanderern gute Möglichkeiten.

Hofsós ▸ F 2

Der beschauliche Ort mit einigen gut erhaltenen alten Häusern ist einer der ältesten noch bestehenden Handelsorte an der Fjordküste von Tröllaskagi. Seine Geschichte reicht zurück bis 1600. Das Lagerhaus Pakkhús wurde 1772 im typischen Blockhausstil errichtet. Die Straße Nr. 76 führt weiter nach Norden an der Küste entlang bis Siglufjörður (s. Lieblingsort S. 229).

Isländisches Emigrationszentrum

Tel. 453 79 35, www.hofsos.is, Juni–Aug. tgl. 11–18 Uhr, ansonsten nach Anfrage, 1500 ISK für alle Ausstellungen zusammen
In historischen Häusern ist das Isländische Emigrationszentrum (Vesturfarasetrið) untergebracht. Im 19. Jh. machten sich Tausende ▷ S. 227

Auf Entdeckungstour:
Hólar – Pferdezentrum und Bischofssitz

Ein geschichtsträchtiger Ort mit zahlreichen interessanten Stätten und einer der ältesten Kirchen. Seit Jahrhunderten ist es auch ein Bildungszentrum. Die heutige Hochschule ist spezialisiert auf Pferdezucht und -haltung, sehr passend für die Region, die bekannt ist für ihre Pferde.

Reisekarte: ▶ F 3

Infos: im Hochschulzentrum, Tel. 455 63 33, www.holar.is

Öffnungszeiten: Zentrum des Islandpferdes, Juni–15. Sept. tgl. 10–18 Uhr, 900 ISK; Hóladómkirkja Sommer tgl. 10–18 Uhr, Führungen, Auðunarstofa tgl. Führungen.

Essen & Trinken: Restaurant im Hochschulzentrum

Inmitten des landschaftlich einladenden Tals Hjaltadalur liegt der ehemalige Bischofssitz Hólar, 1106 gegründet. Schon von Weitem erkennt man den Kirchturm und das dahinterliegende Schulgebäude. Hólar war bis zu seiner Auflösung im Jahr 1798 das kulturelle und kirchliche Zentrum Nordislands. Von der Reformation an bis 1802 gab es hier auch eine Lateinschule. Die heutige Hochschule geht allerdings nicht auf diese, sondern auf die 1882 eingerichtete Landwirtschaftsschule zurück.

Hochschule und Kulturzentrum – Hólaskóli

Speziell die fachliche Ausrichtung der Hólaskóli ist interessant. Sie bietet Ausbildungsgänge in den Fachbereichen Fischzucht und Fischbiologie, Pferdewissenschaften sowie Tourismus in ländlichen Gebieten. Doch nicht nur die Studenten haben hier ausgiebig Gelegenheit, das Forschungsobjekt Pferd zu studieren – so können sie sich zu Pferdetrainern ausbilden lassen und dafür auch ihre eigenen Pferde mitbringen –, sondern auch die Besucher erfahren im historischen Zentrum des Islandpferdes alles Wissenswerte über Zucht und Besonderheit dieser Rasse. Das zur Hochschule gehörende Süßwasseraquarium kann in den Sommermonaten ebenfalls besucht werden.

Allseits beliebt – Islandpferde

Die zotteligen Islandpferde sind vielseitige Nutztiere – das beleuchten die wechselnden Ausstellungen im Zentrum des Islandpferdes. Sie kamen zusammen mit den norwegischen Siedlern ins Land und erwiesen sich als ausgesprochen robust und trittsicher und somit als hervorragende Lasttiere in dem schwierigen Lavagelände und über reißende Gletscherflüsse. Während des Schafabtriebs im Herbst sind die Pferde bis heute die einzigen Fortbewegungsmittel im Hochland. Ihr angenehmer Charakter erfreut mittlerweile Reiter in der ganzen Welt. Rund 55 000 Islandpferde, die eine eigene Rasse darstellen, leben auf dem europäischen Kontinent. Aufgrund eines strengen Einfuhrverbots für Pferde dürfen Tiere, die einmal das Land verlassen haben, nicht mehr zurück auf die Insel. Die Region Skagafjörður, in der sich Hólar befindet, ist landesweit berühmt für ihre Pferdezuchten.

Fünf Gänge, viele Farben

Was Islandpferde so besonders macht, sind die fünf Gangarten: Schritt, Trab, Galopp, Tölt und Pass. Den Tölt, eine fast erschütterungsfreie Gangart, beherrschen auch andere Pferderassen wie der Tennessee Walker oder das Pottok-Pferd, einzigartig ist dagegen der rasante Rennpass. Erstaunlich ist auch ihr ungeheurer Farbenreichtum. Die Farbe des Fells variiert in allen denkbaren Naturtönen, die Züchtung bringt zwei- und dreifarbige Schecken hervor oder dunkle Pferde mit kontrasthellem Behang (windfarben). Es gibt Schimmel neben Rappen, Füchsen, Braunen sowie Isabelle, Mausgraue, Apfelschimmel und Falben.

In Island wachsen die Pferde frei und ungebunden im Herdenverband auf. Erst im Alter von vier bis fünf Jahren werden sie eingeritten – ein Prozess, der Jahre in Anspruch nehmen kann, denn Islandpferde sind Spätentwickler. Von daher können sie auch im Alter von 20 oder 25 Jahren noch ohne Einschränkungen geritten werden. In aller Regel werden den Pferden in Island lange Pausen gegönnt, ein ganzjähriger Einsatz ist nicht üblich, von daher sieht man sie häufig auf den Weiden stehen.

Der Bischofssitz rund um die Domkirche

Als Bischofssitz ist Hólar untrennbar mit der Kirchengeschichte des Landes verbunden. Der erste Bischof von Hólar war Jón Ögmundsson (1106–1121), der wohl bekannteste nach der Reformation Guðbrandur Þorláksson (1571–1627). Þorláksson fertigte nicht nur die erste Landkarte Islands an, sondern nutzte auch die Druckpresse in Hólar – 1530 von Jón Arason angeschafft – zur Verbreitung des Evangeliums. 1584 erschien die erste vollständige isländische Bibelübersetzung, die Guðbrandbiblia, die heute in der Handschriftensammlung in Reykjavík zu sehen ist. Der letzte katholische Bischof war Jón Arason, den der dänische König Christian III. 1550 enthaupten ließ.

Die älteste Steinkirche Islands, die Hóladómkirkja, 1763 eingeweiht, steht hier in Hólar, gebaut aus rotem Sandstein vom Berg Hólabyrða, der über dem Ort thront. Es ist die fünfte Kirche, die an dieser Stelle erbaut wurde. Der Kirchturm wurde 1950 zur Erinnerung an Jón Arason errichtet. Von jenem Kleriker stammt wahrscheinlich die kunstvoll gestaltete Altartafel des Gotteshauses. Das spätmittelalterliche Triptychon – vermutlich 14.–16. Jh. – zählt zu den wertvollsten Kirchenschätzen Islands. Die farbenprächtigen Schnitzarbeiten stellen im Mittelteil die Kreuzigung dar und in den Flügeln die zwölf Apostel. Im Chor befindet sich auch der Grabstein von Guðbrandur Þorláksson.

Das hübsche Holzhaus unweit der Kirche ist der Nachbau der ehemaligen Arbeitsstube der Bischöfe, Auðunarstofa, ursprünglich 1315 erbaut und 1810 abgerissen. Heute beherbergt der originalgetreue Nachbau das Büro und Studierzimmer des jetzigen Bischofs sowie eine Ausstellung von Kelchen, Gewändern und Büchern aus dem 13. Jh.

Fährt man weiter in das malerische Tal Hjaltadalur, so findet man bei Reykir zwei warme Quellen. Von dem in Stein gefassten Pool Biskupslaug heißt es, dass die Bischöfe hier gebadet haben. Hjúalaug war das Becken für die Bediensteten.

Einblicke in die Vergangenheit

Von 2002–2007 wurden in Hólar archäologische Ausgrabungen vorgenommen. Sie förderten neue Erkenntnisse über das Verhältnis von Bischofssitz und umgebendem Dorf sowie über den wirtschaftlichen Wandel des Bischofssitzes ans Tageslicht. Interessant waren die Reste einer mittelalterlichen Müllhalde, aus denen entsprechende Rückschlüsse z. B. auf die damalige Ernährung gezogen werden konnten. Außerdem hat man Überreste des Bodens der ehemaligen Druckerei gefunden. Die Ausgrabungsstätten befinden sich z. T. in der Nähe der Kirche. In einer Vitrine im Eingangsbereich der Hochschule sind Fundstücke wie Perlen und Scherben zu sehen.

Ein weiteres historisches Gebäude veranschaulicht das einfache Leben isländischer Bauern im letzten Jahrhundert. Der unter Denkmalschutz stehende Grassodenhof Nýibær war 1854 errichtet worden und wurde noch bis Mitte des 20. Jh. bewohnt. Man erreicht die Anlage, wenn man dem Weg östlich hinter dem Schulgebäude folgt. Nýibær ist ein relativ kleiner Hof, insgesamt nur drei Giebelhäuschen. In der Mitte der kleinste Giebelbau birgt den Eingang und innen geht es in die beiden weiteren Gebäude. Gut kann man die Bauweise der dicken Außenwändend mit den geschichteten Grassoden sehen.

von Isländern in die Neue Welt auf, wo sie auf ein besseres Leben hofften, so auch der Dichter Stephan G. Stephansson (1853–1927), dem hier ein eigener Raum gewidmet ist. Mühsam und ärmlich war meist das neue Leben in den USA und Kanada, wie die Dokumentation zeigt.

Sauðárkrókur ▸ F 3

Der größte Ort der Region ist der Fischerei- und Dienstleistungsort Sauðárkrókur auf der Halbinsel Skagi. Von hier aus führen schöne Wanderungen auf den Tindastóll. Wer auf den Spuren des Geächteten Grettir Ásmundsson, dem Helden der Grettis saga, wandeln will, sollte einen Ausflug auf die Vogelinsel Drangey unternehmen, wo dieser seine letzten drei Jahre lebte. Von dem ehemaligen Hof Reykir, 16 km weiter nördlich, soll er zur Insel geschwommen sein. In der Nähe kann man in der warmen Quelle Grettislaug baden. Im Ort selber sind einige schöne alte Häuser wie das Hotel Tindastóll zu sehen.

Übernachten

Haus mit Geschichte(n) – **Hótel Tindastóll:** Lindargata 3, Tel. 453 50 02, www.hoteltindastoll.com, DZ Hauptgebäude 16 200–29 800 ISK, Nebengebäude 14 600–27 200 ISK (je nach Saison). Das älteste Hotel Islands, in dem schon Isländer auf ihre Abreise nach Kanada warteten und Marlene Dietrich übernachtete. Gut ausgestattet.

Essen & Trinken

Groß und gemütlich – **Ólafshús:** Aðalgata 15, Tel. 453 64 54, www.olafshus.is, So–Do 11–24, Fr/Sa 11–3 Uhr, Hauptgerichte 2790–5190 ISK, Pizzas 1870/2780 ISK. In einem schönen blauen Haus, es gibt auch Fisch und Lamm sowie vegetarische Gerichte auf der Karte. Es werden Produkte aus der Region verwendet, u. a. Zusammenarbeit mit der Hochschule Hólar.

Aktiv

Bootsfahrt – **Fagranes-Drangeyjarferðir:** Tel. 821 00 90, 821 00 91, www.drangey.net, Juni–15. Aug. tgl. Tour zur Insel Drangey, Abfahrt von Reykir (9900 ISK).

Infos

Bus: www.sternatravel.com. Busse zwischen Varmahlíð und Sauðárkrókur und weiter nach Siglufjörður, Hólar und Hofsós.

Glaumbær ▸ F 3

www.skagafjordur.is/byggdasafn, Juni–Ende Sept. tgl. 9–18 Uhr, 1200 ISK

Die ältesten Teile des gut erhaltenen Grassodenhofs datieren aus dem 18. Jh. Heute ist darin ein Museum untergebracht, das die Lebens- und Wohnkultur auf isländischen Höfen im 19. Jh. veranschaulicht. Auf Glaumbær lebten auch Þorfinnur karlsefni und seine Frau Guðríður nach ihrer Rückkehr aus Vínland (Amerika). Ihr Sohn Snorri baute hier die erste Kirche, und es heißt, er und Guðríður seien hier begraben.

Die Grassodenhäuser waren bis ins 19. Jh. typisch für Island. Charakteristisch sind die Dächer, die jeweils einen Raum abdeckten. Aufgrund des Gewichts der Grassoden war eine übergreifendere Dachkonstruktion nicht möglich, zumal meistens kein Holz zum Stützen zur Verfügung

FARSÆLL
SI 93

Lieblingsort

Ein Ort zum Träumen – Siglufjörður ► F 2

Bis in die 1950er-Jahre wirbelten die Menschen durch den Ort und arbeiteten in der Heringsstation (Foto), errichtet von den Norwegern, in der Nähe des Hafens. Fässer rollten, Frauen salzten die Fische im Akkord ein. Heute wirkt alles friedlich und beschaulich, die Berge und Hügel leuchten im Sonnenschein, und wenn man etwas über das damalige Leben erfahren will, geht man in das Heringsmuseum, das heute in der Station untergebracht ist (Snorragata 15, Tel. 467 16 04, www.sild.is, 18. Juni–20. Aug. tgl. 10–18, Frühjahr und Herbst 13–17 Uhr, 1400 ISK). Der Heringsboom sorgte für Reichtum und Wachstum und so hieß der Ort damals auch ›Klondike des Atlantiks‹. Vielleicht passt der Name Klondike sogar heute wieder ganz gut – vorbei ist die Hektik und geblieben sind die Ruhe und eine Idylle, die die Touristen mit gemütlichen Restaurants einlädt.

stand. Beim Bau kam es vor allem auf die richtige Neigung an, denn ein zu flaches Dach führte dazu, dass es sich bei Regen vollsog und leckte oder gar wegen des Gewichts einstürzte. War es zu steil, bekam das Dach Risse, und bei Regen tropfte es in den Raum. Die wichtigsten Räume waren die Küche (*eldhús*), in der ständig das Feuer brannte, und die Schlaf-Wohn-Stube (*baðstofa*). Diese *baðstofa* wurde ursprünglich – noch bis ins 16. Jh. – beheizt und diente als Dampfbad, aber später in den Notzeiten wärmte allein die Körperwärme der Bewohner den Raum auf.

Essen & Trinken

Nostalgisch – **Áskaffi:** im Museum, Tel. 453 88 55, Juni–Aug. tgl. 9–18 Uhr. Gemütliches Café ganz im Stil des 19. Jh. mit ausgezeichneten isländischen Kuchen.

Varmahlíð und Umgebung ▸ F 3

Varmahlíð ist ein kleiner Ort an der Ringstraße, der schon in früheren Zeiten ein beliebter Rastplatz war, wohl wegen der vorhandenen warmen Quellen. Von dem Hügel Reykjarhóll (111 m) bei Varmahlíð kann man den Blick über das Gebiet des Skagafjörður genießen.

Sehenswerte Kirchen

Baulich interessant ist **Silfrastaðir**, östlich von Varmahlíð. Seit 1900 steht hier eine kleine achteckige Kirche, nachdem die alte Grassodenkirche in das Freilichtmuseum Árbær gebracht wurde. Eine der wenigen erhaltenen Grassodenkirchen Islands, **Víðimýri**, wurde 1834 einige Kilometer westlich von Varmahlíð gebaut. Víðimýri gilt als »eines der besten Beispiele der reinen Form traditioneller, isländischer Kirchen«, wie der ehemalige Direktor des Nationalmuseums und spätere Staatspräsident Dr. Kristján Eldjárn meinte. Da Grassodengebäude der ständigen Restaurierung bedürfen, ersetzte man die meisten Mitte des 19. Jh. durch Holzbauten. Heute gehört das Bauwerk zum Nationalmuseum (Juni–Aug. tgl. 9–18 Uhr, 400 ISK).

Sagaplätze

In der kulturhistorisch interessanten Umgebung erinnern zahlreiche Höfe an die kriegerischen Auseinandersetzungen im Mittelalter. So war **Örlygsstaðir** Kampfstätte der Schlacht Örlygsstaðabardagi im Jahr 1238, in der der Gode Sturla Sighvatsson, Neffe von Snorri Sturluson und 50 weitere Männer, u. a. sein Vater und seine Brüder, getötet wurden. Sturlas Tod bedeutete zugleich das Ende der Macht der Sturlunga-Familie. Der Hof **Flugumýri** wurde 1253 bei einem Anschlag gegen Snorris Mörder, Gissur Þorvaldsson, niedergebrannt. **Haugnes** war Schauplatz der größten Schlacht in Island, in der 110 Männer fielen. Alle diese Höfe liegen in der Nähe der Ringstraße.

Übernachten

Einfach – **Lauftún:** nur 500 m von Varmahlíð entfernt, Tel. 453 81 33, DZ um 126 €, Schlafsack 43 €. Sehr einfache Zimmer oder Schlafsackunterkunft und Zeltplatz.
Erhöht – **Zeltplatz:** am Reykjarhóll.

Essen & Trinken

Regional – **Hótel Varmahlíð:** Tel. 453 81 70, www.hotelvarmahlid.is, Hauptgerichte 3500–5500 ISK. Das Hotelrestaurant ist besonders zu empfehlen: Es werden vor allem Produkte aus der Region verwendet wie z. B. Forellen.

Aktiv

Reiten und Rafting – **Hestasport Activity Tours:** Vegamót, Tel. 453 83 83, www.riding.is. Vom einstündigen Ausritt bis zu mehrtägigen Reittouren. Im Angebot ist auch eine Rafting-Reiten-Kombination, 8 Std. Spaß auch für Anfänger und Kinder (125 €).
Pferdehof – **Lýtingsstaðir:** 20 km südlich von Varmahlíð an der Nr. 752, Tel. 453 80 64, 853 38 17, www.lythorse.com. Ausritte, mehrtägige Touren und Pferdeverkauf aus der eigenen Zucht.

Infos

Touristeninformation: Tel. 455 61 61, www.visitskagafjordur.is, Mai–Sept. tgl. 9–18 Uhr, im Winter 12–16 Uhr. Termine zu Pferdeshows in der Region hier nachfragen.
Bus: tgl. zwischen Reykjavík und Akureyri.

Blönduós und Umgebung ▸ E 3

Blönduós ist ein geeigneter Ausgangsort für Erkundungen der Gemeinde. Der Ort liegt an der Mündung des 125 km langen Flusses Blandá, der westlich des Hofsjökull entspringt. Seit 1991 wird der Fluss für das gleichnamige Wasserkraftwerk benutzt. Das wohl auffallendste Gebäude im Ort ist die neue Kirche, ein architektonisch abgerundeter Bau.

Sehenswerte Museen

Im ältesten Holzhaus Islands, dem Hillebrandtshús (1733) im alten Ortsteil am Südufer der Blandá, ist das **Pack-**

Spektakuläres Schauspiel: Nordlicht an der Küste bei Blönduós

eismuseum (Hafíssetrið) installiert. Anschaulich werden die früheren Auswirkungen des Grönlandeises sowie die Folgen der Klimaerwärmung dargestellt (Hillebrandtshúsi, Tel. 820 48 48, www.blonduos.is/hafis, Juni–31. Aug. tgl. 11–17 Uhr, 500 ISK).

Im **Textilmuseum** (Heimilisiðnaðarsafnið) gewinnt man einen guten Einblick in die traditionelle isländische Wollverarbeitung (Árbraut 29, www.textile.is, Juni–Aug. tgl. 10–17 Uhr, 1100 ISK).

Übernachten

Seeblick – **Hótel Húnavellir:** südlich des Ortes am See Svínavatn, Tel. 453 56 00, Fax 898 46 85, www.hotelhuni.com, DZ ab 13 500 ISK, DZ mit Schlafsack 12 300 ISK, Schlafsack 4200 ISK. Auch Zeltplatz vorhanden, Schwimmbad und Angelmöglichkeiten.

Mein Tipp

Wandern und reiten rund um den Reiterhof Brekkulækur ▶ D 4
Nicht nur für Reiter ist der Reiterhof Brekkulækur ein idealer Ausgangspunkt für die Erkundung der Region, sondern auch für Wanderer. In unmittelbarer Nähe lädt ein hübscher Fluss gleichwohl zu Ausritten wie zu Wandertouren ein. Der Hofbesitzer Abbi spricht Deutsch und natürlich kennt er jeden Stein in der Umgebung und kann zahllose Geschichten erzählen. Die Doppelzimmer sind z. T. mit Dusche ausgestattet, und in dem gemütlichen Aufenthaltsraum kann man auch mal gut einen Regentag zubringen (Arinbjörn Jóhannsson, Tel. 451 29 38, www.abbi-island.is, DZ 100–130 €).

Flussblick – **Glaðheimar:** direkt am Zeltplatz an der Blanda, Tel. 820 13 00, www.gladheimar.is, 13 000–36 700 ISK. Hütten für 2–10 Pers., ideal für Familien und Gruppen, z. T. mit Jacuzzi und Sauna. Auch Schlafsackunterkunft.

Essen & Trinken

Schick – **Hótel Blönduós:** Aðalgata 6, Tel. 452 42 05, http://hotelblonduos.is. Restaurant mit Grill im Freien.

Gemütlich – **Við Árbakkann:** Húnabraut 2, Tel. 452 46 78, im Sommer tgl. 11–20, Fr/Sa bis 2 Uhr, 700–1900 ISK. Café mit reichem Angebot an Salaten, Sandwiches und Kuchen.

Infos

Touristeninformation: am Zeltplatz, Tel. 452 45 20, Fax 452 43 01, www.northwest.is, Juni–Aug. 9–21 Uhr.
Bus: tgl. Busse von/nach Reykjavík und Akureyri.

Þingeyrar

Südlich von Blönduós sieht man am Strandsee Hóp, der je nach Gezeitenstand eine Fläche von 29–44 km^2 einnimmt, die **Kirche Þingeyrar**. In Zeiten des Freistaates befand sich an dieser Stelle ein Thingplatz, 1133 wurde hier das erste Kloster Islands errichtet. Es war eines der bedeutendsten literarischen Zentren, in dem die meisten Sagas des Landes geschrieben wurden (Infos: Klausturstofa, neben der Kirche, Juni–Aug. tgl. 10–17 Uhr, Führungen, Café).

In der Nähe des Abzweigs zur Kirche steht eine Gruppe von drei Hügeln, **Þrístapar**, wo am 12. Januar 1830 die letzte Hinrichtung in Island stattfand. Auf der gegenüberliegenden Seite der Ringstraße zeugen zahllose Hügel, die **Vatnsdalshólar**, von einem gewaltigen Bergrutsch am Vatndalsfjall vor einigen tausend Jahren.

Húnaþing vestra

▶ D/E 3/4

Der größte Ort der Gemeinde Húnaþing vestra ist **Hvammstangi**, Dienstleistungszentrum der Region. Er liegt an der Westküste der Halbinsel Vatnsnes, entlang deren Küste man zahlreiche Robben beobachten kann. Seit 2006 gibt es in dem alten Haus von 1926 ein Robbenzentrum. Hier erfährt man alles über Robben um Island und ihre frühere Rolle für die Menschen (Strandgötu 1, www.selasetur.is, Juni–Aug. tgl. 9–19, Mai–Sept. Mo–Fr 9–16 Uhr, 950 ISK).

An der Ostseite der Halbinsel ist der See **Vesturhópsvatn**, an dem sich trutzig **Borgarvirki** auf einem 177 m hohen Hügel erhebt. Man vermutet, dass die von Basaltmauern umschlossene Festungsanlage als Verteidigungsburgvon Víga-Barði erbaut wurde. Von der Ruine, zu der auch zwei Langhäuser gehören, hat man einen guten Blick auf Húnaflói.

In der Region befinden sich zahlreiche historisch interessante Höfe, wie **Víðidalstunga**, vom 15. bis Anfang des 20. Jh. Sitz der Familie Vídalín. Páll Jónsson Vídalín (1667–1727) führte zusammen mit Árni Magnússon die erste Volkszählung in Island durch. Im 14. Jh. entstand hier ein bedeutendes Sagawerk, das Flateyjarbók des Bauern Jón Hákonarson; für die 225 Pergamentseiten brauchte man 113 Kälberhäute.

Der Ort **Laugarbakki** mit seinen warmen Quellen hieß in früheren Zeiten Langafit und war Austragungsstätte für Pferdekämpfe, die in der Grettis saga beschrieben werden. Unweit befindet sich der Hof **Melstaður**, besiedelt seit den Anfängen isländischer Geschichte und Wohnort zahlreicher bedeutender Isländer, wie z. B. von Arngrímur Jónsson (1568–1648), der mehrere Bücher über isländische Geschichte und Kultur in Latein verfasste.

In **Reykjaskóli** am Hrútafjörður kann man im Regionalmuseum u. a. ein altes Haifischfangboot sehen. Haifischfang wurde in Húnaflói noch bis ins 20. Jh. betrieben (Juni–Aug. tgl. 10–18 Uhr, 600 ISK).

Übernachten

Familiär – **Gästehaus Hanna Sigga:** Hvammstangi, Garðavegur 26, Tel. 451 24 07, www.simnet.is/gistihs, DZ 10 500 ISK, Schlafsack 3500 ISK, Frühstück mit Bioprodukten 1200 ISK. Gemütliche Zimmer mit schönem Blick, gut ausgestatteter Aufenthaltsraum und Garten, Hot Pot kann auch benutzt werden. Kurz: Ein Ort zum Wohlfühlen.

Jugendherberge – **Sæberg:** an der Nr. 1 südlich von Hvammstangi, Tel. 451 00 15, www.hostel.is, Schlafplatz ab 3850 ISK. Besticht vor allem durch die ruhige Lage direkt am Meer. Schwimmbad, Hot Pot und Zeltplatz gehören dazu. Nächster Laden ist 15 km entfernt.

Infos & Termine

Touristeninformation: Hvammstangi, im Robbenzentrum, Tel. 451 23 45.

Bus: tgl. Busse von/nach Reykjavík und Akureyri.

Grettir-Tage: August. Wettkämpfe, Wikingervorführungen, Musik und viel Essen in Bjarg, Grettis Geburtsort.

Schaf- und Pferdeabtrieb: Sept., genaue Termine: Tel. 451 23 45. Zur Knochenarbeit gehört auch immer der Spaß bei Essen, Trinken und Musik.

Das Beste auf einen Blick

Die Westfjorde

Highlight!

Látrabjarg: Die höchsten, die westlichsten, die ältesten und vielleicht sogar die schönsten Klippen auf Island. Ein wunderbarer Platz, um mit Papageitauchern zu flirten und in die Ferne zu blicken. S. 237

Auf Entdeckungstour

Erinnerungen an den Heringsboom – Djúpavík: Hier stand in den 1930er-Jahren eine der größten Heringsfabriken des Landes, der Reichtum wurde angehäuft, aber dann verschwand der Fisch. Heute werden die Gebäude als Hotel und Ausstellungsraum genutzt. Ein interessanter Ort, um zu sehen, was Wirtschaftseinbrüche bewirken. S. 250

Kultur & Sehenswertes

Selárdalur: Manchmal sind es die Besessenen, die ganz eigenwillige Kunstwerke schaffen, wie die Betonfiguren und -gebäude von Samúel Jónsson. Kunst oder Kitsch? Egal, auf jeden Fall faszinierend. S. 241

Hrafnseyri: Für das junge Island war niemand von so großer Bedeutung wie Jón Sigurðsson. Sein Geburtsort ist heute eine interessante Erinnerungsstätte. S. 242

Museum über Hexerei in Hólmavík: Das ungewöhnliche Museum erzählt von den dunkelsten Zeiten in Island. S. 247

Zu Fuß unterwegs

Wandern in Hornstrandir: Eine wunderschöne grüne Landschaft, in der sich prächtig mehrtägige Touren unternehmen lassen. Wer eine Tageswanderung bevorzugt, geht auf den Vogelfelsen Hornbjarg. S. 249

Genießen & Atmosphäre

Dynjandi: Für Zeltfreunde ist es einer der schönsten Plätze des Nordwestens, am Fuße des beeindruckenden Wasserfalls. S. 242

Hótel Djúpavík: Ein freundliches Haus, nicht zuletzt wegen der Besitzer, gemütlich und gute Küche. Außerhalb der Saison kann man auch schon mal alleine sein. S. 250

Abends & Nachts

Das Wechselspiel der Mitternachtssonne: Egal in welchem Ort oder an welchem Platz der Westfjorde, die Berge im Schein der sich neigenden Sonne sind ein Spektakel.

Wie eine Tatze ragt die von Fjorden zerschnittene Nordwest-Halbinsel Vestfirðir ins Meer, eine einzigartige Landschaft von rauer Schönheit und Einsamkeit, ein Paradies für Vogelfreunde und Wanderer, mit wunderschönen Stränden, den höchsten Vogelklippen, dem imposanten Gletscher Drangajökull sowie vielen Geschichten.

Manche behaupten, dass die Halbinsel eher eine Insel, vielleicht sogar ein eigenes Land sei. Von ihrer äußersten Spitze sind es nur noch 300 km bis Grönland, und mit Restisland verbindet sie nur ein 10 km breiter Isthmus. Erdgeschichtlich zählen die Westfjorde zum ältesten Teil Islands, vor rund 14 Mio. Jahren entstanden. Kennzeichnend ist die 400–800 m hohe Plateaulandschaft, die an den Küsten steil abfällt. Heute sind die Westfjorde nur spärlich besiedelt, einige Regionen wie Hornstrandir sind völlig verlassen. Als Schafzucht noch ein wichtiger Wirtschaftsfaktor im Land war, gab es hier etliche Bauern. Auch bei dem anderen bedeutenden Wirtschaftssektor, der Fischerei, kam es zu gewaltigen Einbrüchen, oft gekoppelt mit dem Rückgang der Heringsschwärme. Ende der 1980er- und 1990er-Jahre war es die Veränderung der Fischverarbeitung, die viele Orte in den Ruin stürzte. Zwar spielt die Fischverarbeitung immer noch eine Rolle in den Westfjorden, doch hat die Bedeutung des Tourismus in den letzten 20 Jahren stark zugenommen.

Infobox

Touristeninformation

Für die Westfjorde zuständig ist das Büro in Ísafjörður (s. S. 245).

Internet

www.westfjords.is: Das ist die Website mit den wichtigsten Informationen für Reisende in die Region. Viele Bilder, inspirierend und gut gemacht.

Anreise und Weiterkommen

Auto: Nur im Juli und Aug. sind alle Straßen mit Pkw befahrbar, sonst nur die Hauptstrecken. Ein Allradwagen ist deshalb zu empfehlen. Wenn man nach Isafjörður fliegt, kann man dort einen Wagen mieten.
Bus: Die Busverbindungen in der Region sind recht gut, damit kommt man zu fast allen beschriebenen Orten.
Fähre: www.seatours.is. Fähre Baldur im Sommer tgl. zwischen Stykkishólmur und Brjánslækur.
Flug: tgl. von Reykjavík nach Ísafjörður mit Air Iceland.

Von Brjánslækur nach Látrabjarg ▸ A/B 3

Wer mit der Fähre Baldur reist, gelangt zuerst nach **Brjánslækur** und setzt damit wie einst im 9. Jh. Flóki Vilgerðarson erstmals seinen Fuß auf den Boden des Nordwestens. Die Ruinen einer Bude aus der Zeit sind bei Flókatóttir zu sehen, wie man meint, die ältesten Zeugnisse eines Bauwerks in Island. Oberhalb der Farm ist die Schlucht Surtarbrandsgil einer der besten Plätze, um Fossilien aus dem Tertiär zu finden.

Die Straße in den Westen zeigt schon die charakteristische Küstenlinie der Halbinsel, breite, flache Wiesen und steile Plateauberge. Je nach Witterung können die 400 m hinauf zur **Kleifaheiði** schon ausreichen, um in den Wolken zu stecken. Dann wirkt **Kleifabúi**, die riesige Steinwarte mit den menschlichen Konturen, die 1947 Bauarbeiter errichtet haben, wie ein Riese aus dem Märchen.

In Serpentinen geht es hinunter zum Patreksfjord, wo Gaðar, ›Islands ältestes Stahlschiff von 1912‹, langsam vor sich hin verrottet. Von der Küstenstraße zweigt die Piste 614 nach Rauðasandur ab (s. Lieblingsort S. 238).

Infos

Bus: Stjörnubílar, Tel. 456 55 18, www.westfjordsadventure.is. Juni–Aug. Mo, Mi, Sa Busse zw. Ísafjörður und Brjánslækur.
Fähre: s. Infobox links.

Hnjótur und Hvallátur

▶ A 3

In **Hnjótur** gibt es ein bemerkenswertes Museum zu sehen. Egill Ólafsson sammelte Alltagsgegenstände der Region, vor allem alles zum Fischfang, und auch einige Flugzeuge (www.hnjotur.is, Mai–Aug. tgl. 10–18 Uhr). Etwas oberhalb steht ein Mahnmal für die britischen Seeleute, die in den gefährlichen Strömungen vor den Steilküsten untergegangen sind. Zwischen Breiðavík, einem einladenden weiten Strand, und Látrabjarg liegt **Hvallatúr**, das sich als westlichster besiedelter Ort bezeichnet. Die Ruinen und Steine stammen aus der Zeit, als hier noch eine große Fischstation war.

Übernachten

In der Weite – **Gistiheimilið Breiðavík:** Tel. 456 15 75, www.breidavik.is, DZ ohne Bad 19 400 ISK, DZ mit Bad 28 300 ISK, DZ Schlafsack 10 500 ISK, Frühstück inkl., in den Zimmerpreisen ist das Frühstück enthalten. Weitere Verpflegung absprechen. Schön in der Nähe des Strandes gelegen. Die Zimmer sind ansprechend möbliert.

Gut ausgestattet – **Zeltplatz:** am Gästehaus in Breiðavík, gut ausgestattet, 2000 ISK pro Pers.

Essen & Trinken

Museal – **Cafeteria:** im Egill Ólafsson Museum, Tel. 456 15 11. Vor allem ist der Kuchen zu empfehlen. Auch kleine Snacks.

Látrabjarg ! ▶ A 3

Die Steilküste Látrabjarg fasziniert durch Lage, Größe, Aussehen und ›Bevölkerung‹. Sie ist fast 14 km lang, von ihrem höchsten Punkt fällt sie 441 m senkrecht ab, und Bjargtangar markiert die westlichste Spitze Islands – und damit auch Europas. Wunderbare Küstenwanderungen lassen sich von hier aus unternehmen. In früheren Jahrzehnten kamen viele Isländer hierher, um zu fischen, Eier in den Klippen zu sammeln oder auch Robben zu jagen. Doch die See ist an diesem Küstenabschnitt besonders rau und schwierig, sodass so mancher Trawler vor Látrabjarg unterging.

Tausende von Seevögeln leben in den Klippen, und die Papageitaucher haben sich schon so an die Besucher gewöhnt, dass sie sich für das Foto in Pose stellen – vorausgesetzt man begibt sich auf Augenhöhe mit ihnen und verhält sich ruhig. Wer nicht wandern will, lässt einfach den Blick schweifen in der Hoffnung, am Horizont die Konturen Grönlands zu erkennen.

Infos

Bus: Juni–Aug. Mo, Mi, Sa von Ísafjörður über Brjánslækur nach Látrabjarg.

Lieblingsort

Der rote Strand des Nordens – Rauðasandur ▶ A 3

Nur wenige Gebäude stehen hier noch, einige sind verfallen, andere wie die niedliche Kirche von Saurbær (Foto) noch erhalten – alles umgeben vom Hauch der Vergangenheit. Schier endlos erstreckt sich davor der rote Sandstrand, der zu Spaziergängen einlädt. Seinen Namen hat er von einer Muschelsandbank, die unter bestimmten Lichtverhältnissen rotgelb leuchtet. Innerhalb der Sandbank bildet sich bei Flut ein großes Haff, das bei Ebbe stark zurückgeht.

Patreks- und Tálknafjörður ▸ A 3

Patreksfjörður ist ein alter Handelsplatz am gleichnamigen Fjord, in dem heute die Einwohner von Fischfang und -verarbeitung leben. Erst mit dem Bau von Fischerhütten im 19. Jh. bildete sich ein Ortskern heraus. Das Seeräuberhaus in der Aðalstræti bietet neben einer Ausstellung über Piratenüberfälle in Island ein nettes Café (Tel. 456 11 33, 600 ISK). Die westlichste Siedlung Islands eignet sich als Ausgangsort für Rundfahrten in der Umgebung. Schön ist die Wanderung auf den Tálkni (472 m), der am äußersten Ende der Halbinsel liegt. Ein einfacher Weg führt durch Litlidalur und dann hält man auf den Gipfel zu. Eine Strecke ist 7 km lang.

Über das Plateau Botnaheiði schlängelt sich die Passstraße, um am nächsten Fjord **Tálknafjörður** auf den gleichnamigen Ort zu stoßen. Nachdem in Suðerey die Walstation geschlossen wurde, kam sie hierher. Doch heute lebt man vor allem von der Lachszucht. In Botnsdalur befindet sich eine solche Station. Die neue Kirche ist architektonisch gelungen. Das geothermische Wasser für das Schwimmbad bezieht der Ort aus der Umgebung von Stóri-Laugardalur. Tálknafjörður ist ideal für Wanderungen entlang der Küste und in die Berge.

Übernachten

Besonders – **Ràðageri Hostel:** Aðalstræti 31, Patreksfjörður, Tel. 456 01 81, www.radagerdi.com, DZ mit Bad 23 000 ISK, ohne 16 200 ISK, Bett im 6-Bett-Zimmer 5500 ISK. Ein besonders auffallendes Haus, 1945 gebaut, mit einem freien Blick über den Fjord. Einfache Zimmer, in denen die Tischdecken, Bettwäsche, Kissenbezüge etc. aus der Fabrik der früheren Besitzerin stammen. Sehr stimmig.

Im Grünen – **Gästehaus Bjarmaland:** Tálknafjörður, Bugatún 8, Tel. 891 80 38, http://bjarmaland.bloggar.is, gemachtes Bett ab 6200 ISK, Schlafsack 3500 ISK, Frühstück 1500 ISK. Elf Zimmer, einfach, aber gemütlich ausgestattet, sogar mit Fernseher. Gemeinschaftsbadezimmer, Garten, Küche und Aufenthaltsraum.

Einfach – **Zeltplätze:** in Patreksfjörður am alten Sportplatz, in Tálknafjörður am Schwimmbad.

Essen & Trinken

Der Treffpunkt – **Þorpið:** Patreksfjörður, Aðalstræti 73, Tel. 456 12 95, Fr/Sa bis 3 Uhr, Gerichte ab 2000 ISK. Restaurant und Pub mit abwechslungsreicher Speisekarte, viel Fisch. Blick auf den Fjord.

Aktiv

Für alle etwas – **Westfjords Adventures:** Aðalstræti 5, Patreksfjörður, Tel. 456 50 06, www.westfjordsadventures.com. Hier findet jeder eine Tour von einfachen Jeep- oder Busfahrten, Bootsfahrten mit Angeln bis zu Wanderungen und auch Radtouren. Außerdem kann man sich hier ein Fahrrad leihen.

Infos & Termine

Touristeninformation: Tálknafjörður, am Schwimmbad, Tel. 456 26 39, Fax 456 27 88, www.talknafjordur.is, Juni–Aug. Mo–Fr 9–21, Sa/So 10–18 Uhr.
Bus: Mo, Mi, Sa nach Ísafjörður und Brjánslækur.
Fest der Wanderer: Ende Juli. Entsprechende Touren ab Tálknafjörður.

Am Arnarfjörður

Bíldudalur ▶ B 3

Bíldudalur war einer der wichtigsten Fischereiorte Islands. Seinen Höhepunkt hatte er um die Wende zum 20. Jh., als der Händler Pétur Thorsteinsson hier führend war. Von hier aus wurde der erste Salzfisch nach Spanien exportiert. Der erste isländische Dampfer, der in der Fischindustrie eingesetzt wurde, kam schon 1898 nach Bíldudalur. Bildudalur bietet sehr schöne Wandermöglichkeiten entlang des Fjords, direkt nach Tálknafjörður oder auf den Bíldudalsfjall.

Musikmuseum
Tjarnarbraut 5, Juni–Sept. Mo–Fr 14–18 Uhr, 700 ISK
Absolut lohnend ist das Musikmuseum ›Melodien der Erinnerung‹ (Melódíur minninganna) des Sängers Jón K. Ólafsson mit Schwerpunkt auf isländischer Musik der 1950er- und 1960er-Jahre.

Museum der isländischen Seeungeheuer
Strandgata 7, www.skrimsli.is, 15. Mai–10. Sept. tgl 10–18 Uhr, Kinder unter 10 Jahren nur in Begleitung
Es gibt sie die Ungeheuer und mancher hat sie schon gesehen. Im Museum kann man Einiges über sie lernen und anschließend einen Kaffee zur Stärkung trinken.

Übernachten

Typisch isländisch – **Bildudalur Hi Hostel:** Hafnarbraut 2, Tel. 456 21 00, www.bildudalurhostel.com, März–Okt., DZ ab 77 €. Zertifizierter Bio-Beherbergungsbetrieb, einfach, aber angenehm modern eingerichtet.
Einfach – **Zeltplatz:** am Sportplatz.

Essen & Trinken

Treffpunkt – **Vegamót:** Tjarnarbraut 2, Tel. 456 22 32, an der Tankstelle. Der typische kleine Imbiss mit Snacks zu den üblichen Preisen. Ein Souvenirladen ist angeschlossen.

Infos

Flug: Eagle Air, Reykjavík Flughafen, Tel. 562 26 40, http://eagleair.is/schedule/bildudalur/, Mo–Fr und So. Flüge von und nach Reykjavík.
Bus: im Sommer Mo, Mi, Sa nach Ísafjörður und Brjánslækur.

Selárdalur ▶ A 2

Interessant ist eine Fahrt entlang des Arnarfjörður nach Selárdalur. Die Landschaft ist gleichermaßen lieblich und beeindruckend mit Wiesen, die an schmalen Stränden enden; steil aufragende Basaltberge und -rücken begrenzen tiefe Täler. Nur noch wenige Menschen leben in Selárdalur, viele Höfe sind verlassen. Im Zentrum des Tales steht die alte Holzkirche von 1861. Doch das Bemerkenswerteste ist eine Art **Skulpturenpark**: Löwen, Pferde, Seehunde, Walrosse und auch Menschen zwischen einigen unvollendeten Gebäuden. Samúel Jónsson, genannt ›der Künstler mit dem Herzen eines Kindes‹, hat sich diese Welt geschaffen. Der ehemals arme Bauer verwandte seine Staatsrente, um die Figuren aus Zement zu schaffen.

In einer eigenen Kirche steht ein selbst gebauter Altar, den er der Kirche in Selárdalur vermachen wollte, diese verweigerte ihn aber. Samúel ließ sich gern inspirieren, so steht hier ein Miniaturnachbau von St. Peter in Rom. 1969 starb er im Alter von 85 Jahren.

An der Straße Nr. 63

Dynjandi ▸ B 2

Es lohnt sich, einen Stopp auf Dynjandisheiði einzulegen, allein um die Stille und Weite zu genießen. Hier steht der Felsen **Einhamar**, wo Gísli erschlagen wurde, in den man zur Erinnerung seine Silhouette eingemeißelt hat.

Unten am Fjord erblickt man einen der beeindruckendsten und schönsten Wasserfälle – **Dynjandi**. Fächerförmig in mehreren Kaskaden stürzen die Wassermassen insgesamt 100 m tief. Oben ist er 30 m breit und unten 60 m. Jede einzelne Stufe hat ihren besonderen Reiz und Wege führen an ihnen entlang. Hinter dem Wasserfall Göngufoss kann man herlaufen. Dynjandi – der Donnernde – ist heute ein geschütztes Naturmonument. Etliche Jahre hatte man ernsthaft diskutiert, ihn wie den nur wenige Kilometer entfernten **Mjólká** zur Stromgewinnung zu nutzen. Das dortige Kraftwerk wurde 1958 erbaut und 1975 erweitert mit einer Gesamtleistung von 8,1 MW.

Übernachten

Schöner Blick – **Zeltplatz:** an den Wasserfällen.

Þingeyri ▸ B 2

Þingeyri am Dyrafjörður ist der älteste Handelsort der Region, seine Wurzeln gehen zurück bis in die Sagazeit und vermutlich war hier ein Thingplatz. Die günstige Lage am fischreichen Fjord mit gutem Weideland war für die Besiedlung ideal; ein wichtiger Hafen für baskische Walfänger und Fischerboote aus Europa und Amerika. Trotz der schönen Lage sinkt die Einwohnerzahl Þingeyris alljährlich, eine Tendenz, die allgemein im Nordwesten besteht.

Im Ort steht eines der ältesten Lagerhäuser Islands aus dem 18. Jh. Die Kirche baute der erste Architekt des Landes, Rögnvaldur Á. Ólafsson, sie wurde 1911 geweiht. Lohnend ist auch die älteste in Betrieb befindliche **Maschinenwerkstatt** (Vélsmiðja), 1913 gebaut und nach ihrem Gründer, Guðmundur J. Sigurðsson, benannt (Hafnarstræti 14, Mo–Fr 8–17 Uhr und nach Vereinbarung, Tel. 456 83 31).

Am Ortsrand befindet sich ein **Wikingerkreis** für feucht-fröhliche Feste, originell mit Fellen ausgestattet. Von

Mein Tipp

Gedenkstätte für Jón Sigurðsson in Hrafnseyri ▸ B 2

Hrafnseyri ist der Geburtsort des bedeutenden Kämpfers für die Unabhängigkeit Islands, Jón Sigurðsson, geboren am 17. Juni 1811. Die Erinnerungsstätte an ihn und seine Zeit umfasst ein Museum, eine Kapelle und ein Bauernhaus. Es ist ein Nachbau des von Jóns Großvater erbauten Hofs. Auch die frühere Geschichte des Ortes ist interessant, so praktizierte hier im 12./13. Jh. der erste ausgebildete Arzt Islands, Hrafn Sveinbjararson, dargestellt auf einem der Glasfenster in der Kirche. Im Sommer findet hier regelmäßig ein Seminar zu politischen Themen statt, und anlässlich des 200. Geburtstags eröffnet eine neue Ausstellung. Erholen kann man sich in der Cafeteria (Tel. 456 82 60, www.hrafnseyri.is, Juni–Sept. tgl. 11–18 Uhr Uhr, 800 ISK).

dem Berg **Sandafell** (367 m) hatman einen guten Blick auf Þingeyri und den Fjord, der mit 39 km zu den längsten der Region gehört. Wer nicht laufen möchte, kann die Jeeppiste hinauffahren. Die beiden einzeln stehenden Berge Sandafell und auf der gegenüberliegenden Seite Mýrafell bilden zwei markante Punkte am Fjord.

Übernachten

Einladend – **Gästehaus Við Fjörðinn:** Aðalstræti 26, Tel. 456 81 72, 847 02 85, www.vidfjordinn.is, DZ ab 9000 ISK, Schlafsack 3000 ISK, Frühstück 1000 ISK, Apartment 13 000 ISK. Geräumige Zimmer mit gut ausgestatteter Gemeinschaftsküche. Frühstück im Wintergarten. Apartment mit Terrasse. Mahlzeiten nach Vereinbarung.
Praktisch – **Zeltplatz:** am Schwimmbad.

Essen & Trinken

Hafennähe – **Sandafell Þingeyri:** Hafnarstræti 7, Tel. 456 16 00, www.hotelsandafell.com, Mitte Mai–Mitte Sept. tgl. 10–22 Uhr, um 1500 ISK. Das Restaurant in dem Gästehaus bietet auch Suppen und Sandwiches.

Aktiv

Reiten – **Knapaskjól:** Tel. 693 18 47, http://stormur.123.is. Kurze Ausritte auch für Anfänger, längere für erfahrene Reiter. Pferdeschau.
Kaffee für Aktive – **Simbahöllin:** Fjarðargata 5, Tel. 899 66 59, www.simbahollin.is. Hier kann man einfach nur gemütlich sitzen, ein Fahrrad leihen oder ausreiten (2,5 Std. 9500 ISK).

Infos & Termine

Touristeninformation: Galleri Koltra, Hafnarstræti 5, Tel. 456 83 04, thingeyri@thingeyri.is, Juni–Aug. Mo–Fr 10–18, Sa/So 11–17 Uhr.
Bus: Tel. 893 10 58. Mo–Fr nach Ísafjörður, Suðureyri und Flateyri.
Wikingerfest: 1. Wochenende im Juli. Familienfest mit Wikingeranklängen.

Rund um den Ísafjörðurdjúp

Ísafjörður ▸ B 2

Größter Ort und kulturelles, schulisches und wirtschaftliches Zentrum in den Westfjorden ist Ísafjörður. Günstig für die dortige Fischindustrie sind die gute Lage zu den Fangplätzen und der nach allen Windrichtungen hin geschützte Hafen. Schon im 16. Jh. war Ísafjörður zusammen mit den anderen Fischerorten der Westfjorde bedeutender Handelsplatz für die Hanse. Zwar erhielt Ísafjörður erst am 28. Januar 1866 Stadtrechte, doch zählte es im 18. Jh. nach Auflösung des Handelsmonopols wieder zu den wichtigsten Handelsplätzen Islands.

Die Gründung des Ortes geht, laut Landnámabók, auf Helgi Hrólfsson im 9. Jh. zurück. Er setzte seinen Hof auf die Landzunge **Eyri,** wo heute der älteste Teil der Stadt zu sehen ist. Es heißt, dass auch der Name des Fjords ›Skutulsfjörður‹, Harpunenfjord, ein Seitenarm des Ísafjörðurdjúp, auf Helgi zurückgeht, er habe nämlich am Strand eine Harpune gefunden.

Stadtrundgang

Bei einem Gang durch die Stadt erinnern viele Häuser noch an die Blütezeit des Ortes, Anfang des 20. Jh. Nachdem in den 1980er-Jahren einiges dem Verfall überlassen wurde, wirken die Straßen heute lebendig und aufgeblüht. In der Nähe des

Friedhofs steht das bekannte **Fischer-Denkmal** für all diejenigen, die vor der Küste umgekommen sind. Der nahe gelegene **Park** ist klein, aber sehr blumenreich, unübersehbar der Bogen aus den Walknochen. Entlang der alten Hauptsraße, **Aðalstræti**, stehen noch Häuser aus dem 19. Jh.

Vorbei an den Hafenanlagen und der Fischfabrik gelangt man zum **Schifffahrts- und Regionalmuseum** (Byggðasafnið í Neðstakaupstað) der Westfjorde. Vier alte Häuser aus dem 18. Jh. stehen hier an der äußersten Spitze der Landzunge. Im Turnhús (Turmhaus), dem ehemaligen Lagerhaus mit Fischfabrik, ist heute das Museum untergebracht, das außer zahlreichen Zeugnissen und Exponaten aus der Welt der Seefahrt auch einen Überblick über die Stadtgeschichte gibt (http://nedsti.is/, 15. Mai–15. Sept. tgl. 9–18 Uhr, 900 ISK).

Übernachten

Kleine Wohnung – **Gentle Space:** Buchungen und Kontakt Tel. 892 92 82 oder info@gentlespace.is, www.gentlespace.is. Drei zentral gelegene Wohnungen, die komplett ausgestattet sind: Mjallargata 1, 76 m², bis 4 Pers. 169 €; Fjarðarstræti 6, 77 m² mit Meerblick, bis 4 Pers. 156 €; Túngata 20, 54 m², bis 4 Pers. 147 €.

Gemütlich – **Gamla Gistihúsið:** Mánagata 5, Tel. 456 4146, www.gistihus.is, DZ um 100 €, Schlafsack 27,70 €, Frühstück 1700 ISK. Freundlich ausgestattete Zimmer, Gemeinschaftsbad, Schlafsackunterkünfte im Nachbarhaus.

Historisch – **Gästehaus Áslaugar:** Austurvegur 7, Tel. 899 07 42, gistias@snerpa.is, DZ 14 000 ISK, Schlafsack 4000 ISK, Frühstück 1600 ISK, Apartment 23 000 ISK. Zentral in der Stadt gelegen. Gemütlich, da noch nicht so groß. Schlafsackplätze werden auch angeboten und natürlich Frühstück. Die Küchenbenutzung macht das Gästehaus zu einem idealen Standort für Selbstversorger. Apartment im Nachbarhaus, 18. Jh.

Einfach – **Zeltplatz:** neben dem Eddahotel.

Landschaftlich schön gelegen – **Tungudalur Camping:** in Tungudalur, ca. 4 km von Ísafjörður entfernt, Tel. 864 85 92, www.gih.is, 1700 ISK pro Pers. Busverbindung in die Stadt vorhanden, gut ausgestattet.

Essen & Trinken

Im Altstadtbereich gibt es in der **Hafnarstræti** mehrere Lokale von erlesen bis zum Imbiss und Café.

Sehr gediegen – **Við Pollin:** Silfurtorg 2, Tel. 456 33 60, www.hotelisafjordur.is, 7–23 Uhr, Essen bis 20.30, Fr/Sa 21 Uhr, Hauptgerichte 2600–5900 ISK. Gehoben mit ausgezeichneten Fleisch- und Fischgerichten. Günstige Mittagskarte.

Klassisch – **Bistro Edinborgarhús:** Aðalstræti 7, Tel. 456 66 60, Mo–Fr 11–1, Sa/So 11–3 Uhr, Gerichte ab 1500 ISK. Im Kulturzentrum der Stadt, einem zugleich historischen Haus, befindet sich das auf amerikanische Küche spezialisierte Restaurant.

Wie damals – **Tjöruhús:** im Schifffahrtsmuseum, Tel. 456 44 19, 12–14, 19–22 Uhr, Hauptgerichte um 2500 ISK. Nettes Restaurant mit Charme, bietet Salzfisch wie in alten Zeiten.

Einkaufen

Preisgekrönter Schmuck – **Gullauga:** Hafnarstræti 4, Tel. 456 34 60. Auch wenn man vielleicht nicht unbedingt etwas kaufen möchte, so lohnt sich dennoch ein Besuch in dem Juwelier mit Schmuck von Dýrfinna Torfadóttir oder Asa. Die Kombinationen aus Edelmetall und Naturmaterialien haben schon mehrfach Preise erhalten.

Aktiv

Erlebnistouren – **West Tours:** Aðalstræti 7, Tel. 456 51 11, www.vesturferdir.is, Mo–Fr 8–18, Sa 8.30–16.30, So 10–15 Uhr im Sommer. Kajaktouren, Fahrradverleih, Ausflüge mit Boot oder Wagen und geführte Wanderungen, alles, was man machen möchte, kann man hier organisieren lassen oder erfahren. Bieten auch Unterkünfte, Zelte und Skitouren an.
Bootstouren – **Sjóferðir:** Tel. 456 38 79, www.sjoferdir.is. Neben den regulären Bootstouren wie nach Hornstrandir kann man auch Boote chartern. Anmeldung über die Touristinformation.

Abends & Nachts

Treffpunkt – **Edinborgarhús:** Aðalstræti 7, Tel. 456 54 44, www.edinborg.is. Kulturzentrum mit wechselndem Programm: Musik, Bildende Kunst und Theater.
Kino des Ortes – **Ísafjarðarbíó:** Norðurvegi 1, Tel. 456 32 02.

Infos & Termine

Touristeninformation: Aðalstræti 7, Tel. 450 80 60, www.isafjordur.is, Juni–15. Sept. Mo–Fr 8–18, Sa 8.30–14, So 10–14 Uhr, im Winter Mo–Fr 8–16 Uhr.
Auto: In Ísafjörður gibt es mehrere Autovermietungen, sodass man beispielsweise dorthin fliegen und ab dort mit einem Leihwagen fahren kann. Die Preise sind günstiger als in Reykjavík.
Bus: www.stjornubilar.is. Busverbindungen zu den beschriebenen Orten sowie nach Hólmavík und weiter über Brú nach Reykjavík oder Akureyri.
Flug: Air Iceland, Tel. 570 30 30, www.airiceland.is. Tgl. Flugverbindungen von/nach Reykjavík.
Ski-Festival: Ostern. Ältestes Skifestival des Landes.

Reklamewagen der alten Bäckerei in Ísafjörður

Fossavatn Ski-Marathon: Ende April/ Anfang Mai, www.fossavatn.com.
Við Djúpið: Juni/Sommersonnenwende, www.viddjupid.is. Musikfestival.
Schlammfußballmeisterschaft: August, www.myrarbolti.com. Europäische Mannschaften.
Veturnætur: Oktober. Kunst- und Kulturfestival.

Bolungarvík ▸ B 1

Bolungarvík zählte zu den wichtigsten Fischereiorten seit der Landnahmezeit. 1890 entstand der Ortskern, und 1950 wurde die Straße nach Ísafjörður gebaut. Im Jahr 1993 mussten aufgrund der industriellen Umstrukturierungen zwei der Fischfabriken schließen. Bolungarvík setzt wie die anderen Orte auch auf den Tourismus, doch Lage und Wirtschaft lassen die Bevölkerungszahlen kontinuierlich sinken. Interessant ist das **Naturkundemuseum**, in dem ein ausgestopfter Eisbär sowie eine umfangreiche Mineraliensammlung zu sehen sind. Gute Informationen über das Naturschutzgebiet Hornstrandir (Vitastígur 3, www.nave.is, Mo–Fr 9–17, Juni–18. Aug. auch Sa/So 10–17 Uhr, 950 ISK, 1370 ISK mit Ósvör).

Freilichtmuseum Ósvör

Aðalstræti 21, Juni–18. Aug. Mo–Fr 9–17, Sa/So 10–17 Uhr, 950 ISK, kombiniert mit Naturkundemuseum 1370 ISK

In der Freilichtanlage am Ortseingang von Bolungarvík hat man die alte Fischerstätte rekonstruiert und zeigt an Booten sowie diversen Werkzeugen, wie der Fischfang früher vonstatten ging und wie z. B. die Fischhäute zu Schuhen verarbeitet wurden. Der Museumsleiter trägt die alte, wasserfeste Robbenhautbekleidung der Fischer und bietet einem Hákarl an, den berühmten eingegrabenen Hai, den man am besten mit *brennivín* herunterspült.

Flateyri und Suðureyri ▸ B 2

Beide Orte sind durch den Tunnel unter Breiðadalsheiði und Botnsheiði an Ísafjörður gut angebunden, nur noch vier gradlinig verlaufende Kilometer. Die frühere Straße führt bis auf 700 m Höhe hinauf und ist damit eine der höchsten in Island. Während der Sommermonate muss man immer wieder mit Nebel rechnen, und im Winter ist die Straße wegen der Schneestürme manchmal wochenlang nicht passierbar. Im Sommer ist es dennoch sehr reizvoll, über die Hochebene zu fahren. Man kommt direkt am Zeltplatz von Tungudalur aus, wo im Winter die Skianlagen zum Einsatz kommen.

Der Fischerort **Flateyri** liegt malerisch auf einer Landzunge. 1889 wurde in Sólbakki eine Walstation gegründet, die aber nach einem Feuer 1901 wieder geschlossen wurde. Ihr Besitzer, Hans Ellefsen, vermachte daraufhin sein Wohnhaus Hannes Hafsteinn, der es nach Reykjavík holte. Heute steht es als Gästehaus der Regierung in der Tjarnargata. Traurige Berühmtheit erlangte der Ort, als im Oktober 1995 eine Lawine 19 Häuser unter sich begrub; bei dem Unglück starben 23 Menschen.

Suðureyri an der Westspitze des Sugandafjörður ist der andere Ort, der vom Tunnel direkt profitiert. Im Schatten der steilen Berge gelegen scheint hier im Winter ganze vier Monate die Sonne nicht. Hier gibt es ein hervorragendes Tourismuskonzept, das einen guten Einblick in die Fischerei vermittelt. In einer Kochschule kann man auch neue Fischrezepte ausprobieren.

Entlang der Fjordküste ▸ B/C 2

Das ist die typische Fjordlandschaft des Nordwestens: Zahllose kleine Fjorde, auf deren Landzungen sich die Tafelberge erheben. Bei Arnarnes führt die Straße durch Islands ältesten Tunnel, 1949 gebaut und 35 m lang.

In dem kleinen Ort **Suðavík** am Fuße des monolithisch aufragenden Vulkanschlotes Kofri (635 m) ereignete sich 1995 wie in Flateyri ein Lawinenunglück: 22 Häuser wurden zerstört und 14 Menschen getötet. Die Häuser des alten Dorfes werden nur noch im Sommer bewohnt. Am Ortsausgang ist die verfallene Walstation Langeyri zu sehen, die von den Norwegern schon 1883 gebaut wurde. Lohnend ist der Besuch des **Melrakkasetur,** ein kleines Museum über den arktischen Fuchs (Juni–Aug. tgl. 9–18 Uhr, www.melrakki.is, Café vorhanden).

Von der gegenüberliegenden Seite des Álftafjörður hat man einen außerordentlich schönen Blick auf den Ort, die Tafelberge und die **Insel Vigur**. Die Insel hat nur eine Größe von 0,59 km^2. Hier leben Tausende von Eiderenten und Papageitauchern, außerdem kann man hier auch Islands einzige Windmühle bewundern.

Auffallend ist der Berg **Hestur**, auf der Halbinsel zwischen Seyðisfjörður und Hestfjörður gelegen. In Hestfjörður hat man 1927 die ersten Krabbenbänke entdeckt.

Djúpmannabúð am Mjóifjörður ist der traditionelle Haltepunkt für Busse und andere Reisende, um sich vor der Fahrt auf die Hochebene, vorbei an dem Elfensitz Álfaborg, zu stärken. Beide Fjorde – Mjóifjörður und Ísafjörður – sind sehr schmal, auffallend sind die kleinen Wälder und geothermischen Gebiete.

Strandir ▸ D 2/3

Von Hólmavík über Djúpavík erstreckt sich die Region Strandir, an die sich im Norden ab Furufjörður das heutige Naturschutzgebiet Hornstrandir anschließt. Einst war es eine reiche Region bedingt durch die guten Fischgründe, Robben und vor allem auch durch das Treibholz. In der ersten Hälfte des 20. Jh. kamen noch die großen Heringsströme dazu. Nach dem Verschwinden des Herings blieben die meisten Fischfabriken als Geisterorte zurück. Schafzucht und Landwirtschaft bestimmten später die Wirtschaft, doch viele gaben diese witterungsabhängige, harte Arbeit auf. Zurück blieben verlassene Höfe und heute leben gerade noch 800 Menschen in der Region.

Hólmavík

Der Weg nach Hólmavík führt über **Steingrímsfjarðarheiði**, eine schöne Hochebene mit zahlreichen Seen und kleinen Wasserfällen. In früheren Zeiten haben sich immer wieder Menschen im Nebel hier verirrt, deshalb hat man schon früh auf der Ebene eine Schutzhütte errichtet.

Hólmavík war ab 1895 ein Handelsort und ist heute Verwaltungszentrum der Region Strandir. Durchaus sehenswert ist das **Museum über Hexerei und deren Verfolgung** (Galdrasýning á Ströndum) im 17. Jh. in der Region. Anders als in Europa wurden in der Strandir-Region meist Männer der Hexerei beschuldigt (Höfðagata 8–10, www.galdrasyning.is, Juni–15. Sept. tgl. 10–18 Uhr, 900 ISK).

Von Hólmavík aus lohnt es sich, die Küstenstraße entlangzufahren. In den ehemaligen Heringsorten **Djúpavík** (s. Entdeckungstour S. 250) und

Abseits jeder Zivilisation – die Halbinsel Hornstrandir

Ingólfsfjörður stehen noch die alten Fabrikanlagen. Allein die Fahrt über die Hochebene von Kambur mit den hervorragenden Ausblicken auf die Küste lohnt den Weg.

Übernachten

Die einzigen – **Gästehaus:** Borgabraut 4, Tel. 451 31 36, www.finnahotel.is, DZ 69–110 €, Schlafsack ab 34 €, Frühstück um 12 €. Einfache, familiäre Zimmer.

Gut ausgestattet – **Zeltplatz:** Schön gelegen am Versammlungshaus in Hólmavík.

Essen & Trinken

Beliebt – **Café Riis:** Hafnarbraut 39, Tel. 451 35 67, www.caferiis.is, tgl. 11.30–21 Uhr, Hauptgerichte ab 2290 ISK. Das reizvoll ausgestattete Restaurant in einem Haus von 1897 wird am Wochenende zum Treffpunkt der Region. Sehr abwechslungsreiche Küche.

Infos

Touristeninformation: Höfðagata 8, Tel. 451 31 11, http://touristinfo.webnode.com/, Juni–Aug. tgl. 9–18 Uhr.

Bus: Direktbus von/nach nach Reykjavík http://s.straeto.is, Fr–Mo, Mi.

Hornstrandir ▸ B/C 1

Spätestens seit dem Spielfilm »Kinder der Natur« von Friðrik Þór Friðriksson hat man Bilder für den Zauber und das Geheimnis des Nordwestens und Hornstrandirs. Hier, wo die Bauern ihre Höfe verlassen haben und die Gebäude entweder langsam verfallen oder als Sommerhäuser genutzt werden, erobert sich die Vegetation ihr Terrain zurück. Riesiger Engelswurz, bunte Wiesenhänge mit dicken, leuchtenden Butterblumen und Löwenzahn prägen das Bild: Natur pur. Viele Jahre war die Region eine Art Geheimtipp für besonders konditionsstarke Wanderer und leicht verschrobene Reisende, die genug hatten von den Geysiren, heute zählt die Region zu den beliebten Reisezielen – besonders bei den Isländern.

Dass Friðrik Þór Friðriksson diese Landschaft für seinen Film gewählt hat, mag auch an ihrem melancholischen Reiz liegen: die verlassenen Häuser, das Treibholz an den Stränden und das endlos weite Meer, auf das man immer wieder blickt.

Für Reisende, die nach Hornstrandir weiter wollen, ist Ísafjörður der ideale Ausgangspunkt. Für erfahrene Wanderer ist Hornstrandir, das 580 km^2 große Gebiet mit dem Gletscher Drangajökull im äußersten Nordwesten, der Hit. Hier kann man tagelang, ja wochenlang wandern, ohne in bewohnte Orte zu gelangen, keine Autos, keine Radfahrer, nur in der Ferne ein Boot. Aber auch schon Tagesausflüge z. B. nach **Hesteyri** oder **Hornvík**, um auf den Hornbjarg zu laufen (s. unten), sind beeindruckende Erlebnisse, auf der einen Seite grüne Wiesen und zur anderen senkrecht abfallende Klippen.

Aktiv

Bootstouren – **West Tours:** Ísafjörður, Aðalstræti 7, Tel. 456 51 11, www.vesturferdir.is. Im Sommer Bootsfahrten nach Hesteyri und Hornvík, auch mehrtägige geführte Wanderungen.

Wanderung zum Hornbjarg

Start: Horn in Hornvík, Strecke: 7–8 km, Dauer: 2–3 Std. Wanderzeit, aber noch viel Zeit zur Beobachtung

Die Bucht **Hornvík** kann wohl zu Recht als das Herz von Hornstrandir bezeichnet werden, eingebettet von den beiden hohen Steilklippen Hælavíkurbjarg und Hornbjarg. Hælavíkurbjarg sieht man in seiner imposanten Höhe vom Boot aus, wenn man von Ísafjörður nach Hornvík fährt.

Von der Anlegestelle bei **Horn** kann man mit der Tour beginnen, die zunächst an der Küste entlang führt bis hinter den Berg **Miðfell.** Jetzt steigt man den Wiesenhang hinauf und kommt direkt zum Felsen **Hornbjarg.** Mehrere hundert Meter fällt die Klippe hier fast senkrecht ins Meer. Um einen das Gekreische der Vögel, die in den Felsen nisten. Wenn man sich in die Wiese legt, kann man sie gut beobachten, dafür sollte man ausreichend Zeit einplanen. Der Weg führt nun über den Bergrücken des Miðfell, wobei man immer einen gewissen Sicherheitsabstand zur Abbruchkante wahren muss. Ein Seil auf der anderen Seite des Rückens erleichtert den Abstieg und anschließend verläuft der Pfad parallel zum Kliff weiter. Zurück zur Anlegestelle geht es danach über die Wiesen in dem Tal **Miðdalur.**

Wanderung zum Hornbjarg

Auf Entdeckungstour: Erinnerungen an den Heringsboom – Djúpavík

Hier stand in den 1930er-Jahren eine der größten Heringsfabriken des Landes, aber dann verschwand der Fisch und die Einkommensquelle versiegte. Heute werden die Gebäude als Hotel und Ausstellungsraum genutzt. Ein interessanter Ort, um zu sehen, was Wirtschaftseinbrüche bewirken.

Reisekarte: ▶ D 2

Übernachten: Hótel Djúpavík, Tel. 451 40 37, www.djupavik.com, Schlafsack ab 3800 ISK, DZ ab 12 500 ISK. Einfache, sehr gemütliche Zimmer, Restaurant.

Info: Durch die ehemalige Heringsfabrik führen die Besitzer oder Freunde des Hotels (Zeiten im Hotel, s. o., erfragen).

Je nach Jahreszeit wirkt Djúpavík wie eine Geisterstadt, selbst die sorgfältig renovierten Gebäude können den Eindruck kaum ändern. Die Betonwände der alten Fischfabrik am Ortseingang und das davor liegende Schiffswrack im Meer sind von Wind und Wetter angefressen. Und doch war Djúpavík einst der größte Heringsverarbeitungsplatz des Landes, sogar ganz Europas. Von 1934 bis 1944 dauerten die goldenen Zeiten des Ortes, der erst 1919 gegründet worden war, als die ersten großen Heringsschwärme vor der Küste auftauchten. Ab 1944, als die Heringe wieder zu verschwinden begannen, erhielt man den Betrieb noch bis 1954 aufrecht, ohne den Niedergang aufhalten zu können. Die Hochzeit der Heringsfischerei beschrieb Halldór Laxness übrigens in seinem Roman »Die Litanei von den Gottesgaben«.

Überbleibsel der Boomjahre

90 m lang, zwei Etagen hoch, ausgestattet mit der damals modernsten Technologie – noch heute beeindruckt die riesige Halle der einstigen Heringsfabrik die Besucher. In dem weitläufigen Raum präsentiert der Hotelbesitzers Ásbjörn Thorgilsson seine Oldtimer-Sammlung, im oberen Bereich stehen noch alte Maschinen, liegt Werkzeug herum und zeigt eine Fotoausstellung, wie es in den aktiven Zeiten hier aussah. Das verwitternde Inventar und die grauen Betonwände verleihen der Stätte eine unwirkliche Atmosphäre, ähnlich wie in einer überdimensionalen Installation.

Fischmehl und Tran waren die Hauptprodukte, die in der Fabrik hergestellt wurden, und drei große Tanks stehen noch direkt neben dem Gebäude. Baumaterial und Zubehör wurden über den Seeweg und ab dem Kai weiter über Schienen transportiert. Am Kai selbst standen Tausende von Heringsfässern, denn hier fand das Einsalzen des Fisches statt.

Es bleibt nur die Erinnerung

Spaziert man nach einem Fabrikbesuch an der Bucht entlang, begleitet einen nur das Rauschen der Brandung und, je nachdem aus welcher Richtung der Wind weht, das des Wasserfalls. Nur schwer kann man sich vorstellen, dass einst alles vom Lärm der Maschinen und Menschen erfüllt war. In den Heringsjahren arbeiteten allein 60 Leute in der Fabrik und 200 in der Einsalzung. Diese Saisonarbeiter schliefen in den Baracken und auf der MS Suðurland – dem heutigen Wrack. Das Hotel war früher die Unterkunft der Arbeiterinnen. Doch nicht nur die Arbeiter vor Ort hatten ihr Auskommen, obwohl die Löhne nicht so hoch waren wie in Reykjavík, sondern auch die Bauern der Umgebung, die die Menschen mit Lebensmitteln versorgten.

Touristen statt Heringe

Nach dem Ende des Heringsbooms fiel der Landstrich wieder in den Winterschlaf, der Großteil der Einwohner verließ die Region. Erst 1986 begann mit der Eröffnung des Hotels ein neues Abenteuer. Viele Jahre war die lauschige Unterkunft ein Geheimtipp, doch die Umgebung mit den Wandermöglichkeiten lockt mittlerweile regelmäßig Gäste an. So kann man am Wasserfall vorbei auf die Berghöhe wandern und von dort den Blick auf Fjord und Djúpavík genießen (4 Std.). Seit 2003 finden in der ehemaligen Fabrik Ausstellungen und Konzerte statt. Nicht nur die Fotoausstellung lohnt, sondern auch die wechselnden Kunstpräsentationen. Während der Sommermonate ist der Ort dann manchmal so lebendig wie in früheren Zeiten.

Das Beste auf einen Blick

Der Westen

Highlight!

Hraunfossar: Zahllose kleine Kaskaden, die direkt aus der Lava herabfallen – besonders im Herbst zählen diese Wasserfälle zu den beliebtesten Fotomotiven. S. 273

Auf Entdeckungstour

Eine Tour durch den Nationalpark Snæfellsjökull: Es ist nicht nur der formvollendete Gletscher, der fasziniert, sondern auch die Strandregion mit ihrer lebhaften Geschichte. Hier waren vormals wichtige Handelsplätze. S. 260

Dichter und Politiker – Snorri Sturluson in Reykholt: Der Dichter und Politiker Snorri Sturluson spielte im 13. Jh. in Island eine bedeutende Rolle. Nirgends im Land ist man ihm so verbunden wie in Reykholt, seinem letzten und auch wichtigsten Wohnsitz. Heute ist hier ein Zentrum für die Erforschung des Mittelalters, seiner Kultur, Geschichte und vor allem seiner Literatur. S. 270

Kultur & Sehenswertes

Eiríksstaðir im Haukadalur: Bei den lebendigen Führungen durch den Nachbau eines alten Langhauses aus dem 10. Jh. erfährt man viel vom damaligen Leben. S. 255

Landnámssetur in Borgarnes: Die szenografisch gestalteten Räume des Landnahmezentrums vermitteln Geschichte ohne lange Texttafeln. S. 267

Aktiv unterwegs

Ewiges Eis hautnah: Rund um den Nationalpark Snæfellsjökull bietet der Veranstalter Snjófell Snowmobil-Touren auf den Gletscher an. S. 257, 259

Genießen & Atmosphäre

Wasserbibliothek in Stykkishólmur: Mit Gletscherwasser hat die Künstlerin Roni Horn einen meditativen Raum geschaffen. Sehr sehenswert, aber noch reizvoller ist der Ausblick auf die Küste. S. 264

Abends & Nachts

Steaks vom Holzkohlegrill: Der Westen mit seinen relativ kleinen Orten bietet nicht das klassische Nachtleben, aber eine Grillparty z. B. auf dem Zeltplatz von Húsafell hat auch seinen Reiz und ist zudem typisch isländisch. S. 269

Der Westen vereint sehr unterschiedliche Regionen: die Gegend zwischen Borgarnes bis zum Gletscher Langjökull, die Snæfellsnes-Halbinsel und die Region Dalir, quasi die Verbindung zwischen dem Nordwesten und Snæfellsnes. Dalir wird von zahlreichen Tälern durchzogen, die der Landschaft auch ihren Namen gaben. Einige Sagas spielen hier, wie die Laxdæla saga, und einige bekannte Männer Islands stammen aus der Gegend, wie der Gode Sturla. Grüne Weiden und sanfte Hügel bestimmen das Bild.

Beim Blick auf die Landkarte fällt die Snæfellsnes-Halbinsel wegen ihrer besonderen Form auf: Wie ein Finger ragt sie aus den breiten Buchten Faxaflói und Breiðafjörður ins Meer. Die Berge ziehen sich auf ihr wie ein Rückgrat entlang, an dessen äußerstem Ende der 1446 m hohe Stratovulkan Snæfellsjökull aufragt. Eis, Meer und Vulkanismus haben die Halbinsel geformt, die auf einer eigenen Vulkanzone außerhalb des Riftsystems liegt.

Infobox

Touristeninformation Westisland: Borgarnes, Hyrnutorg, Borgarbraut 58–60, Tel. 437 22 14, www.west.is, Juni–Aug. Mo–Fr 9–18, Sa 10–16, So 12–16, Sept.–Mai Mo–Fr 10–18 Uhr.

Internet

www.west.is: Website für die Region mit allen wichtigen Informationen.

Anreise und Weiterkommen

Auto: Von Süden über die Nr. 1 und dann auf der Nr. 54 um die Halbinsel Snæfellsnes. Von Norden erreicht man Dalir über die Nr. 1 und/oder die Nr. 60.
Bus: tgl. in die Region von Reykjavík.

Borgarnes und das Gebiet bis zum Hochland ist reich an warmen Quellen, ideal für die dort bedeutende Landwirtschaft. Und so erlebt man hier eine Stadt am Meer ohne Hafen, doch reich an Geschichte, vor allem als Schauplatz der Egils saga.

Dalir ▸ C/D 4

Wer sich für die Kultur und Geschichte der Isländer interessiert, der wird diese Region lieben. Der Ort **Búðardalur** ist das Dienstleistungszentrum von Dalir und guter Ausgangspunkt für die Erkundung der Umgebung. Einst befand sich hier der wichtigste Hafen am Hvammsfjörður und entsprechend startete auch die ›Íslendigur‹, der originalgetreue Nachbau eines Wikingerschiffs (s. S. 125), im Jahr 2000 von hier aus via Grönland in die Neue Welt. Die Leifsbúð in der Nähe des Hafens beherbergt eine Ausstellung zu Leifur Eiríksson (Juni–Aug. tgl. 10.30–21.30 Uhr).

Vor allem die Schauplätze der Laxdæla saga findet man hier. So in **Hjarðarhólt**, dem Geburtsort des Saga-Helden Kjartan Ólafsson, wo heute eine Kirche aus dem Jahre 1904 in zartem Rosa steht. In dem sich vom Fjordende des Hvammsfjörður nach Nordwesten erstreckenden Tal **Sælingsdal** befanden sich die beiden Höfe **Laugar** und **Sælingsdalstunga**. Hier lebte Guðrún Ósvífursdóttir nach dem Mord an Kjartan, später siedelte sie nach Helgafell über. Ihr Vater lebte auf Laugar. Heute steht hier eine Schule – Sommerhotel –, die beheizt wird aus den dort vorhandenen heißen Quellen. Im Regionalmuseum Dalir sind Exponate aus der Gegend gesammelt (Juni–Aug. tgl. 13–18 Uhr). Von Laugar führt ein Weg zum Felsen **Tungustapi**, wo der Erzählung nach Elfen leben sollen.

Übernachten, Essen

Idyllisch – **Hótel Edda Laugar:** Laugar, Tel. 444 49 30, Reservierung 444 40 00, www.hoteledda.is, DZ 13 320–26 500 ISK, Frühstück 1650 ISK. Landschaftlich schön und ruhig gelegen, bietet das Edda-Hotel Schlafkomfort für jede Preisklasse. Restaurant mit isländischer Küche. Ein Zeltplatz ist hier ebenfalls vorhanden.
Zentral – **Dalakot:** Búðardalur, Dalbraut 2, Tel. 434 16 44, villi@aknet.is, DZ 105 €. Schlicht ausgestattete Zimmer, aber angenehme Aufenthaltsräume. Im Restaurant vor allem Pizza und Gegrilltes.
Einfach – **Zeltplatz:** im Ort.

Infos

Touristeninformation: Búðardalur, Leifsbúð, Tel. 434 14 41, www.dalir.is, Juni–Aug. tgl. 10.30–21.30 Uhr. Informationen zur Region.
Bus: www.sternatravel.com, Mo, Mi, Fr und So von Reykjavík oder Borgarnes nach Búðardalur.

Eiríksstaðir ▸ D 4

Tel. 434 11 18, www.leif.is, Juni–Aug. tgl. 9–18 Uhr, 1250 ISK, im Sommer findet ein Wikingerfamilienfest statt
Seit 2000 steht südlich von Búðardalur, in Eiríksstaðir im Haukadalur, dem Geburtsort von Leifur Eiríksson, die Nachbildung eines Langhauses aus dem 10. Jh. Die Anlage erinnert an Leifs Fahrt nach Vínland, der Ostküste Kanadas, im Jahr 1000. Während sein Vater Eiríkur noch unfreiwillig nach Grönland segelte, konnte Leifur die kanadische Küste freiwillig erforschen. Die Besucher erfahren von kundigen Wikingerinnen und Wikingern, wie man damals lebte. Das Haus hat die klassische Größe der damaligen Höfe von einfachen, aber nicht ganz armen Bauern.

Die Südküste von Snæfellsnes

Um von Dalir zur Südküste von Snæfellsnes zu gelangen, fährt man von der Nr. 60 über die Nr. 54 bis zur Nr. 55. Die Nr. 55 stößt auf der Höhe von Eldborg wieder auf die Nr. 54, die rund um die Halbinsel führt. Der Süden von Snæfellsnes ähnelt noch der flachen, sehr grünen Weidelandschaft um Borgarnes. An der Küste reihen sich weite Strände aneinander, die sich vor allem durch die Verlandung sowohl von Flüssen als auch vom Meer gebildet haben.

An der Straße Nr. 54 ▸ C 5

Der erste Teil der Fahrt auf der Nr. 54 führt durch das Moorland **Mýrar**. Hier geht das ungebrochene Grün der Wiesen langsam in ein von umbrabraunen Lavabrocken, Lavafeldern und Kratern durchsetztes Farbmosaik über. Eine Erhebung ragt besonders heraus, der konisch geformte Ringwallkrater **Eldborg**.

Über einen ausgeschilderten Abzweig erreicht man die beeindruckende Basaltsäulenwand **Gerðuberg**. Von hier ist es nicht weit zu den beiden roten Domen **Rauðukúlur**, die wegen ihrer Farbe und symmetrischen Form auffallen. In der Nähe befindet sich auch die größte Mineralquelle Islands, **Rauðamelsölkelda**. Die Halbinsel ist für ihre zahlreichen Mineralquellen bekannt, die warmes oder kaltes Grundwasser oft mit Eisenanteil führen. Eine kalte Mineralquelle in der

Arnarstapi ist nach wie vor ein aktiver Fischereihafen

Gegend ist **Ölkelda** (Bierquelle), eine warme **Lýsuhólslaug**.

Hinter dem Berg **Hafursfell** (759 m) erheben sich nördlich des Weges Bergrücken, an denen zahllose Wasserfälle hinunterstürzen, und südlich der Straße sieht man schon die hellen Sandstrände, an denen mit etwas Glück auch Robben liegen.

Búðir ▸ B 5

Ein reizvoller und landschaftlich faszinierender Aufenthaltsort an der Südküste ist Búðir. Am Rande des Lavafeldes Búðahraun direkt neben einem hellen Muschelsandstrand liegt der ehemalige Handelsort. Heute stehen dort ein Hof, ein Hotel und die gut restaurierte Kirche von 1848. Herrliche Strandspaziergänge – oder auch Ausritte – sind hier möglich. Ein markierter Weg durch das Lavafeld **Búðahraun** führt bis zu dem Krater **Búðaklettur** (88 m). In den Lavablocks verstecken sich unter üppiger Vegetation zahlreiche Spalten, Löcher und Höhlen. Eine Höhle soll sich bis nach Surtshellir am Eiríksjökull erstrecken und mit Gold ausgelegt sein. Geheimnisvoll wirkt das Lavafeld mit seinen Aufwürfen und Vertiefungen, und je nach Wetter und Licht glaubt man sofort die Geschichten von hier verschwundenen Wanderern.

Ein idealer Platz zum Sonnenbaden ist **Hraunlandarif** am Westrand des Lavafelds. Im Wechselspiel des Lichtes schimmert der Muschelsand in den unterschiedlichsten Rottönen.

Arnarstapi ▸ A 5

Entlang der Küste kann man zu dem alten Fischerplatz Arnarstapi wandern, der heute ein kleines Touristenzentrum ist, mit stetig wachsender Feriehaussiedlung. Von hier aus lässt sich der **Snæfellsjökull** besteigen, aber wie immer bei solchen Touren sollte man über ausreichende Gletschererfahrung verfügen und sich nicht zu Alleingängen hinreißen lassen.

Zwischen Arnarstapi und der 3 km entfernten Fischersiedlung Hellnar ragen zahlreiche faszinierende Felsformationen aus dem Meer, so z. B. der Torbogen **Gatklettur**. Sehenswert sind auch die Höhlen in der Felsküste.

Übernachten

Rustikal – **Snjófell:** Tel. 435 67 83, 865 34 59, www.snjofell.is, DZ 80 €, Schlafsack ab 25 €, Frühstück 13 €. Einfache Zimmer mit Waschgelegenheit sowie Schlafsackunterkunft und Matratzenlager. Zeltplatz in der Nähe.

Essen & Trinken

Besonders urig – **Arnarbær:** gehört zu Snjófell, s. o. Es gibt sehr gute Fischgerichte und von 17. Juni–Aug. sonntags ein Kaffee-und-Kuchen-Buffet.

Aktiv

Erlebnistouren – **Snjófell:** s. o. Gletschertouren auf den Snæfellsjökull mit Schneekatzen und Snowmobil, letzte Tour Ende Juni. Auch nur Transport zum Gletscher. Preisbeispiel: zu zweit auf Schneemobil pro Pers. 10 500 ISK.

Infos

Bus: www.sternatravel.com. Tgl. organisierte Bustouren mit Stopp in Arnarstapi.

Hellnar ▸ A 5

Hellnar ist der Geburtsort von Guðríður Þorbjarnardóttir, der ersten europäischen Frau, die zusammen mit ihrem Mann Þorfinnur Karlsefni 1004/05 in der Neuen Welt – im heutigen Kanada – siedelte und dort auch einen Sohn gebar. Die Statue, die man von der Straße aus bei **Laugarbrekka** sieht, erinnert an sie, die im Mittelalter bereits acht Seereisen und zwei Europareisen unternommen hat. Die Figur hier ist eine Kopie des Werkes von Ásmundur Sveinsson. Wer ein imposantes Denkmal erwartet, wird enttäuscht sein, denn die Figur ist nur ca. 60 cm hoch.

Westlich vor Hellnar ragen die beiden Felstürme **Lóndrangar** empor, vermutlich alte Vulkanschlote, auf denen heute Seevögel nisten.

Übernachten

Ökologisch – **Hótel Hellnar:** Brekkubær, Tel. 435 68 20, www.hellnar.is, DZ 120–170 €. ›Grün und ökologisch‹ wird dieses gemütliche Haus geführt. Morgenbuffet mit Vollwertkost. Schön gelegen und ideal zur Erholung. Das Hotel ist seit 2002 mit dem Green Globe 21 zertifiziert.

Essen & Trinken

Auch Vollwert – **Hótel Hellnar:** s. o., nur abends. Schöner Blick aufs Meer, isländische Küche mit viel Fisch.

Herrliche Aussicht – **Fjöruhúsið:** Tel. 435 68 44, www.fjoruhusid.is. Von der Terrasse des kleinen Cafés kann man aufs Meer und die Steilküste blicken. Neben Kaffee und Kuchen werden auch kleine Gerichte angeboten.

Aktiv

Gletschertouren – **Hótel Hellnar:** s. o. Im Hotel können auch die Gletschertouren mit Snjofell gebucht werden, die dann auch am Hotel beginnen.

Infos

Besucherzentrum Hellnar: Tel. 436 68 88, www.ust.is/snaefellsjokull-nationalpark, 20. Mai–10. Sept. tgl. 10–17, sonst 12–16 Uhr. Karten und eine Ausstellung, die gut über den Nationalpark Snæfellsjökull informiert. Programm mit Wanderungen im Nationalpark. Ein weiteres Besucherzentrum befindet sich in Hellissandur (s. rechts).

Nationalpark Snæfellsjökull ▸ A 4/5

Der 167 km² große, 2001 eröffnete Nationalpark Snæfellsjökull mit seinen zahlreichen Küsten- und Gletscherwandermöglichkeiten liegt zwischen Hellnar im Süden und Hellisandur im Norden. In den beiden Ortschaften befinden sich auch die Besucherzentren.

1446 m erhebt sich der Vulkankegel Snæfellsjökull, der an klaren Tagen von Reykjavík aus trotz der Entfernung von über 100 km deutlich zu sehen ist. Dem Berg und seiner Umgebung sagt man mystische und magische Kräfte nach. Wie auch immer man dazu stehen mag, die Faszination des Vulkans ist unleugbar. Die Aktivitäten dieses Stratovulkans begannen schon während der Eiszeit und endeten vor ca. 2000 Jahren. Ein Großteil seiner Gletscherkappe ist im Verlauf des 20. Jh. abgeschmolzen, das Eis bedeckt heute nur noch eine Fläche von 11 km². Drei steile Felsen, von denen Þúfur der höchste ist, überragen den Kraterrand und heben sich im Spätsommer meist schwarz vom umgebenden Eis ab. Doch es ist nicht nur die Schönheit des Gletschers, die in dem Nationalpark fasziniert, sondern es sind auch die Strände mit ihrer z. T. noch sichtbaren Geschichte (s. Entdeckungstour S. 260).

Hellissandur und Rif ▸ A 4

Der kleine Fischerort **Hellissandur** bietet sich für ausgedehnte Küstenwanderungen an. So kann man von ihm bis zum westlichen Punkt der Halbinsel, nach Öndverðarnes, laufen, wo sich auch das einzige Frischwasser-Reservoir der Gegend befindet. Dieser Weg führt vorbei an Gufuskálar, deutlich erkennbar an dem 412 m hohen Mast (der höchste in Island) einer amerikanischen Radarstation für Flug- und Schifffahrtsnavigation, im Jahr 1959 errichtet. In Hellissandur lohnt ein Besuch des Seefahrtsmuseums (Sjómannagarðurinn), das in einem Fischerhaus untergebracht ist. Es zeigt u. a. einen Achter, einen Bootstyp, der im 19. Jh. noch verbreitet war (Juni–15. Aug. Di–Fr 9.30–12, 13–18, Sa/So 13–18, 16. Aug.–15. Sept. tgl. 13–18 Uhr).

Bei einem Gang zum Nachbarort **Rif** kommt man zu der mit über 20 000 Paaren größten Küstenseeschwalben-Kolonie Islands. Rif war im Mittelalter ein bedeutender Handelsort. In den letzten Jahren versucht er durch den Bau einer neuen Hafenanlage dem Nachbarort Ólafsvík Konkurrenz zu machen.

Übernachten, Essen

3 Sterne – **Hótel Hellissandur:** Klettsbúð 9, Tel. 430 86 00, www.hotelhellissandur.is, DZ 24 900 ISK. Komfortabel ausgestattetes Hotel, mit schönem Blick auf den Gletscher. Restaurant im Haus, abwechslungsreiche Küche. Freier Eintritt ins Schwimmbad von Ólafsvík.

1000 Sterne – **Zeltplatz:** neu angelegter Platz an der Lava in der Nähe des Seefahrtsmuseums.

Aktiv

Gletschererlebnis – **Hótel Hellissandur:** s. o. Arrangiert auf Wunsch Touren mit dem Veranstalter Snjófell (s. S. 257).

Infos

Nationalpark Snæfellsjökull: Verwaltung Hellissandur, Klettsbúð 7, Tel. 436 68 60, www.ust.is/snaefellsjokull-national-park, 20. Mai–10. Sept. tgl. 9–16 Uhr, Zeiten ändern sich häufig, Informationen und Karten.
Bus: im Sommer tgl. von Hellissandur nach Reykjavík und Stykkishólmur.

Ólafsvík ▸ A 4

Aufgrund seiner günstigen Hafenlage war Ólafsvík vom 17. bis 19. Jh. ein wichtiges Handelszentrum, das direkt von Dänemark und später auch von Portugal aus angelaufen wurde. Der Hafenausbau hat entscheidend das Wachstum des Ortes gefördert. Die Einwohner leben – wie in den meisten Orten der Halbinsel – von der Fischindustrie. Eine zunehmend bedeutendere Rolle spielt der Tourismus, da der Ort sehr günstig am Gletscher liegt. Man kann von dort hinaufwandern und auch die Fahrt über die Piste Nr. 570 ist lohnend. Außerdem gibt es in Ólafsvík ein Schwimmbad und einen Golfplatz.

Sehenswert im Ort ist neben der modernen Kirche, 1967 errichtet, mit einer Kanzel aus dem Jahr 1710, das alte Lagerhaus **Gamla Pakkhúsið**, erbaut 1844 von einem dänischen Kaufmann. Die Ausstellung im Lagerhaus vermittelt durch zahlreiche Darstellungen einen Eindruck vom Arbeitsleben im 19. Jh. (Ólafsbraut, Juni–Aug. tgl. 9–19 Uhr).

Übernachten, Essen

Solitär – **Hótel Ólafsvík:** Ólafsbraut 20, Tel. 436 16 50, Fax 436 16 51, www.hringhotels.is, DZ 139 € und Studio 160 € (inkl. Frühstück). Freundlich ausgestattete Zimmer mit und ohne Bad. Außerdem Apartments für Selbstversorger. Das Restaurant bietet Fisch des Tages zum günstigen Preis von ca. 3000 ISK.
Im Grünen – **Zeltplatz:** am Ortsrand.

Infos & Termine

Touristeninformation: Kikjutún 2, Tel. 433 99 30, www.west.is, Juni–Aug. Mo–Fr 9–12, 12.30–17 Uhr.
Bus: im Sommer tgl. von Ólafsvík und Hellissandur nach Reykjavík und Stykkishólmur.
Färöische Tage: Juni oder Juli. Mehrtägiges Festival mit Tanz- und Musikveranstaltungen.

Grundarfjörður ▸ B 4

Der wachsende Fischerort Grundarfjörður am gleichnamigen Fjord ist ein guter Ausgangspunkt für Bergtouren in der Umgebung. Bei **Stöð** (268 m), einem einzeln stehenden Berg auf einer vorgelagerten Halbinsel am Westrand des Fjords, stieß man auf Spuren von Erlen, was darauf schließen lässt, dass es zwei Eiszeiten mit einer wärmeren Zwischenperiode gab.

Als einer der schönsten Berge gilt der benachbarte **Kirkjufell** (463 m), den die Dänen ›Zuckerhut‹ nannten. Seine steil aufragende Pyramide ist für Bergsteiger immer wieder eine Herausforderung. An der Meeresöffnung des Grundarfjörður liegt die Vogelinsel **Melrakkaey**, die seit 1974 unter Naturschutz steht. Hier brüten neben Papageitauchern, ▷ S. 263

Auf Entdeckungstour: Eine Tour durch den Nationalpark Snæfellsjökull

Es ist nicht nur der formvollendete Gletscher, der fasziniert, sondern auch die Strandregion mit ihrer Geschichte. Hier waren vormals wichtige Handelsplätze.

Reisekarte: ▶ A 4/5

Nationalpark Visitor Center: Hellnar, Tel. 436 68 88, www.ust.is/snaefells jokull-national-park, 20. Mai–10. Sept. tgl. 10–17 Uhr.

Dauer: Wanderung auf den Gletscher ungefähr 4–6 Std., die Küstentour mit dem Pkw je nach Pausen 2–6 Std.

Organisation: Gletschertouren bietet das Hotel Snjófell in Arnarstapi (s. S. 257). Für die Fahrt an der Küste empfiehlt sich ein eigenes Auto.

Der Reiz des 167 km² großen Nationalparks rund um den Snæfellsjökull liegt in dem einzigartigen Zusammenspiel von Ausblicken auf das Meer und den Gletscher, der von bizarren Lavaformationen eingerahmt wird. In der Parkmitte ragt der Vulkan geheimnisvoll und formschön empor. Besonders mystisch wirkt er aus der Ferne, wenn seine weiße Spitze aus den Wolken, die das übrige Land verhüllen, hervorschaut und er über der Landschaft zu schweben scheint. Sein Gipfel ist nur noch teilweise vergletschert, ansonsten bedecken Tuffgesteine den nördlichen und östlichen Abhang, nacheiszeitliche Laven den südlichen und westlichen. Der Gipfelkrater ist 200 m tief und mit Eis gefüllt. Eine Gletschertour – ob nun zu Fuß oder mit dem Motorschlitten – ist ein Erlebnis.

Rendezvous mit dem Vulkan

Der bequemste Weg auf den Snæfellsjökull geht von der Jeeppiste 570 ab, dort wo die **Hütte von Snjófell** 1, eines Touristikunternehmens, steht und auch die Snowmobile starten. Man kann ebenfalls vom Geldingafell auf der Ostseite aus loswandern. Es lohnt sich, Zeit mitzubringen, um gutes Wetter für die Tour abzuwarten, denn oft hüllt sich der Gletscher in graues Gewölk. Bei klarer Sicht begleiten herrliche Ausblicke auf Meer und Land den bis zu 3 Std. dauernden Aufstieg. Am Gipfel angekommen, blickt man über den 1 km großen Krater mit den steilen 200 m aufragenden Kraterrändern. Der höchste Punkt ist Þúfur. Der Aufstieg über die Westseite dauert länger und ist nicht an einem Tag zu schaffen. Grundsätzlich muss man auf Spalten achten und es empfiehlt sich, sich vor dem Start im Nationalparkzentrum zu erkundigen, wo und wann der sicherste Aufstieg möglich ist.

Auf dem Gipfel fühlt man sich gleich wie Prof. Lindenbrock und sein Neffe Axel, die durch den Krater des Snæfellsjökull zu ihrer abenteuerlichen »Reise zum Mittelpunkt der Erde« aufbrachen. Doch nicht nur Jules Verne hat dem Gletscher ein literarisches Denkmal gesetzt, sondern auch Halldór Laxness – und das gleich zweimal, so fasziniert war er von seiner kühlen Schönheit. In dem Roman »Weltlicht« beschreibt er den Snæfellsjökull mit den Worten: »Wo der Gletscher aufragt, hört das Land auf, irdisch zu sein, und die Erde hat Anteil am Himmel, dort wohnen keine Sorgen mehr.« Kaum ein Isländer, der diese poetischen Zeilen nicht kennt, die so treffend diesen Berg charakterisieren.

Klippen und Kraftprobensteine an der Küste

Ab Hellnar führt die Straße Nr. 574 an der Nationalparkküste entlang. **Svalþúfa** 2 auf der Klippe Þúfubjarg ist der Platz, an dem der Dichter Kolbeinn mit dem Teufel einen Dichterwettstreit austrug, den er zu seinen Gunsten entscheiden konnte. Auch ohne Dichtkunst ist der Ausblick beeindruckend mit den zahllosen Vögeln in den Klippen und den beiden markanten Felsnadeln Lóndrangar, 75 m und 61 m hoch. Es handelt sich um die Reste eines Vulkans mit gut erkennbaren Basalthöhlen. Von hier führt ein Küstenwanderweg zum südlichsten Punkt der Halbinsel, nach Malarrif.

Auf der Weiterfahrt in nördlicher Richtung erreicht man den Parkplatz bei **Djúpalónssandur** 3. Von Djúpalónssandur führt ein kurzer Weg nach Dritvík, zu einer geschützten Bucht mit Sandstrand, sehr geeignet, um anzulanden. Einige Informationstafeln am Parkplatz erklären die Bedeutung der Bucht.

Zahllose Wrackteile liegen an dem schönen Kiesstrand von Djúpalónssandur herum, dessen dunkle Lavasteine die Brandung vollkommen glattgeschliffen hat. Die Schiffsteile stammen von dem englischen Trawler Epine, der am 13. März 1948 östlich von Dritvík auflief. Immerhin fünf der 19 Besatzungsmitglieder konnten trotz des sehr schlechten Wetters gerettet werden. Gesunkene Schiffe gehören an dieser Küste

zur traurigen Geschichte, vor allem in den stürmischen Jahreszeiten trieb manches Schiff an die Klippen. Außerdem liegen hier vier Kraftprobensteine mit dem Gewicht von 155, 140, 49 und 23 kg, die es zu stemmen galt, um auf einem Schiff angeheuert zu werden. Ideal, um selber zu testen, wie weit man es als Fischer gebracht hätte: Wenigstens 49 kg musste man stemmen, um genommen zu werden. Auch wenn es nicht mehr die Originalsteine sind, so dokumentieren sie doch eine vergangene Lebenswelt.

Die Bucht **Dritvík,** die man nach kurzem Spaziergang entlang des Küstenabbruchs erreicht, war über Jahrhunderte einer von Islands Hauptfischereiplätzen, 300 bis 400 Leute lebten während der Saison hier und fuhren in bis zu 60 Booten aufs Meer. Außerdem gab es zehn Camps für die Männer dort. Seit 1860 ist der Ort verlassen.

Durch die Lava zum nordwestlichen Leuchtfeuer

Die weitere Fahrt auf der Straße Nr. 574 in den Norden führt an dem Ringwallkrater Hólarhólar vorbei. Die Straße entfernt sich jetzt von der Küste und verläuft durch das Lavafeld **Neshraun** 4, in dem etliche Krater zu sehen sind. Kurz bevor man sich wieder der Küste annähert, zweigt eine Jeeppiste zum westlichsten Punkt der Halbinsel ab: **Öndverðarnes** 5. Auf der Landspitze steht ein orange-roter Leuchtturm. Unweit davon führen 18 Stufen zu dem alten Brunnen Fálki in die Tiefe. Seinem Wasser sagt man besondere Heilkräfte nach. Es gibt aber auch die Sage, dass sich dort drei Quellen befinden: eine mit Trinkwasser, eine mit Meerwasser und eine mit Wein. Ausprobieren kann man es nicht, denn der Brunnen ist mit einer Steinplatte abgedeckt.

Von der Nr. 574 sieht man den 420 m hohen Mast der ehemaligen US-Loran-Station, **Gufuskálar** 6. Als er 1963 errichtet wurde, war er das höchste Bauwerk in Europa. Unweit davon befinden sich in der Lava zahlreiche Ruinen, die z. T. nur schwer zu erkennen sind. Vermutlich sind sie 500 bis 700 Jahre alt und dienten sowohl als Trockenhütten, aber auch als Fischerbehausungen. Einige Archäologen glauben sogar, dass sich irische Mönche hierhin zurückgezogen hatten. Die Bezeichnung *Írskra bunnur* oder *kirkja* (irischer Brunnen und Kirche) weisen daraufhin. Die Küste der Halbinsel war auf jeden Fall von Beginn der Siedlungsgeschichte an bis ins Spätmittelalter stark besiedelt, da die Fischgründe hier ausgezeichnet waren. Selbst die Engländer kamen im 15. und 16. Jh. hierhin, sowohl die gern gesehenen Kaufleute als auch die weniger gelittenen Fischer.

Kormoranen und Eismöwen sehr viele Eiderenten. Auch die Geschichte der Region ist spannend. Zum einen kann man auf den literarischen Spuren der Eyrbyggja saga wandeln und zum anderen auf den Spuren der Franzosen, die als Fischer im 19. Jh. in Grundarkampur siedelten. Sie war eine der ersten sechs Handelsstädte Islands, gegründet 1786. Lohnend ist ein Besuch im **Eyrbyggja Geschichtszentrum**, wo man interessante alte Dias aus Grundarfjörður ansehen, in einer kleinen Bibliothek stöbern und gemütlich Kaffee trinken kann. Ein beliebter Treffpunkt (Grundargata 35, Tel. 438 18 81, 15. Mai–15. Sept. tgl. 9–17 Uhr).

Übernachten

Maritim – **Hótel Framnes:** Nesvegur 6–8, Tel. 438 68 93, www.hotelframnes.is, DZ um 24 210 ISK. 1989 eröffnetes Haus, einst Unterkunft für Seeleute. Die Zimmer sind einfach, aber komplett ausgestattet, besonders schön ist die Aussicht auf Meer oder Berge. Ein idealer Ausgangspunkt für Aktivitäten in der Umgebung, bei deren Organisation das Hotel hilft. Guter Komfort.

Altertümlich – **Jugendherberge:** Hlíðarvegur 15, Tel. 562 65 33, www.ubuntu65.com, Schlafsack 4000 ISK, DZ 105–124 €, Apartment für 4 Pers. ab 170 €. Das ursprüngliche, rote Haus beherbergt die Jugendherberge, die als »Green Hostel« zertifiziert ist. Fröhliche Ausstattung. Für jeden etwas.

Preiswert – **Zeltplatz:** am Schwimmbad und in Setberg, rund 5 km östlich des Ortes.

Essen & Trinken

Für Vegetarier – **Hótel Framnes:** s. o., abends, Hauptgerichte um 3000 ISK. Neben dem obligatorischen Fisch gibt es auch leckere vegetarische Kost.

Typisch – **Samkaup Úrval:** Grundargata 38, Tel. 438 67 00. Für Selbstversorger und die Fans für Schnellgerichte. Also typisch isländisch.

Aktiv

Radtouren – **Hótel Framnes:** s. o. verleiht Fahrräder.

Bootsfahrten – **Láki Tours:** gehört zum Hótel Framnes (Tel. 438 68 93), neben Bootsfahrten zur Vogelbeobachtung werden Walbeobachtungsfahrten von Ólafsvík aus angeboten.

Infos & Termine

Touristeninformation: im Eyrbyggja Geschichtszentrum, Grundargata 35, Tel. 438 18 81, www.grundarfjordur.is.

Bus: tgl. nach Stykkishólmur und Ólafsvík.

Sommerfest: Ende Juli. Für die ganze Familie.

Stykkishólmur und Umgebung ▸ B 4

Am **Drápuhlíðarfjall** (527 m) biegt man ab nach Stykkishólmur, das auf der Nordspitze einer Landzunge liegt. Lange nahm man an, dass dieser farbenprächtige Rhyolithberg, an dem man fossile Pflanzenspuren sowie Jaspis und andere Mineralien fand, auch eine Goldgrube sei, aber die Ausbeute war sehr gering.

Neben Rif, Arnarstapi und Flatey gehörte Stykkishólmur im 16. Jh. zu den Handelsplätzen der deutschen Hanse. Mit Aufkommen der Deckboote bis 400 t zu Anfang des 19. Jh. wurde der Fischfang immer wichtiger für den Ort, der schnell wuchs. Ein inter-

Mein Tipp

Herrliche Aussicht von der Wasserbibliothek

Oberhalb des Hafens von Stykkishólmur steht ein interessanter Bau aus dem Jahre 1961 mit runder Fensterfront und Flachdach. Seit Mai 2007 ist darin die Wasserbibliothek (Vatnasafn) zu sehen, eine großartige Raumgestaltung der amerikanischen Künstlerin Roni Horn. Horn liebt Island schon seit langer Zeit und hat mit dieser Installation eine kongeniale Beziehung zwischen Land, Raum und Element geschaffen. Die 24 Glassäulen enthalten Wasser von Islands Gletschern. Sie stehen in dem lichtdurchfluteten Raum, der gelbe Boden mit den isländischen Wetterbegriffen verstärkt den Sonnenschein und der Blick des Besuchers kann die Weite des Himmels und des Meeres genießen. Der Einfall des Lichts lässt das Wasser und den Raum in immer veränderten Farben und Reflexionen schimmern. Es ist ein meditativer Kunstraum mit einem Schachspielfeld, genügend Platz für kulturelle Veranstaltungen und einem fantastischen Blick über die Inseln (Bókhlöðustigur 17, Juni–Aug. tgl. 13–18 Uhr, 500 ISK, www.libraryofwater.is).

essantes Haus aus der Zeit ist das **Norska húsið**, das der Unternehmer Árni Thorlacius 1828 bauen ließ. Es war das erste zweigeschossige Haus im Land. Heute ist das Heimatmuseum darin untergebracht mit einer hübschen altertümlichen Wohnung (Juni–Aug. tgl. 12–17 Uhr, 800 ISK). Árni führte als Erster regelmäßige Wetterbeobachtungen durch. 1845 wurde in Stykkishólmur die erste Wetterstation des Landes errichtet.

Obwohl die Fischindustrie eine bedeutende wirtschaftliche Rolle spielt – ein Schwerpunkt liegt in der Verarbeitung der Kammmuscheln – so ist doch der Hauptarbeitgeber der katholische Konvent der niederländischen Franziskus-Schwestern. Unter ihrer Leitung stehen nicht nur das 1936 gebaute Krankenhaus, sondern auch ein Kindergarten und eine Druckerei. Architektonisch bemerkenswert ist die erst 1990 geweihte Kirche, deren kühn geschwungener, weißer Bau die Stadt überragt.

Vulkanmuseum

Aðalgata 8, Tel. 433 81 54, www.eldfjallasafn.is, Mai–Sept. tgl. 11–17 Uhr, 800 ISK

In dem ehemaligen Versammlungshaus von 1901 ist das Vulkanmuseum (Eldfjallasafn) zu sehen. Der Geologe und Vulkanologe Haraldur Sigurðsson zeigt seine große Sammlung an Kunstwerken aller Art zum Thema Vulkanausbruch. Über 40 Jahre hat er gesammelt und geforscht, entsprechend groß ist die Bibliothek. Natürlich erfährt man fast alles über Vulkanausbrüche und kann die verschiedenen Laven betrachten. Regelmäßig finden hier Vorträge statt und Haraldur führt auch durch die Ausstellung.

Übernachten

Familiär – **Bed & Breakfast Höfdagata:** Höfðagata 11, Tel. 694 65 69, www.hofdagata.is, DZ ab 16 500 ISK. Nette Zimmer in familiärer Atmosphäre, Daunenbettdecken, Gartenbenutzung.

Klein & nett – **Heimagisting Ölmu:** Sundabakka 12, Tel. 438 14 35, 848 98 33, DZ 12 000 ISK, Schlafsack 5000 ISK, Frühstück 1750 ISK. Nur vier Zimmer, Dusche/WC auf dem Flur, nah am Meer.

Angenehm – **Jugendherberge Sjónarhóll:** Höfðagata 1, Tel. 433 22 00, www.hotelbreidafjordur.is, DZ 9500 ISK, Schlafsack 3850 ISK. In einem der ältesten Häuser der Stadt, doch die Räume sind renoviert. Überwiegend Mehrbettzimmer. Es werden Bootsausflüge organisiert.
Direkt am Hafen – **Harbour Hostel:** Hafnargata 4, Tel. 660 00 63, Schlafsack in 12-Bett-Zi. 4190 ISK, in 4-Bett-Zi. 6190 ISK. Relativ neues Hostel im historischen Haus Sjávarborg.
Gut ausgestattet – **Zeltplatz:** Aðalgata, am Sportplatz, Tel. 438 11 50.

Essen & Trinken

Frischer Fisch – **Plássið:** Frúarstígur 1, Tel. 438 16 00. Gute Fischgerichte ab 3800 ISK, gegrillter Hummer 7500 ISK. Regelmäßig Veranstaltungen.
Historisch – **Narfeyrarstofa:** Aðalgata 3, Tel. 438 11 19, www.narfeyrarstofa.is, tgl. mittags geöffnet, sonst ab 18 Uhr, Muscheln und Fisch um 3850 ISK. In dem schönen alten Haus ist ein gemütliches Café und Restaurant, sogar Terrasse im Sommer.

Aktiv

Bootstouren – **Seatours:** Smiðjustígur 3, Tel. 433 22 54, www.seatours.is, Sa geschl. Alles, was mit Bootstouren zu tun hat: Hochseeangeln, Muschelfang, Vogelbeobachtung, Walbeobachtung mit Partner Láki Tours (s. S. 263), Fahrten nach Flatey oder zu anderen Inseln, Gourmet-Fahrten, Meer-Rafting oder Hochzeit zur See. Auch individuelle Touren sind möglich.

Infos & Termine

Touristeninformation: Borgabraut 4, Tel. 433 81 20, http://visit.stykkisholmur.is, im Sommer tgl. 8–22 Uhr.
Bus: tgl. von/nach Reykjavík und entlang der Nordküste.

Stykkishólmurs modernes Wahrzeichen – die neue Betonkirche

Fähre: Seatours (s. S. 265). Die Fähre Baldur verkehrt vom 7. Juni–25. Aug. von Stykkishólmur um 9 und 15.45 Uhr, von Brjánslækur um 12.15 und 19 Uhr, ansonsten So–Fr 1 x tgl., Sa verkehren keine Fähren, 5250 ISK. Auf der Insel Flatey ist ein mehrstündiger Aufenthalt möglich. Die Fähre am Nachmittag erreicht man, wenn man den Bus von Reykjavík nach Stykkishólmur nimmt.
Konzerte: Im Sommer finden regelmäßig Konzerte in der neuen Kirche statt. Sehr gute Akustik.
Dänische Tage: 3. Augustwochenende. Mehrtägiges Familienfest mit Tanz, Gesang und Kunstausstellungen.

Þingvellir und Helgafell

▶ B 4

Sehenswürdigkeiten von historischem Interesse bietet die Umgebung von Stykkishólmur. Südlich von Nessvogur befinden sich die Ruinen der Thingstätte **Þingvellir**, eines ehemaligen Viertelsthings. In Hofsstaðir tagte schon 30 Jahre vor der Errichtung des Althings in Þingvellir bei Reykjavík das erste Thing Islands.

Um den 73 m hohen Hügel **Helgafell** bei Þingvellir ranken sich viele Erzählungen. Hier liegt das Grab von Guðrun Ósvífursdóttir, der Heldin der Laxdæla saga. Es heißt, dass ein Wunsch – manche sprechen sogar von drei Wünschen – erfüllt werde, wenn man das Grab Guðruns in östlicher Richtung verlasse, ohne sich dabei umzudrehen und ohne zu sprechen. Natürlich werden nur Wünsche erfüllt, die niemandem schaden. Wahrscheinlich ist das die Lehre, die aus der Geschichte um Guðrun gezogen wurde, deren Wünsche zum Tode des einzigen von ihr geliebten Mannes führten.

Schon vor der Christianisierung galt Helgafell als heiliger Ort, von dem man annahm, dass in dem Berg das zukünftige Leben stattfände. Hier lebte der Gode Snorri – Hauptfigur der Eyrbyggja saga – und bis zu ihrem Tode Guðrun als Einsiedlerin und erste Nonne Islands. Von 1184 bis zur Reformation stand an dem Hügel ein Augustiner-Kloster, von dem noch Spuren zu sehen sind. Die weiße Landkirche wurde 1903 erbaut.

Insel Flatey ▶ B 3

Von Stykkishólmur aus kann man Bootsfahrten im Breiðafjörður mit seinen unzähligen Inseln – die Zahl liegt um 2700 – unternehmen. Der Fjord ist bekannt für seinen Vogelreichtum und auch als Lebensraum verschiedener Robbenarten. Rund 80 000 Eiderenten – 25 % des isländischen Brutbestands – brüten hier. Die wohl berühmteste und einzige heute noch bewohnte Insel ist Flatey. Annähernd 20 Vogelarten haben auf Flatey ihren Brutplatz, ein Teil der Insel steht seit 1975 unter Naturschutz.

Im Jahr 1172 wurde auf Flatey das Augustiner-Kloster gegründet, das zwölf Jahre später zum Helgafell umsiedelte. Als Handelsplatz war die Insel mehrere Jahrhunderte von Bedeutung. Bekannt ist sie durch das berühmte Flateyjarbók, das sich bis 1647 im Privatbesitz befand und anschließend dem Bischof von Skálholt geschenkt wurde. Dieses umfangreiche Manuskript enthält neben Sagas über die norwegischen Könige auch Texte über die Entdeckung Amerikas, die Grænlendinga saga. Im 19. Jh. nahm die Insel erneut einen kulturellen und wirtschaftlichen Aufschwung auf der Basis der Landwirtschaft und des Fischfangs, was sich aber im Verlauf dieses

Jahrhunderts deutlich änderte. Heute werden die meisten Häuser auf Flatey als Sommerhäuser benutzt.

Lohnend ist ein Rundgang durch die alte Siedlung mit den gepflegten Holzhäusern. Die Kirche wurde vor einigen Jahrzehnten von einem spanischen Maler ausgemalt. Da Übernachtungsmöglichkeiten auf Flatey bestehen, empfiehlt sich ein Gang rund um die Insel durch das im Spätsommer für Besucher geöffnete Brutgebiet. Immer wieder eröffnen sich fantastische Ausblicke auf die abwechslungsreiche Insellandschaft des Breiðafjörður, und nicht selten entdeckt man dabei Seehunde. Von Flatey aus besteht auch Gelegenheit zu einer Tour zu den umliegenden Inseln.

Übernachten, Essen

Luxuriös – **Hótel Flatey:** im alten Pakkhús, Tel. 555 77 88, www.hotelflatey.is, DZ 25 500 ISK. Eine gemütliche Unterkunft mit etwas Luxus. Das Restaurant Samkomuhúsið gehört dazu.

Freiluft – **Zeltplatz:** Krákuvör. Einfache Ausstattung, aber dafür direkt am Meer liegend.

Infos

Fähre: Seatours, Stykkishólmur, Smiðjustígur 3, Tel. 433 22 54, www.seatours.is. Die Fähre Baldur verkehrt Juni–Aug. So–Fr um 10.30 und 17.15 Uhr nach Norden, um 13.15 und 20 Uhr nach Süden. Sa wird Flatey nicht angelaufen. Seatours organisiert ebenfalls Bootstouren im Breiðafjörður.

Borgarnes ▸ C 5

Borgarnes am Borgarfjörður wurde 1867 gegründet. Die Einwohner leben hauptsächlich vom Handel und der Verarbeitung landwirtschaftlicher Produkte, wie z. B. der Herstellung von Milchprodukten, trotz der für Fischindustrie prädestinierten Lage. Die Stadt bezieht ihr heißes Wasser aus dem 33 km entfernten Deildartunguhver, der größten Heißwasserquelle der Welt. Rund 200 l/sec beträgt ihr Ausstoß. Der erste Siedler war Skallagrímur Kveldúlfsson, Vater des berühmten Skalden Egill Skallagrímsson, des Helden der Egils saga Skallagrímssonar. Dass Skallagrímur Kveldúlfsson seine letzte Ruhestätte wirklich in Borgarnes fand, haben archäologische Funde bisher nicht belegt, dennoch ist der **Wikingergrabhügel** mit dem Relief im Stadtpark sehenswert. Im **Museumshaus** sind außer dem Regionalmuseum auch Bibliothek, Archiv, ein Naturkundemuseum sowie eine Kunstsammlung untergebracht (Bjarnarbraut 4–6, Mai–Aug. tgl. 13–17 Uhr, 1000 ISK).

Landnahmezentrum Landnámssetur

Brákarbraut 13–15, www.landnamssetur.is, tgl. 10–21 Uhr, 2500 ISK

Das Zentrum eröffnete im Mai 2006 und beinhaltet zwei Ausstellungen: eine zur Besiedlungsgeschichte Islands und eine zur Egils saga. Beide Abteilungen sind sehr gut inszeniert und informativ. Mit Licht, Geräuschen und Computeranimationen werden die Erzählungen lebendig.

Hof Borg á Mýrum

An der Straße Nr. 54 am nördlichen Stadtausgang liegt der Hof Borg á Mýrum, wo Skallagrímur siedelte. Hier lebten Egill und zahlreiche seiner Verwandten und Nachkommen ebenso wie Snorri Sturluson (von 1202 bis 1206, s. S. 270). Heute befindet sich neben dem Hof eine Kirche, vor der die Skulptur »Sonatorrek« von Ásmundur Sveinsson steht – verbildlichtes Klagelied Egils über den Tod seines Sohnes Böðvar.

Übernachten

Villa – **Borgarnes B&B:** Skulagata 21, Tel. 434 15 66, 842 58 66, www.borgarnesbb.is, DZ ab 15 800 ISK. Schönes, zentral gelegenes Haus, Meernähe. Nett eingerichtet, ein echter Gewinn. Frühstück wird gemacht, ansonsten Küchenbenutzung.
Grüne Lava – **Zeltplatz:** in Granastaðir, direkt an der Nr. 1, Tel. 695 33 66, mit viel Grün, aber etwas vom Ortszentrum entfernt.
Lauschig – **Camping Hotel Brú:** rund 4 km südlich vor Borgarnes an der Nr. 1, gehört zum Hotel, Tel. 437 23 45. Idyllisch zwischen Bäumen am Strand mit schönem Blick auf Borgarnes, Hot Pot und Restaurant.

Essen & Trinken

Kulturell – **Landnámssetur:** s. S. 267, Juni–Aug. tgl. 10–20.30 Uhr. Gemütlich eingerichtet. Wechselnde Mittagsgerichte, Fisch, Pasta oder Suppe mit selbstgebackenem Brot ab 1000 ISK. Theaterbesucher erhalten Rabatt auf die Gerichte, Mittagsbuffet für 2200 ISK (bis 15 Uhr).
Imbiss – **Hyrnan:** Touristeninformation, Brúartorg. Hot Dog ab 350 ISK. Alle Fast-Food-Gerichte.

Einkaufen

Kunsthandwerk – **Kristy:** Borgarbraut 58, Tel. 437 20 01. Mützen, Uhren, Geschenkartikel, Schmuck.
Hausgemachtes – **Ljómalind:** Brúartorg 4, Sommer Mo–Do 10–18, Fr 10–19, Sa/So 11–16, Winter Fr–So 13–18 Uhr. Von Marmelade bis zu gestrickten Socken, nette Sachen für zu Hause.

Aktiv

Ausflüge – **Hvítátravel:** Tel. 661 71 73, www.hvitatravel.is. Geführte Tour durch die Umgebung – Reykholt, Húsafell, Hvanneyri u. a. – mit einem Kleinbus. Thematische Tour in der Stadt »Auf den Spuren der Egils saga« (4200 ISK).
Sightseeing – **Touristeninformation:** s. u. Geführte Saga-Wanderungen durch die Stadt und in die Umgebung, Reit- und Wandertouren.

Infos & Termine

Touristeninformation: im Shoppingcenter Hyrnutorg, Tel. 437 22 14, www.west.is, Juni–Aug. Mo–Fr 9–18, Sa 10–16, So 12–16, Sept.–April Mo–Fr 9–17 Uhr. Busstopp.
Bus: Tgl. von/nach Reykjavík, Akureyri und Snæfellsnes. Mehrmals wöchentlich nach Reykhólar und am Wochenende nach Reykholt.
Borgarfjörður-Festival: Juni. Familienfest.
IsNord Musikfestival: Sommer. Musiker aus Island und Skandinavien. Auch Konzerte im Freien.

Reykholtsdalur ▸ D 5

Im Reykholtsdalur gibt es zahlreiche heiße Quellen. Die größte, die Deildartunguhver, hat einen Ausstoß von 180 l in der Sekunde und das Wasser ist 97 °C heiß. Von hier verlaufen Heißwasser-Pipelines bis Akranes und Borgarnes. Die größten Ortschaften sind Reykholt und Húsafell.

Reykholt

Der mittelalterliche Dichter und Politiker Snorri Sturluson (1179–1241) verbrachte den größten Teil seines Lebens in Reykholt, wo er 1241 ermordet wurde. Ein Badebecken, der **Snorralaug**, und das Wohnhaus stammen aus dieser Zeit. Das Kulturzentrum **Snorrastofa** bietet Ausstellungen zu Snorri und zur Region im Mittelalter (s. Entdeckungstour S. 270).

Übernachten

Überraschend – **Hótel Reykholt:** Tel. 435 12 60, Fax 562 40 01, www.fosshotel.is, DZ 163–214 € (Preise wechseln täglich, siehe Internet). Mit großem Wellness-Bereich. Hier taucht man nicht nur in Hot Pots ein, sondern auch in die Welt der nordischen Mythologie. Restaurant im Haus.

Infos & Termine

Touristeninformation: im Snorrastofa, Mai–Sept. tgl. 10–18, Okt.–April Mo–Fr 10–17 Uhr, Tel. 433 80 08, www.reykholt.is.
Bus: www.straeto.is. Von/nach Borgarnes und Reykholt.
Reykholt-Musikfestival: letzte Juli-Woche, www.reykholtshatid.is. Alljährlich stattfindendes Festival mit klassischer Musik, internationale Gäste.

Húsafell

Húsafell ist ein beliebter Ort für Outdoor-Aktivitäten. Isländer lieben vor allem den reichen Baumbestand und entsprechend zahlreich sind die Wochenendhäuser. Mehrere Wanderwege führen in die Umgebung zu Wasserfällen und Quellen.

In den unmittelbar angrenzenden Lavagebieten findet man Höhlen. Die berühmteste ist **Surtshellir**, im Lavafeld Hallmundahraun gelegen, mit ca. 1,6 km Länge auch die größte. In Nebenhöhlen fand man Knochenreste, die darauf hinweisen, dass im 10. Jh. Menschen darin lebten. **Víðgelmir** ist mit 1585 m Länge eine der längsten Höhlen Islands und mit ihrem Volumen von 148 000 m³ eine der größten der Welt. Bei klarer Sicht ist der vergletscherte Tafelberg **Eiríksjökull** (1675 m) zu sehen. Über die Hochlandpiste **Kaldidalur** fährt man von Húsafell nach Þingvellir. Die steinige Moränenlandschaft wird dominiert von den Schildvulkanen Skjaldbreiður und Ok sowie von den Gletschern Þórisjökull und Langjökull, beliebt für Snowmobiltouren.

Übernachten

Alle Unterkünfte werden über die Touristeninformation (s. u.) vermietet.
Luxus – **Hótel Húsafell:** Borgarbyggd 311, Tel. 435 15 51, http://hotelhusafell.com, DZ um 30 000 ISK. Neu eröffnetes 4-Sterne-Hotel mit Geothermalbad und gehobenem Restaurant.
Bauernhof – **Gamli bær:** Tel. 895 13 42, Mitte Mai–Sept., DZ ohne Bad 14 000 ISK, DZ mit Bad 16 500 ISK. Das 1908 erbaute Haus ist eine Gästehaus mit fünf Doppelzimmern, Speiseraum und natürlich einem Hot Pot.
Groß – **Zeltplatz:** Von Caravananhänger bis Biwak hat jeder seinen Platz. Mit ruhigen Zonen, gute Ausstattung.

Aktiv

Auf den Gletscher – **Activity Group:** in Reykjavík, Tunguháls 8, Tel. 580 99 00, www.activity.is. Tagestour von Reykjavík aus über Húsafell mit Gletscherfahrt (35 700 ISK).
In den Gletscher – **Into the Glacier:** www.intotheglacier.is. Von Húsafell oder Reykjavík aus geht es in eine Eishöhle im Langjökull. 17 900 ISK (vom Gletscherrand).

Auf Entdeckungstour: Dichter und Politiker – Snorri Sturluson in Reykholt

Der Dichter und Politiker Snorri Sturluson spielte im 13. Jh. in Island eine bedeutende Rolle. Nirgends im Land ist man ihm so verbunden wie in Reykholt, seinem letzten und auch wichtigsten Wohnsitz. Heute ist hier ein Zentrum für die Erforschung des Mittelalters, seiner Kultur, Geschichte und vor allem seiner Literatur.

Reisekarte: ▶ D 5

Dauer: Mit Museumsbesuch und Kirchenbesichtigung braucht man mindestens 3 Std.

Snorrastofa: Mai–Sept. tgl. 10–18, Okt.–April Mo–Fr 10–17 Uhr, 1200 ISK, deutschsprachige Broschüre

Bei der Fahrt durch das Reykholtsdalur auf der Straße Nr. 518 sieht man schon von Weitem das große weiße Schulgebäude von Reykholt, die ehemalige Distriktschule, und die leuchtend roten Dächer der neuen Kirche und der Snorrastofa, des Ende der 1990er-Jahre eröffneten Zentrums für europäische und isländische Mittelalterstudien. Namensgeber der Snorrastofa war der sicher bedeutendste isländische Autor und Politiker des 13. Jh., Snorri Sturluson.

Denkmal oder Ungetüm?

Vor der alten Schule, die auf den Architekten Guðjón Samúelsson (s. auch S. 59) zurückgeht, erinnert ein Denkmal an den wichtigen Sohn des Ortes. Von der Snorri-Darstellung des norwegischen Bildhauers Gustav Vigeland von 1947 sind viele Isländer aber nicht ganz überzeugt. Am treffendsten spöttelt Böðvar Guðmundsson in seiner amüsanten Geschichte »Snorratorrek« (1988) über die Statue. Er lässt darin den auferstandenen Snorri »vor dem Haus ein mächtiges, grünes Ungetüm aus Kupfer« entdecken. Es wäre mit einem Bademantel bekleidet und hielte ein Buch unter dem Arm, auf dem Kopf trüge es eine Mütze wie Robin Hood und an den Füßen Ballettschuhe, die mit Bändern an den Unterschenkeln befestigt wären, beschreibt es sein Held weiter.

Ein Zentrum für Snorri – Snorrastofa

Vom Snorri-Denkmal führt linker Hand ein kurzer Fußweg zur Snorrastofa, die als Kultur- und Forschungszentrum verschiedene wissenschaftliche Projekte betreut sowie Vorträge und Führungen organisiert. Die grundlegende Information über Snorri und seine Zeit erhält man in der dortigen Ausstellung, verbunden auch mit einer Besichtigung der neuen Kirche.

Skrupelloser Machtmensch

Snorri Sturluson wurde 1179 (einige geben auch 1178 an) in Hvammur in Dalír geboren. Sein Vater war der einflussreiche und mächtige Gode Sturla Þórðarson, der auch aus politischen Überlegungen seinen dreijährigen Sohn von seinem Ziehvater Jón Loftsson auf Oddi in Südisland erziehen ließ. Jón war zu der Zeit Islands einflussreichster und bedeutendster Gode. 20 Jahre blieb Snorri in Oddi, dem bekannten kulturellen Zentrum. Hier lernte er Latein, betrieb theologische Studien und las vor allem die alte sowie neue isländische Literatur. Mit 19 Jahren wurde er mit der einzigen Tochter des Goden von Borg in Mýrar verheiratet. Zunächst lebte er mit seiner Frau Herdís auf Oddi, 1202 übernahm er Borg und damit auch den Goden-Status. 1206 siedelte Snorri nach Reykholt, die Ehe wurde geschieden. Snorri gelang es in kürzester Zeit, weitere Godentümer zu erhalten und so zu einem der reichsten und mächtigsten Männer des Landes zu werden.

Von 1215–1218 sowie von 1222–1231 war Snorri Gesetzessprecher auf dem Althing (s. S. 114). Die Jahre dazwischen verbrachte er am norwegischen Hof. Dort gehörte er zu den Vertrauten des damals noch jungen Königs Håkon Håkonarson sowie des Herzogs Skúli Bárðarson. Doch so positiv Snorris Verhältnis zum norwegischen König zunächst war, es verschlechterte sich Ende 1239. Snorri geriet in den Konflikt zwischen Skúli und Håkon. Zugleich nahm die Zahl seiner Feinde in Island auch zu. Obwohl er mit seiner eigenen Verheiratungspolitik das Ziel verfolgte, mächtige Familien an seine zu binden, so scheiterte er am Ende, nicht zuletzt wohl auch aufgrund seiner Rücksichtslosigkeit. Er selber hatte 1224 Hallveig Ormsdóttir geheiratet, die reichste Witwe des Landes. Sie starb im Sommer 1241, für ihn ein großer Verlust. Doch seine Zeit der Trauer währte nicht lange, denn der norwegische König beauftragte seinen Gefolgsmann Gissur Þorvaldsson, Snorri nach Norwegen zu bringen oder ihn notfalls zu töten. Gissur entschied sich für die zweite Lösung und ermordete Snorri am 23. September 1241 in Reykholt.

Snorris literarisches Werk

Nach der Rückkehr von Norwegen nach Reykholt 1222 schrieb Snorri mehrere Gedichte zu Ehren Skúlis und Håkons, das berühmteste darunter heißt Háttatal. Das Háttatal-Gedicht, in dem jede der 102 Strophen ein anderes Metrum aufweist, bildet den dritten Teil der Snorra-Edda, eines poetischen Lehrbuchs mit zahllosen Beispielen skaldischer Poesie und mythologischer Texte. Die weiteren großen Werke, die der Dichter in Reykholt verfasste, sind – möglicherweise – die Egils saga und definitiv Heimskringla, die Geschichte der norwegischen Könige. Diese historischen Werke haben bis heute auch für Norwegen einen hohen Stellenwert.

Die vermutlich letzte Ruhestätte

Auf der Rückseite des Gebäudekomplexes mit Snorrastofa und neuer Kirche steht die Holzkirche von 1885/86, die nach sorgfältiger Restaurierung wieder den alten Charakter hat. Direkt neben der Kirche befindet sich der Friedhof, wo vermutlich Snorri beerdigt wurde. Einen entsprechenden Erinnerungsstein hat man dort platziert. Gegenüber dem Friedhof erstreckt sich ein Ausgrabungsgebiet, auf dem ein ehemaliger Hof, die alte Kirche und weitere Teile eines unterirdischen Ganges, der zum Badebecken Snorralaug führte, freigelegt wurden. Einige der ausgegrabenen Grundmauern sind noch unter dem Grün zu erkennen. Schon bald nach der Christianisierung war in Reykholt eine Kirche errichtet worden, und die Archäologen hoffen entsprechende weitere Spuren zu finden. Von 1297 bis zur Reformation verwaltete der Bischof von Skálholt diesen Kirchenbesitz und ernannte auch die Priester. Reykholt war eine bedeutende und reiche Gemeinde, verbunden mit einer Schule. Nicht nur Snorri trug zum Ruhm des Ortes bei, sondern auch eine ab 1567 dort 185 Jahre lebende Familie, aus der mehrere bekannte Pfarrer hervorgingen. Interessant ist der Fakt, dass es eine einzige Familie war, die über Jahrhunderte dort wohnte.

Der Ort der Ermordung

Schon Snorri wusste ein Bad in warmem Wasser zu schätzen, denn er ließ die Snorralaug anlegen (am Ende des Ausgrabungsgeländes). Das Wasser kommt über unterirdische Rinnen von der Quelle Skrifla, die heute auch das Reykholter Hallenbad und die Häuser beheizen. Rund zehn Leute haben in dem fast 4 m im Durchmesser großen Becken Platz, das eines der ältesten Baudenkmäler im Land ist. An den Wänden kann man entsprechende Absätze zum Sitzen erkennen. Das heutige Becken geht auf die Form des Pools im 18. Jh. zurück. Hinter der Holztür beginnt der unterirdische Gang, in dem Snorri ermordet wurde.

Von der Snorralaug geht es um die ehemalige Schule, die heute eine Bibliothek mit 30 000 Titeln beherbergt und zur Nationalbibliothek gehört, zurück zum Denkmal.

Infos

Touristeninformation: am Zeltplatz, Tel. 435 15 50, www.husafell.is. Hier erhält man alle Informationen über Ausflüge in die Region, Wandern, Reiten, geführte Höhlenexkursionen, Schwimmen usw.

Hraunfossar ! ▸ D 5

Besonders schön sind die direkt aus der Lava hervortretenden Wasserfälle Hraunfossar in die Hvítá in der Nähe von Húsafell (s. Foto S. 275). Ihr kristallklares Wasser fließt unter dem Lavafeld Hallmundarhraun her und fällt in zahllosen Kaskaden über die Länge von einem Kilometer am Lavarand in den trüben Gletscherfluss. Wunderbare Farbspiele von Blau bis Türkis bilden sich dabei und im September leuchten dazu die Büsche und Bäume der Umgebung in Herbstfarben.

Akranes und Umgebung ▸ C 6

Akranes an der Faxaflói-Bucht zählt zu den größten und ältesten Fischerorten Islands und hat seit 1942 Stadtrechte. Ein weiterer wichtiger Wirtschaftsfaktor ist das seit 1958 bestehende staatliche Zementwerk, dessen Produktion den gesamten Zementbedarf des Landes deckt. Der isländische Zement wird aus Muschelsand hergestellt.

Im Jahr 880 ließen sich die irischen Brüder Þormóður und Ketill Bresason als erste Siedler an diesem Ort nieder. Als Ausdruck der immer noch bestehenden Verbindungen zwischen Island und Irland schenkte die irische Republik 1974 der Stadt ein Granitmonument, das heute vor dem Museum steht. Bedeutung erlangte der Ort im 17. Jh. als Handelszentrum, damals unter dem Namen Skipaskaga. Der Sandstrand **Langisandur** lädt im Sommer zum Sonnenbaden oder zum Schwimmen im Meer ein. Wen es mehr auf den Berg zieht, dem sei eine Wanderung auf den **Akrafjall** (643 m) empfohlen, von hier hat man einen herrlichen Blick auf die Umgebung.

Museumsgelände Garðar

www.museum.is, Juni–Aug. tgl. 10–17, Sept.–Mai 13–17 Uhr, 500 ISK
Auf dem Museumsgelände ist das Garðahús mit der historischen Sammlung interessant. Es bietet einen guten Überblick über die Geschichte der Stadt und viel Wissenswertes über die Seefahrt. Daneben steht der 85-t-Kutter Sigurfari, 1885 aus Eiche gebaut. Lohnend sind auch das Mineral- und das Tunnelmuseum.

Übernachten

Klein, aber fein – **Gästehaus Bed & Breakfast:** Háholti 11, Tel. 431 14 08, www.haholt11.com, DZ 7000 ISK, Frühstück 1500 ISK. Zentral gelegenes Haus, das ganzjährig vermietet wird. Einfache Zimmer.

Campen an der Bucht – Ein **Zeltplatz** liegt am Ortseingang bei Kalmansvík, Tel. 666 50 09.

Essen & Trinken

Großes Angebot an Pizzerien, Cafés und Fast-Food-Grills im Zentrum.

Einfach alles – **Gamla Kaupfélagid:** Kirkjubraut 11, Tel. 431 43 43, Mo–Fr 11.45–21, Sa 11.45–22, So 17–21 Uhr, Hauptgerichte ab 1990 ISK. Hier trifft man sich, um Fußball zu gucken, Hamburger mitzunehmen oder gemütlich zu essen. Mexikanisch-italienisch orientiert.

Gemütlich – **Garðakaffi:** auf dem Museumsgelände Garðar (s. o.), Juni–Aug. 9–17, Mai–Sept. 13–17 Uhr. Gutes Angebot an Kuchen.

Infos & Termine

Touristeninformation: Kirkjubraut 54, Tel. 433 10 65, www.visitakranes.is. Wanderkarte für die Umgebung.
Bus: tgl. von/nach Reykjavík, Busse in den Norden und nach Borgarnes.
Tag des Meeres: 1. Samstag im Juni. Einen Tag vor dem Fischerfest findet der Tag auf dem Museumsgelände Garðar statt. Im Mittelpunkt stehen vor allem kulinarische Genüsse, wie ein Wettbewerb um die beste isländische Suppe.
Irische Tage: 2. Woche im Juli. Mehrtägiges Familienfest mit Sport, Trinken, Essen, Musik, Vorführungen. Vorherrschende Farbe: natürlich grün.

Hvalfjörður ▸ C 6

Rund 6 km lang ist der 1998 fertiggestellte Tunnel, der unter dem Wasser des Hvalfjörður herführt. Er verkürzt die Strecke von Akranes nach Reykjavík um fast 50 km. Es ist das einzige Straßenstück in Island, auf dem man Maut bezahlen muss; ideal für die Ferrosilizium-Fabrik und das Aluminiumwerk in Grundartangi. Die Produktionserträge dieser Industrieanlage machen die isländische Monowirtschaft von der Fischindustrie unabhängiger.

Landschaftlich sehr reizvoll ist die Fahrt um den Hvalfjörður herum. Von Akranes erreicht man die Fjordstraße Nr. 47 über die Nr. 51. Nördlich der Kreuzung beider Straßen liegen abseits der Ringstraße die **Höfe Leirá** und **Beitistaðir**. Hier richtete 1794 der damalige Oberste Richter und Unternehmer Magnús Stephensen (1762–1835) eine neue Druckerei u. a. mit den Maschinen aus Hólar ein. Erstmals wurden damals weltliche Texte gedruckt, denn bis 1773 war nur die Publikation kirchlicher Schriften erlaubt. Stephensen gilt als führender Vertreter der Aufklärung in Island, der auch die ersten in isländischer Sprache geschriebenen Zeitschriften herausbrachte.

Auf dem Pfarrhof von **Saurbær** am nördlichen Ufer des Fjords war der Pfarrer und Dichter Hallgrímur Péturs-

Das Wasser quillt bei den Hraunfossar direkt aus der Lava

son (1614–1674) von 1651 bis 1669 tätig; aus dieser Zeit stammen auch seine Passionspsalmen. Neben der weißen Holzkirche mit den Glasfenstern von Gerður Helgadóttir, die zur Erinnerung an den Dichter 1957 gebaut wurde, befindet sich der Friedhof mit Hallgrímurs Grab. Da seit dem Tunnelbau nur noch wenige Isländer den Weg um den Fjord wählen, kann man die malerische Landschaft mit ihren steilen Bergen, den grünen Hängen und zahlreichen Wasserfällen meist ungestört genießen. Folgt man z. B. am Ende des Fjords dem Fluss Botnsá, so gelangt man zu dem höchsten Wasserfall Islands, **Glymur**, der über 200 m in die Tiefe stürzt. Sowohl an der Ost- als auch an der Westseite des Flusses gehen Pfade entlang, doch der östliche ist besser markiert und ermöglicht einen guten Blick auf Glymur.

Das Beste auf einen Blick

Das Hochland

Highlight!

Ódáðahraun: Es ist die größte zusammenhängende Lavawüste in Island und mit ihrem geheimnisvoll grau-schwarzen Gestein zugleich die schönste. In ihrer Mitte stehen markante Tafelberge und ihre Ränder säumen grüne Oasen wie Herðubreiðarlindir. S. 283

Kultur & Sehenswertes

Hveravellir: Hier sieht man die schönsten heißen Quellen in den unterschiedlichsten Farben. Faszinierend sind die Sinterablagerungen. S. 279

Þjóðveldisbærinn: Die Rekonstruktion eines Hofes aus der Besiedlungszeit vermittelt ein Bild vom beengten Leben der ersten isländischen Siedler. S. 281

Zu Fuß unterwegs

Kerlingarfjöll: Ein ideales Wandergebiet zu Solfataren und Eisfeldern oder für Bergsteiger auch hinauf auf die Gipfel. Hier kann man mehrere Tage verweilen und immer wieder neue Routen erwandern. S. 280

Nýidalur: Guter Ausgangspunkt, um die Umgebung der nahen Gletscher zu erkunden. Vogelfreunde wie Geologen finden Sehenswertes. S. 282

Genießen & Atmosphäre

Askja: Die große Caldera mit dem tiefsten See des Landes, dem Öskjuvatn, hat schon einen besonderen Reiz. Und auf dem Grunde des Sees verbirgt sich seit über 100 Jahren ein trauriges Geheimnis. S. 285

Landmannalaugar: Die vielleicht beliebteste ›Badewanne‹ der Insel umgeben von einer traumhaften Bergkulisse. Am besten schon am frühen Morgen in die warmen Quellen eintauchen, dann ist man noch fast alleine. S. 286

Abends & Nachts

Spaziergang um Mitternacht: Das Hochland bietet viel Raum für romantische Spaziergänge in der Lava oder über die Hochebenen, z. B. während der Mitternachtssonne in Landmannalaugar. S. 286

Neben den Vulkanen und Geysiren ist es vor allem das menschenleere wüstenähnliche Hochland, das viele Reisende mit Island verbinden. Das Gebiet aus Lavafeldern, Gletschern und Geröllebenen erstreckt sich über Tausende Quadratkilometer. Es wird dominiert von monolithischen Vulkanen und den gewaltigen Gletschern Hofsjökull, Langjökull und Vatnajökull. Wenn Nebelschwaden und Sandstürme über die Ebenen ziehen oder die Landschaft von tief hängenden Wolken verhüllt wird, erhält die Gegend einen geheimnisvollen und mystischen Charakter. Diese kargen Schotterwüsten sollen noch heute von Trollen und Elfen bevölkert werden. In früheren Jahrhunderten zogen sich Geächtete hierhin zurück. Schon im Mittelalter führten die kürzesten Verbindungsstrecken zwischen dem Norden und dem Süden Islands durch das Hochland. Die heutigen Pisten folgen den alten Routen. Sprengisandsleið, Kjalvegur und Öskjuleið sind solche Nord-Süd-Traversen. Die Strecken Landmannaleið und Fjallabaksleið nyrðri, ›Der nördliche Pfad hinter den Bergen‹, waren früher wichtige Verbindungen zwischen Südwest- und Südostisland.

Infobox

Hinweis
Nur wenige Kilometer von den Touristenzentren des Hochlands wie Nýidalur und Hveravellir entfernt ist man in völliger Einsamkeit. Aber so einladend das Hochland vom Bus aus auch wirkt, wer sich dorthin alleine aufmacht, zu Fuß, mit dem Mountainbike oder per Jeep, sollte sehr gut vorbereitet sein. Es gibt keine Tankstellen oder Läden und das normale Mobiltelefon funktioniert nicht (s. S. 36).

Internet
www.fi.is: Der isländische Wanderverein betreut nicht nur die meisten Hütten im Hochland, sondern führt auch Wanderungen durch.

Anreise und Weiterkommen
Auto: Für das Hochland braucht man bis auf die Kjalvegur (Nr. 35) immer einen Geländewagen, möglichst mit vorheriger Fahrpraxis, sowie Erfahrung im Furten von Flüssen.
Bus: Die Hochlandstrecken werden von Bussen befahren. Verbindungen sind bei den jeweiligen Routen angegeben.

Kjalvegur (F 35)

Diese Tour führt über Sander- und Heideflächen, von denen man einen Blick auf die beiden Gletscher Langjökull, den zweitgrößten Gletscher Islands, und Hofsjökull hat. Inmitten der Lavawüsten erstrecken sich die faszinierenden Welten der geothermischen Gebiete Hveravellir und Kerlingarfjöll.

Kjölur, wie das Tal zwischen den beiden Gletschern Langjökull und Hofsjökull heißt, liegt rund 600 bis 700 m über dem Meeresspiegel. Viele Isländer kennen diese Nord-Süd-Route, die schon im Landnahmebuch erwähnt wird, nur unter dem Namen des Tals und nicht unter der Wegbezeichnung Kjalvegur. Die ursprüngliche Route verlief genau durch das Kjalhraun, die Streckenverlegung erfolgte nach einem tragischen Unglücksfall 1780. Damals schickten die Bauern aus dem Norden drei Männer und einen 11-jährigen Jungen nach Süden, die dort Schafe kaufen sollten. Ihre Unternehmung war erfolgreich und so machten sie sich am

28. Oktober mit einer Herde von 180 Schafen und 16 Pferden wieder auf den Rückweg. Kaum aber hatten sie bewohntes Gebiet verlassen, wurden sie im Hochland von einem länger anhaltenden Schneesturm überrascht. Sie erreichten noch den Nordostrand des Bergs Kjalfell, wo sie aber entkräftet starben. Im nächsten Frühjahr wurden ihre Leichen und die Kadaver der verendeten Tiere dort gefunden. Aufgrund der vielen Knochen erhielt der Hügel den Namen Beinahóll (Knochenhügel). Zur Erinnerung an dieses Unglück errichtete man 1971 ein Denkmal an der Stelle.

Infos

Bus: www.sba.is. Tgl. Busverbindung im Sommer zwischen Reykjavík/Akureyri mit längeren Stopps in Geysir, Gullfoss und Hveravellir. Außerdem Halt an der Kreuzung Kerlingarfjöll.

Hveravellir ▸ E 5

Am Nordrand des Lavafeldes Kjalhraun, das sich über 450 km² erstreckt, liegt das geothermische Gebiet Hveravellir. Es ist nicht nur im Hinblick auf seine faszinierende geothermische Landschaft interessant, sondern auch wegen der Wandermöglichkeiten in die Umgebung. Vor allem die eindrucksvollen Sinterablagerungen am **Bláhver** (blaue Quelle), der größten Quelle des Gebiets, sind ein beliebtes Fotomotiv. Die schönste Quelle ist **Fagrihver**, die vor allem durch ihr klares, türkis schimmerndes Wasser beeindruckt.

Wanderungen

Von Hveravellir aus kann man auf den Spuren des wohl berühmtesten Geächteten Islands, Fjalla Eyvindur, wandeln, der einige Zeit hier mit seiner Frau Halla lebte und deren Lavahöhle **Eyvindarhellir** zu besichtigen ist. Es heißt, dass er sein Fleisch zum Kochen direkt in das Quellwasser des nahe gelegenen Eyvindarhver tauchte.

Eine andere Wanderung führt durch das Kjalhraun zu dem Schildvulkan **Strýtur** mit seinem auffallenden Krater. Ein weiterer Weg quert die **Þjófadalir**, wunderschöne grüne Täler am Moränenrand des Langjökull. Von hier aus verlief einst eine westlichere Route des Kjalvegur bis zum Hvítárvatn, wo der Weg wieder auf die ursprüngliche Strecke stieß. **Hvítárvatn** ist ein fast 30 km² großer Gletschersee, in den eine Zunge des Langjökull kalbt und an dessen moorigen Ufern man Kurzschnabelgänse und Singschwäne beobachten kann. Heute ist diese alte Reitspur aufgrund der im Abstand einer Tagesetappe voneinander entfernt liegenden Hütten des isländischen Wandervereins eine beliebte Wanderstrecke.

Steine bitte liegen lassen und Markierungen beachten

Seit 1960 steht Hveravellir unter Naturschutz und ist zugleich auch ein bevorzugtes Reiseziel. Das bedeutet, dass jeder einzelne Besucher besondere Verantwortung dafür trägt, dass das Gebiet keinen Schaden nimmt. Leider meinen viele Touristen, ein Stein von Hveravellir sei ein schönes Reiseandenken. Dieses Andenken kann sehr teuer zu stehen kommen, denn es ist per Gesetz verboten, Steine aus Island mitzunehmen. Darüber hinaus sollten die Markierungen im Thermalgebiet unbedingt beachtet werden, denn das Wasser einiger Quellen ist kochend heiß! Neben einer der Hütten besteht die Möglichkeit, ein Bad zu nehmen.

Übernachten

Hochlandidylle – **Hütten Hveravellir:** Tel. 452 42 00, www.hveravellir.is, Bett 1590 ISK, Frühstück 1500 ISK. Zwei Hütten mit bis zu 55 Schlafplätzen, Kochgelegenheiten sind vorhanden. Ein Zeltplatz ist angeschlossen.

Kerlingarfjöll ▸ E 5

An einem der höchsten Punkte des Kjalvegur bei **Geirsalda** (672 m), der Wasserscheide zwischen Nord und Süd, erinnert ein Denkmal an den Straßenbaudirektor Geir G. Zoëga (1889–1959), der vermutlich für die ersten Straßen in Island verantwortlich war. Von hier aus hat man eine gute Aussicht auf die Gletscher und Kerlingarfjöll, ein beeindruckendes Gebirgsmassiv, das sich vom südöstlichen Teil des Kjölur bis an den südlichen Gletscherrand des Hofsjökull erstreckt. Die höchsten Rhyolithgipfel in diesem zum Teil vergletscherten Gebirge sind **Snækollur** (1477 m), **Loðmundur** (1432 m) und **Mænir** (1335 m). Der Name Kerlingarfjöll bedeutet Weibsberge, denn es heißt, dass eine der Felszinnen eine Trollfrau sei. In den Tälern gibt es zahlreiche heiße Quellen und Solfatare, einige liegen in unmittelbarer Nachbarschaft zum Eis. Zahlreiche gut markierte Wanderwege, von wenigen Kilometern bis zu einem 50 km langen Rundweg, erschließen das Gebiet.

Übernachten, Essen

Vielfalt – **Kerlingarfjöll:** Tel. 664 70 00, 664 78 78, www.kerlingarfjoll.is, Schlafsack ab 44 €, DZ mit Frühstück ab 161–167 €, Frühstück 10 €, Mahlzeiten für Gruppen ab 22 €. Outdoorzentrum mit Hütten, Restaurant, Jacuzzi und Zeltplatz. Infos zu Wanderungen.

Sprengisandsleið (F 26)

Diese alte Nord-Süd-Route wurde im Mittelalter vor allem von dem Bischof von Skálholt auf seinem Weg nach Ost-Island benutzt. Im 18. und 19. Jh. entdeckte man sie als Weg durch das Land wieder, aber ihr haftete immer etwas Unheimliches an, zumal der nördliche Teil direkt an der Wüste Ódáðahraun vorbeiführt, in der sich nicht selten Wegelagerer versteckten.

Die ursprüngliche Route verlief weiter westlich, aufgrund der Wasserkraftwerke und der damit verbundenen Brücken verläuft die Strecke heute östlich der Þjórsá.

Die öde Steinwüste Sprengisandur im mittleren Streckenabschnitt ist geprägt von den beiden Gletschern Vatnajökull und Hofsjökull. Nur einzeln stehende Berge säumen die Piste bis nach Nýidalur, so der Þveralda (728 m), von dem man einen guten Blick auf die Rhyolithberge Hágöngur hat. Als kleine Farbtupfer in dieser fast grenzenlosen Weite leuchten die pinkfarbenen Kissen des Stengellosen Leimkrauts.

Der Name Sprengisandur für die unwirtliche Wüstenei leitet sich von dem Verb *sprengja* ab, was so viel wie ›abhetzen‹ (›mit dem Pferd davonsprengen‹) bedeutet, d. h. die Reiter setzten alles daran, so schnell wie möglich das Gebiet zu verlassen. Eindrücklich brachte im 19. Jh. Grímur Thomsen diese Stimmung in dem bekannten Sprengisandur-Lied zum Ausdruck.

Infos

Bus: Reykjavik Excursions, www.re.is, 27. Juli–Ende Aug. Von Landmannalaugar und Reykjavík über Sprengi-

Die Wegweiser im Hochland scheinen ins Nichts zu zeigen

sandur nach Mývatn, jeweils So, Di, Do, zurück Mo, Mi, Fr. Mehrere längere Stopps, Ticket 9000 ISK.

Stöng ▸ E/F 6

Bei dem Hekla-Ausbruch 1104 wurde das ehemals landwirtschaftlich sehr fruchtbare Gebiet durch die niederfallende Bimssteinasche verwüstet. Heute stehen hier nur noch zwei Höfe, im Mittelalter wurden dagegen 20 Gehöfte im Þjórsárdalur bewirtschaftet, wie Ausgrabungen belegen. Einer dieser ausgegrabenen Höfe ist Stöng. Die Ausgrabungsstätte ist überdacht und kann jederzeit besichtigt werden.

Nordöstlich von Stöng ist die Schlucht **Gjá**, in die mehrere kleine Wasserfälle stürzen, von denen der Gjáinfoss der größte ist. Entlang des Fossadalur stößt man an dessen nördlichem Ende auf Islands zweithöchsten Wasserfall, den **Háifoss** (122 m)

Kraftwerk Búrfell und Umgebung ▸ E 7

Das 1969 in Betrieb genommene Kraftwerk Búrfell ist das älteste der insgesamt drei Wasserkraftwerke, die die Flüsse Þjórsá und Tungnaá nutzen. Das Betriebsgebäude ziert ein Relief des Bildhauers Sigurjón Ólafsson (1908–1982). Die Þjórsá, der längste Fluss Islands, fließt über eine Strecke von 230 km und führt 400 m³ Wasser pro Sekunde mit sich. Vom Hofsjökull kommend, überwindet sie insgesamt eine Höhe von 690 m. Die Tungnaá entspringt dem Vatnajökull und mündet bei Sultartangi in die Þjórsá.

In der Nähe des Kraftwerks lohnen der von Basaltsäulen gesäumte Wasserfall **Hjálparfoss** sowie der **Sagahof Þjóðveldisbærinn** an der Nr. 32 einen Halt. Der mittelalterliche Großhof vermittelt einen guten Eindruck vom Leben in vergangenen Jahrhunderten.

Für die Rekonstruktion, die man 1974 anlässlich der 1100-Jahr-Feierlichkeiten beschloss, stand der 1939 ausgegrabene Hof Stöng Pate (www.thjodveldisbaer.is, Juni–Aug. tgl. 10–17 Uhr, 750 ISK).

Auf dem Weg ins Hochland fährt man an den beiden anderen Kraftwerken vorbei: **Hrauneyjarfoss**, auf der Höhe des gleichnamigen Wasserfalls, sowie **Sigalda**.

Übernachten, Essen

Das Zentrum im Nirgendwo – **Hochlandzentrum Hrauneyjar:** an der F 26, Tel. 487 77 82, www.hrauneyjar.is, ganzjährig, DZ 120–170 €, Schlafsackplatz für 2 Pers. 61–86 €. Unterkunft mit Tankstelle, Laden und Restaurant. Hier gibt es Wanderkarten und Angellizenzen. Idealer Standort für Ausflüge in die Umgebung.

Sprengisandur ▸ G 4/5

Das Tal **Nýidalur** liegt inmitten des Sprengisandur, einer weiten Wüste, die sich über 70 km in Nord-Süd-Richtung erstreckt. Sie war in alten Zeiten nicht nur wegen der Sandstürme, der Elfen, Trolle und Gesetzlosen gefürchtet, sondern auch weil die Weidegebiete für die Pferde weiter als einen Tagesritt auseinanderlagen. Beeindruckend ist der Blick von der Hütte im Nýidalur, deren Umland trotz der hohen Lage von 800 m über dem Meeresspiegel wohltuend grün ist. Der drittgrößte Gletscher Islands, Hofsjökull, dominiert die Landschaft im Westen. Seine Fläche beträgt 995 km², seine Höhe 1760 m. Bei neueren Untersuchungen hat man festgestellt, dass sich eine bisher unbekannte Caldera unter dem Gletscher befindet.

Vom Nýidalur gelangt man zu dem Naturschutzgebiet **Þjórsárver** am Südostrand des Hofsjökull, das sich über ein Areal von 375 km² erstreckt. Es ist ein Feuchtgebiet mit typischer Moorvegetation, das von unzähligen Abflüssen des Hofsjökull durchzogen wird und in dem sich zahlreiche Seen und Tümpel befinden. Außerdem ist Þjórsárver ein bevorzugtes Brutgebiet für Kurzschnabelgänse: Rund 60–75 % der gesamten Insel-Population leben hier, annähernd 11 000 Brutpaare.

Auch die Region um den Gletscher **Tungnafellsjökull** (Fläche 50 km², Höhe 1520 m) mit einem der größten Thermalgebiete des Landes lädt zu einer Wanderung ein.

Auf der F 26 weiter nach Norden kommt man zunächst an dem See **Fjórðungsvatn** vorbei, der im Sommer häufig austrocknet. Fast genau an dieser Stelle befindet man sich auf dem Mittelpunkt Islands. Weiter nördlich erreicht man die Felsschlucht **Kiðagil**, deren 6 km langer Canyon sich westlich des Skálfandafljót entlangzieht. Die Schlucht, die im ›Sprengisandur-Lied‹ als ersehntes Ziel besungen wird, markiert das nördliche Ende des Gebiets.

Übernachten

Rastplatz – **Hütten Nýidalur:** Tel. 860 33 34, www.fi.is, Schlafsack 7000 ISK. Zwei Hütten mit insgesamt 120 Schlafplätzen und Kochgelegenheit. Duschen und WC sowie ein Zeltplatz sind vorhanden.

Aldeyarfoss ▸ H 3

Den Endpunkt des Sprengisandsleið bildet der malerische Wasserfall Aldeyjarfoss, wo der Fluss Skálfandafljót 20 m tief in eine enge, aus schön ausgeformten Basaltsäulen bestehende Schlucht stürzt. Diese 4500 Jahre alten Säulen stammen von einem Ausbruch des Schildvulkans Trölladyngja am Nordrand des Vatnajökull.

Öskuleið (F 88)

An dem 1875 entstandenen Lavafeld Nýjahraun mit dem alten Explosionskrater Hrossaborg beginnt der fast 90 km lange Jeep-Track Öskjuleið (Askja-Piste) nach Süden durch die Lavawüste Ódáðahraun (Lavafeld der Missetäter), aus deren Ödnis sich nur die solitär stehenden Tafelberge und Schildvulkane abheben. Wer sich auf diese Strecke begibt, braucht einen ausreichenden Wasservorrat!

Infos

Bus: SBA-Norðurleið, www.sba.is, Juli–12. Aug., Mo, 3 Tage, nur Transport und Führung 40 500 ISK. Von Akureyri über Mývatn nach Herðubreiðarlindir, Askja, Kverkfjöll. Hüttenübernachtung pro Pers. 6500 ISK.
Mývatn Tours, Tel. 464 19 20, www.askjatours.is, 19. Juni–Aug. Mo, Mi, Fr, 10. Juli–25. Aug. tgl. 8 Uhr ab Mývatn Reykjahlíð, 130 €. Tagesbustour vom Mývatn nach Herðubreiðarlindir und zur Askja.

Ódáðahraun ! ▶ H/J 4

Zwischen den Flüssen Skálfandafljót und Jökulsá á Fjöllum erstreckt sich über 4550 km² die Lavawüste Ódáðahraun, das größte zusammenhängende Lavafeld Islands. Lava, Sand und Palagonitberge prägen sie, schwarz, abschreckend und trocken. In dem losen und porösen Gestein versickert der Regen so schnell, dass keine Pflanzen die Feuchtigkeit nutzen können. Nur an den Rändern der Lavawüste, wo das Grundwasser in kleinen Quellen austritt, bilden sich grüne und fruchtbare Oasen wie Herðubreiðarlindir oder Grafarlönd. In diese Ödnis flohen die Geächteten, denn niemand begab sich freiwillig in dieses Gebiet, dessen Lavagebilde und Verwerfungen wie bedrohliche Geister wirken, die plötzlich aus dem Nebel aufzutauchen scheinen. Verhangene Tage sind hier im Hochland nicht selten. Auf einer Höhe von 500 bis 700 m liegt das Lavafeld, dessen meiste Laven älter als 5000 Jahre sind.

Herðubreiðarlindir ▶ J 4

Herðubreiðarlindir ist eine liebliche Oase, die man nach den vorangegangenen Eindrücken kaum erwartet. Aus der Lava treten zahlreiche

Mein Tipp

Wohnplatz eines Missetäters
Ein Pfad führt in Herðubreiðarlindir zu der Lavahöhle, in welcher der Gesetzlose Fjalla-Eyvindur den Winter 1774/75 verbrachte. Die Tafel an der Höhle, die in späteren Jahren wieder rekonstruiert worden ist, besagt, dass ein Pferderücken als Dach diente und mit Steinen und Grassoden getarnt war. Der Unterschlupf wirkt recht lauschig, aber als Daueraufenthalt sehr beengt. Eyvindur, des wiederholten Diebstahls angeklagt, lebte über 20 Jahre im Hochland, und an mehreren Stellen sind seine Spuren zu sehen. Sein Durchhaltewille machte ihn zu einer isländischen Legende (s. S. 58).

Die Seen Öskjuvatn (links) und Víti in der Askja-Caldera

Quellen hervor, die sich zu dem Fluss Lindaá vereinen. Über 100 unterschiedliche Pflanzenarten gedeihen hier und entsprechend vielfältig ist auch das Vogelleben. Auf einem markierten Weg durch das Lavafeld kommt man an den Fuß der ›Königin der Berge‹, der Herðubreið. Der 1682 m hohe Tafelberg mit Gipfelkrater ragt über 1000 m aus seiner Umgebung hervor. Er wurde 1908 zum ersten Mal bestiegen. Aufgrund seiner lockeren Gesteinsmassen, des feinen glashaltigen Auswurfmaterials, ist ein Aufstieg nicht nur äußerst beschwerlich, sondern auch gefährlich: Es droht Steinschlag. Die sicherste Aufstiegsmöglichkeit bietet sich von der Westseite, jedoch sollte man vorher mit dem Parkranger bei Herðubreiðarlindir sprechen.

An dem 8 km langen Bergrücken des Herðubreiðartögl vorbeiwandernd, eröffnet sich bald der Blick auf den Schildvulkan **Vaðalda** (941 m) und westlich davon stößt man auf das Vulkanmassiv Dyngjufjöll. Zuvor überquert man noch eine riesige Ebene aus heller Bimsasche, die von einem der nicht seltenen, von Süden kommenden Sandstürme über 100 km weit transportiert werden kann.

Übernachten

An den Quellen – **Hütte Þorsteinsskáli:** Ferðafélag Akureyrar, Tel. 462 27 20, 822 51 91, www.ffa.is, Schlafsack 5000 ISK. Platz für 30 Pers., Hüttenwart. Der angeschlossene Zeltplatz ist gut ausgestattet und idyllisch gelegen.

Askja ▸ H/J 4

Das Vulkanmassiv **Dyngjufjöll** besteht aus einer Vielzahl von Bergen, welche die große Caldera Askja umgeben, und ist seit 1978 als Naturdenkmal ausgewiesen. Die Gipfel erheben sich 600 bis 700 m über die Umgebung, mit Þorvaldstindur (1510 m) als höchstem im Süden des Massivs.

Der erste bekannte Ausbruch der **Askja** ereignete sich 1875, damals entstand der **Víti-Krater.** Ein riesiger Ascheniederschlag bedeckte das Land östlich der Askja, und viele Bewohner der Region Jökuldalsheiði verließen ihre Höfe, um in die USA zu emigrieren. Aufgrund anhaltender Westwinde wurde die Asche bis nach Schweden getragen. Wenige Wochen nach dem Víti-Ausbruch brach die Caldera im südöstlichen Teil ein, und der See Öskjuvatn entstand. Die letzte Eruption erfolgte 1961 und bedeckte eine Fläche von 11 km² mit Lava. Durch die junge Lava **Vikrahraun** führt heute ein Track fast bis zum Víti, wo sich auch der größte Einschnitt im Dyngjufjöll, **Öskjuop**, befindet, der den leichtesten Eingang in die Caldera bietet.

Víti am Nordufer des Öskjuvatn hat einen Durchmesser von rund 100 m. Sein Wasser ist zwar 40–50 °C warm, aber die aufsteigenden Schwefeldämpfe laden nicht zum Baden ein. Im **Öskjuvatn**, dem mit 217 m tiefsten See Islands, kamen 1907 auf bis heute ungeklärte Weise der Geologe Walther von Knebel und der Berliner Maler Max Rudloff um. Am Nordufer, man folgt dem Pfad vom Víti aus, erinnert ein Hügel mit Tafel an das Unglück. Die kleine Kraterinsel Eyja im Süden des Sees entstand bei einem Ausbruch im Jahr 1926.

Übernachten

Geschützt – **Hütte Dreki:** am Anfang der Drekagil-Schlucht an der Ostseite des Dyngjufjöll, Ferðafélag Akureyrar (s. links), Schlafsack 5500 ISK, Hütte (60 Pers.) 822 51 90. Hüttenwart, gut ausgestatteter Zeltplatz in der Nähe.

Hvannalindir ▸ J 5

Die F 88 endet bei der Askja. Über die F 910 erreicht man eine weitere grüne Oase an der F 903 Hvannalindir. Inmitten der trostlosen Landschaft quellen unter der Lava einige Flüsse hervor. Obwohl Hvannalindir rund 650 m über dem Meeresspiegel liegt, ist der Reichtum an höher wachsenden Pflanzenarten beeindruckend. Auch hier befinden sich noch Ruinen in der Lava, die auf Fjalla-Eyvindur verweisen.

Kverkfjöll ▸ J 5

Kverkfjöll liegt am Nordrand des Vatnajökull zwischen den beiden Gletschern Dyngjujökull und Brúarjökull an der F 902. Es ist ein großer Zentralvulkan, in dessen Gipfelbereich sich eine eisgefüllte Caldera befindet. An der Westseite gelangt man in das Geothermalgebiet Hveradalur. Unterhalb des Gletschers bilden sich immer wieder faszinierende Eishöhlen und -tunnel. Zwei Hütten, eine am Fuß des Kverkfjöll bei Biskupsfell und die andere direkt auf dem Gletscher, ermöglichen einen längeren Aufenthalt an diesem Ort, der Feuer und Eis so offensichtlich miteinander vereint.

Landmannaleið und Fjallabaksleið nyrðri (F 225, 208)

Die Hochlandstrecke führt durch das geologisch faszinierende, vom Vulkanismus geprägte Naturschutzgebiet Fjallabak, in dessen Zentrum das 470 km² große Areal Landmannalaugar liegt. Von den von farbenprächtigen Liparitbergen umgebenen ›Warmen Quellen der Landmänner‹ gelangt man durch die kilometerlange Ausbruchsspalte Eldgjá in die Lavawüste im Südwesten des Vatnajökull. Der erste Streckenabschnitt verläuft über den Landmannaleið nördlich des Hekla-Massivs. Die Piste Fjallabaksleið nyrðri beginnt weiter nördlich in der Nähe des Sigalda-Kraftwerks. Beide Wege treffen östlich der Hekla aufeinander.

Infos

Bus: www.re.is, 13. Juni–15. Sept. tgl. Reykjavík–Landmannalaugar und zurück, 20. Juni–8. Sept. tgl. Skaftafell–Landmannalaugar und zurück. Längere Aufenthalte in Landmannalaugar und Eldgjá.

Nördlich der Hekla ▸ F 7

Das Lavafeld **Sölvahraun** nördlich der Hekla war bis 1980 eine idyllische Graslandschaft, die seit dem damaligen Hekla-Ausbruch mit schwarzer Asche bedeckt ist. Diese Lavalandschaft mit ihren Spalten und Kratern vermittelt eine ausgesprochene Endzeitatmosphäre.

Nach Durchqueren der Hekla-Laven in östlicher Richtung gelangt man in ein Tal, von wo man auf die südlich gelegene Berggruppe **Rauðufossafjöll** blickt, die ihren Namen aufgrund des auffallend rötlich gefärbten Wasserfalls erhielt. Der weitere Weg führt durch die Graslandschaft **Kringla**, umgeben von mehreren 1000 m hohen Bergen, der höchste ist Lóðmundur (1074 m) im Norden.

Landmannalaugar ▸ F 7

Kurz bevor man zu dem See **Frostastaðavatn** gelangt, sieht man schon die farbenprächtigen Berge von Landmannalaugar. In der Nähe des Sees trifft der Landmannaleið auf den Fjallabaksvegur nyrðri. Von hier führt auch eine Piste zu dem Maar **Ljótipollur**, einem Explosionskrater von 1 km Durchmesser, dessen Wasser tiefblau schimmert. Entlang dem Gletscherfluss Jökulgilskvísl kommt man nach Landmannalaugar.

Die ›Warmen Quellen der Landmänner‹ liegen inmitten des größten Rhyolithgebiets von Island. Rhyolith ist ein kieselsäurehaltiges, rötliches, gelb-bräunliches oder grünliches Ergussgestein. Je nach Sonnenstand und Luftfeuchtigkeit leuchten die Berge in den schillerndsten Farben. Außer der beeindruckenden Berglandschaft bietet der Ort, wie der Name sagt – warme Quellen, die den Hochlandreisenden schon in früheren Jahrhunderten als Badeplatz dienten.

Wanderungen

Vom **Bláhnúkur** (943 m), der wegen seiner blaugrünen Farbe auffällt, hat man einen guten Überblick, ebenso wie vom **Brennisteinsalda** (881 m), an dessen Fuß sich ein Solfatarenfeld befindet. Zu dem Feld gelangt man durch das Labyrinth des **Laugahraun**. Dieser 30 bis 50 m hohe, erkaltete Lavastrom besteht aus Obsidian, einer pechschwarzen, glasigen und kieselsäurehaltigen Lava, die schnell erstarrte. Beim Zerschlagen eines Lavastücks erkennt man seine muschelig brechende Struktur. Weitere Wanderungen sind in den imposanten Schluchten möglich, oder man startet zur 4-tägigen Tour nach **Þórsmörk** (s. S. 162).

Übernachten

Sehnsucht – **Hütte Landmannalaugar:** Ferðafélag Íslands, Tel. 860 33 35, Schlafsack 7000 ISK. Platz für 75 Pers., aber dennoch fast immer belegt. Unbedingt vorab buchen. Im Juli und August gibt es einen Verkaufswagen für Lebensmittel.

Vulkanspalte Eldgjá ▸ G 7

Von dem Berg Herðubreiðarháls (769 m) hat man einen ausgezeichneten Blick in alle Richtungen und erhält einen guten Eindruck von den Ausmaßen der **Eldgjá** (Feuerschlucht), der größten Vulkanspalte der Erde. Über 30 km erstreckt sie sich vom Mýrdalsjökull im Südwesten bis zum Berg Gjátindur im Nordosten, wo sie am beeindruckendsten ist. Hier bildet sich eine 5 km lange Schlucht, die 600 m breit und bis zu 270 m tief ist. Entdeckt wurde die Spalte 1893 von Þorvaldur Thoroddsen. Sie entstand aufgrund mehrerer Ausbrüche, der letzte war im Jahr 938.

15 Minuten vom Parkplatz entfernt befindet sich der bekannte Wasserfall **Ófærufoss**, der in zwei Kaskaden in die Schlucht stürzt. Lohnenswert ist auch ein Ausflug zum **Gjátindur** (935 m). Man folgt dabei dem Verlauf der Schlucht und steigt an ihrem nördlichen Ende rechter Hand durch den losen Schotter empor. Oben angekommen, bietet sich ein faszinierender Blick. Entlang der Eldgjá bis zum Gipfel sind es von hier noch ca. 30 Minuten. Der Rückweg ist oberhalb der Schlucht möglich; man trifft dort bald auf einen Wanderweg und kann in der Nähe des Parkplatzes absteigen.

Übernachten

Erholsam – **Hólaskjól:** 7 km südlich von Eldgjá, Tel. 855 58 12, 855 58 13, www.holaskjol.com, Schlafsack ab 4900 ISK. Zeltplatz/Kochgelegenheit vorhanden.

Aussprache

›á‹ wird wie ›au‹ ausgesprochen; ›æ‹ wie ›ei‹; ›ð‹ wie das englische ›th‹ in ›breathe‹; ›þ‹ wie das englische ›th‹ in ›thin‹; ›au‹ wie ›eu‹ in Feuilleton. Das ›r‹ wird gerollt. Die Betonung liegt immer auf der ersten Silbe. Auch Orts-, Straßen- und Personennamen werden dekliniert.

Allgemeines

Hallo	Hæ, sæl(l)
Guten Tag	Góðan daginn
Guten Abend	Góða kvöldið
Gute Nacht	Góða nótt
Danke	Takk fyrir
Bitte	Gerðu svo vel
Entschuldigung	Afsakið
Auf Wiedersehen	Bless, bless
Bis bald	Sjáumst
ja/nein	já/nei

Unterwegs

geradeaus	beint áfram
rechts	hægri
links	vinstri
Bushaltestelle	stoppistöð
Tankstelle	bensínstöð
Autovermietung	bílaleiga
(Auto)werkstatt	(bíla)verkstæði
Fahrkarte	miði
Flugplatz	flugvöllur
Schwimmbad	sundlaug(-ar)
Fähre	ferja
Fahrrad	hjól
Taxi	leigubíll
Post	póstur
Telefon	sími
Information	upplýsingar

Zeit

3 Uhr (morgens)	klukkan Þrjú
15 Uhr (nachmittags)	klukkan Þrjú
heute	í dag
gestern	í gær
morgen	á morgun
morgens	á morgnana
mittags	hádegi, í hádeginu
abends	á kvöldin
früh/spät	tímanlega/seint
Sonntag	sunnudagur
Montag	mánudagur
Dienstag	priðjudagur
Mittwoch	miðvikudagur
Donnerstag	fimmtudagur
Freitag	föstudagur
Samstag	laugardagur

Notfall

Hilfe!	Hjálp!
Panne	óhapp
Rettungswagen	björgunarbíl
Unfall	slys
Polizei	lögregla
Apotheke	apótek
Arzt	læknir
Zahnarzt	tannlæknir
Krankenhaus	sjúkrahús
Ich bin ...	Ég er ...
... Allergiker	... með ofnæmi
... Diabetiker	... með sykursýki
... schwanger	... ófrísk
Magenschmerzen	magaverkur
Kopfschmerzen	hausverkur
Halsschmerzen	hálsbólga
Zahnschmerzen	tannpína, tannverkur
Erkältung	kvef
Fieber	hiti
Husten	hósti
Erbrechen	kasta upp, æla
Bein	fótur, fótleggur
Arm	armur, handleggur

Übernachten

Hotel	hótel
Gästehaus	gistiheimili
Bauernhof	bóndabær
Jugendherberge	farfuglaheimili
Hütte	kofi
Schutzhütte	neyðarskýli
Zeltplatz	tjaldsvæði, tjaldstæði

Sommerhaus	sumarhús
Einzelzimmer	einkaherbergi
Doppelzimmer	tveggja manna herbergi
Schlafsackunterkunft	svefnpokaplás
Dusche/Bad	sturta/bað

Einkaufen

geschlossen	lokað
geöffnet	opið
Laden	verslun
kleiner Laden	búð
Kiosk	sjoppa
Flohmarkt	Kolaportið
Bank	banki
Ausverkauf	útsala
Kreditkarte	kreditkort

Zahlen

1	einn
2	tveir
3	þrír
4	fjórir
5	fimm
6	sex
7	sjö
8	átta
9	níu
10	tíu
11	ellefu
12	tólf
13	þrettán
14	fjórtán
15	fimmtán
16	sextán
17	sautján
18	átján
19	nítján
20	tuttugu
21	tuttuguogeinn
30	þrjátíu
40	jörutíu
50	fimmtíu
60	sextíu
70	sjötíu
80	áttatíu
90	níutíu
100	hundrað
101	hundrað-ogeinn
200	tvöhundruð

Die wichtigsten Sätze

Allgemeines

Ich heiße ...	Ég heiti ...
Wie heißen Sie/heißt du?	Hvað heitir þú?
Ich komme aus D/A/CH.	Ég er frá Þýskalandi, Austurríki, Sviss.
Sprechen Sie/sprichst du Deutsch?	Talar þú þýsku?
Ich verstehe nicht.	Ég skil ekki.
Wie geht's?	Hvað segir Þú?
Danke, gut.	Allt fínt.
Wie viel Uhr ist es?	Hvað er klukkan?
Das macht nichts.	Allt í lagi.
Wo gibt es ...?	Hvar fæst ...?

Unterwegs

Wie komme ich zu/nach ...?	Hvar er til ...?
Wo fährt der Bus ab?	Hvar er rúta?
Wo ist ...?	Hvar er ...?
Wo ist bitte die Toilette?	Hvar er snyrting?
Könnten Sie/kannst du bitte ... zeigen?	Gætir þú sýna mér ...?

Notfall

Können Sie/kannst du mir bitte helfen?	Gætir Þú hjalpað mér?
Ich brauche einen Arzt.	Ég þarf að komast til læknis.

Übernachten

Haben Sie noch ein Zimmer frei?	Ertu með laust herbergi?
Ich habe ein Zimmer bestellt.	Ég pantaði herbergi.

Im Restaurant

Kann ich bitte die Speisekarte haben?	Gét ég fengið matseðilinn?
Kann ich bitte die Rechnung haben?	Gét ég fengið reikninginn?
Ich hätte gern ...	Má ég fá ...

Einkaufen

Wie viel kostet ...?	Hvað kostar ...?
Was ist das?	Hvað er þetta?
Wann öffnet/schließt ...?	Hvenær er opið/lokað ...?

Allgemein/Zubereitung

diskur	Teller
gaffall	Gabel
grillaður, steiktur	gegrillt
gróf(ur), gróft	grob
heitur, heitt	heiß
hita	erhitzen
hnífapar	Besteck
hnífur	Messer
hrá(r), hrátt	roh
kaldur, kalt, köld	kalt
krydd	Gewürz
ofnbakaður	im Ofen gebacken
ostur	Käse
pipar	Pfeffer
reyktur	geräuchert
salt	Salz
saltur	salzig
sætur	süß
skeið	Löffel
smjör	Butter
stappað	gestampft
steiktur	gebraten
soðinn	gekocht
súpa	Suppe
sykur	Zucker

Fisch und Meeresfrüchte

bleikja	Saibling
fiskur	Fisch
hákarl	Hai
harðfiskur	Stockfisch
hrogn	Rogen
humar	Hummer, Languste
hvalur	Wal
karfi	Rotbarsch
krabbar	Krebse
lax	Lachs
lúða	Heilbutt
makrill	Makrele
rauðspretta	Scholle, Goldbutt
rækjur	Garnelen, Krabben
sandhverfa	Steinbutt
síld	Hering
silungur	Forelle
steinbítur	Katfisch, Seewolf
ýsa	Schellfisch
ufsi	Seelachs
þorskur	Kabeljau, Dorsch

Fleisch und Geflügel

beikon	Bacon
blóðmör	Blutwurst
folald	Fohlen
fuglakjöt	Geflügel
grís	Ferkel
hangiálegg	Hangikjöt-Aufschnitt
hangikjöt	geräuchertes Lamm
hreindýr	Rentier
hrossakjöt	Pferdefleisch
kálfakjöt	Kalbfleisch
kindakjöt	Hammelfleisch
kjúklingur	Hähnchen
kjötréttur	Fleischgericht
kótilettur	Koteletts
lambakjöt	Lamm
lifrarkæfa	Leberpastete
lifrarpylsa	Leberwurst
lund, lundir	Filet
lundi	Papageitaucher
nautakjöt	Rindfleisch
rjúpa	Schneehuhn
svínakjöt	Schweinefleisch

Gemüse und Beilagen

agúrka	Gurke
baunir	Bohnen
blómkál	Blumenkohl
brauð	Brot
ertur	Erbsen
franskar	Pommes frites
grænmeti	Gemüse
hvítlaukur	Knoblauch
jöklasalat	Eisbergsalat
kartöflur	Kartoffeln
kínakál	Chinakohl
laukur	Zwiebeln
rauðkál	Rotkohl
rúnnstykki	Brötchen
salat	Salat

sveppur	Pilz
tómatur	Tomate

Obst

appelsínur	Apfelsinen
bananar	Bananen
bláber	Blaubeeren
brómber	Brombeeren
epli	Äpfel
ferska	Pfirsich
hindber	Himbeeren
hrútaber	Steinbeere
jarðaber	Erdbeeren
kirsuber	Kirschen
pera	Birne
rúsinur	Rosinen
sítróna	Zitrone
vínber	Traube

Nachspeisen und Gebäck

ábætisréttur	Dessert
búðingur	Pudding
eplakakka	Apfelkuchen
ís	Eis
jógúrt	Joghurt
jólakaka	Rosinenkuchen
jurtaís	Fruchteis
konfekt	Konfekt
krap	Sorbet
kökur	Kuchen, Kekse
ostaterta	Käsekuchen
pönnukaka	Pfannkuchen
rjómi	Sahne
skyr	isländ. Milchprodukt
súkkulaðikaka	Schokoladenkuchen

Getränke

bjór	Bier
brennivín	Schnaps
djús	Fruchtsaftkonzentrat
glas	Glas
gosdrykkur	Limonade, Softdrink
hvítvín	Weißwein
kaffi	Kaffee
kaffirjómi	Kaffeesahne
kakó	Kakao
kaldur	kalt
klaki	Eiswürfel
kók	Cola
kókómjólk	Kakaogetränk
mjólk	Milch
rauðvín	Rotwein
safi	Saft
sódavatn	Mineralwasser
te	Tee
vatn	Wasser

Im Restaurant

Kann ich die Speisekarte haben?	Gét ég fengið matseðilinn?
Kann ich bitte die Rechnung haben?	Gét ég fengið reikninginn?
Ich hätte gern …	Má ég fá …
Selbstbedienung	sjálfsafgreiðsla
Vorspeise	forréttur
Hauptgericht	aðalréttur
Dessert	eftirréttur
Frühstück	morgunmatur
Mittagessen	hádegismatur
Abendessen	kvöldmatur
Restaurant	veitingahús
Schnellrestaurant	veitingaskáli
Gaststätte	matsölustaður
Café	kaffihús
Bar	bar
Kneipe	krá
Nein danke, nicht mehr.	Nei, takk, ekki meira.
Es war sehr gut.	Þetta var mjög gott.
Prost	Skál
Kellner	Þjónn
Kellnerin	Þjónustustulka, frøken
Rauchen verboten	reykingar ban naðar, reyklaust svæði

Quellennachweis:
S. 261 Halldór Laxness, »Weltlicht«, Werksausgabe Band 11, Steidl Verlag, Göttingen 2002, S. 503, mit Genehmigung der Agentur Licht & Burr in Dänemark.

Hinweis: Autorin und Verlag haben alle Informationen mit größtmöglicher Sorgfalt geprüft. Gleichwohl erfolgen alle Angaben ohne Gewähr. Bitte schreiben Sie uns! Über Ihre Rückmeldung und Ihre Verbesserungsvorschläge freuen wir uns: **DuMont Reiseverlag,** Postfach 3151, 73751 Ostfildern, info@dumontreise.de, www.dumontreise.de

Das Klima im Blick

atmosfair

Reisen bereichert und verbindet Menschen und Kulturen. Wer reist, erzeugt auch CO_2. Der Flugverkehr trägt mit einem Anteil von bis zu 10 % zur globalen Erwärmung bei. Wer das Klima schützen will, sollte sich für eine schonendere Reiseform (z. B. die Bahn) entscheiden – oder die Projekte von *atmosfair* unterstützen. *Atmosfair* ist eine gemeinnützige Klimaschutzorganisation. Die Idee: Flugpassagiere spenden einen kilometerabhängigen Beitrag für die von ihnen verursachten Emissionen und finanzieren damit Projekte in Entwicklungsländern, die dort den Ausstoß von Klimagasen verringern helfen. Dazu berechnet man mit dem Emissionsrechner auf *www.atmosfair.de,* wie viel CO_2 der Flug produziert und was es kostet, eine vergleichbare Menge Klimagase einzusparen (z. B. Berlin – London – Berlin 13 €). *Atmosfair* garantiert die sorgfältige Verwendung Ihres Beitrags. Klar – auch der DuMont Reiseverlag fliegt mit *atmosfair!*

Die Autorin: Sabine Barth ist fasziniert vom Norden mit seiner Weite und seinem Strahlen. Immer wieder zieht es sie dorthin, einige Jahre hat sie auch in Island gelebt und als Leiterin des Goethe-Zentrums in Reykjavík gearbeitet. Was sie ganz besonders mag? Vor allem die wüstenhaften Landschaften, in denen schon eine einzelne Blüte eine Entdeckung ist, und die natürlichen Skulpturen, seien sie nun aus Eis oder Lava.

Abbildungsnachweis
ARD/SWR Spiele der Welt, Folge 3, Glíma in Island, Film von Tilman Büttner, © SWR: S. 66
Sabine Barth, Köln-Porz: S. 6, 12 re. u., 138, 202/203, 270, 296
Bilderberg, Hamburg: S. 198 re., 212 (Francke);13 li. u., 16/17, 134 re., 155, 217, 228/229, 231 (Fuchs)
DuMont Bildarchiv, Ostfildern: Umschlagklappe vorn, S. 8, 37, 46, 57, 134 li., 158, 160 li., 164, 179, 190, 198 li., 199, 205, 214, 252 li., 252 re., 260, 265, 276 li. (Kiedrowski)
Johannes M. Ehmanns, Odenthal-Voiswinkel: S. 12 re. o., 128/129
Glow Images, München: S. 21 (Harding); 172/173 (Imagebroker); 10 u. (Cultura); 175 (first light); 9, 11 (Imagebroker)
Hótel Rangá, Hella/Island: S. 13 li. o., 146/147
Huber-Images, Garmisch-Partenkirchen: S. 74 (Bernhart); 178 re., 181 (Bruno); 52/53, 276 re., 284 (Gaudenzio)
iStockphoto, Calgary/Kanada: S. 89 (helovi)
laif, Köln: S. 110 li., 114 (ArcticPhoto); 26 (Buessemeier); 38/39, 43, 78 re., 83, 110 re., 123, 250 (Galli); 31, 197, 234 re., 248, 256 (Gebhard); 54 (hemis); 49 (Hoa-Qui); Titelbild (Jonan/Rius);12 li. o., 67, 72, 99, 106/107 (Le Figaro Magazin); 7, 62 (Morandi/hemis); 68 (Nance/Redux); 45 (Reyr/Rapport)
Look, München: 119, 216 re., 220 (Leue)
Mauritius Images, Mittenwald: S. 109 (age); 76/77 (Beck); 37 (Eisele-Hein); 150 (Hicker); 12 li. u., 23, 78 li., 90, 135, 142, 194/195, 235, 245 (imagebroker/Handl); 13 re. o., 234 li., 238/239 (imagebroker/Heydenreich); 13 re. u., 160 re., 168/169 (imagebroker/de Cuveland); 178 li., 184 (imagebroker/Schöfmann); 56 (Lukasseck); 60/61 (Mayer); 208/209 (Pfatschbacher); 161, 176 (Pölking); 216 li., 224 (Weber); 50 (Wittek)
picture-alliance, Frankfurt a. M.: S. 71 (dpa); 111, 131 (dpa/Härtrich); 79, 96/97 (dpa/Pleul); 253, 274/275 (Picture24)
Transit, Leipzig: S. 277, 281 (Härtrich)
Verein Saga Trail, Isländischer Geschichtstourismus, Hafnarfjörður: S. 10. o.

Kartografie
DuMont Reisekartografie, Fürstenfeldbruck
© DuMont Reiseverlag, Ostfildern

Umschlagfotos
Titelbild: Der Tafelberg Herðubreið im Hochland
Umschlagklappe vorn: Der Erdriss von Kirkjubæjarklaustur

4., aktualisierte Auflage 2016
© DuMont Reiseverlag, Ostfildern
Alle Rechte vorbehalten
Redaktion/Lektorat: Henriette Volz
Grafisches Konzept: Groschwitz/Blachnierek, Hamburg
Printed in China

MIX
Papier aus verantwortungsvollen Quellen
FSC® C124385